중점

미시경제학

MICROECONOMICS

1997 우용출판사
www.choolpansa.com

머리말

이 책은 초·중급 수준의 미시경제학을 공부하려는 학생들을 위하여 쓰여진 책이다. 이 책의 목적은 경제학을 공부하려는 학생들을 처음부터 전문지식을 갖춘 높은 수준의 경제학자로 만들려고 하는데 있지 않다. 우리가 높은 곳에 올라가려면 첫 번째와 두 번째의 계단으로부터 출발하여 차례로 밟고 올라가야 맨 위의 목적지에 도달 할 수 있는 것처럼 초급과 중급 수준의 경제학 지식은 경제학도들을 미래의 훌륭한 전문지식을 갖춘 높은 수준의 경제학자로 양성하는 데에 필수 불가결한 기본 과정이라 할 수 있겠다.

우리 주변에는 많은 미시경제학 교과서들이 있다 그들 중 많은 교과서들이 그 내용의 깊이나 설명하고 있는 범위가 너무 어렵거나 방대하여 미시경제학을 공부하려는 학생들에게 비효율적이거나 심지어는 공부하려는 의욕을 저하시키기까지 하였다. 경제학을 공부하는 학생들로부터 종종 들을 수 있는 불만은 중급 수준의 미시경제학 교과서의 저자나 또는 그 수준의 교과서를 강의하는 교사들이 마치 그 교과서나 그 강의가 경제학 박사학위를 취득하기 위한 시작의 단계인 것처럼 접근을 한다는 것이다. 이 책은 전문적인 경제학자나 높은 수준의 경제학도들을 기르치기 위해 지어진 책이 아니고 그야말로 상식수준이나 미시경제학 입문수준에 있는 학생들을 위하여 쓰여진 책이다. 이 책은 이러한 수준의 학생들을 위하여 필자가 대학 강단에서 20년 이상 미시경제학 강의를 해온 경험을 바탕으로 대학교재용으로 집필하였다. 책의 제목에서도 알 수 있듯이 필자는 미시경제학의 본질을 초심자들에 가능한 한 핵심만을 간추려서 중점적으로 알기 쉽게 전달하려고 노력하였으며 따라서 가능한 한 책의 분량도 줄이려고 노력하였다. 따라서 학부수준을 넘는다고 판단되는 어려운 이론들은 배제하였으며 아주 예외적인 경우를 제외하고는 높은 수준의 수학이나 설명방식도 배제하였다.

이 책을 집필하는 데 있어서 필자가 역점을 둔 것은 부수적이거나 지엽적인 것들은 과감하게 생략함으로서 독자들로 하여금 미시경세학의 기본원리를 체계적이고도 명확하게 이해할 수 있도록 노력한 것이고 또한 미시경제이론이 우리가 살고 있는 현실세계를 조금이라도 이해하는데 도움이 되어야 한다는 생각에서 이 책을 집필하였다. 따라서 미시경제이론이 정책분석이나 현실의 경제생활과 어떻게 연결이 되어질 수 있는지에 대하여 설명해 보려고 노력하였다. 경제이론 없는 경제정책은 이해가 되어지기 힘들 것이고 경제정책과 무관한 경제이론은 소용이 없어지기 때문이다.

물론 필자가 의도했던 모든 목표들이 이 책에서 다 이루어졌다고는 생각하지 않는다. 보다 다양한 현실의 예들을 소개하지 못한 점은 한계로서 커다란 아쉬움으로 남아 있다. 그러나 이러한 부족한 점들은 앞으로 독자들의 끊임없는 질책과 충고 및 성원 등을 통하여 보완되고 개선될 수 있을 것으로 믿는다. 이 책은 가능한 한 알기 쉽고 간단명료한 표현을 사용하려고 노력하였고 또한 전문적이고도 어려운 학부수준 이상의 미시경제학적 주제는 제외 시켰으므로 전공자가 아닌 다양한 계층의 독자들도 이 책이 전하고자 하는 미시경제학의 내용을 이해하는 데에 그다지 큰 어려움은 없으리라고 생각된다.

이 책은 모두 7부 18장으로 나뉘어져 있다. 제1부는 제1장과 제2장으로 나뉘어져 있으며 주로 미시경제학의 입문에 대한 내용인 경제학의 논점 및 방법론과 희소성, 선택 등에 대한 기초적인 경제문제들이 간단하게 언급되어 있다. 제2부는 제3장과 제4장 그리고 제5장으로 구성되어 있는데 수요와 공급 및 탄력성에 대한 내용이 수록되어 있다. 제3부는 제6장과 제7장으로 구성되어 있는데 소비자 선택이론으로서 기수적·서수적 효용이론에 대한 내용이 담겨져 있다. 제4부는 생산자 이론으로서 제8장과 제9장으로 구성되어 있으며 기업의 생산과 생산비에 대한 내용이 언급되고 있다. 제5부는 시장이론으로서 제10장과 제11장, 제12장, 제13장으로 나뉘어져 있는데 완전경쟁시장과 독점시장, 독점적 경쟁시장, 과점시장으로 구성되어 있다. 제6부는 생산요소시장에 대한 이론으로서 제14장과 제15장, 제16장으로 구성되어 있으며 완전경쟁과 불완전경쟁하의 생산요소시장과 자본시장에 대한 내용이 다루어져 있다. 끝으로 제7부는 일반균형과 후생경제학에 대한 내용으로서 제17장과 제18장에서 논의되고 있다. 각 장은 매장마다 끝 부분에 요약 및 중요용어와 연습문제가 복습용으로 제공되어 있으며 또한 독자의 이해와 흥미를 위해서 각 장에 관계된 중요 개념이나 관계된 경제학자들에 대하여 읽어보기와 요약해설을 소개하고 있다. 아무쪼록 이 책으로 인하여 미시경제학에 입문한 여러 경제학도들의 일취월장하는 모습을 저자는 기대해 본다.

2011년 가을

청주 우암골에서 저자 씀

목차

제1부 미시경제학 입문

제2부 수요와 공급 및 탄력성

제3부 소비자 선택이론

제4부 생산자이론

제5부 시장이론

제6부 생산요소시장

第7부 일반균형과 후생경제학

제1부

미시경제학 입문

제1장

경제학과 경제학의 논점 및 방법론

1.1 경제학을 공부하는 이유

사실 위의 질문은 왜 경제학을 공부 해야만 하는가라는 질문으로 바꾸어 묻는 것이 더 타당하다 하겠다. 많은 경우에 있어서 그렇게 하도록 요구되어지기 때문에 경제학 코스를 택하거나 또는 미시경제학을 공부하게 된다. 여러 독자들 중에서 대개는 그들이 인문사회 계열을 전공하든 경영학을 전공하든 또는 기계공학을 전공하든 간에 경제학이 그들의 교과과정에 있어서 필수과목일 수도 있기 때문이다. 그러한 이유는 경제학에 대한 기초 훈련은 거의 모든 학생들에게 그들의 전공을 공부해 나아가는 데 있어서 아주 좋은 밑거름이 될 수 있기 때문이다.

경제학은 많은 다른 학문들과 서로 연관이 되어 있다. 경제학은 현대 사회에서 발생되는 사건들과 서로 엮여 있을 뿐만이 아니라 국내적으로나 국제적으로 정치적인 사건에 지대한 영향을 미칠 수도 있다. 그렇다면 답은 간단하다. 우리는 사회에 커다란 영향을 미치는 경제 논점들을 더 잘 이해하기 위하여 경제학을 공부 해야만 하는 것이다. 우리가 경제학을 공부 해야만 하는 두 번째 이유로서는 경제적인 관념 또는 생각이나 이론들이 세계의 지도자들에게 영향을 미친다는 데에 기초하고 있다. 정책 입안자들이 결정하는 많은 것들이 경제이론에 기초하고 있기 때문이다. 역사상 가장 영향력 있는 경제학자 중에 한 사람인 케인즈(John Maynard Keynes)는 다음과 같이 말한 바 있다. 즉 경제학자나 정치철학자의 생각들은 그것이 옳건 그르건 간에 우리가 보통 이해하고 있는 것보다는 훨씬 강력하게 사회에 영향을 미친다는 것이다. 실제로 세상은 극소수에 의하여 통치되고 있다는 점이다. 세 번째로, 우리가 왜 경제학을 공부 해야만 하는가 하는 제일 중요한 이유로서는 우리가 세상과 세상 사람들이 어떻게 서로 기능을 하는 가에 대한 이해를 하는 데에 경제학이 큰 도움을 줄 수 있기 때문이다. 경제이론은 그 이론을 이해하는 사람들에게 미래에 대한 예측 능력을 가지고 경제 모델을 개발 할 수 있도록 하여 인간의 행동을 이해하는 데에 아주 유용한 방법이 될 수 있기 때문이다. 영국의 저명한 경제학자인 마아샬(Alfred Marshall)은 그의 경제학원론(Principle of Economics)에서 경제학이란 사람들의 일상적인 경제생활에 있어서 인간의 행동 또는 인간 그 자체에 대하여 공부하는 학문이라고 말한 바 있다. 그렇다면 우리는 경제학을 공부함으로써 인간의 행동에 대한 힘 있는 통찰력을 갖출 수도 있다 하겠다. 경제학은 재미가 있을 뿐 아니라 경제하으로 잘 훈련된 사람은 실세로 실생활에 있어서 경력 면에 있어서나 구직 시에도 더 많은 보상이 주어지리라 생각된다.

1.2 경제학이란 무엇인가?

경제학이란 사람들이나 기관들이 재화와 용역을 어떻게 생산하고 소비하는지 또한 자원이 희소한 세상에서 어떻게 선택에 대한 문제점들에 대하여 해결하고 있는지 하는 관점에서 사람들과 기관들에 대하여 연구하는 사회과학이다.

이론적인 뿌리로서 경제학은 보통 미시경제학(Microeconomics)과 거시경제학(Macroeconomics)으로 나누어진다. 미시경제학은, 예를 들어 신발시장처럼, 개개의 한 시장에 있어서 생산자와 소비자와의 상호작용에 대하여 초점을 맞추거나 또는 철강시장과 알루미늄시장에 있어서처럼, 서로 다른 개개의 시장 사이의 상호작용 등에 대하여 연구를 한다. 반면에 거시경제학은 경제를 한 덩어리로 보고, economy as a whole, 그의 움직임과 현상에 대하여 초점을 맞추고 있다. 즉 실업률이나 평균물가지수(CPI, WPI, GNP deflator), 국민총생산(GNP; Gross National Product)-주어진 기간 중에 한 경제사회 내에서 새로이 생산해낸 재화와 용역의 최종 생산물의 가치-등의 정책적 논의에 관계하고 있다.

우리는 미시경제학과 거시경제학을 서로 나누어서 공부를 하고 있으나 둘은 서로 밀접한 관계에 있다. 미시경제학이나 거시경제학이나를 막론하고 이 모두를 공부하는데 가장 중요한 분석 도구는 수요와 공급의 개념이다. Microeconomics의 Micro는 그리스 접두어(Greek prefix)로서 작은(small)이라는 듯이고 반면에 Macro는 큰(tall)이라는 뜻이다.

경제이론은 어떤 때는 너무 추상적이고 또한 어렵게 느껴지기도 한다. 이론 그 자체를 위한 이론은 거의 모든 사람들에게 시간의 낭비이고 쓸모가 없을 것이다. 그럼에도 불구하고 경제이론은 가치가 있다. 왜냐하면 경제이론들은 거미줄과 같이 얽혀 있는 사회의 복잡한 문제들을 풀어 낼 수 있는 힘의 기본적인 원천을 개발 시켜주기 때문이다. 이러한 기본적인 원천의 힘은 우리의 생각의 기본 틀을 형성시켜 준다. 이러한 식의 생각을 우리는 경제적 접근이라고 부르기도 한다. 이러한 식의 접근 방법은 우리가 넓은 범위의 사회적 상호 작용을 이해하고 분석하는 데에 도움을 줄 것이다.

1.3 The Self-Interest 가정

아마도 경제학에서 행하는 가장 기본적인 가정은 사람들이 자기중심적인 방식으로 행동을 한다는 것일 것이다. 영어로는 The Self-Interest Hypothesis라고 표현을 한다. 아마도 이 기본적인 가정이 우리의 많은 경제 모델에 있어서 기본이 될 것이다. 우리가 영어사전을 찾아보면 Self-Interest란 이기심이라고 번역이 되어 있을 줄로 안다. 그러나 경제학의 기본 가정에서 말하는 Self-Interest란 이기심이라기보다는 자기 자신에게 흥미가 있다는 것으로 해석을 해야 한다. 즉 개인은 각 개인의 이익이나 바람에 더욱 신경과 흥미를 쏟으려고 한다는 의미이고 또한 기업들은 각 기업들의 최대 수익이나 또는 극대 시장 확보 등에 더 많은 관심이 있다는 의미 일 것이다. 즉, 소비자들에 있어서는 그들의 만족 극대화나 효용 극대화의 행동과 관계가 될 것이고 기업들의 경우에 있어서는 기업의 이윤극대화 목표와 관계가 될 것이다. 경제학에 있어서 이러한 가정은 합리적이라 할 수도 있겠다. 판단은 독자의 몫으로 맡기겠다.

그러나 경제학에 있어서 동기적인 요소로서의 Self-Interest란 기본 가정은 세상에서 종종 냉소적으로 받아들여지곤 한다. 우리가 일반적으로 철학이나 또는 신학에서 배운 많은 것들은 경제학에서 하는 기본 과정과는 서로 많이 다른 또는 정반대의 견해를 나타내고 있기 때문이다. 예를 들면 기독교에 있어서 하느님의 가르침이나 또는 사회개혁에 있어서 칼 마르크스의 논지나 또는 문화혁명 당시에 중국의 마오쩌뚱 등에 의한 사회적인 실험내지 주장 등은 Self-Interest라는 개념보다는 더욱 높거나 또는 아주 많이 다른 동기에 의하여 사람들이 반응을 하도록 목표가 세워져 있었다. 그러나 경제학에 있어서의 기본적인 모델들은 사람들이 자기 자신들에게 보다 더 흥미와 관심이 있다는 동기 부여에 기초하고 있다. 그러나 경제학자들이 Self-Interest라는 가치에만 집착을 하고 다른 인간적인 동기들에 대하여는 부정적인 견해를 갖고 있다는 뜻은 아니다. 더욱 중요한 것은 경제학자들이 한 개인의 행동에 대하여 그 결과를 예상하기 위해서 Self-Interest 가정의 개념을 사용하기 보다는 어떠한 평균적인 단체의 움직임에 대하여 주목을 한다는 것이다. 실제의 경제이론에 있어서도 이러한 단체들의 행동은 비용이나 이윤 등에 대해서 더 많은 영향을 받고 있는 것으로 분석되고 있다.

1.4 경제학의 다른 학문과의 관계

경제학은 보통 사회과학이라고 분류된다. 이러한 분류는 정치학이나 사회학이나 심리학이나 인류학이나 또는 역사학과의 관계에 있어서 학문적으로 서로 상대적 또는 비교적이라는 뜻을 갖고 있다. 즉, 위의 학문들은 모두 개인적이건 단체적이건 간에 인간의 행동에 관하여 그들의 주제가 관계된다는 것이다. 물론 인간의 행동이나 상호작용에 대한 위 학문들의 주제는 서로 겹치기도 하고 서로 다르기도 하다. 그런 의미에서 위의 학문들 모두는 행동과학(behavioral science)이라고 불리기도 한다.

경제학은 개인들이나 집단의 소비와 생산, 생산요소의 사용 및 희소 자원의 사용 결정에 대한 과정 등에 관계하고 있다. 따라서 경제학은 필연적으로 연구의 대상이 다른 학문과 중복 될 수밖에 없다. 예를 들면 심리학과 경제학은 어떠한 동기에서 사람들이 특정한 행동을 하는가에 공통적으로 흥미를 가지고 있다. 그러나 경제학자들은 기본적으로 시장의 행태에 반영된 사람들의 행동이나 또는 정부에 의한 집단적인 자원 배분의 결정 등에 흥미를 갖고 있는 것이다. 사회학자들은 조직화 되고 단체화 된 인간행동의 양상에 관심이 있지만 경제학자들은 그들의 생산과 소비 측면에 주로 흥미를 갖고 있다. 경제학은 또한 응용수학이나 경영학처럼 결정 또는 선택과학(decision science)이다.

이 모두의 학문들은 결과가 결정되는 과정들을 다루고 있다 경제학은 특히 생산과 소비 및 생산자원의 배분 등에 관한 결정 과정에 초점을 맞추고 있는 것이다. 선택(결정)과학으로서의 경제학은 경영학 교육과정과 밀접히 연관 되어 있다. 이러한 이유로 우리는 종합대학교 내의 경영대학 교과과정 중에서 경제학 과목을 종종 발견하게 된다. 우리가 어디서 경제학 공부를 하든 그 속에서 사회과학과 결정(선택)과학으로서의 경제학에 대한 특징을 발견 할 수 있다.

경제학의 방법론에 대한 철학적인 논쟁은 경제학자 사이에 있어서 서로 동의를 하느냐 안하느냐 하는 것이 제일 첫 번째 문제일 것이다. 특히 가정의 역할에 대한 사뮤엘슨(Paul Samuelson)과 프리드만(Milton Friedman)과의 견해는 오랜동안 차이를 두어 왔다. 즉, 사뮤엘슨의 전통적인 견해는 일단 경제이론이 논리적으로 정확하다고 증명이 되면 그 경제이론의 유용성은 그 경제이론의 가정이 현실적이냐 아니냐에 달려 있다고 주장한다. 반면에 프리드만은 경제이론의 목적은 현실의 일반적인 현상들을 추상화 하고 요약하여 그 이론이 현실에서 실질적으로 작동을 하는지 또는 현실의 중요한 현상에 나타나는 결과들을 잘 설명 할 수 있는지 등을 통계적으로 검증을 해 보아야 된다는 주장이다. 비록 위의 논쟁은 아직까지 해결 된 바는 없으나 우리가 어떤 문제를 이론화 하거나 방법론을 선택할 때에 중요한 시사점을 던져 준다. 학문에 있어서 가정들은 아주 다른 역할을 할 때가 있다. 어떤 가정들은 문제를 분석하는 데에 있어서 아주 기본적인 것이지만 어떤 것들은 그렇지 않다. 어떤 가정들은 문제를 간단하게 만들어 그 문제를 다루기 쉽게 한다. 이러한 기본적이고도 문제를 간단하고 다루기 쉽게 만드는 가정들이 경제학에 있어서 정책분석이나 이론화 하는 데에 핵심 열쇠인 것들이다. 그러한 가정들은 가치가 있다 하겠다. 왜냐하면 그러한 가정들은 경제학자들로 하여금 문제의 핵심요소를 잡아내고 또한 그 문제점들을 다른 사람들에게 쉽게 설명을 해 줄 수 있도록 하기 때문이다.

1.5 실증경제학과 규범경제학

경제학의 이론은 실증경제학(positive economics 또는 nonnormative economics)이나 규범경제학(normative economics)으로 구분 할 수가 있다. 실증경제학에서 이야기 하는 실증분석은 경제현상을 나타나 있는 그대로, what it is, 파악하여 설명하고 분석한 결과임에 반하여 규범경제학에서 이야기 하는 규범적 분석은 실존하는 경제현상의 설명과 분석을 뛰어 넘어 그것이 어떻게 되어야만, what it should be, 바람직한 최선의 결과가 이루어 질 수 있는가에 대한 기준을 제시 하는 것이다. 따라서 규범적 분석은 실존의 경제현상을 파악하는 것만이 아니라 그에 대한 특정 정책의 설계와 대안의 제시에 대한 것이기도 하다. 따라서 규범적 분석의 경우 도덕적 당위성과 가치판단의 기준이 뒤따라야 할 것이다.

예를 들어 현재의 실업률이 어느 정도인가라든지 또는 현재 물가상승률은 얼마이며 왜 물가가 상승하는가라는 분석들은 실증분석에 속하나 현재의 실업률은 어느 정도가 알맞은 수준이며 그 수준에 도달하기 위해서는 어떠한 정책을 써야 한다든지 또는 현재의 물가상승을 억제하기 위해서는 어떤 정책수단을 써야 한다는 등의 분석은 규범적 분석에 속한다. 실증분석은 한 경제사회에 있어서 소득이나 자원이 현재 실제로 어떻게 배분되고 분포되어 있는가에 대한 연구 분석인데 반하여 규범적 분석은 그 소득이나 자원이 어떻게 배분되고 분포되어야만 그 경제사회와 구성원들에게 가장 바람직하고 최선의 것이 될 수 있을 것인가에 대한 연구 분석이다. 따라서 규범적 분석은 정책대안이 필요하며 그에 따른 도덕적 당위성과 바람직한 가치판단의 기준이 제시 되어야 할 것이다.

또 다른 한 예로 한 경제학자가 국민의 건강관리와 봉사를 위하여 현재의 건강관련 산업들이 왜, 얼마만큼의 자본과 노동과 토지를 현재 사용하고 있는가에 대한 연구는 실증분석이지만 만약에 국민의 보다 나은 건강증진을 위하여 정부는 더 많은 비용을 재정적으로 지출해야 한다고 주장한다면 그는 이미 묵시적으로 규범적 분석의 입장에 서 있는 것이다. 현실의 세계를 설명할 수 있을 것으로 보고 이윤극대화 가정을 채택한 경제학자의 주장은 실증 분석적이지만 만약에 기업은 이윤극대화를 추구해야 한다고 주장한다면 그는 규범적 분석의 범주 안에 속해 있는 것이다. 피구(A.C.Pigou)는 그의 후생경제학에서 한 나라의 자원이 효율적으로 배분되고 국민소득을 증대시키려면 자유시장경제의 기능에 의존해야 하지만 또한 경제적 후생을 극대화하기 위해서는 국민생산이 성장하고 분배가 평등하며 안정적이 되어야만 한다고 주장하였다. 즉, 피구는 무엇이 어떻게 되어야만 한다는 당위성과 가치판단을 경제학에 도입하여 규범경제학을 정립시켰다.

어떤 경제학자들은 실증분석만이 오직 적절한 경제 분석이라고 주장한다(영국의 로빈즈, L.Robbins). 그들은 자연과학에 있어서처럼 과학으로서의 경제학은 실제 세상에서 일어나는 사건에 대해서만 오직 기술하며 가능한 한 예측하고 분석하는 데에만 관여해야 된다고 주장한다. 그들은 어떠한 도덕적인 당위성이나 특정 목적에 호소하는 것은 경제학자의 연구범위 바깥쪽에 있는 것으로 생각한다. 비록 이 책은 실증분석에 뿌리를 두고 있으나 규범적인 논점에 대하여도 다루고 있다. 예를 들어 우리는 가격체계가 어떻게 기능을 하는가에 대하여도 공부를 하겠지만 그것이 어떻게 기능을 해야만 경제사회 구성원에게 바람직한 것인가에 대하여도 공부를 할 것이다. 따라서 이 책의 내용은 실증분석이나 규범적 분석에 대한 분명한 경계나 구별은 없으며 분석의 방법상 위의 두 가지 분석에 모두 초점을 맞출 것이다.

1.6 일반적 오류(Common Fallacy)

우리는 경제 문제에 대하여 어떤 글을 읽거나 또는 공부를 할 경우에 잘못된 이론이나 또는 그릇된 판단이나 결론에 빠지지 않도록 주의 할 필요가 있다. 경제학에 있어서 우리가 이러한 함정에 빠질 수 있는 오류는 대개 세 가지가 있다.

1.6.1 구성의 오류(The Fallacy of Composition)

구성의 오류는 어느 한 부분에 나타나거나 적용되는 현상을 전체에도 적용된다고 판단하거나 또는 전체에서 나타나는 현상을 그 전체의 어느 한 부분에도 합당하게 적용된다고 생각하는 그릇된 판단이다. 이러한 일은 많은 경제적인 관계에서 성립되지 아니한다. 예를 들어 한 TV 뉴스 시간에 어떤 앵커가 다음과 같이 뉴스를 전하였다고 생각해 보자 즉, "올해는 소위 시베리아 특급이라고 별명이 붙은 혹독한 겨울 추위 때문에 제주도 감귤이 80% 이상 얼어 터져 감귤산업이 도산 위기에 처하였다."라고 뉴스를 전하였다고 하자. 그렇다면 이 뉴스를 들은 시청자들은 이 보도를 어떻게 판단해야 될까? 이 보도를 진실이라고 아무 생각 없이 믿어야 되는 것일까? 혹독한 추위는 감귤 농사를 짓는 농민 전체에게는 커다란 피해가 될 수 있다. 그러나 감귤 수확의 감소로 인한 감귤 공급량의 감소는 감귤 시장에서 감귤의 가격을 대폭 끌어 올릴 수 있으며 이러한 감귤 가격의 상승은 감귤 생산 농민들에게 이전과 똑 같은 수준의 화폐소득을 보장해 줄 수도 있다. 따라서 혹독한 추위로 인한 감귤산업의 도산이라는 결론은 얼핏 보기에는 타당해 보이기도 하지만 잘못 된 보도인 것이다. 실제로 농업부분에 있어서 수확이 좋은 해에는 개개인 농민이나 경작자에게 오히려 피해가 돌아 올 수도 있으며 또한 가뭄이나 홍수 등의 기후변화로 인해 수확이 부진한 해에도 개개의 농민들은 이전 수준의 소득을 확보할 수도 있다. 다시 말해서 거시적으로 봐서 전체경제(macro economy)에 타당한 현상이 개개의 개인단위(micro economy)에는 적용이 되지 않을 수도 있다는 것이다. 물론 이의 역도 성립한다.

1.6.2 인과의 오류(The Association-Causation Fallacy)

경제학에 있어서 어떤 조건 하에서 한 변수의 변화가 다른 변수의 변화를 일으키게 하는기에 대한 결정은 내우 중요한 일이다. 연합이나 관련이라는 의미가 반드시 원인을 의미하지는 않는다. 통계적으로나 또는 관측된 관련 사항이 반드시 원인 관계를 내포하고 있지는 않기 때문이다. 즉 두 변수가 동시에 변화하였다고 하여 한 변수가 다른 변수의 변화에 어떤 원인이 되었다고 말할 수는 없다는 것이다. 예를 들어 우리는 매일 TV 뉴스에서 주식시장에 대한 뉴스를 듣는다. 이 경우 종종 뉴스 앵커들은 주식시장에서 주식가격의 등락에 대한 원인들을 설명할 때에 이와 같은 인과의 오류를 범한다고 한다. 즉, 그날 하루의 끝에는 어쨌든 주식가격은 오르거나 또는 내릴 것이다. 그리고 뉴스 보도시 앵커들은 보통 청중들에게 왜 주식가격이 오르거나 또는 내렸는지에 대한 이유를 설명할 원인을 찾기를 원하고 또한 노력한다. 그들은 그 원인으로서 같은 날 일어났던 또 다른 중요한 사건들의 움직임을 파악하고 그것들을 주가등락의 이유로써 종종 말할 수 있을 것이다. 그러나 이 경우 그들은 종종 결과에 합당하지 않은 원인이나 이유를 연결시킴으로서 인과의 오류를 범할 수도 있다. 이러한 오류를 막기 위해서는 우리는 항상 원인 관계를 경제이론에 비교하여 생각해 볼 필요가 있다.

1.6.3 The Ceteris Paribus 오류

Ceteris paribus란 라틴말로서 "다른 요소들은 전과 동일 할 때" 또는 "다른 요소들은 일정 할 때"라는 뜻으로서 우리말로써는 번역이 안 되어 있어서 라틴 원어 그대로를 사용하였다. 실제로 우리 경제사회 내에서는 모든 종류의 변수가 동시에 변화를 하고 있다. 따라서 만일에 그들이 정확하게 분류되고 분석되지 않는다면 우리는 ceteris paribus 오류를 범하게 될 것이다. 예를 들면 1970년대 초반에 소위 말하는 세계 제1차오일 쇼크가 발생하였었다. 따라서 휘발유 값은 크게 상승하였다. 일반적으로 수요의 법칙에 의하면 휘발유 값이 상승하면 휘발유 소비량은 감소하는게 원칙이다. 그러나 이 시기에 실제로 휘발유 소비량은 예측과 달리 증가하였으며 더욱이 자동차 소비량까지도 증가하였다. 그렇다면 만약에 우리가 이러한 현상을 보고 휘발유의 가격과 소비량(수요량) 사이에는 수요의 법칙이 작용하지 않는구나라고 판단을 한다면 ceteris paribus 오류를 범한다는 것이다. 휘발유의 가격과 수요량 사이에는 일반적으로 역의 관계가 성립한다. 그러나 이러한 역의 관계는 다른 가변요소들인 소비자들의 소득 등이 변하지 않고 이전과 동일하다는(ceteris paribus) 가정 하에서 역의 관계가 성립하는 것이다. 아무리 휘발유의 가격과 소비량 사이에 반비례의 법칙이 성립한다 할지라도 만약에 휘발유 가격의 상승속도나 상승크기 보다도 소비자 소득의 상승속도나 상승크기가 훨씬 더 크고 빠르다면 아무리 휘발유 가격이 상승한다하더라도 휘발유 가격과 소비량 사이에는 정의 관계가 나타날 수도 있다. 따라서 우리는 두 변수 사이의 관계를 분석할 때에 제3의 변수의 움직임과 영향도 염두에 두고 분석할 필요가 있다.

1.7 관계되는 전문용어

1.7.1 비교정태분석(Comparative Static Analysis)과 동태분석(Comparative Dynamics)

이 책의 대부분은 비교정태분석과 관계된 것이다. 비교정태분석이란 한 변수의 변화에 의하여 달라진 두 균형점 사이에서 달라진 특성이나 상태들을 비교하여 분석하는 것이다. 예를 들어 경제내의 한 시장에 대하여 사진을 찍고 지금 존재하고 있는 그대로의 모습을 분석해 보자. 다음엔 그 시장에 영향을 줄 수 있는 일개의 변수에 변화를 주고난 후에 그 시장에 새로이 형성된 모습(새로운 균형점)에 대하여 또 다른 한 장의 사진을 찍고 이전과 비슷한 방법으로 분석을 해보자. 이제 우리는 이 두 장의 사진의 서로 다른 모습(결과)을 비교해 볼 수 있을 것이다. 우리는 그 시장에 영향을 미칠 수 있는 어떤 한 변수의 변화에 의하여 그 시장의 서로 다른 두 개의 정적인(static) 모습의 사진을 비교해 볼 수 있다. 이와 같이 한 변수의 변화에 의하여 서로 다른 두 개의 균형점을 그때 있는 모습 그대로 차이점을 분석하는 것을 비교정태(comparative statics)라고 한다. 이 정태분석의 경우 시간이라는 변수는 포함이 되지 아니한다. 만약에 여기에 시간이라는 변수가 포함되면 동태분석(dynamic analysis)이라고 한다. 즉 정태분석의 두 균형점 사이에 시간이 지남에 따라서 시시각각 어떠한 모습과 어떠한 경로를 따라서 새로운 균형점에 도달하였는가를 밝혀내는 것이 동태분석이다.

1.7.2 내생변수와 외생변수(Endogenous and Exogenous Variables)

우리는 경제학에서 이론이나 모델을 개발할 때에 개개의 여러 변수에 대하여 주의를 기울인다. 이론이나 모델 내에서 결정이 되어 지거나 설명이 되어 지는 변수를 내생변수(endogenous variable)라고 하고 이론이나 모델의 외부에서 결정이 되고 내생변수에 영향을 미치는 변수를 외생변수(exogenous variable)라고 한다. 예를 들어 우리는 오렌지 가격이 어떻게 결정 되는가에 대한 이론을 개발한다고 하자. 이때에 이 이론 내에서 오렌지의 가격은 내생변수이며 오렌지 가격에 영향을 미칠 수 있는 제주도의 날씨 등은 이론의 밖에서 결정되며 오렌지의 생산량이나 가격 등에 영향을 미치는 외생변수이다. 수학에서는 이를 각각 종속변수(dependent variable)와 독립변수(independent variable)라고 한다. 간단한 수학적인 모델과는 달리 경제학의 모델에서는 서로 영향을 미치는 여러 개의 내생변수가 존재 할 수도 있다.

1.7.3 Stock변수와 Flow변수

경제학에서는 종종 stock변수와 flow변수라는 단어를 보게 된다. 이 둘 사이의 개념을 구분하는 것은 매우 중요하다. Stock 변수는 일정한 한 시점에서 재는 양이나 숫자를 말한다. 예를 들면 2000년 1월 1일 낮12시 정각에 한국의 총 인구수 등이다. 반면에 Flow 변수는 주어진 기간 동안에 재는 양이나 숫자를 말한다. 즉 2000년 1년 동안의 한국의 신생아수 등이다. 특히 저축량(savings)은 stock개념이며 저축(saving)은 flow 개념이다.

소득(income)은 flow 개념이며 부(wealth)는 stock 개념이다.

국가빚(national debt)은 stock 개념이고 정부의 재정적자(government budget deficit)는 flow 개념이다. 보통 어느 국가든지 소득(income)에도 세금을 부과하고 부(wealth)에도 재산세(소유세)등의 명목으로 세금을 부과한다.

요약

1. 경제학이란 희소성에 직면하여 어떻게 사람이나 기관들이 재화와 용역을 생산하고 소비하는가에 대하여 연구하는 사회과학이다.

2. 미시경제학은 각개 시장에 있어서 생산자들과 소비자들의 상호작용에 대하여 고찰한다.

3. 거시경제학은 경제를 한 덩어리로 간주하여 연구하는 학문이고 총합 개념에 대하여 분석한다.

4. 경제학은 사회과학(social science)인 동시에 선택과학(decision science)이다.

5. 경제이론은 복잡한 사회문제들을 연구하는데 사용될 기본원리나 도구들을 개발할 수 있게 하는 추상적인 생각의 방법이다.

6. Self-Interest 가정은 경제학에 있어서 매우 기본적인 가정이다. 비록 경제행위가 매우 복잡한 과정이라는 것을 경제학자들도 잘 이해하고 있지만 경제학에서 인간들은 남이 아닌 자기 자신에게 흥미(self-interest)가 있다고 가정한다.

7. 실증경제학(positive or nonnormative economics)은 우리가 무엇을 해야만 하는가(should or ought to be)를 이야기 하지 않고 "만약 A이면, 그렇다면 B이다"라는 식의 설명을 해 줄 뿐이다.

8. 인과의 오류(association-causation fallacy)는 동시에 발생하거나 또는 하나가 발생하면 뒤따라서 또 다른 사건이나 변수가 발생하는 경우 이들이 서로 관련되어 있다고 생각하는 올가미에 빠져 있을 때 발생한다.

9. 구성의 오류(fallacy of composition)는 부분에 일어나는 현상을 전체에 적용하려 하든가 또는 전체의 현상을 부분에 적용하려 할 때 발생하는 잘못된 견해이다.

10. ceteris paribus 오류는 한 변수의 변화에 대하여 관계된 다른 변수의 변화가 원인 변수의 상식적인 예측 결과와 달리 나타날 때에 발생한다.

11. 정태분석(comparative statics)은 서로 다른 시점에서 일어난 균형점의 변화에 대하여 연구하는 비교분석 기술이다.

12. 내생변수(endogenous variable)는 이론의 내에서 결정되지만 외생변수(exogenous variable)는 이론의 외부에서 주어진다.

13. stock 변수는 한 시점에서 정의 되고 flow 변수는 시간의 주어진 기간 동안에 정의 된다.

중요 용어

미시경제학(microeconomics)	거시경제학(macroeconomics)
social science	decision science
ceteris paribus	self-interest
실증경제학	규범경제학
인과의 오류	구성의 오류
ceteris paribus 오류	정태분석
내생변수	외생변수
stock변수	flow변수
savings	saving
소득(income)	부(wealth)
national debt	national deficit

연습문제

1. 당신은 사람들이 self-interest 가정을 확신할 만한 행동들을 한다고 생각합니까?

2. 당신의 행동은 self-interest 가정을 쫓아서 행동합니까?

3. 자원봉사 활동이나 자선단체의 기부행위는 self-interest의 가정에 반대 됩니까?

4. 왜 경제학자들은 현실을 정확하게 설명하려고 노력하지 않고 이론을 개발하여 사용하려 합니까?

5. 내생변수, 외생변수, stock변수, flow 변수의 예를 들어 보시오.

읽어보기 1-1

The Nobel Prize for Economics

The Nobel Committee, set up by the Swedish Royal Academy of Sciences, awarded the first Nobel Prize in 1901. It wasn't until 1969, however, that the first Nobel Prize for Economics was awarded. The Bank of Sweden Funded the 1969 prize to celebrate its 300th anniversary.

The emergence of economics into the Nobel Prize family of chemistry, physics, and medicine is proof that economics has far surpassed most other social sciences in the eyes of the world's scientific community. Receipt of a Nobel Prize is a high, and monetarily rewarding, honor for an economist.

More than half the recipients have been Americans. This percentage is likely to grow since many of today's major economists are American.

The following have been winners of the prize since 1969:

1969	Ranger Frisch, Norway
	Jan Tinbergen, Netherlands
1970	Paul A. Samuelson, United States
1971	Simon Kuznets, United States
1972	Kenneth J. Arrow, United States
	Sir John R. Hicks, Great Britain
1973	Wassily Leontief, United States
1974	Gunnar Myrdal, Sweden
	Friedrich A. von Hayek. Great Britain
1975	Leonid V. Kantorovich, USSR
	Tjalling C. Koopmans, United States
1976	Milton Fredman, United States
1977	James E. Meade, Great Britain
	Bertil Ohlin, Sweden
1978	Herbert A. Simon, United States
1979	Sir Arthur Lewis, Great Britain
	Theodore Schultz, United States
1980	Lawrence R. Klein, United States
1981	James Tobin, United States
1982	George Stigler, United States
1983	Gerard Debreu, United States

1984 Sir Richard Stone, Great Britain
1985 Franco Modigliani, United States
(자료 : Principle of Economics, Amacher·Ulbrich, South-Western Publishing Co. 3rd Ed. 1986)

1-1 요약해설

노벨위원회는 스웨덴 왕립 한림원에 의하여 세워지고 1901년에 처음으로 노벨상이 수여 되었다. 이 당시에는 화학상, 물리학상, 문학상, 의학상, 평화상 등에 있어서 특출한 업적을 남긴 사람에게 이 상이 주어졌다. 노벨 경제학상은 1969년에 와서야 처음으로 수여 되었는데 이는 스웨덴 중앙은행이 창립 300주년을 기념하기 위하여 기금을 마련하여 노벨위원회에 위탁함으로써 노벨상이 제정 되었던 것이다. 이는 세계 과학계에 경제학이 어느 사회과학보다도 사회에 미치는 영향이나 가치가 크다고 생각되었기 때문이다. 수상자 중에서 반 이상이 영미 경제학자들인데 이 비중은 더욱 높아 갈 것으로 보인다. 이는 현대 경제학이 물동량을 재고 기능적인 영미 경제학이 주류를 이루기 때문인 것으로 생각된다.

노벨상 받은 경제학자들

2006년도	Edmund Phelps (1933-현재, 미국)
2005년도	Thomas C. Schelling (1921-현재, 미국)
	Robert J. Aumann (1930-현재, 이스라엘/미국)
2004년도	Edward C. Prescott (1940-현재, 미국)
	Finn E. Kydland (1943-현재, 노르웨이)
2003년도	Clive W.J. Granger (1934-현재, 영국)
	Robert F. Engle (1942-현재, 미국)
2002년도	Vernon L. Smith (1927-현재, 미국)
	Daniel Kahneman (1934-현재, 이스라엘)
2001년도	George A. Akerlof (1940-현재, 미국)
	A. Michael Spence (1943-현재, 미국)
	Joseph E. Stiglitz (1943-현재, 미국)
2000년도	James J. Heckman (1944-현재, 미국)
	Daniel L. McFadden (1937-현재, 미국)
1999년도	Robert A. Mundell (1932-현재, 캐나다)
1998년도	Amartya Sen (1933-현재, 인도)
1997년도	Robcrt C. Merton (1944-현재, 미국)
	Myron S. Scholes (1941-현재, 미국)
1996년도	James A. Mirrlees (1936-현재, 영국)
	William Vickrey (1914-1996, 미국)

1995년도	Robert E. Lucas Jr. (1937-현재, 미국)
1994년도	John C. Harsanyi (1920-2000, 미국/헝가리 출생)
	John F. Nash (1928-현재, 미국)
	Reinhard Selten (1930-현재, 독일)
1993년도	Robert W. Fogel (1926-현재, 미국)
	Douglass C. North (1920-현재, 미국)
1992년도	Gary S. Becker (1930-현재, 미국)
1991년도	Ronald H. Coase (1910-현재, 미국/영국출생)
1990년도	Harry M. Markowitz (1927-현재, 미국)
	Merton H. Miller (1923-2000, 미국)
	William F. Sharpe (1938-현재, 미국)
1989년도	Trygve Haavelmo (1911-1999, 노르웨이)
1988년도	Maurice Allais (1912-현재, 프랑스)
1987년도	Robert M. Solow (1924-현재, 미국)
1986년도	James M. Buchanan Jr. (1919-현재, 미국)
1985년도	Franco Modigliani (1918-2003, 미국/이태리출생)
1984년도	Richard Stone (1913-1991, 영국)
1983년도	Gerard Debreu (1921-현재, 미국/프랑스출생)
1982년도	George J. Stigler (1911-1991, 미국)
1981년도	James Tobin (1918-2002, 미국)
1980년도	Lawrence R. Klein (1920-현재, 미국)
1979년도	Theodore W. Schultz (1902-현재, 미국)
	Sir Arthur Lewis (1915-1991, 서인도)
1978년도	Herbert A. Simon (1916-2001, 미국)
1977년도	James E. Meade (1907-1995, 영국)
	Bertil Ohlin (1899-1979, 스웨덴)
1976년도	Milton Friedman (1912-2006, 미국)
1975년도	Leonid V. Kantorovich (1912-1986, 러시아)
	Tjalling C. Koopmans (1910-1985, 미국/네덜란드출생)
1974년도	Gunnar Myrdal (1989-1987, 스웨덴)
	Friedrich A. von Hayek (1899-1992, 영국/오스트리아출생)
1973년도	Wassily Leontief (1906-1999, 미국/러시아출생)
1972년도	Kenneth J. Arrow (1921-현재, 미국)
	John R. Hicks (1904-1989, 영국)
1971년도	Simon Kuznets (1901-1985, 미국/러시아출생)
1970년도	Paul A. Samuelson (1915-현재, 미국)
1969년도	Ragnar Frisch (1895-1973, 노르웨이)
	Jan Tinbergen (1903-1994, 덴마크)

읽어보기 1-2

Milton Friedman

Milton Friedman and Paul A. Samuelson are two of the best known contemporary economists. They both are recipients of the Nobel Prize in Economic policy advice. Samuelson is a liberal activist who sees an important role for government in the modern industrial society. Friedman advocates a laissez-faire economic policy, arguing that the market economy operates very well and that the interventions Samuelson supports cause more harm than good. Samuelson represents the Eastern Establishment brand of economics, while Friedman represents the Chicago School. Friedman was quoted in People magazine as saying "There is no such thing as a free lunch. That is the sum of my economic theory. The rest is elaboration."

Paul A. Samuelson

Samuelson, a professor at M.I.T., was awarded an A.B. and Ph.D. degrees in economics from Harvard University. His Ph.D. dissertation, Foundations of Economic Analysis, written when he was only 23 years old, still ranks as a monumental work in the application of mathematics to neoclassical economics. Present-day graduate students still study Samuelson's Foundations. Samuelson is largely responsible for making M.I.T.'s economics department one of the best in the country. After receiving his degree at Havard, he took a job at M.I.T. and helped to attract what some people consider to be the leading graduate faculty in economics.

Friedman presently is retired from the University of Chicago, where he taught for 30 years, and is a Senior Research Fellow at the Hoover Institution at Stanford University. Friedman received a B.A. degree from Rutgers, an A.M. degree from the University of Chicago, and a Ph.D. degree from Columbia University. Frieman has published many articles and books, but his ideas are readily available in two popular books: Essays in Positive Economics (1953) and Capitalism and Freedom (1962).

(자료 : Principle of Economics, Amacher · Ulbrich, South-Western Publishing Co. 3rd Ed. 1986)

1-2 요약해설

Milton Friedman과 Paul A. Samuelson은 둘 다 저명한 경제학자이다. 둘 다 노벨경제학상 수상자로서 사뮤엘슨은 1970년에 프리드만은 1976년에 각각 수상하였다. 사뮤엘슨은 정부의 역할을 중요시 하는 대표적인 Keynes 학파의 대표주자이고 프리드만은 고전파의 손자뻘인 화폐론자들의 대표주자이다. 프리드만은 사뮤엘슨의 간섭 정책은 오히려 경제에 해를 끼칠 뿐이라고 주장하며 시장경제는 잘 기능하고 있다는 자유론자(laissez-faire)이다. 프리드만의 "공짜로 먹는 점심 그런 것 따위는 없다"는 그의 말은 그의 경제적 관념을 잘 말해 준다. 사뮤엘슨 교수는 M.I.T 경제학과에서 오래 봉직하였으며 프리드만 교수는 시카고대학교 경제학과에서 오랫동안 봉직하였다.

제2장

희소성과 선택 및 경제문제

이 장에서는 주로 3개의 주제에 대하여 공부를 하게 될 것이다. 첫째, 자원이 한정된 이 세상에서 우리는 희소성이라는 사실에 부닥치게 될 것이다. 우리의 바람과 욕망은 그것들을 만족시켜 줄 우리의 능력과 주변의 환경에 비하여 너무나도 크다. 이러한 사정이 우리가 서로 다른 재화와 용역들을 생산하고 소비할 때에 우리들로 하여금 선택의 행동을 취하게 만든다. 둘째, 이러한 선택의 과정에서 어떤 경제사회이든 간에 반드시 어떠한 문제에 봉착하게 된다. 즉, 어떤 재화를 얼마만큼 생산해야 할 것인가 하는 것과 또한 생산과 생산요소의 결합에 있어서 어떤 방법을 사용해야 할 것인가와, 생산된 재화의 얼마만큼을 누가 소비 할 것인가 하는 문제들과 셋째, 생산되고 소비될 재화와 용역의 양을 어떻게 증대 시킬 수 있는가? 하는 문제들이다. 세 번째 질문은 우리로 하여금 생산요소와 특화와 교환에 대한 연구를 하도록 할 것이다.

2.1 희소성(Scarcity)

일반적으로 대개의 인간의 욕망은 만족을 모르는데 비하여 자원은 희소하다. 이러한 희소성은 인간으로 하여금 선택의 행동을 하게 만든다. 따라서 인간은 절제(경제)해야만 한다. 이러한 간단한 사실은 매우 중요하다. 왜냐하면 희소성이 없다면 절약할 필요도 없고 욕망 앞에서 선택에 대한 결정을 내릴 필요가 없으며 따라서 경제학을 공부할 필요도 없어지기 때문이다. 무엇인가를 생산하고 소비한다는 결정은 우리가 또 다른 그 무엇인가를 생산하고 소비하는 것을 포기한다는 의미이다. 예를 들어 축구경기의 관람을 가는 것과 같은 어떤 행동을 함으로써 들어가는 비용은 그 행동(이 경우에는 축구경기 관람)에 참가하기 위하여 포기한 다른 행동에 대한 가치를 의미한다. 경제학자들은 이러한 비용을 기회비용(opportunity cost)이라고 부른다. 위의 예에서 축구경기 관람을 위해서 들어간 일부분의 비용은 우선 입장권을 사기 위해서 들어간 화폐비용 일 것이다. 또 다른 하나의 비용은 축구경기를 관람하기 위해 소모한 아마도 약 3시간가량의 시간 일 것이다. 만약에 축구경기 구경을 가지 않고 대신에 시험을 보기 위해 이 3시간을 공부하는데 소모 하였다고 가정해 보자. 아마노 시험성적은 적어도 몇 짐은 디 상승하여 치이가 났을 것이다. 이 경우 축구경기 관람에 대한 기회비용은 입장권을 사는데 들어간 화폐비용과 화폐비용으로 환산하기에는 어려움이 있지만 3시간 동안 공부를 더 함으로써 상승할 수 있는 시험성적 일 것이다. 기회비용이란 개념은 경제학에서 매우 중요한 개념 중 하나다. 많은 사람들은 무엇을 사거나 어떤 행동을 할 때에 그 가치를 오직 화폐가치로만 환산하거나 생각하는 경향이 있어 기회비용의 개념에 대한 혼란을 겪고 있다.

2.2 기회비용(Opportunity Cost)

기회비용의 개념을 나타내는 간단한 그래프를 그려보자. 현재 여러분이 20원의 쓸 돈을 가지고 있다고 하자. 그런데 이 20원을 두 가지의 재화, 즉 빈대떡과 피자를 사는데 사용할 수 있다고 가정하자. 피자의 가격은 개당 4원이고 빈대떡의 가격은 개당 1원이라고 가정하자. 그렇다면 여러분은 아래의 그래프[Fig.2-1]의 PC선을 따라서 여러분이 원하는 점에서 선택을 결정하고 두 재화를 소비할 수 있을 것이다.

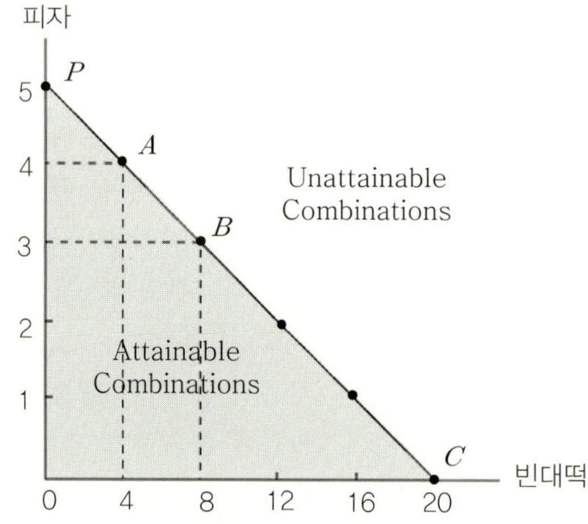

[Fig. 2-1] 선택선

위에서 보듯이 소비자가 살 수 있는 빈대떡과 피자의 조합 점들은 아주 많을 것이다. *PC*선은 20원을 가지고 소비가 가능한 영역(attainable combinations)과 소비가 불가능한 영역(unattainable combinations)의 경계선이다. *A*점으로부터 *B*점으로의 이동은 피자 1개의 기회비용이 빈대떡 4장임을 보여준다. 따라서 *PC*선의 기울기가 기회비용을 나타내고 있다. *PC*선을 연결선으로 그린 것은 각각의 재화를 부분적으로 나누어서 살 수 있다고 가정했기 때문이다. 소비자가 *PC*선의 동북쪽 바깥의 영역에 도달하기 위해서는 20원 이상의 화폐를 소유해야만 할 것이다. 결론적으로 [Fig.2-1]에 있어서 *PC*선은 주어진 화폐 20원을 모두 사용하였을 때에 도달 할 수 있는 선택선인 것이다. 이 전에도 논의 한바 있지만 기회비용을 생각 할 때에 눈에 보이는 명시적인 화폐 가치의 비용만이 아니고 화폐가치로는 환산을 하기 어려워도 묵시적인 기회비용도 포함시켜야 된다고 논의 한 바 있다. 이 묵시적인 기회비용의 실 예를 하나 들어 보자. 이 이야기는 지방자치 제도가 발달한 미국의 어느 한 주 의회에서 발생한 사건이다.

【실예】

An interesting way of using the idea of opportunity cost was discussed several years ago when politicians were debating the volunteer army. Some politicians said we couldn't afford the volunteer army. Economists viewed this as a foolish statement. Take yourself as an example. If your two alternatives were to earn $10,000 selling insurance or to become a soldier and earn $4,000, which would you decide? Using the self-interest assumption, we predict that you would decide to sell insurance. In fact, the government would need to raise salaries to $10,001 to get you to volunteer (assuming you are indifferent to the other condition of the two situations). This would cause the total cost of the volunteer army to increase. But what if you are drafted? You will earn $4,000, although by selling insurance you could have earned $10,000-your opportunity cost. If the government drafts you, it is taking $6,000 from you and giving it to all taxpayers in the sense that they now have to pay lower taxes to raise an army. So actually you have been taxed $6,000 to raise an army. In this sense, the cost of the volunteer army is the same as the cost of a drafted army. The difference is that, in one instance, taxpayers have to pay the cost, and in the other instance, those drafted have to pay the cost. The draft, then, is a very discriminatory tax because it is a tax levied only on a small subset of the population: that is, on some young, healthy males. Further, if society thinks each soldier costs only $4,000 per year, it will use more of them than it will if it knows each is really costing $10,000. And, by thinking it is cheaper to use soldiers than it really is, society will rely more on soldiers and less on machines and equipment than if society knew the true cost of using soldiers.

This example is not unique to the military. In any situation where the market determination of salaries and other costs is distorted, the resulting selection of inputs will be wasteful and inefficient. We will see this much more clearly in future chapters.

실예에 대한 요약해설

국가별로 국방을 위하여 군인을 소집하는 방법에는 주로 2가지 종류가 있다. 첫째는 지원제도(voluntary system)이고 둘째는 강제로 모집을 하는 징집제도(draft system)이다. 이 중에서 지원제도는 자발적인 개인의 지원에 의한 것임으로 개인에게 봉급을 많이 주어야만 목적을 달성할 수 있다. 따라서 군인을 모집하고 유지하는 데에 국방비용이 많이 들어간다. 반면에 징집제도는 법률에 의하여 강제로 군인을 모집하기 때문에 군인을 모집하고 유지하는 데에 지원제도 보다는 훨씬 적은 비용으로 소기의 목적을 달성할 수가 있다. 이 두 제도 중에서 미국은 지원제도를 채택하고 있는 나라다. 그런데 어느 주 의회에서 부족한 예산 관계로 지원제도를 징집제도로 바꾸자는 의견이 대두 되었다. 이 상황을 분석한 것이 위의 영어문장 실 예이다. 이 상황을 기회비용이라는 관점에서 설명해 보자.

만일 어느 한 청년이 사회에 나가서 일을 하면 한 달에 100만 원을 월급으로 받을 수 있다고 하자. 만일 그 청년이 자발적으로 군대에 입대하게 하기 위해서는 국가는 그 청년에게 최소한 한 달에 100만 원 이상을 지불해야 그 청년은 군대에 자발적으로 지원 할 것이다. 따라서 이 100만 원이 그 청년의 사회적으로 한 달 간의 화폐적 가치 즉 기회비용인 것이다. 그러나 만일 징집제도에 의하면 한 달에 40만원만을 그 청년에게 주어도 국가는 그 청년을 법률에 의하여 강제로 군대에 소집할 수 있을 것이다. 그러면 국가는 한 사람(군인)당 60만 원을 절약하여 국가예산을 절약 할 수 있다는 것이 일부 주 의회의원의 의견이었다. 그렇다면 과연 이 60만 원이라는 돈은 무엇일까? 국방을 유지하기 위해서는 국가가 국방비를 국민들로부터 세금으로 걷어서 군대를 유지하게 된다. 국방비를 내는 사람은 국민(tax payer)들이다. 따라서 위의 주 의회의원들의 주장은 세금을 내야 될 의무가 있는 국민들로부터는 60만 원을 덜 걷고 그 대신에 강제로 징집된 일부 청년 계층에게는 60만원을 덜 지급함으로써 60만원 어치의 고통과 짐을 법률에 의하여 강제 징집된 일부 청년들에게 부과하게 되는 것이다. 군대에 강제 징집된 청년들이 짊어진 60만원 어치의 고통과 짐들은 국민들이 지불했어야 할 다름 아닌 보이지 않는 묵시적인 비용, 즉 기회비용인 것이다. 따라서 기회비용이라는 관점에서 보면 지원제도나 징집제도나 사회적으로 같은 비용이 소모됨을 알 수가 있다. 징집제도가 사회적으로 결코 지원제도 보다 예산이나 비용이 절약되는 제도가 아닌 것이다.

2.3 생산요소(Production Resources)

일반적으로 생산요소라 함은 노동, 토지, 자본의 3대 분류를 취하는 경향이 있으나 우리는 여기에 기업경영능력을 추가하고자 한다.

2.3.1 토지(Land)

토지라는 생산요소는 땅(ground)뿐만이 아니라 생산에 투입되는 모든 자연적인 요소를 일컫는다. 예를 들면, 물, 공기, 광물, 삼림자원, oil 등과 심지어는 무형의 온도나 흙의 질, 강우량등도 이에 포함된다. 토지와 어떤 종류의 자본과의 차이점은 토지는 자본지출 등에 의해서 개발이 되지 않은 순수한 자연요소나 조건 등으로 구성이 되어 있다는 것이다. 즉 강원도의 어떤 논 면적이 관개시설 등을 통하여 경작이 이루어지고 있다면 그것은 이미 논이라는 땅덩어리 그 이상의 것이다. 그 논은 자본의 개념에도 속한다고 보아야 할 것이다. 토지라는 생산요소에 대한 반대급부(return)는 지대(rent)이다.

2.3.2 노동(Labor)

노동이란 인간의 육체적이거나 또는 지적인 노력을 일컫는다. 따라서 가축인 소나 말 등에 의한 생산적 도움은 노동이라 하지 않는다. 어떤 노동은 다른 노동에 비하여 더 가치를 대접받고 따라서 화폐적 보수도 더 많다. 그러한 이유 중의 한 요인은 노동도 토지와 같이 가치가 더 나가도록 만들어 질 수 있다는 사실이다. 이러한 일은 어떤 개인이 자기의 노동 기능을 더 증가시키기 위하여 돈과 시간을 더 투자하기 때문에 발생한다. 우리는 이러한 노동 기능의 개발을 인간자본에 대한 투자(investment in human capital)라고 한다. 이러한 인간자본에 대한 투자는 학벌이나 기술 등에 만의 투자가 아니라 노동의 생산성을 높일 수 있는 건강에 대한 증진등도 이에 해당한다. 노동에 대한 반대급부는 임금(wage 또는 salary)이다.

2.3.3 자본(Capital)

자본이란 생산과정에 투입되는 요소 중에서 사람이 만든 그러나 내구적이고 닳아 빠지는 보조물을 말한다. 따라서 도구나 기구, 공장, 창고, 재고량, 기계 등을 말한다. 자본과 돈(money)은 엄격히 구분 되어야 한다. 돈은 자본이 아니다. 아무리 돈을 손에 쥐고 있어도 생산은 이루어 지지 않는다. 그러나 우리는 자본금이라는 단어는 사용한다. 이는 돈의 성질상 소위 우리가 말하는 유동성(liquidity)이라는 성질을 화폐가 갖고 있기 때문이다. 즉, 우리는 화폐를 지불하면 즉시 기계도 살 수 있고 공장도 살 수 있고 창고등도 살 수 있다. 자본의 양을 늘리는 것을 우리는 투자(investment)라고 한다. 자본을 빌려 주고 반대급부로 받는 것이 이자(interest)이다.

2.3.4 기업경영능력(Entrepreneurship)

기업경영능력이란 사실상 매우 중요한 생산요소 중의 하나다. 왜냐하면 이것은 판매할 재화 등을 생산하기 위하여 다른 생산요소들을 사들이거나 빌리거나 하여 서로 결합하는 능력이기 때문이다. 특히 기업의 기술혁신이나 위험을 부담하는 기업가의 책임 내지는 능력을 말하곤 한다. 만약 기업이 성공적으로 경영이 되었다면 기업경영능력에 대한 반대급부는 이윤(profit)이라고 불리어진다. 따라서 이윤이란 모든 다른 생산요소들에 대한 반대급부가 지불된 후의 나머지(residual)가 되어야 한다.

2.4 생산가능성곡선(Production Possibility Curve)

앞에서 논의한 기회비용 때의 선택선과 상대적으로 매우 밀접한 관계가 있는 또 하나의 다른 개념이 생산가능성곡선이다.

2.4.1 직선의 생산가능성곡선

〈표 2-1〉 생산가능성 계획표

(쌀)	(대포)
20	0
16	1
12	2
8	3
4	4
0	5

위의 〈표 2-1〉 생산가능성 계획표는 한 경제사회가 주어진 생산요소(노동, 자본, 토지…) 모두를 사용하였을 때 두 재화인 쌀과 대포를 생산할 수 있는 계획선을 나타낸 것이다. 우리는 이 경제사회가 오직 두 재화 쌀과 대포만을 생산한다고 가정하고 있다. 〈표 2-1〉이 암시하는 또 하나의 가정은 이 경제사회 내에서의 생산요소는 동질하다는 것이다. 이것은 한 단위의 노동이나 자본 또는 토지가 또 다른 한 단위의 생산요소와 완전 대체관계에 있다는 것이다. 또 하나의 다른 가정 조건은 현재 이 경제사회 내에서는 기술수준이 고정되어 있다는 것이다. 위의 가정 조건하에서 우리는 아래와 같은 [Fig. 2-2]을 그릴 수 있다.

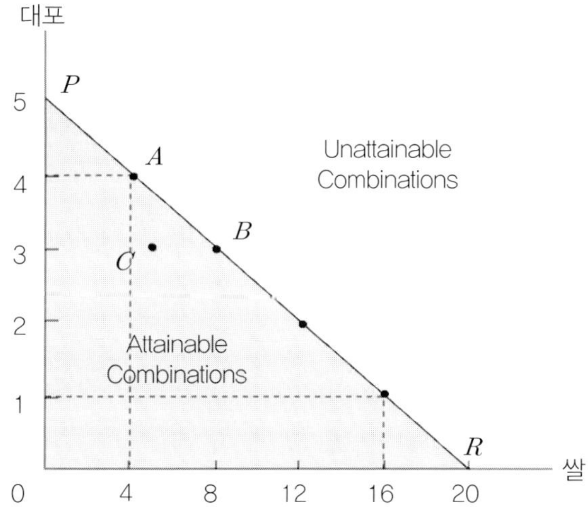

[Fig. 2-2] 직선의 생산가능성곡선

[Fig. 2-2]의 그래프에서 *PR* 직선을 직선의 생산가능성곡선이라 부른다. *PR*선은 그 경제사회 내에 있는 모든 생산요소를 모두 생산에 투입하였을 때에 생산되어질 수 있는 쌀과 대포의 결합 점들이다.

예를 들어 *A*점과 *B*점은 서로 다른 양의 대포와 쌀의 결합 점들이다. 그러나 두 점은 모든 생산요소가 모두 생산에 투입 되었을 때 두 재화에 대한 생산 결합점들이 동일 선상의 생산가능성곡선 상에 있다. *C*점도 그 경제사회가 도달할 수 있는 영역(attainable area)이지만 그 사회가 생산요소를 모두 사용하지 않았다거나 또는 생산요소를 모두 사용하였다 할지라도 사용 과정 중에 효율적으로 사용을 하지 않은 경우 일 것이다. [Fig.2-2]에서 우리는 곡선이라는 표현을 하였지만 분명히 직선이다. 그것은 우리가 모든 생산요소가 동질하다고 가정하였기 때문이다. 즉, 그것은 어느 생산요소나 쌀농사를 짓는데 있어서나 대포를 제조하는데 있어서나 그 생산성이 같기 때문이다. 따라서 PR선은 어느 점에 있어서나 한 단위의 대포를 생산하는데 드는 비용이 쌀의 생산량으로 나타내면 항상 일정한 또 하나의 선택선인 것이다. 즉, 쌀 4단위의 기회비용은 항상 대포 1단위로서 일정하다.

2.4.2 곡선의 생산가능성곡선

우리는 앞에서 직선의 생산가능성곡선의 경우 생산요소들이 서로 동질(homogeneous)하다고 가정하였다. 그러나 현실에 있어서는 노동의 경우만 예로 들지라도 노동의 질은 같은 산업 내에서만 보더라도 현격한 차이가 있다. 하물며 산업과 산업사이를 넘나들 경우 그 격차는 더욱 크게 벌어 질 것이다. 문제를 좀 더 현실화 하기위하여 생산요소의 질이 동질하다는 가정을 버리고 생산요소가 서로 간에 이질적(heterogeneous)이라는 가정을 해 보자. 이러한 가정 하에서 만들어 진 것이 〈표 2-2〉와 [Fig. 2-3]이다.

〈표 2-2〉 생산가능성 계획표

쌀		대포	
205		0	
200	} −6	10	} +10
194		20	
187		30	
179		40	
169		50	
158		60	
146		70	
133		80	
117		90	
100	} −23	100	} +10
77		110	
50		120	
0		130	

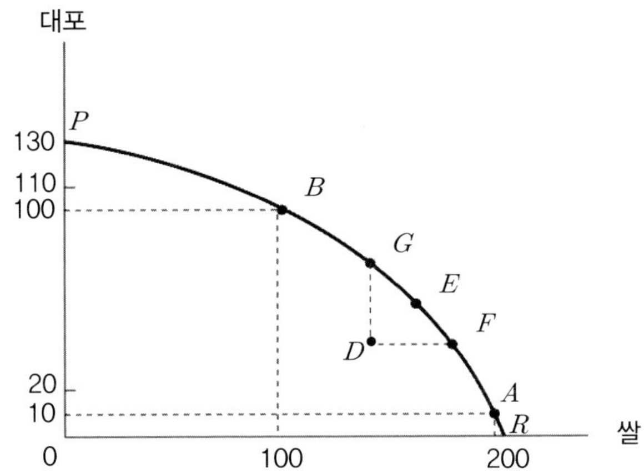

[Fig. 2-3] 곡선의 생산가능성곡선

〈표 2-2〉에서 보면 A점에 있어서는 10단위의 대포를 더 생산하기 위하여 6단위의 쌀을 포기해야만 하지만 B점에 있어서는 10단위의 대포를 더 생산하기 위해서는 23단위의 쌀을 포기해야만 한다. 이것은 위의 경제사회가 A점에 있을 때보다는 B점에 있을 때에 추가된 한 단위의 대포를 얻기 위하여 더 많은 쌀을 포기해야만 한다는 것이다. 다시 말해서 점점 더 많은 대포를 얻기 위해서는 포기해야만 하는 쌀의 양이 증가를 하는데 이때에 이 증가율이 체증적으로 증가를 한다는 것이다. 현실의 이와 같은 곡선의 생산가능성곡선은 기회비용이 점점 증가함을 의미한다(increasing opportunity costs). 이 경우 물론 생산요소(노동 등)는 쌀 산업에서 대포산업으로 이동을 한다.

이러한 현상은 보통 전쟁 시에 나타나는 현상이다. 전쟁이 계속 진행되면 군수 물자는 더욱 많이 요구 될 것이고 이에 따라 국민의 희생과 고통은 점점 더 증가적으로 커질 것이다. 우리의 위 예에서 보면 만약에 전쟁이 발발한다면 A점에서는 경제사회가 노동이나 또는 다른 생산요소들을 쌀 생산에는 비교적 생산성이 낮으나 대포 생산에는 비교적 생산성이 높은 그러한 요소들을 고용하여 대포를 생산하게 될 것이다. 그러나 전쟁이 계속되고 대포의 수요가 늘어나게 되면 전쟁경제는 비록 쌀 생산에는 매우 생산적이나 상대적으로 대포를 만드는 데는 생산성이 낮은 그러한 생산요소(예; 노동)들 까지도 쌀 산업에서 대포 산업으로 이동을 시키게 될 것이다. 따라서 전과 동일한 양의 대포 생산을 계속 유지하기 위하여서는 점점 더 많은 생산요소(노동 등…)가 쌀 산업으로부터 대포산업으로 체증적으로 이동할 것이다. 이에 따라 쌀 생산은 체증(증가)적으로 감소할 것이다. 즉, 대포 1단위씩의 생산을 점점 더 증가시킴에 따라 쌀 생산량은 점점 더 크게 감소 할 것이다. 이와 같은 현상을 그래프로 나타낸 것이 [Fig.2-3]이다.

[Fig.2-3]에서도 보듯이 A점에서 B점으로 이동을 하거나 또는 R점에서 P점으로 이동을 하면 동일한 양의 쌀 생산을 줄이더라도 늘어나는 대포의 숫자는 더 작아지고 있다. 이 역시도 앞에서와 같이 생산이 확대됨에 따라 늘어나는 비용(기회비용)은 증가한다는 사실을 보여 주고 있다. 만약 경제가 D점처럼 생산가능성 곡선 안쪽에 위치하고 있다면 이는 그 경제사회가 모든 생산요소를 모두 사용하지 않고 있거나 또는 모두 사용하고 있다 할지라도 비효율적으로 사용하고 있음을 의미한다. 이러한 경우 이 경제사회는 두 재화 모두를 더 생산해 낼 수 있거나 또는 다른 재화의 생산량을 줄이지 않고도 한 재화의 생산을 증가 시킬 수 있다.

다음으로는 생산가능성곡선의 이동에 대하여 알아보자.

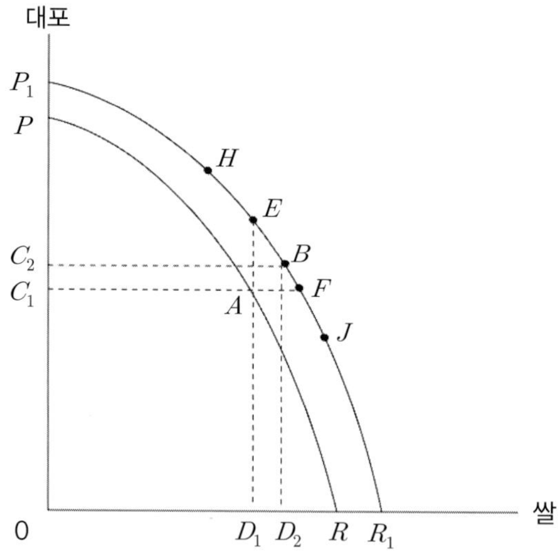

[Fig. 2-4] 생산가능성곡선 이동

위의 [Fig. 2-4]는 생산가능성곡선 PR이 전체적으로 오른쪽 위로 상방 이동하여 P_1R_1으로 움직인 경우이다. 이것은 두 재화 모두를 더 생산할 수 있음을 의미한다. 이는 다름이 아닌 경제성장을 의미한다. 이러한 경제성장은 주어진 조건 하에서 기술수준의 상승이나 또는 생산요소의 증가(인구의 증가, 자본의 증가 등…)등에 기인한다. 이 이외에도 발명이나 경영혁신, 생산요소의 새로운 발굴, 생산성 개선 등도 생산가능성곡선을 바깥쪽으로 이동(shift) 시킬 수 있는 원인이 된다.

[Fig. 2-3]에 있어서 만약에 생산가능성곡선 안쪽의 D점에서 생산요소를 비효율적으로 사용하고 있는 산업으로부터 생산요소를 효율적으로 사용하고 있는 산업으로 생산요소가 이동하게 된다면 이 경우 우리는 체감적 기회비용(decreasing opportunity cost)이라고 말할 수 있다.

2.5 기초적인 경제문제

전편에서 우리는 생산가능성곡선은 기초적인 거시경제학의 측면에서 활용되지 않고 있는 생산요소들(unemployed production resources)에 의한 영향이나 경제성장(economic growth)등의 분석에 이용될 수 있음을 보았다. 또한 우리는 생산가능성곡선이 기초적인 미시경제학의 개념들인 기회비용이나 체감생산비등에 이용될 수 있음도 보았다. 그러나 생산가능성곡선은 주요 미시경제학과 거시경제학이 혼합된 경제문제들에 대해서도 이용되어 질 수 있다.

주된 경제문제에 대한 질문은 여러 가지 형태로 표현할 수 있으나 보통 세 개의 기본적인 질문들로 압축되어질 수 있다. 첫째, 무엇을(어떤 재화와 용역을) 생산해야 할 것인가 하는 문제이고 둘째, 어떤 방식으로 어떻게 재화와 용역을 생산해야 할 것인가 하는 문제이며 또한 누가 얼마만큼의 재화와 용역을 소비하게 될 것인가에 대한 문제들이다. 이 문제들은 어느 경제사회에 있어서나 나타나는 문제들이다. 경제학자들은 보통 경제체제를 세 가지로 분류한다. 즉, 전통경제사회와 계획경제사회, 시장경제사회가 그것이다. 어느 경제사회도 실질적으로는 이 셋 중의 어느 하나에 꼭 들어맞는 경제사회는 없다. 어느 경제사회이든 간에 이들 세 요소들을 얼마만큼은 조금씩 포함하고 있다.

전통경제사회는 생활경제사회라고도 불리어지는데 그들은 그들의 전통을 중요시 한다. 무엇을 생산할 것인가는 어려서부터 부모로부터 배우며 어떻게 생산할 것인가에 대한 방법은 큰 변화 없이 세대 간에 대를 이어 전해져 내려오고 있다. 생산량은 사냥 등에 따른 운에 달려 있으며 분배 또한 전통에 의한다. 이 전통이란 사냥에 의한 전리품이나 수확물 등에 대한 그들 나름대로의 분배규칙이다. 이 사회에서는 매해 똑같은 재화나 용역이 반복되어 생산되어 지곤 한다. 요즈음에도 이러한 원시적이고도 봉건적인 경제사회가 존재하고 있는데 주로 저개발국의 농촌사회 등에서 그 예를 찾아 볼 수 있다.

계획경제사회는 기본적인 세 개의 주요 경제 문제들을 중앙정부의 명령이나 지시등에 의하여 계획하여 실시하고 있는 사회이다. 무엇을, 얼마만큼, 누구를 위하여 생산할 것인가는 구체적으로 중앙 정부에 의하여 생산자에게 명령된다. 이러한 지시나 명령은 곧 법이다. 중앙정부가 임금이나 소비재의 생산량 등을 결정하므로 누가 얼마만큼을 소비하는가도 중앙정부의 계획에 의하여 결정된다. 이러한 계획은 지금은 사라진 소비에트연방공화국이나 동유럽 공산권 국가들이 사회를 조직하는 기본 방침이었다. 누구나 사람들은 생각을 하고 미래를 계획을 하며 따라서 그것들을 위하여 준비를 한다. 그러나 경제학자들이 말하는 계획경제(planned economy)는 사회의 생산과 소비라는 문제에 대하여 정부가 직접적으로 매우 지대한 역할을 한다는 의미이다. 그러나 어느 경제사회이건 간에 얼마만큼의 계획되고 중앙집권화 된 경제계획은 존재하고 있다.

시장경제사회의 주된 세 가지 경제문제들을 해결하는 기본원리는 수요와 공급이다. 무엇을 생산할 것인가에 대한 문제는 소비자에 의하여 결정된다. 소비자가 더 수요하기를 원하는 생산물은 수요의 힘에 의하여 그 생산물의 가격을 상승시킨다. 어떤 의미에서는 소비자들은 화폐에 투표한다고 볼 수도 있다. 왜냐하면 그들은 돈(화폐)을 선호하기 때문이다. 화폐는 나름 아닌 구매력(purchasing power)을 뜻한다. 많은 경우에 있어서 구매력은 노동의 양과 질에 의하여 결정된다. 양질의 노동력이나 희소하고도 숙련된 노동을 소유하고 있는 사람은 더 많은 화폐임금을 받을 수 있을 것이고 이러한 사람들은 더 큰 구매력을 지닐 수 있을 것이다. 더 큰 구매력은 더 많은 재화나 용역내지는 여가를 소유할 수 있다. 따라서 이러한 소비자들은 더 많은 투표권을 갖고 있다고 볼 수도 있다. 더 큰 구매력, 다시 말해서 더 큰 수요의 힘은 생산에도 영향을 미칠 수 있다. 따라서 구매력은 무엇을 생산할 것인가를 결정하게 될 것이다.

공급자들은 어떻게 생산할 것인가를 결정하면서 생산요소들을 결합할 것이다. 만약에 공급자가 자기 자신에게 흥미(self-interested)가 있고 이윤극대화가 목적이라면 어떤 재화와 용역을 생산하는 데에 있어서 가장 낮은 생산비가 드는 생산요소들을 결합하여 생산을 하려 할 것이다. 이러한 결정은 물론 생산요소의 가격에 달려 있다. 공급자들은 상대적으로 풍부한 생산요소를 더 사용하려 할 것이다. 왜냐하면 그러한 생산요소들은 상대적으로 값이 쌀 것이기 때문이다. 반대로 희소하고 비싼 생산요소들은 생산에 사용이 되지 않고 남아 있어 그 가격은 하락을 할 것이다. 그 다음으로 재화와 용역의 배분문제는 이미 언급한 구매력에 의하여 결정이 될 것이다. 위와 같은 과정을 거쳐 시장경제체제에서는 주된 경제사회의 세 가지 문제점들을 해결한다.

시장경제 체제에 문제점이 없는 것은 아니지만 계획경제체제에 있어서와는 달리 경제상황에 문제가 발생할 경우 소비자와 생산자에게 필요한 정보들을 낮은 비용으로 가능한 한 짧은 시간 내에 가격 메커니즘을 통하여 제공됨으로써 그야말로 경제적으로 문제를 해결할 수 있는 기능이 있다 하겠다.

시장경제사회에서 특화는 모든 생산요소에 있어서 자연적으로 발생하는 현상이다. 특화나 노동의 분업은 그들이 필요로 하는 재화나 용역을 필요 이상으로 생산을 하여 남는 잉여분을 그들이 필요로 하는 다른 재화나 용역과 교환(trade)을 한다는 의미를 내포하고 있다. 따라서 시장경제사회에 있어서는 특화나 노동의 분업에는 반드시 교환이 따르게 마련이다. 따라서 특화는 사람들을 그 들이 가장 잘 할 수 있는 일에 집중을 하게 만들어 더 나은 삶을 영위하도록 하는 중요한 역할을 담당한다. 이러한 특화나 노동의 분업은 개인 사이에 있어서만 적용되는 것이 아니라 국가와 국가사이나 또는 일개 국가 내에서도 지역 간에 발생할 수도 있다. 호주는 양모 산업이 발달해 있고 영국은 공산품의 산업이 왕성하며 제주도는 감귤산업이 번성하고 미국의 플로리다는 오렌지가 특산물인 것 등이 좋은 예이다.

특화와 교환에 있어서 가장 낮은 생산비로 생산을 할 수 있다면 그렇게 생산된 재화와 용역은 더 높은 생산비를 들여서 생산된 똑같은 종류의 다른 재화와 용역보다 비교우위(comparative advantage)가 있다고 말한다. 무역이나 거래가 발생하는 기본적인 원인은 이러한 비교우위가 발생하기 때문이다. 다시 말해서 생산에 있어서 기회비용이 낮나는 의미는 그 재화나 용역을 효율적으로 생산할 수 있다는 뜻이다. 개인 간이나 지역 간이나 또는 국가사이든 간에 서로 효율적으로 생산된 재화나 용역, 즉 상대적으로 기회비용이 낮은 재화나 용역을 교환하게 되면 거래가 이루어진 두 집단 간의 만족도는 교환이 이루어지기 전보다는 크게 증가한다.

교환이나 거래가 잘 이루어지고 따라서 시장이 발달하고 시장경제가 활성화 되려면 매도자와 매수자의 재화와 용역에 대한 사유재산에 대한 소유권(property right)이 법적으로 잘 확립이 되어 있고 재산세(property tax)가 적정선에서 알맞게 부과되어야 할 것이다. 이것은 정부의 가장 중요한 역할 중에 하나이다.

다음으로 생산물시장과 생산요소시장의 흐름에 대하여 살펴보자. 소위 말하는 소득의 순환모형인데 이러한 순환흐름의 모형은 시장 기구에 의하여 자원배분이 어떻게 이루어질 수 있는가 하는데 대한 설명을 해준다.

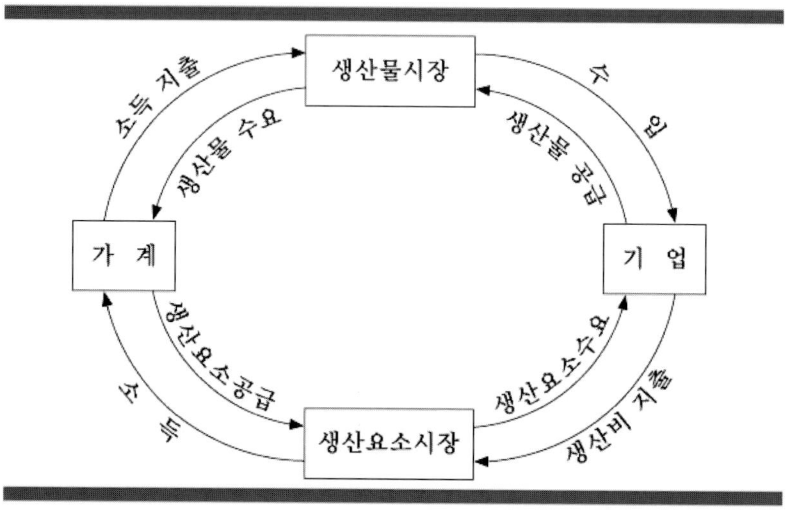

[Fig. 2-5] 소득의 순환모형

위 [Fig.2-5]는 기업과 가계사이에 있어서 소득의 흐름과 시장에서 재화나 용역과 생산요소의 흐름과의 관계를 나타낸 순환도(circular flow)이다. 이러한 소득의 순환도를 처음으로 설명한 사람은 프랑스의 경제학자인 케에네(Francois Quesnay)였다. 순수시장경제에 있어서 [Fig. 2-5]는 가계와 기업이 서로 작용하는 2개의 시장이 있음을 보여준다. 위쪽은 생산물시장(product market 또는 goods and services market)의 흐름이고 아래쪽은 생산요소시장(resources market 또는 inputs market)의 흐름이다. 케에네는 [Fig.2-5]와 같은 상황은 우리 몸속에서 피가 계속해서 흐르듯 폐쇄적인 체계로 보았다. [Fig.2-5]는 시장경제가 작동하는 가장 간단한 방식이다. 왜냐하면 [Fig.2-5]에는 첫째 정부부문이 빠져있다. 정부도 이런저런 기업들을 공기업이라는 명목 하에 생산에 참여하고 있으나 위의 그림에는 포함이 되어있지 않다. 둘째로는 위의 그림에서 생산물은 생산물 시장에서 생산요소는 생산요소시장에서 팔리는 것으로 그려져 있으나 생산물의 가격이 어떻게 결정되어 지는지 또는 생산요소의 가격이 어떻게 산출되는지 또는 기업이 생산을 위하여 어떤 생산요소를 사용하는지 등은 나타나 있지 않다. 셋째 위의 그림에서는 가계로의 소득의 흐름과 기업으로의 지불금 흐름이 금액에 있어서 동일한 것으로 나타나 있다. 그러나 실제로는 꼭 그렇지 않을 수도 있고 또한 그렇지 않아도 된다. 왜냐하면 위 흐름의 순환체계에서 화폐나 생산요소 등이 순환체계 밖으로 빠져나가거나(유출, leakage) 또는 체계내로 흘러 들어올(유입, injection) 수도 있기 때문이다. 좀 더 복잡하고 현실에 가까운 모델은 나중에 연구해 보도록 하자.

요약

1. 우리는 자원이 한정적인 사회에 살고 있다. 그러나 우리의 욕망은 만족을 모른다. 이로부터 희소성이라는 경제학에 있어서 기본적인 문제가 발생한다. 우리는 우리가 원하는 모든 것을 가질 수는 없다, 따라서 우리는 삶을 영위해 나아가면서 선택을 해야만 하고 절약을 해야만 한다.

2. 생산요소는 일반적으로 토지, 노동, 자본과 기업경영능력으로 구성되어 있다. 반대급부로써 토지는 지대를, 노동은 임금을, 자본은 이자를 받고 기업경영능력은 모든 비용을 지불하고 남는 것 소위 이윤이라는 것을 받는다.

3. 생산가능성 계획표와 생산가능성곡선은 희소성의 문제에 대하여 설명하고 있다. 만약 경제사회가 더 많은 쌀을 원한다면 그 사회는 대포의 생산량을 줄여야만 할 것이다.

4. 추가로 한 단위의 쌀을 더 얻기 위한 비용은 그 한 단위의 쌀을 더 얻기 위하여 포기해야만 하는 대포의 숫자이다. 이것이 그 한 단위의 쌀에 대한 기회비용으로 정의된다.

5. 쌀의 생산을 점점 더 증가시킴에 따라 한 단위의 쌀을 더 얻기 위하여 감소시켜야만 되는 대포의 숫자는 점점 더 커진다. 즉 포기해야만 되는 대포의 숫자는 체증적으로 증가한다. 이것을 기회비용 증가의 원리(principle or increasing opportunity cost)라고 한다.

6. 생산가능성곡선은 거시경제학의 문제들을 분석하는데 도움을 준다. 만약에 사용되지 않고 남아있는 생산요소들이 있다면 경제는 생산가능성곡선(*PPC*)의 안쪽에 위치할 것이다. 이 경우 남은 생산요소들을 사용하여 대포와 쌀 두 재화를 모두 더 생산할 수도 있을 것이고, 또는 다른 재화(예를 들면 쌀)의 생산량 감소없이 한 재화(이 경우 대포)의 생산량을 증가시켜 *PPC* 선상에 도달 할 수도 있다. 이 경우에는 기회비용 감소의 원리가 적용 될 것이다.

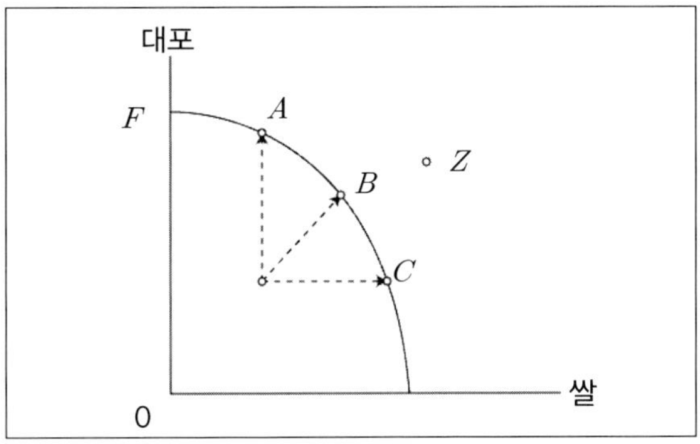

7. 위의 그림에서 만약에 생산가능성곡선 한계 밖으로 도달하려고 시도한다면 (위의 그림에서 *Z*점) 그 경제사회 내에 물가상승(inflation)을 초래 할 것이다. 또한 생산가능성 곡선은 생산요소의 부존량 증가와 기술수준의 개선에 의하여 동북쪽의 상향 방향으로 전체가 이동(shift)할 수 있다.

8. 비록 한 경제사회가 생산가능성곡선 상에서 생산을 하고 있다 하더라도 그래도 무엇을, 어떻게, 누구를 위하여 생산을 해야 할 것인가 하는 기본적인 3가지 문제는 남아있다. 이 문제에 답하기 위하여 모든 경제사회는 얼마만큼은 부분적으로 시장의 수요와 공급의 힘에 의존하고 있다.

9. 거래(무역)는 특화와 교환에 기초하고 있다. 우리는 우리가 잘 만들 수 있는 것에 특화하여 생산하고 이것들의 잉여분을 다른 사람이 만든 것과 교환한다. 이런 방법으로 총생산물과 총만족감은 증가한다. 이것이 다름 아닌 비교우위의 원리이다.

10. 순환도는 시장경제에 기초한 서로의 상호관계를 잘 나타낸 조감도이다.

중요 용어

희소성
기회비용
entrepreneurship
노동
토지
자본
투자
increasing opportunity cost
계획경제사회
비교우위의 원칙
소득의 순환도
생산요소시장
economize
생산요소
이윤
임금
지대
이자
생산가능성곡선
전통경제사회
시장경제사회
재산권
생산물시장

연습문제

1. 여러분들의 욕망은 끊임없습니까?

2. 기회비용이란 무엇입니까?

3. 기회비용 상승의 원리란 무엇입니까?

4. 여러분들의 대학 학위는 인간자본에 대한 투자입니까? 당신의 대학학위에 대한 기회비용은 무엇입니까?

5. 거시경제적 문제를 해결하는데 도움이 될 혼합경제체제에 대하여 답하시오.

6. 소득의 순환도란 무엇입니까?

7. 생산물시장과 생산요소시장의 차이점에 대하여 답 하시오.

8. 왜, 교환을 하기 위해서 특화가 필요합니까?

읽어보기 2-1

Francois Quesnay(1694 - 1774)

Francois Quesnay was the leader of a school of economics known as Physiocracy. The Physiocrats were the first group of economic thinkers to be credited with a school of thought. They were also the first to engage in macroeconomic analysis.

The name Physiocrats comes from the French word physiocrate, which means "rule of nature." Physiocrats believed that economics was a natural order and that the cause of wealth could be discovered within that order. They believed that all wealth came from using nature. Farming, fishing, and mining were seen as productive industries. Thus, merchants were seen as parasites, because they consumed what farming, fishing, and mining produced, without producing something themselves. Quesnay, who was a physician (he was Louis XV's doctor), was inspired by William Harvey's discovery that blood circulated in the human body. This led him to develop the circular flow model of the macro economy, which was based on the view that the circulation of the macro economy was similar to the circulation of blood in the human body. And, as with the loss of blood, the Physiocrats were concerned about any interruption to this flow.

(자료 : Principle of Economics, Amacher·Ulbrich, South-Western Publishing Co. 3rd Ed. 1986)

2-1 요약해설

프랑스와 케에네는 중농주의로 알려진 경제학파의 선도자였다. 중농주의자들은 개념학파로서는 첫 번째 학자들이라는 대접을 받았다. 그들은 거시경제학적 분석을 처음으로 시도한 학자들이었다.

중농주의자들이란 단어는 "자연의 법칙"이라는 프랑스어 "physiocrate"로 부터 왔다. 중농주의자들은 경제학은 자연의 질서이며 부의 원천은 이러한 자연의 질서 안에서 발견 될 수 있다고 보았다. 그들은 모든 부는 자연을 이용함으로 인해서 발생한다고 생각했다. 그들은 농업과 어업과 광산업을 생산적인 산업으로 생각했다. 따라서 그들은 상인들을 기생충과 같은 존재로 보았다. 왜냐하면 상인들은 그들을 위해서 아무것도 생산을 하지 않고 오직 농업이나 어업이나 광산업에서 생산한 것들을 소비만 하였기 때문이다. 루이 15세의 주치의였던 의사로서의 케에네는 피가 우리의 몸속에서 순환한다는 William Harvey의 발견에서 깊은 영감을 받았다. 이 영감으로부터 케에네는 거시경제의 순환모델을 개발하게 되었다. 즉 거시경제의 순환은 인간의 몸속에서 순환하는 피의 흐름과 비슷하다는 관점에서였다. 그리고 그들은 피를 흘린다는 것은 거시경제의 순환모델에 대한 방해로 생각하였다.

제2부

수요와 공급 및 탄력성

제3장

수요
(Demand)

3.1 수요의 정의와 수요표 및 수요곡선
  1) 수요의 정의
  2) 수요표와 개인수요곡선 및 시장수요곡선

3.2 수요에 영향을 미치는 요소
  1) Y(소득 또는 부)의 변화
  2) T(취미 또는 선호도)
  3) 다른 재화의 가격
  4) 소비자의 크기
  5) 소비자의 기대감

3.3 수요와 수요량

- 요약
- 중요 용어
- 연습문제

3.1 수요의 정의와 수요표 및 수요곡선

3.1.1 수요의 정의

수요란 소비자가 어떤 특정한 가격에서 특정량의 재화와 용역을 소비하려는 욕망이나 능력을 말한다. 따라서 욕망은 있는데 능력이 부족하다거나 또는 능력은 있는데 욕망이 없다면 수요가 아니다. 위의 정의에서 수요라는 개념은 추상적인 개념이지 구체적인 개념이 아니다. 다시 말해서 어떤 특정한 가격에서 정해지는 특정량의 구체적인 수요량이 아니다. 따라서 수요와 수요량은 분명히 구분 되어져야 한다. 즉 수요는 특정 가격에 대한 특정 소비량의 모든 조합의 집합체인데 비하여 수요량은 특정한 가격에서 소비자들이 소비하기를 원하는 특정량을 말한다.

3.1.2 수요표와 개인수요곡선 및 시장수요곡선

수요표란 서로 다른 가격에서 소비하기를 원하는 서로 다른 여러 개의 수요량과의 관계를 나타내는 표이다. 아래의 〈표 3-1〉은 갑돌이의 소고기에 대한 수요(계획)표 이다.

〈표 3-1〉 갑돌이의 소고기 수요표

(가격/Kg)	(수요량/주)
50원	1kg
40원	7kg
30원	13kg
20원	19kg
10원	25kg
5원	28kg

위의 〈표 3 1〉에서 주의할 점은 가격도 단위 당(이 경우 Kg) 가격이라는 것과 수요량도 기간 당(이 경우 1주) 수요량이라는 점이다. 〈표 3-1〉을 그래프로 나타내면 [Fig. 3-1]이 된다.

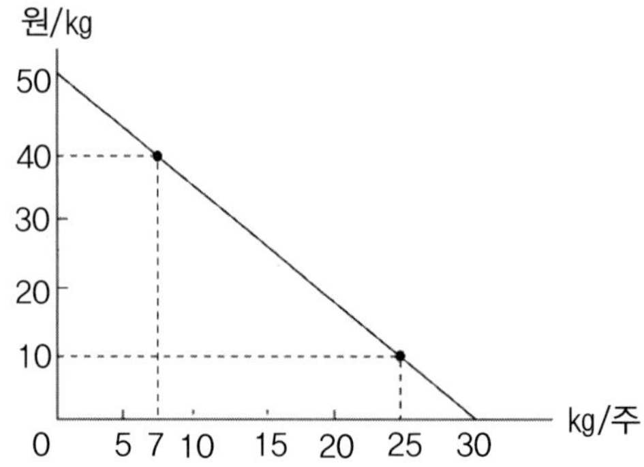

[Fig. 3-1] 갑돌이 개인 수요곡선

[Fig. 3-1]은 갑돌이의 소고기에 대한 개인수요곡선이다. 이와 마찬가지로 우리는 갑순이나 호동이라는 개인들에 대한 수요표와 이에 대한 개인들의 수요곡선을 도출해낼 수 있을 것이다. 문제를 간단하게 하기 위하여 우리 세상에 갑돌이와 갑순이라는 두 사람만이 살고 있다고 가정하자. 그렇다면 이 두 사람들의 각각의 수요곡선을 수평적으로 합계한 것이 다름 아닌 시장수요곡선(market demand curve)이다. 앞으로 가격은 P, 수요량은 Q_d로 나타내기로 한다.

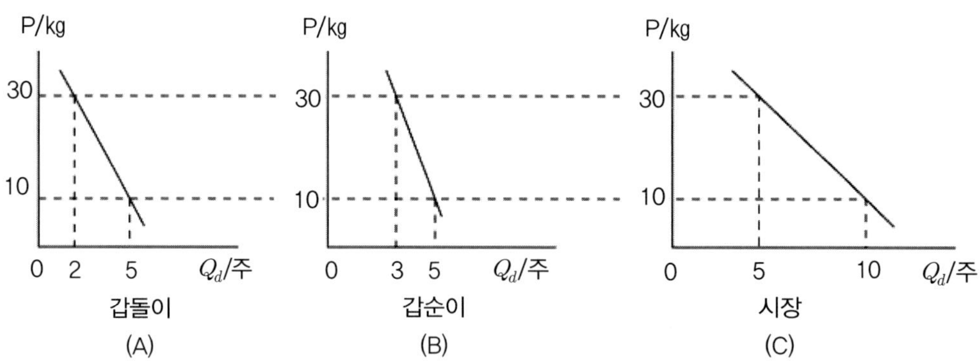

[Fig. 3-2] 시장수요곡선의 도출

[Fig. 3-2]에서 (A)는 갑돌이의 소고기에 대한 개인수요곡선이고 (B)는 갑순이의 소고기에 대한 개인수요곡선이다. 갑돌이와 갑순이의 개인수요곡선들을 기하학적으로 수평 합계한 (C)의 수요곡선이 소고기에 대한 시장수요곡선이다. 우리가 관심을 갖고 흥미로워 하는 것은 어느 재화이건 시장수요곡선이지 개개인의 수요곡선이 아니다. 이와 같이 모든 개인들의 수요곡선을 기하학적으로 수평 합계한 시장수요곡선을 수식으로 나타내면 아래와 같다.

$Q_d = f(P)$: Q_d는 P와 함수관계

위 식에서 Q_d는 수요량, P는 그 재화의 가격을 나타낸다. 보통 종속변수(내생변수)는 종축(수학에서는 y축)에 표시하고 독립변수(외생변수)는 횡축(수학에서는 x축)에 표시하나 경제학에서는 [Fig. 3-2]의 (A), (B), (C)에서 보듯이 반대이다.

3.2 수요에 영향을 미치는 요소

시장수요곡선을 수식으로 표현한 아래의 식

$Q_d = f(P)$ 에서

시장수요곡선은, [Fig. 3-2]의 (C)에서 보듯이 Q_d(수요량)와 P(가격)는 서로 역의 관계에 있다. 그렇다면 Q_d(수요량)에 영향을 미치는 것은 P(그 재화 자신의 가격) 뿐일까? 그 대답은 “아니오”이다. 그러면 수요량에 영향을 미치는 다른 요소들은 어떤 것들이 있는지 알아보도록 하자.

$Q_d = f(P, Y, T, P^*, S, E)$: Q_d는 P, Y, T, P^*, S, E와 함수관계

위의 식에서 Q_d(수요량)는 P 이외에도 Y, T, P^*, S, E 등에 의하여서도 영향을 받는다는 의미이다. 여기서,

Y 는 소비자의 소득이나 부

T 는 소비자의 취향 내지는 선호도

P^* 는 다른 재화의 가격

S 는 소비자 숫자의 크기

E 는 소비자의 기대감을 나타낸다.

물론 수요량(Q_d, 내생변수)에 영향을 미치는 외생변수는 위에 언급한 6개 이외에도 더 있을 수 있으나 이 책은 목적이 학부용 교재임으로 이 정도의 선에서 분석을 시도해 보려고 한다.

3.2.1 Y(소득 또는 부)의 변화

1) 정상재(Normal Goods)와 우등재(Superior Goods)

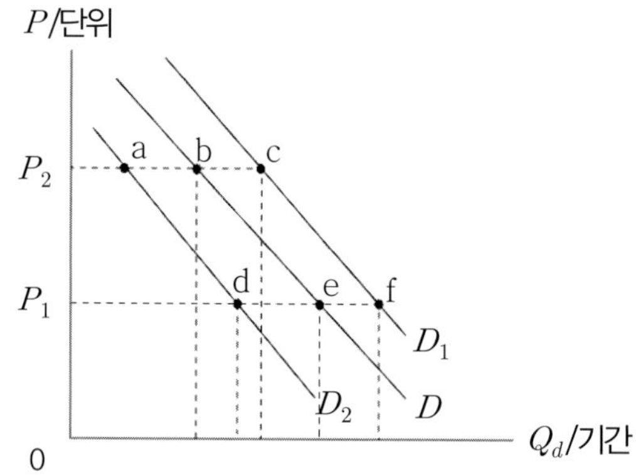

[Fig. 3-3] 정상재와 우등재의 경우

정상재나 우등재는 소득이나 부가 증가하면 소비가 증가하고 소득이나 부가 감소하면 소비가 감소하는 재화를 말한다. 즉, 위 [Fig. 3-3]에서 원래의 시장수요곡선은 D이다. 만약에 소비자의 소득이나 부가 늘어나면 P_1수준의 가격에서는 e~f 만큼의 수요량이 늘어나고 P_2수준의 가격에서는 b~c 만큼의 수요량이 늘어난다. 따라서 결과적으로 소비자의 소득이나 부가 늘어나면 원래의 주어진 시장수요곡선 D가 전체적으로 D_1으로, 즉 오른쪽 상방으로 이동(shift)한다. 반대로 소비자의 소득이나 부가 줄어들면 P_1수준의 가격에서는 d~e 만큼 수요량이 감소하고 P_2수준의 가격에서는 a~b 만큼의 수요량이 감소한다. 따라서 결과적으로 소비자의 소득이나 부가 줄어들면 원래의 주어진 시장수요곡선 D가 전체적으로 D_2로, 왼쪽 아래로 이동(shift)한다.

2) 열등재(Inferior Goods)

열등재의 경우 소득이나 부가 증가하면 소비가 감소하고 소득이나 부가 감소하면 소비가 증가하는 재화를 말한다. 즉, 위 [Fig. 3-3]에서 만약에 소비자의 소득이나 부가 늘어나면 P_1수준의 가격에서는 d~e 만큼의 수요량이 줄어들고 P_2수준의 가격에서는 a~b 만큼의 수요량이 줄어든다. 따라서 결과적으로 열등재의 경우 소비자의 소득이나 부가 늘어나면 원래의 주어진 시장수요곡선 D가 전체적으로 D_2로, 왼쪽 아래로 이동(shift)한다. 반대로 소비자의 소득 수준이나 부가 줄어들면 P_1수준의 가격에서는 e~f 만큼의 수요량이 증가하고 P_2수준의 가격이라면 b~c 만큼의 수요량이 증가한다. 따라서 결과적으로 소비자의 소득이 줄어들면 원래의 주어진 시장수요곡선 D가 전체적으로 D_1으로, 오른쪽 위로 이동(shift)한다.

이와 같이 소비자의 소득 수준도 수요량에 영향을 미친다. 또한 정상재(또는 우등재)냐 열등재냐 하는 재화의 질에 대한 판가름은 위에서 본 바와 같이 소득이라는 변수에 대한 재화의 수요량에 대한 증감에 따라 달라진다. 재화가 정상재냐 열등재냐 하는 기준은 절대적인 것은 아니다. 다시 말해서 재화가 한 번 열등재라고 해서 영원히 그 성질이 열등인 것은 아니다. 예를 들어서 쌀밥에 비해서 보리밥은 열등재이지만 보리밥은 풀죽에 비해서는 우등재이다. 또한 요즈음에 볼 수 있는 현상이지만 보리밥이 건강에 좋다고 하여 일부러 돈을 주고서 쌀밥보다는 보리밥을 더 선호하여 사 먹는 사람들이 많다. 이러한 경우에 있어서는 보리밥이 쌀밥보다도 우등재인 것이고 쌀밥이 오히려 건강을 위하여서는 열등재인 것이다. 이와 같이 열등이냐 우등이냐 하는 것은 상대적인 것이다.

3.2.2 T(취미 또는 선호도)

소비자의 취미나 재화에 대한 선호감각도 수요에 영향을 미친다. 취미나 선호도의 변화에 대한 연구는 심리학과도 깊은 연관 관계에 있다. 소비자의 취향이나 선호도가 긍정적으로 변하면 각 가격 수준에서 수요량은 증가할 것이고 반대로 부정적으로 변하면 수요량은 감소할 것이다.

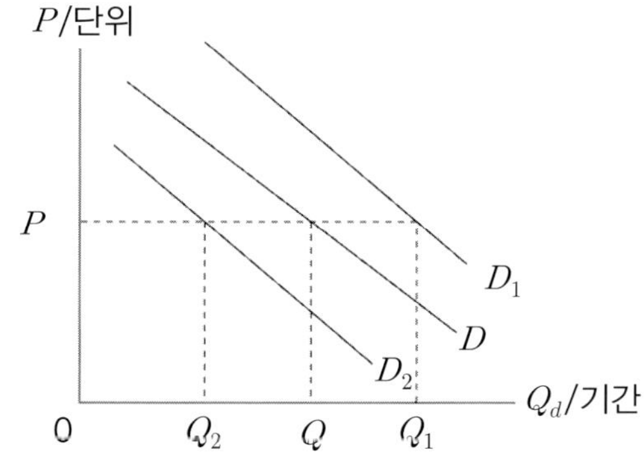

[Fig. 3-4] 취미나 선호도의 변화

위 [Fig. 3-4]에서 소비자의 취미나 선호도가 긍정적인 방향으로 변하면 P 수준의 가격에서 $Q \sim Q_1$ 만큼의 수요량이 증가하여 원래의 주어진 시장수요곡선 D는 D_1으로, 오른쪽 위로 뛰어 올라갈 것이며 소비자의 취향이 부정적인 쪽으로 변하면 원래의 주어진 시장수요곡선 D는 D_2로, 왼쪽 아래로 뛰어 내려갈 것이다. 한 예로 요즈음 볼 수 있는 현상이지만 만일에 많은 사람들이 소고기(빨간 색깔의 고기 종류)가 콜레스테롤 등으로 건강에 나쁘다고 생각하여 소비를 기피한다면 소고기 시장에서 소고기에 대한 소비자들의 원래의 시장수요곡선 D는 D_2로 뛰어 내려갈 것이다. 이에 비하여 많은 사람들이 돼지고기가 불포화성 지방을 많이 포함하고 있어서 우리의 몸에 좋다고 판단을 하였다면 돼지고기 시장에서 각 돼지고기의 가격수준에서 수요량은 증가하여 원래의 돼지고기 시장수요곡선 D는 D_1으로 뛰어 올라 갈 것이다.

3.2.3 다른 재화의 가격

다른 재화의 가격들도 수요량에 영향을 미치는데 분석의 대상은 대체재(substitutes)와 보완재(complementary goods)에 대한 것이다.

1) 대체재(Substitute Goods)

커피와 홍차는 같은 마시는 차 종류로서 서로 대체재의 관계에 있다.

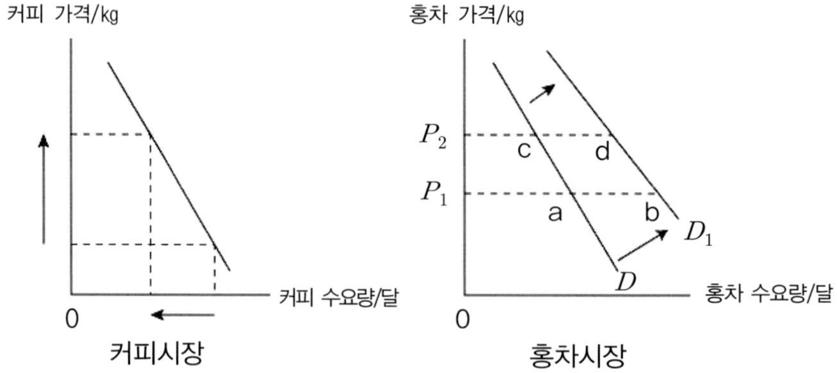

[Fig. 3-5] 커피와 홍차의 수요곡선

만일 커피시장에서 커피의 가격이 오르면 커피시장에서 커피의 수요량은 감소할 것이다. 커피와 홍차는 같은 마시는 차 종류로서 커피의 가격이 오르면 상대적으로 비싼 커피보다 소비자들은 상대적으로 싸진 홍차를 더 소비하려 할 것이다. 즉 홍차시장에서 각 홍차의 가격수준에서 더 많은 홍차를 소비하려 할 것이다. 즉, [Fig. 3-5]의 홍차시장에서 P_1 수준의 가격에서는 a~b 만큼을 더 소비하려 할 것이고 P_2 수준의 가격에서는 c~d 만큼을 더 소비하려 할 것이다. 결과적으로 홍차시장의 원래 주어진 수요곡선 D는 D_1으로 뛰어 올라갈 것이다.

이때에 D_1은 [Fig. 3-5]에서 보듯이 D와 사선으로 이동할 수도 있고 또는 D와 평행하게 이동할 수도 있다. 어떤 식으로 뛰어 올라 갈지는 홍차시장에서 통계적으로 조사를 해 보아야 알 수가 있다. 따라서 결론적으로 대체재의 가격이 상승하면 시장수요곡선은 오른쪽 위로 이동한다.

이의 역도 성립한다(vice versa). 즉 대체재의 가격이 하락하면 시장수요곡선은 왼쪽 아래로 뛰어 내려간다.

우리의 일상생활에서 얼핏 보기에는 서로 대체관계가 없는 것처럼 보이는 재화들도 넓은 의미에 있어서는 서로 대체관계에 있는 재화들이 많이 있다. 이런 이유는 소비자들의 소득이 한정이 되어 있기 때문이다. 예를 들면 피아노와 TV는 얼핏 보기에는 대체 관계가 없는 듯이 보인다. 그러나 여러분의 소득이 월 500만원이라고 가정해보자. 여러분은 지금 피아노도 사고 싶고 TV도 사고 싶다. 그런데 피아노의 가격은 350만원이고 TV의 가격은 250만원이다. 이럴 경우에 여러분은 500만원이라는 한정된 소득 때문에 한 번에 피아노와 TV를 동시에 살 수는 없을 것이다. 피아노를 사면 TV를 살 수 없을 것이고 TV를 사면 피아노 사는 것을 포기해야만 할 것이다. 우리는 이런 의미에서 피아노와 TV가 대체 관계에 있다고 이야기 힐 수 있다.

2) 보완재(Complementary Goods)

커피와 설탕은 일반적으로 보완적인 관계에 있는 재화로 알려져 있다. 보완재란 두 재화를 함께 사용하여 소비 하였을 때에 소비자에게 만족감을 높여 주는 재화 관계를 일컫는다. 커피와 설탕의 경우 만일에 소비자가 설탕은 당뇨병을 일으킬 위험이 있어서 설탕의 사용을 기피한다면 이러한 경우 커피와 설탕은 보완 관계에 있지 않다. 우리는 커피와 설탕이 보완 관계에 있다고 가정하고 분석하려고 한다.

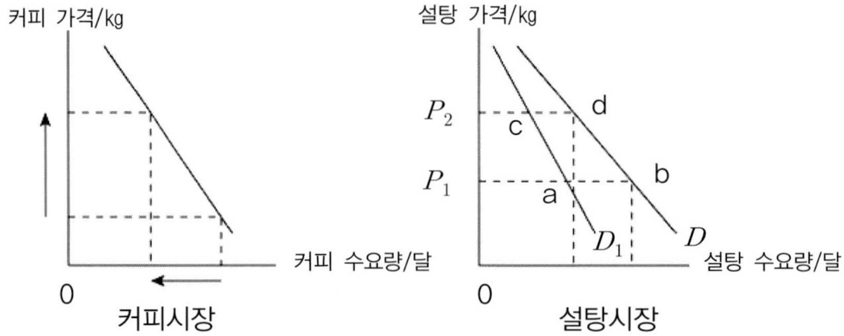

[Fig. 3-6] 커피와 설탕의 수요곡선

만일 커피시장에서 커피의 가격이 오르면 커피의 수요량은 감소할 것이다. 커피의 수요량이 감소하면 커피에 넣어 마시던 설탕의 수요량도 감소할 것이다. 즉, [Fig. 3-6]의 설탕 시장에서 P_1 수준의 가격에서는 a~b 만큼의 설탕을 소비자들은 덜 소비하려 할 것이고 P_2 수준의 가격에서는 c~d 만큼을 덜 소비하려 할 것이다. 결과적으로 설탕시장에서 원래의 주어진 수요곡선 D는 왼쪽 아래의 D_1으로 뛰어 내려간다. 따라서 보완재의 가격이 상승하면 시장수요곡선은 왼쪽 아래로 뛰어 내려간다.

이의 역도 성립한다(vice versa). 즉 보완재의 가격이 하락하면 시장수요곡선은 오른쪽 위로 뛰어 올라 간다.

일반적으로 두 재화의 보완관계가 크면 클수록 한 재화의 가격의 변화는 다른 재화의 수요곡선에 더 많은 영향을 미친다.

3.2.4 소비자의 크기

소비자의 크기 즉 소비자의 숫자도 수요에 영향을 미친다.

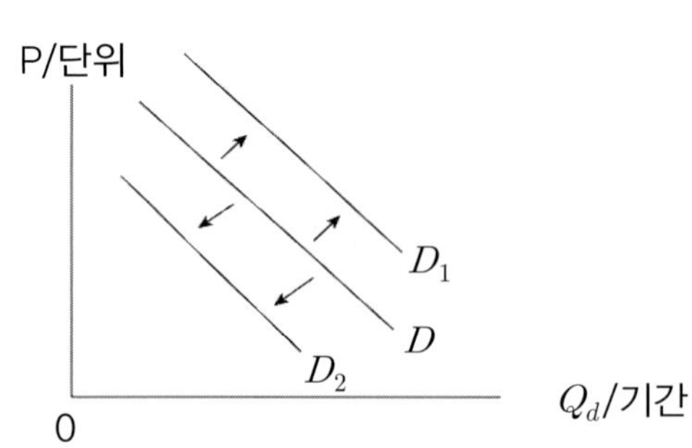

[Fig. 3-7] 소비자의 숫자 변화와 수요

예를 들어 [Fig. 3-7]이 한국의 자동차 시장의 수요를 나타낸다고 하자. 만약에 운전을 할 수 있는 법적인 연령을 19세에서 18세로 낮춘다면 원래의 수요곡선 D는 D_1으로 상향 이동할 것이다. 만약에 [Fig. 3-7]이 아기밀 시장의 수요를 나타낸다고 하자. 현실에서 출산율이 계속해서 감소한다면 각 가격 수준에서 아기밀의 수요량은 감소하여 D는 D_2로 하향 이동할 것이다.

3.2.5 소비자의 기대감

소비자의 미래에 대한 기대감(기대심리)도 수요에 영향을 미친다. 만약에 개인들이 미래에 경제상황이 변할 것이라고 예상한다면 그들은 변할 수도 있을 미래에 대비하여 현재에 어떤 행동이나 조치를 취할 수도 있다. 만약에 개인들이 미래의 상황에 대하여 어떠한 예상도 하지 않았다면 현재 어떠한 행동이나 조치도 취하지 않았을 일에 대하여서 말이다. 예를 들어 소비자가 텔레비전으로부터 올해는 기상이변으로 인하여 심한 가뭄이 발생할 것이라는 뉴스를 들었다고 하자. 소비자들은 가뭄으로 인한 쌀 흉작으로 인하여 앞으로 쌀값이 오를 것이라고 예상할 수 있을 것이다. 따라서 이들은 앞으로 비싸질 쌀값에 대비하여 현재에 쌀을 얼마만큼이라도 더 사두려고 할 것이다. 만약에 많은 소비자들이 이와 같이 미래에 쌀값이 오를 것이라고 예상을 한다면 소비자들은 현재에 많은 쌀을 더 사서 비축해 두려고 할 것이다. 따라서 [Fig. 3-8]에서 원래의 주어진 쌀 시장의 수요곡선 D가 D_1으로 상향 이동할 것이다. 즉 쌀의 각 가격수준에서 쌀의 수요량은 얼마만큼 더 증가할 것이다. 이의 역도 성립한다(vice versa).

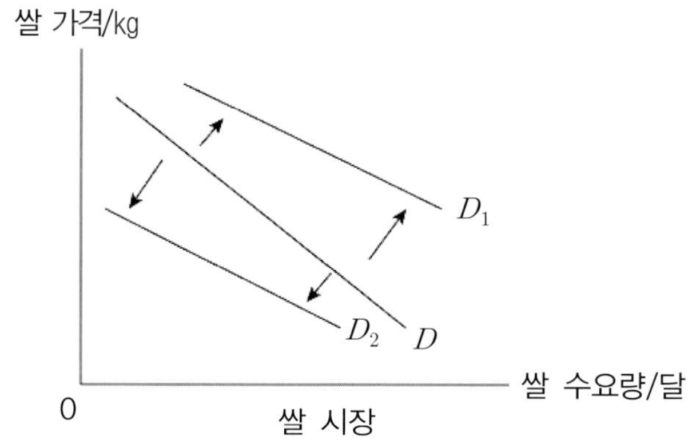

[Fig. 3-8] 소비자의 기대감과 수요

예를 하나 더 들어 보자. 이는 서유럽의 한 국가에서도 발생하였던 사실이다. 만약 현재 경제 내에서 물가상승(inflation)이 진행되고 있다고 하자. 그런데 많은 사람들이 이러한 물가상승이 앞으로는 더욱 심화되고 또한 계속되리라고 예상을 한다면 현재에 소비자들은 더욱 많은 물건을 사들여서 비축해 놓으려 할 것이다. 이러한 사재기 행위는 물가상승의 속도와 크기를 더욱 심화시켜 경제를 소위 말하는 초물가상승(hyper-inflation)의 상태로 빠뜨릴 수도 있다.

3.3 수요와 수요량

앞에서 우리는 수요는 소비자가 특정한 가격에서 특정량의 재화와 용역을 소비하려는 소비자의 욕망과 능력이라는, 즉 각 가격 수준에 대한 각각 다른 수요량의 총체적 집합이라고 정의한 바 있다. 또한 수요량은 소비자가 특정한 가격에서 특정량의 재화와 용역을 소비하려는 개개의 구체적인 개념이라고 정의하였다. 즉, 아래의 식

$$Q_d = f(P, Y, T, P^*, S, E)\text{에서}$$

P(재화의 가격)가 변하면 Q_d(수요량)는 원래의 주어진 시장수요곡선상을 따라서 위와 아래로 움직(movement)일 것이다. 이것이 다름 아닌 수요량의 변화이다. 따라서 아래의 [Fig. 3-9]에서 수요량의 변화는 가격이 변화할 때에 D선상을 따라 움직인다.

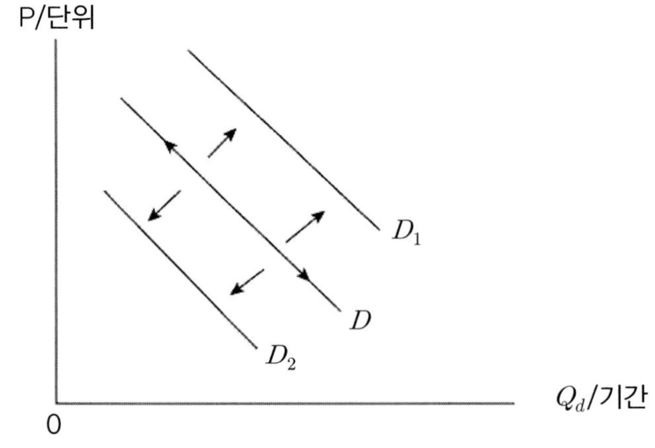

[Fig. 3-9] 수요량의 변화와 수요의 변화

그러나 수요의 변화는 P(재화의 가격) 이외의 다른 요소들인 Y, T, P^*, S, E 등이 변화할 때에 발생하는 결과이다. 앞에서 논의 하였듯이 P 이외의 다른 요소들(Y, T, P^*, S, E)이 변화하면 원래의 주어진 시장수요곡선인 D가 D_1이나 또는 D_2로 뛰어 올라가거나 또는 뛰어 내려간다.

따라서 우리는 수요량의 변화와 수요의 변화를 엄격히 구별해야 할 것이다. 즉 수요량의 변화는 P의 변화에 의한 것이고 수요의 변화는 P 이외의 다른 요소들의 변화에 의한 것이다.

수요의 법칙(The Law of Demand)

정의 : 수요의 법칙이란 Q_d(수요량)와 P(그 재화의 가격)가 서로 역의 관계에 있다.

단, P 이외의 다른 요소들(Y, T, P^*, S, E 등)이 전과 동일할 때이다.

여기서 다른 요소들이 전과 동일할 때 또는 다른 요소들이 일정할 때를 학문에서 라틴어로 "ceteris paribus"라고 한다.

요약

1. 수요는 관계된 재화와 용역의 가격과 소비자의 소득과 소비자의 취향 및 선호도와 다른 재화나 용역의 가격과 소비자의 숫자 크기 및 소비자의 기대감과 함수관계에 있다.

2. 수요의 법칙은 재화나 용역의 수요량은 그 재화나 용역의 가격과 역의 관계에 있다. 단 certeris paribus.

3. 한 재화의 가격의 변화는 그 재화의 수요량에 영향을 미치는데 이것은 그 재화의 원래의 주어진 시장수요곡선상을 따라 이동(movement)하는 것을 의미한다.

4. P(그 재화의 가격) 이외의 다른 요소들의 변화는 수요에 영향을 미치는데 이는 원래의 주어진 시장수요곡선 전체가 위로 뛰어 올라 가거나 또는 아래로 뛰어 내려가는 이동(shift)을 의미한다.

5. 소득이 증가할 때 정상재(또는 우등재)의 경우는 수요가 증가하고 열등재의 경우는 수요가 감소한다.

6. 한 재화의 가격이 오를 때 또 다른 재화의 수요가 증가하면 두 재화는 대체관계에 있다. 한 재화의 가격이 오를 때 또 다른 재화의 수요가 감소하면 두 재화는 보완관계에 있다.

중요 용어

수요
수요표
수요곡선
수요의 증가와 감소
정상재
수요의 법칙
우등재
열등재
대체재
보완재
기대감
ceteris paribus

연습문제

1. 밍크코트나 다이아몬드 가격이 오를 때 그것들을 사려는 사람들의 숫자가 늘어난다는 사실은 수요의 법칙에 위배되는가?

2. 미래에 휘발유의 부존량이 변화한다는 사실은 자동차의 수요에 어떤 영향을 미치는가?

3. 수요를 증가시킬 수 있거나 또는 감소시킬 수 있는 모든 요소들을 답하고 이에 대하여 설명하시오.

4. 왜 수요량의 변화와 수요의 변화를 구분하는 것이 중요한가?

5. 어느 한 상품의 대체재의 수가 늘어나면 어떤 현상이 일어나는가?

6. 위의 5번 문제에서 그 대체성의 정도가 높아지면 어떤 현상이 일어나는가?

7. 날씨와 빙과류와의 수요관계에 대하여 설명하시오.

읽어보기 3-1

The Law of Demand and Rolls-Royces: Evidence from the Market

Many people believe that demand curves don't slope downward for certain goods. After all, people seem to buy more diamonds, more vacation condominiums, and more Rolls-Royces when the prices rise.

The people who think demand curves slope upward are wrong because they have failed to separate price changes from the other *ceteris paribus* conditions. If income rises, the demand for diamonds and Rolls-Royces will increase and the amount purchased *might* rise even in the face of rising prices. This would happen if the effect of the increase in income more than offsets the effect of the increase in price. Similarly, demand could increase if individuals expect price to increase in the future. In this way, it might appear to some (untrained) observers that consumption is rising in the face of rising prices.

The fact that demand curves, even for Rolls-Royces, are downward sloping was clearly demonstrated by an article in *The Wall Street Journal*. *The Wall Street Journal* (May 24, 1983) reported that Charles Schmitt has become the leading seller of luxury cars by discounting them. He discounts some Rolls-Royce models as much as \$7,000. As a result, he sold about 10 percent of the U.S. purchase of Rolls-Royce automobiles. In 1982 he sold \$27 million worth of luxury cars.

It just goes to show you-even the rich may look for bargains!

(자료 : Principle of Economics, Amacher·Ulbrich, South-Western Publishing Co. 3rd Ed. 1986)

3-1 요약해설

어떤 사람들은 어떤 재화의 수요곡선은 우하향 하지 않는다고 믿는다. 따라서 사람들이 다이아몬드나 휴가용 콘도미니엄이나 값 비싼 롤스로이스 자동차를 그들의 가격이 오를 때 사는 것처럼 보인다. 수요곡선이 우상향 한다고 생각하는 사람들의 생각은 틀린 것이다. 왜냐하면 그들은 가격의 변화와 가격 이외의 다른 요소들의 변화(ceteris paribus 조건)의 차이점을 구분하지 못했기 때문이다. 소비자의 소득이 올라가면 다이아몬드나 롤스로이스에 대한 수요도 올라간다. 이때에 아무리 다이아몬드나 롤스로이스의 가격이 올라간다 할지라도 소득증가의 효과가 다이아몬드나 롤스로이스의 가격증가의 효과를 상쇄하고도 더 남음이 있다면, 즉 더 크다면, 아무리 다이아몬드나 롤스로이스의 가격이 올라간다 할지라도 그들에 대한 수요량은 증가할 것이다. 수요곡선이 우하향 한다는 사실은 월스트리트저널의 Charles Schmitt에 의하여 확인되었다. 즉 그는 롤스로이스를 할인해 주었더니, 즉 가격을 낮추었더니, 더 잘 팔린다는 사실을 보여 주었다. 부자도 싸면 더 산다는 것이다.

제4장

공급
(Supply)

4.1 공급의 정의와 공급표 및 공급곡선

4.1.1 공급의 정의

공급이란 일반적으로 어느 특정한 시간에 어느 특정한 장소에서 판매를 하기 위하여 어떤 특정한 가격에서 특정량의 재화와 용역을 공급하려는 공급자의 능력과 의도를 말한다. 즉, 각각 다른 공급 가격들에 대한 각각 다른 공급량과의 조합들을 나타낸 전체 관계이다. 따라서 여기서도 수요를 논의 했을 때와 마찬가지로 공급과 공급량이라는 개념을 확실히 구분할 필요가 있다.

즉, 공급이란 특정한 가격들에서 특정한 공급량들을 나타내는 전체의 관계를 의미하는 추상적인 개념이며 공급량이란 어느 특정한 가격에서만 관계되는 구체적인 특정한 양을 나타내는 구체적인 개념인 것이다.

일반적으로 재화나 용역의 가격과 공급량과는 정의 관계에 있다. 그런데 여기서 우리는 "일반적"이라는 단어를 사용하였다. 그런 이유는 첫째, 예를 들어서 렘브란트나 피카소가 남기고 간 회화 작품들은 아무리 그 그림들의 가격이 상승한다 할지라도 공급량은 늘어 날 수 없다는 것이다. 또 다른 예는 극장의 경우인데 극장의 입장권 가격이 아무리 올라간다고 할지라도 극장 주인은 좌석을 짧은 기간 내에는 늘려서 공급할 수 없을 것이다. 둘째, 어떠한 이유(예를 들면 급격한 기술개발 내지는 기술혁신 등)로 더 많은 공급량을 생산할 수 있을 경우 오히려 생산비의 감소로 인하여 시장의 공급가격을 전보다 더 인하하거나 또는 전과 동일하게 유지를 할 수도 있다. 이와 같이 예외적인 경우에 우리의 첫 번째 예에서는 공급량은 공급가격에 전혀 반응하지 않을 것이고 두 번째 경우에는 공급량과 공급가격 사이에 무반응 내지는 역의 관계가 성립될 수도 있다. 따라서 위의 정의에서 "일반적"이라는 수식어를 붙이게 된 이유이다.

4.1.2 공급표와 개인공급곡선 및 시장공급곡선

공급표란 서로 다른 가격에서 공급자가 공급하기를 원하는 서로 다른 다수의 공급량과의 관계를 나타내는 표이다. 아래의 〈표 4-1〉은 호동이의 라디오에 대한 공급(계획)표이다.

〈표 4-1〉 호동이의 라디오 공급표

(가격/개)	(공급량/달)
5원	0개
10원	5개
15원	10개
20원	15개
25원	20개
30원	25개

위의 〈표 4-1〉에서 주의할 점은 가격도 단위당(이 경우 개) 가격이라는 것과 공급량도 기간당(이 경우 1달) 공급량이라는 점이다. 〈표 4-1〉을 그래프로 나타내면 [Fig. 4-1]이 된다.

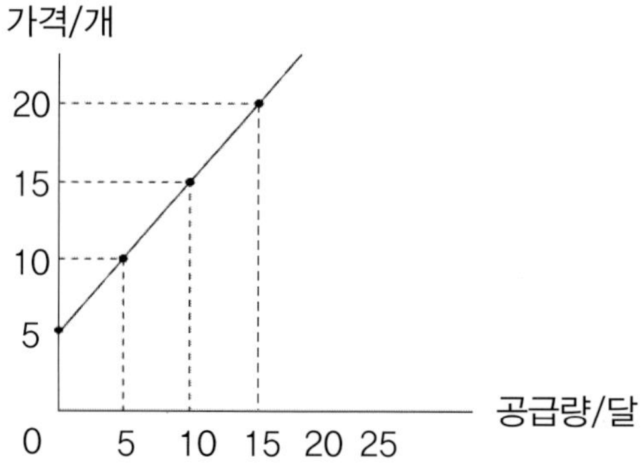

[Fig. 4-1] 호동이 개인의 공급곡선

[Fig. 4-1]은 호동이의 라디오에 대한 개인공급곡선이다. 이와 마찬가지로 우리는 호동이나 또는 다른 개인들에 대한 공급표와 이에 대한 개인들의 공급곡선을 도출해 낼 수 있을 것이다. 문제를 간단하게 만들기 위하여 우리 세상에 호동이와 호돌이라는 두 사람만이 살고 있다고 가정하자. 그렇다면 이 두 사람들의 각각의 개인공급곡선을 수평적으로 합계한 것이 다름 아닌 시장공급곡선(market supply curve)이다. 앞으로 공급량은 Q_s로 나타내기로 한다.

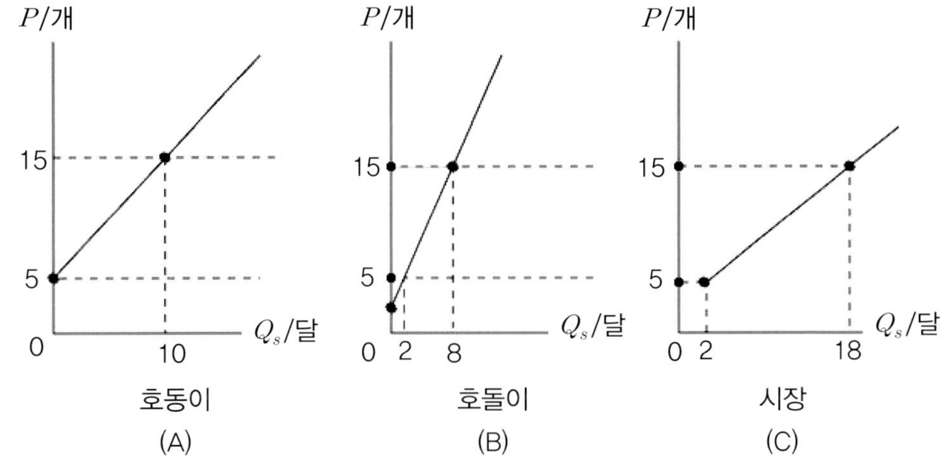

[Fig. 4-2] 시장공급곡선의 도출

[Fig. 4-2]에서 (A)는 호동이의 라디오에 대한 개인공급곡선이고 (B)는 호돌이의 라디오에 대한 개인공급곡선이다. 호동이와 호돌이의 개인공급곡선을 기하학적으로 수평 합계한 (C)의 공급곡선이 라디오에 대한 시장공급곡선이다. 우리가 관심을 갖고 분석의 대상이 되는 것은 시장공급곡선이지 개인의 공급곡선이 아니다. 이와 같이 시장의 모든 개인공급곡선들을 기하학적으로 수평 합계한 시장공급곡선을 수식으로 나타내면 아래와 같다.

$Q_s = f(P)$: Q_s와 P는 함수관계

위 식에서

Q_s는 공급량, P는 그 재화의 가격이다.

4.2 공급에 영향을 미치는 요소

시장공급곡선을 수식으로 표현한 아래의 식

$Q_s = f(P)$에서

시징공급곡선은, [Fig. 4-2]의 (C)에서 보듯이 Q_s(공급량)와 P(기걱)는 서로 정의 관계에 있다. 그렇다면 Q_s(공급량)에 영향을 미치는 것은 그 재화 자신의 가격인 P뿐일까? 그 대답은 “아니오”이다. 그러면 공급량에 영향을 미치는 다른

요소들은 어떤 것들이 있는지 알아보자.

$$Q_s = f(P, T_s, F, N, E_s) \ : \ Q_s\text{는 } P, T_s, F, N, E_s\text{와 함수관계}$$

위의 식에서 Q_s(공급량)는 P 이외에도 T_s, F, N, E_s 등에 의하여서도 영향을 받는다. 여기서,

T_s는 기술수준

F는 생산요소의 가격

N은 생산자의 크기(숫자)

E_s는 생산자의 기대감을 나타낸다.

Q_s(공급량, 내생변수)에 영향을 미치는 외생변수는 위에 나타낸 5개 이외에도 많이 있으나 우리는 위에 언급한 외생변수에 대하여서만 분석해 보기로 하고 그 이외의 변수에 대하여는 후에 연구해 보도록 하자.

4.2.1 기술수준(Level of Technology)

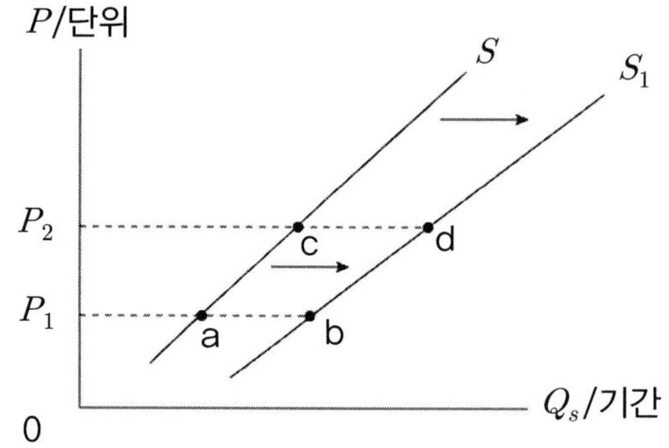

[Fig. 4-3] 기술수준의 경우

경제사회 내에서 기술혁신이나 기술개발이 이루어지면 공급자들은 주어진 가격 하에서도 얼마만큼 더 공급량을 늘릴 수 있을 것이다. 즉, [Fig. 4-3]에서 P_1수준의 가격에서는 (a~b)만큼의 공급량을 더 늘릴 수 있을 것이고 P_2수준의 가격에서는 (c~d)만큼의 공급량을 더 공급할 수 있을 것이다. 따라서 결과적으로 기술혁신이나 기술개발이 일어나면 원래의 주어진 시장공급곡선인 S가

S_1으로, 즉 오른쪽 아래로, 이동(shift)한다. 이론적으로는 이의 역도 성립할 수는 있으나 실제적으로는 한 번 개발되고 혁신된 기술이 퇴보하거나 우리의 망각 속으로 사라져서 각 가격수준에서 공급량이 감소하는 일이 현실적으로 나타나기는 거의 불가능하므로 이 경우 역의 관계는 현실적으로 성립하기 어렵다 하겠다.

4.2.2 생산요소의 가격

생산요소의 가격도 시장공급곡선에 영향을 미친다. 생산요소의 가격이 상승하면 시장공급곡선은 왼쪽 위로 뛰어 올라 간다.

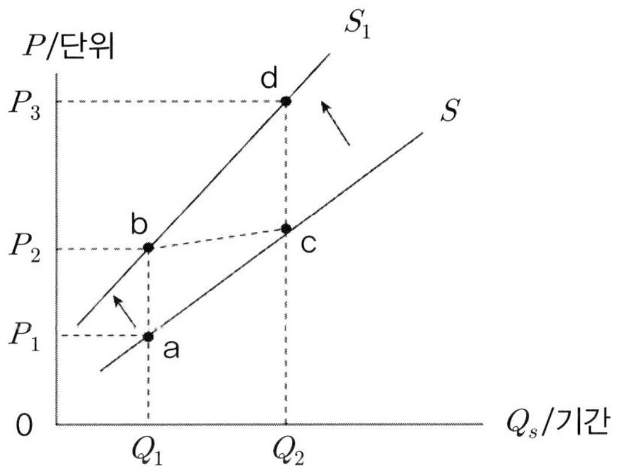

[Fig. 4-4] 생산요소의 가격

생산요소의 가격이 상승하면 생산자나 공급자들은 적어도 이전과 동일한 수준의 이익을 유지하기 위하여 이전의 시장가격보다 얼마만큼은 좀 더 높은 시장가격을 받기를 원할 것이다. [Fig. 4-4]에서 S는 원래의 주어진 공급곡선이다. Q_1수준의 공급량을 생산하기 위해서는 생산요소의 가격이 오르기 이전보다는 (a~b)(또는 $P_1 \sim P_2$)만큼의 시장가격을 공급자들은 더 받기를 원한다. 마찬가지로 Q_2수준의 생산량을 공급하기 위해서는 이전보다 (c~d)(또는 $P_2 \sim P_3$)만큼의 시장가격을 공급자들은 더 받기를 원할 것이다. 따라서 생산요소의 가격이 상승하면 원래의 주어진 시장공급곡선은 왼쪽 위 S_1으로 뛰어 올라 간다. 이론적으로는 이의 역도 성립할 것이다. 그러나 현실적으로 우리는 생산요소의 가격이 하락할 때에는 시장공급곡선이 오른쪽 아래로 잘 뛰어 내려가지 않는 것을 경험할 수 있다. 뛰어 내려가도 그렇게 크지 않게 뛰어 내려가는 하방경직성의 현상을 볼 수 있다. 왜 그런지에 대한 구체적인 이유는 차후의 논의 과제로 삼기로 하자.

4.2.3 생산자의 크기(숫자)

생산자의 크기 즉 시장의 생산자의 숫자도 공급에 영향을 미친다.

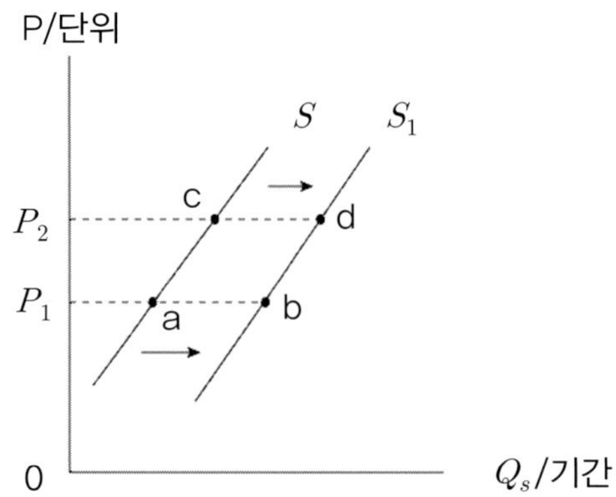

[Fig. 4-5] 공급자의 크기와 수요

예를 들어 [Fig. 4-5]가 TV시장의 공급 상태를 나타낸다고 하자. 만일 TV의 판매로 인한 이익이 많이 남는다는 소문이 TV시장에 널리 퍼진다면 돈을 벌기 위하여 더 많은 TV생산업자들이 TV산업으로 몰려들어 TV시장에서 TV공급량은 각 가격 수준에서 더 증가할 것이다. 즉, P_1 수준의 가격에서는 (a~b)만큼의 TV 공급량이 증가할 것이고 P_2 수준의 가격에서는 (c~d)만큼의 TV 공급량이 증가할 것이다. 결과적으로 원래의 주어진 시장공급곡선 S는 S_1으로, 오른쪽 아래로 뛰어 내려갈 것이다. 물론 이 경우에 TV산업으로의 새로운 생산자들의 진입이 심한 방해를 받지 않았을 경우이다.

4.2.4 생산자들의 기대감

생산자들의 미래에 대한 기대감(기대심리)도 공급에 영향을 미친다. 만약에 공급자들이 미래의 공급 상황이 어떠한 영향을 받아서 변할 것이라고 예상을 한다면 그들은 변할 수도 있는 미래의 상황에 대비하여 현재에 어떤 조치나 대비책을 마련할 수도 있다. 만약에 개인들이 미래의 상황에 대하여 어떠한 예상도 하지 않았다면 현재 어떠한 행동이나 조치도 취하지 않았을 일에 대해서 말이다. 예를 들어 한 목축업자가 TV로부터 올해는 태양의 흑점 변화로 인하여 기상에 이변이 들어 가뭄이 들 것이라는 보도를 들었다고 하자. 그는 가뭄으로 인하여 올해는 가축의 사료 값이 앞으로 많이 상승하리라고 예상을 할 것이며 따라서 비싸진 사료값 때문에 앞으로는 목축을 하여 이익을 남기기가 어려울 것이라고 예상할 수 있다. 그래서 그 목축업자는 가축을 더 길러서 내년에 시장에 내다 파느니보다는 사료 값이 오르기 전에 지금 시장에 내다 파는 게 더 낫다고 판단 할 수 있다. 만일 많은 목축업자들이 위에서 설명한 것처럼 미래를 예상하였다고 하면 현재의 고기시장(소고기 또는 돼지고기 등등)에서 각 가격수준에 대한 고기의 공급량은 얼마만큼 더 증가할 것이다.

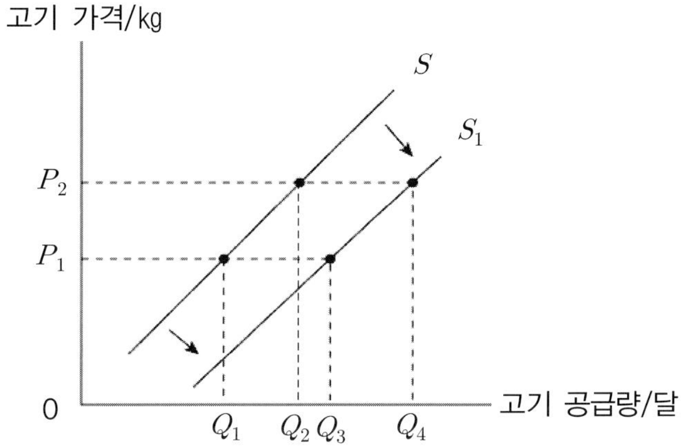

고기시장

[Fig. 4-6] 공급자의 기대감과 공급

[Fig. 4-6]에서 목축업자들의 위와 같은 미래에 대한 기대감 때문에 P_1 가격수준에서는 ($Q_1 \sim Q_3$)만큼의 고기가 시장에 더 공급될 것이며 P_2 가격수준에서는 ($Q_2 \sim Q_4$)만큼의 고기가 시장에 더 공급될 것이다. 결과적으로 원래의 주어진 시장공급곡선 S가 S_1으로, 오른쪽 아래로 뛰어 내려갈 것이다. 이의 역도 성립한다(vice versa). 즉, 미래에 목축을 하여 더 많은 이익을 창출 할 수 있다고 목축업자가 현재 판단을 하였다면 현재에 시장에 팔려고 생각했던 가축들도 팔지 않고 공급량을 줄일 것이다. 물론 미래에 대한 어떠한 예상도 하지 않았다면 현재 고기시장에서의 공급은 원래의 주어진 시장공급곡선 S선상을 따라 움직일 것이다.

4.3 공급과 공급량

앞에서 공급은 일반적으로 어느 특정한 시간과 장소에서 판매를 하기 위하여 어떤 특정한 가격에서 특정량의 재화와 용역을 공급하려는 공급자의 능력과 의도라고 정의하였다. 즉, 각 가격수준들에 대한 각 다른 공급량들의 총체적 집합이라 정의하였다. 또한 공급량은 공급자가 특정한 가격에서 특정량의 재화와 용역을 공급하려는 개개의 구체적인 관계라고 정의하였다.

즉, 아래의 식

$Q_s = f(P, T_s, F, N, E_s)$에서

P(재화의 가격)가 변하면 Q_s(공급량)는 원래의 주어진 시장공급곡선상을 따라서 위와 아래로 움직(movement)일 것이다. 이것이 다름 아닌 공급량의 변화이다. 따라서 아래의 (Fig. 4-7)에서 공급량의 변화는 가격이 변화할 때에 S선상을 따라 움직인다.

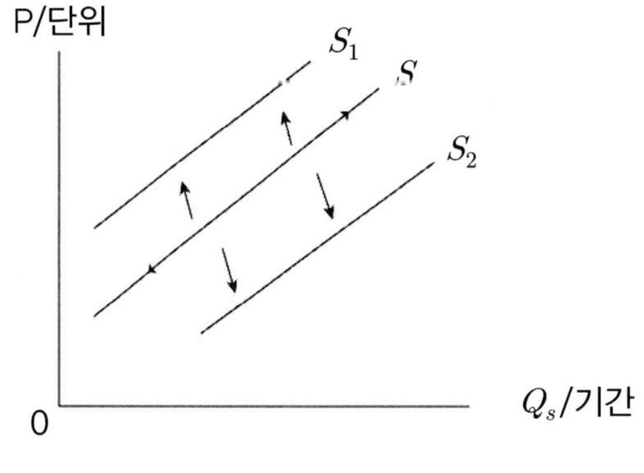

[Fig. 4-7] 공급량의 변화와 공급의 변화

그러나 공급의 변화는 P(재화의 가격) 이외의 다른 요소들인 T_s, F, N, E_s 등이 변화할 때에 각 가격수준에서 변화하는 공급량들의 총체적 집합이다. 앞에서 논의하였듯이 P 이외의 다른 요소들(T_s, F, N, E_s)이 변화하면 원래의 주어진 시장공급곡선이 S_1이나 또는 S_2로 뛰어 올라가거나 뛰어 내려간다(shift). 따라서 우리는 공급의 변화와 공급량의 변화를 엄격히 구분해야 할 것이다. 즉, 공급량의 변화는 P의 변화에 의한 변화이고 S선상을 따라 움직(movement)이며 공급의 변화는 P이외의 요소들의 변화에 의한 변화로서 S가 S_1이나 S_2로 뛰어 오르거

나 뛰어 내린다(shift).

공급의 법칙(The Law of Supply)

정의 : 공급의 법칙이란 일반적으로 Q_s(공급량)와 P(그 재화의 가격)가 서로 정의관계에 있다. 단, P 이외의 다른 요소들(T_s, F, N, E_s)이 전과 동일할 때 (즉, ceteris paribus)

4.4 시장 균형

시장에서 소비자에 의한 수요량과 공급자에 의한 공급량이 일치할 때에 시장은 균형 상태에 있다고 말해진다.

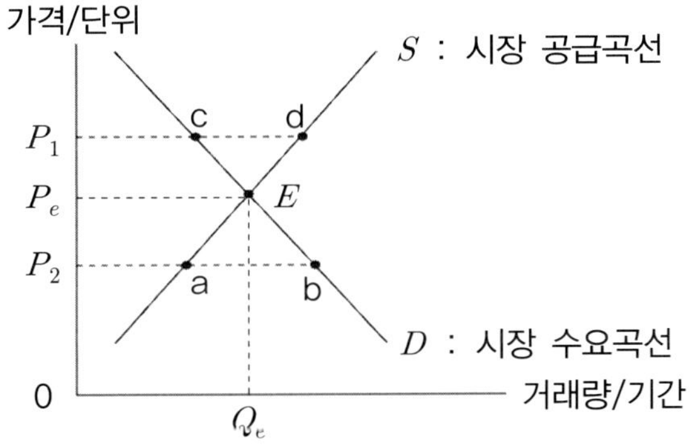

[Fig. 4-8] 시장 균형

[Fig. 4-8]의 E점이 소위 시장균형점으로 E점에서는 공급량과 수요량이 일치하여 과부족이 없는 상태이다. 이 때 P_e는 균형가격 Q_e는 균형거래량이라고 부른다. 아담 스미스(Adam Smith)에 의하면 시장은 보이지 않는 손(invisible hand)에 의하여 위의 [Fig. 4-8]의 E점에서처럼 과부족이 없는 가장 바람직한 상태에 도달할 수 있다고 보았다. 따라서 이러한 생각은 자유방임주의(laissez-faire)사상과 일맥상통한다. 즉, 정부는 시장에 간섭하지 말고 모든 것을 시장에 내맡겨 놓아도 보이지 않는 손에 의하여 바람직한 균형점 E점에 도달할 수 있다는 것이다. 이러한 생각은 작은 정부를 원하고 있다. 즉, 정부는 소위 말하는 야경국가로서 도둑이나 잡고 국방이나 담당하는 역할 등을 할 뿐 시장에 간섭하는 것은 바람

직하지 않다는 것이 시장자유론자들의 주장이다. [Fig. 4-8]의 P_1가격에서는 (c~d)만큼의 초과 공급량(excess quantity supplied)이 존재하고 P_2가격에서는 (a~b)만큼의 초과 수요량(excess quantity demanded)이 존재한다. 따라서 P_1에서는 초과 공급량이 존재하므로 가격은 하락하기 시작하여 P_e(균형가격)로 접근할 것이고 이에 따라 (c~d)도 거리가 줄어들면서 E점(균형점)으로 접근을 할 것이다. P_2에서는 초과 수요량이 존재하므로 가격은 상승하기 시작하여 P_e로 접근할 것이며 이에 따라 (a~b)의 거리도 줄어들면서 E점으로 접근을 할 것이다.

[Fig. 4-8]에 나타나 있는 시장의 기능은 아주 효율적인 방법으로 수요자와 공급자에게 수많은 복잡한 정보들을 시장가격을 통하여 접할 수 있는 기회를 제공해 준다.

첫째, 공급자들은 팔린 물건들에 대하여 소비자들이 어떻게 평가하는지 알 필요가 없으며 또한 많은 생산요소들 중에서 어떤 요소가 소비자들의 수요를 바꿀 수 있는지 등을 알 필요가 없다. 공급자들이 알아야 할 것은 오직 가격의 등락에 있다. 만약에 가격이 오르면 모든 다른 정보들은 알 필요가 없이 공급자들은 공급량을 증가시킬 것이다. 마찬가지로 소비자들도 어느 특정 재화에 들어간 생산비나 또는 그 재화와의 복합물들이 무엇인지 등을 이해할 필요가 없다. 소비자들이 알아야 할 모든 것은 시장가격인 것이다. 만약에 시장가격이 상승하면 소비자들은 그 재화의 소비를 절약하여 수요량을 떨어뜨릴 것이다. 이와 같이 시장가격은 모든 시장 참여자들에게 상대적으로 희소성이 있는 재화에 대하여 최근의 정보를 제공한다. 이와 같이 시장가격은 정보를 제공하는 기능을 가지고 있다.

둘째, 시장가격은 소비자와 생산자의 결정을, 즉 수요와 공급의 계획을, 동시에 시장에서 기능하게 함으로써 시장의 움직임을 안내하는 역할을 한다. 만약에 공급자들이 필요보다 더 많은 생산물을 시장에 공급하면 소비자와 생산자의 결정은 동시에 함께 시장에서 작용하여 시장가격을 떨어뜨릴 것이다. 또한 소비자들이 더욱 집중적으로 더 많이 수요를 일으키는 지역은 생산이 증가할 것이다. 이러한 일은 누구도 소비자들이나 생산자들에게 그들이 어떻게? 왜? 그런 행동을 해야 하는지에 대해서 말해 주지 않아도 발생한다. 필요한 모든 정보는 시장가격에 주어져 있다. 이러하듯이 시장가격은 시장의 움직임을 안내하고 조정하는 역할을 한다.

셋째, 시장 참여자들은 다른 사람들이 많이 원하는 그러한 상품들을 생산하거나 또는 많은 사람들이 필요로 하는 기능을 개발한다. 이렇게 함으로써 그들은 시장의 시험도 거치고 또한 이후로는 그러한 행위에 대한 보상도 받는다. 이러한 모든 일은 정부부서나 또는 중앙의 경제부처가 사람들이 무엇을 해야 한다는 지시나 명령을 하지 않아도 일어난다. 이와 같이 사람들은 그들의 이익을 위해서는 어떤 행위들이 그들에게 유리한지를 인지하고 있기 때문에 이에 따라서 모든 행위를 추구한다. 우리가 여태껏 논의해 온 모든 과정은 아담 스미스가 언급한 보이지 않는 손에 해당되는 것이다. 이와 같이 시장은 사람들의 행위를 유발하는 동기의 기능도 한다.

넷째, 시장의 보이지 않는 손은 시장 참여자들의 이익을 위해서 정보도 제공하고, 조정역할도 하고 시장 참여자들에게 동기도 부여하며 소비자들이 가장 원하는 재화에 생산요소를 투입할 수 있도록 유도하고 또한 이러한 재화를 생산하는데 있어서 가능한 한 가장 효율적인 방법으로 재화를 생산되게 하고 또한 가장 효율적인 방법으로 생산요소들의 결합이 이루어지도록 한다. 이러한 현상들이 경제학자들에게는 효율적인 자원의 분배로 비춰졌다. 이와 같이 시장은 생산요소들을 효율적으로 배분하는 역할도 수행한다.

다섯 번째, 시장은 사람들이 시장에서 선택을 하거나 어떤 행동을 취할 때에 자유를 부여한다는 사실이다. 다시 말해서 어느 한 소비자는 어느 한 판매자로부터 구매를 강요당하지 않는다. 왜냐하면 시장에는 거래할 수 있는 또 다른 많은 판매자들이 있기 때문이다. 마찬가지로 판매자들도 소비자들로부터 판매를 강요당하지 않는다. 왜냐하면 시장에는 거래할 수 있는 또 다른 많은 소비자들이 존재하고 있기 때문이다. 고용인(employee)은 시장에서 고용주(employer)의 강요로부터 보호 받을 수 있다. 왜냐하면 고용인은 시장에서 그가 일할 수 있는 또 다른 고용주를 찾을 수 있기 때문이다. 시장은 이러한 기능을 어느 특정인과는 관계가 없이 수행하며 또한 어떤 중앙 정부기관의 도움 없이도 저절로 수행하고 있는 것이다.

그러나 시장의 기능이 위와 같은 바람직한 기능만 가지고 있는 것이 아니라 단점도 존재하고 있다. 자유시장체제에 대한 비판은 시장의 실패가 실제로 존재하고 이러한 시장의 실패를 극복하기 위하여서는 정부의 역할이 필요하다는 전제에 기초하고 있다. 시장 실패에 대한 논쟁은 매우 복잡한 것이므로 이 문제에 대한 분석은 차후의 과제로 미루기로 한다. 그러나 일부에서는 시장의 실패는 경쟁의 결핍 때문에 발생한다고 주장하고 있다. 실제로 독점 대기업들은 소비자들이나 생산자들의 선택의 자유를 제한하고 있다. 따라서 프리드만(Milton Friedman)이 주장한 "시장에서 효율적인 교환의 자유가 유지되는 한 시장 참여자들의 경제활동에 미치는 시장의 중심 기능은 시장 참여자들의 경제활동이 누구로부터도 간섭을 받지 않는다"는 생각은 적절치 않다는 것이다. 또한 생산 활동과 소비활동 과정 중에 바람직하지 못한 결과나 현상이 부수적으로 발생할 수가 있는데, 예를 들어 오염(공기오염, 수질오염) 문제 등인데, 이러한 경제활동의 결과는 오직 정부의 활동에 의해서만 치유될 수 있다고 주장한다. 시장에 대한 또 다른 비판은 소득의 불균형이 자유시장체제에 의하여 발생하였다는 것이다. 실제로 한 쪽에서는 굶어 죽어가고 있는가 하면 한 쪽에서는 상상 이상의 소비생활을 하고 있는 것이 자유시장경제체제의 현실이다. 또한 한편에서는 자유시장체제 하에서는 교육이나 국방 등에 관한 사항들은 성공을 거두기가 어렵다는 주장이다. 자유시장경쟁체제에 대한 또 다른 비판은 제약을 받지 않는 자유시장은 생산과 고용과 물가 등을 조정하기에는 불안정하다는 주장이다. 따라서 자유시장의 타고난 본래의 기질이 불안정하다면 정부에 의한 시장 간섭은 시장을 좀 더 안정적으로 만들 수 있다는 주장이다. 이와 같이 시장의 기능이 실패하면 정부의 시장 간섭도 필요하다는 주장이다.

4.5 최고가격과 최저가격

우리는 지금까지 수요와 공급의 개념을 함께 시장에 적용하여 분석해 왔다. 이제 수요와 공급의 개념을 동시에 적용한 현실의 예를 알아보자.

4.5.1 최고가격(Ceiling Price)

최고가격이란 정부에 의하여 정해진 가격의 한계로서 이 가격 이상으로는 법에 의하여 시장에서 거래가 금지된다. 만약 법이 정한 한계 이상에서 거래를 하면 법에 의한 처벌을 받는 것은 물론이다. 따라서 시장에서는 이 한계가격 이하에서만 거래를 해야 한다. 이런 의미에서 이 한계가격을 최고가격이라고 부른다.

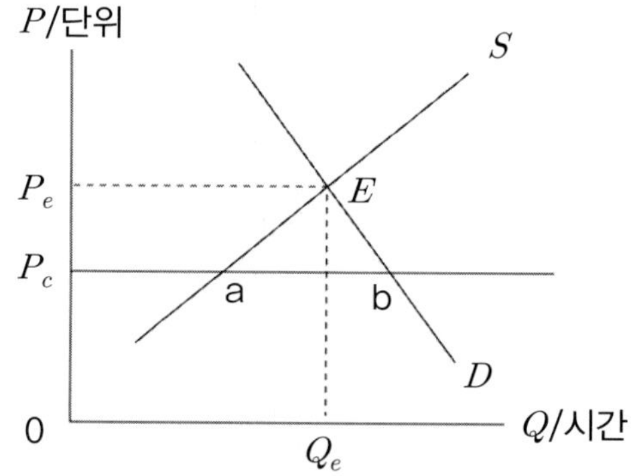

[Fig. 4-9] 최고가격

[Fig. 4-9]에서 E는 균형점이고 Q_e와 P_e는 각각 균형거래량과 균형가격이

고 P_c는 정부가 법에 의해 정한 최고가격이다. [Fig. 4-9]에서 보듯이 최고가격은 시장의 균형가격보다 낮다. 이와 같이 최고가격이 균형가격보다 낮은 이유는 소비자를 보호하기 위해서이다. 즉, 균형가격(P_e)은 소비자가 지불하기에는 너무 가격이 높아서 소비자에게 피해가 돌아올 수 있으므로 정부가 강제로 시장의 균형가격(P_e)보다 낮춰서 최고가격(P_c)수준으로 낮춘 것이다. 현실의 예로 우리는 부동산 가격의 분양 상한제 등을 주로 신규 아파트 분양 시에 볼 수 있다. [Fig. 4-9]에서 보듯이 최고가격제가 실시되면 시장에서 (a~b)만큼의 부족(초과 수요량)이 존재하게 된다. 따라서 이런 경우에는 밀거래가 성행할 수도 있으며 암시장도 발생할 수 있고 특히 내구재의 경우에는 제품의 질이 떨어질 수도 있으며 사후관리(after-service)가 잘 이루어지지 않을 수 있다. 이러한 폐단을 없애기 위하여 정부는 어떤 대책을 마련해야 하는데 예를 들면 배급제와 같은 것이다. 또는 생산자도 줄을 서서 먼저 온 사람에게 먼저 파는 방법 등도 마련해 낼 수 있다.

4.5.2 최저가격(Floor Price)

최저가격도 정부에 의하여 정해진 가격의 한계로서 이 가격 이하로는 법에 의하여 시장에서 거래가 금지된다. 따라서 시장에서는 이 한계가격 이상에서만 거래를 해야 한다. 이런 뜻에서 이 한계가격을 최저가격이라고 한다.

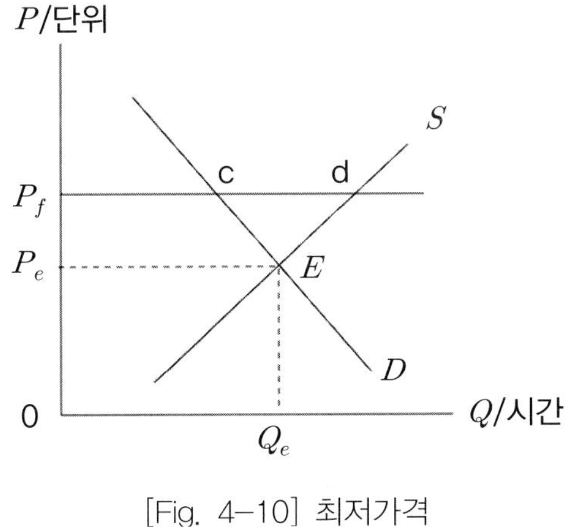

[Fig. 4-10] 최저가격

[Fig. 4-10]에서 E는 균형점이고 Q_e와 P_e는 각각 균형거래량과 균형가격이고 P_f는 정부가 정한 최저가격이다. [Fig. 4-10]에 나타나 있듯이 최저가격은

시장의 균형가격보다 높다. 이와 같이 최저가격이 균형가격보다 높은 이유는 특정 집단을 보호하기 위해서이다. 즉, 균형가격(P_e)으로서는 어느 특정 집단의 삶에 부정적인 영향을 끼치거나 또는 어떤 상품의 경우에 생산비에도 미치지 못하므로 정부가 강제로 시장의 균형가격(P_e)보다 높여서 최저가격(P_f)수준으로 정한 것이다. 현실의 예로는 노동시장에 있어서 최저임금제와 가을 수확기에 정부에 의한 쌀 최저가격에 의한 추곡수매 제도 등이 있다. 이는 극빈자들이나 농부들의 권익을 보호하기 위한 제도이다. [Fig. 4-10]에서 보듯이 최저가격제가 실시되면 시장에서(c~d)만큼의 잉여(초과 공급량)가 발생한다. 이와 같은 초과 공급량을 제거하기 위해서는 정부가 (c~d)만큼의 잉여를 사들이는 방법도 있다.

요약

1. 공급은 공급되는 그 재화나 용역의 가격과 기술 수준과 생산요소의 가격과 공급자의 숫자와 공급자의 기대감 등에 연관되어 있다.

2. “일반적”으로 공급의 법칙은 보통 재화나 용역의 공급량과 그 재화나 용역의 가격과 정의 관계에 있다.

3. 어떤 재화나 용역의 가격의 변화는 공급량에 영향을 주는데 이는 원래의 주어진 시장공급곡선 상을 따라 상하로 움직임(movement)을 의미하고 가격 이외의 다른 요소들의 변화는 원래의 주어진 시장공급곡선 전체가 상하로 뛰어 오르거나 뛰어 내려가는 이동(shift)을 뜻한다.

4. 균형점에서의 가격은 공급량과 수요량이 일치하는 점으로 아담 스미스는 과부족이 없는 바람직한 상태로 보았다.

5. 미시경제학에 있어서 가격의 변화는 각 시장에 있어서 각 상품의 상대적인 변화이지만 거시경제학에 있어서 가격의 변화는 전체 평균 물가수준 또는 물가지수의 변화를 의미한다.

6. 시장에 있어서 가격은 소비자들과 생산자들에게 정보도 제공하고 안내 역할도 하며 동기를 유발하는 원인이 되기도 한다.

7. 시장은 사람들이 자기의 이익을 추구하도록 허락함으로서 사람들에게 자유로운 선택을 할 수 있도록 한다.

중요 용어

공급
개인공급곡선
공급량의 움직임(movement)
공급의 법칙
보이지 않는 손(invisible hand)
초과 공급량
시장 실패
공급(계획)표
시장공급곡선
공급곡선의 이동(shift)
시장균형점
분배효율
초과 공급

연습문제

1. 공급자의 기대심리는 어떻게 공급에 영향을 미치는지 예를 드시오.

2. 시장공급곡선을 좌상향으로 이동(shift)시키는 모든 요소들을 열거하시오.

3. 왜 공급량과 공급의 의미를 분별하는 것이 중요한지 설명하시오.

4. 호동이는 미시경제학 시험에 실패하였다. 그는 돈을 벌려고 거리 한편 쪽에 꽃 파는 좌판을 설치하였다. 그런데 그의 건너편 거리에 또 다른 꽃 가게가 생겼다. 그러나 그는 개의치 않았다. 왜냐하면 그는 다음과 같이 생각하였기 때문이다. "그래! 공급량이 많으면 수요량도 많아 질 거야. 그러니 나는 전과 같이 잘 될거야." 호동이는 미시경제학 시험에 실패할 만한가요? 이유를 설명하시오.

5. 시장수요함수와 시장공급함수가 다음과 같다.

   $Q_d - 50 - 2P$
   $Q_s = -40 + 3P$

   시장균형가격과 시장균형거래량을 구하시오.

6. 정부가 공급자에게 물품세를 부과하면 시장에서 어떤 상황이 벌어지는지 설명하시오.

7. 한국의 부동산 시장에서 부동산의 가격이 계속해서 상승하는 이유를 설명하시오.

8. 한우(소)를 사육하는 가축사육 농가에 정부가 사육 보조금 50만원을 지불하였다. 소고기 시장에 어떤 변화가 발생할 수 있는지 설명하시오.

9. 시장 선순환 기능(긍정적인 기능)이 무엇인지 설명하시오.

10. 우리나라의 입장에서 본 희토류(희소 광물자원)의 공급곡선에 대하여 설명하시오.

읽어보기 4-1

Adam Smith (1723~1790)

Adam Smith generally is recognized as the founder of modern economics. He was born in Kirkcaldy, Scotland, educated at the University of Glasgow and at Oxford, and eventually became professor and vice-rector at Glasgow. *The Wealth of Nations*, which he published in 1776, marked a break with previous economic thought. Smith stressed the role of individual self- interest in promoting overall welfare. In his view, the "invisible hand" of self-interest led people to act in socially desirable ways. Thus, you would know, for example, that when you arrive in a new city in the evening, you'll be able to buy breakfast in the morning because people who hope to make a profit will have restaurants and coffee shops open in the hope of attracting business.

Before Smith, people who wrote on economic issues often looked at things from the point of view of government and what government could and should do to run the economy in the national interest. Smith, however, argued that the role of government should be minimal-it should provide for the national defense, produce and regulate a money supply, and supply a system of laws with swift, efficient justice in the courts. Beyond these activities, private individuals pursuing their own gain would lead to efficiency in the economy; there was no need for government to intervene.

From Smith's time until the 1930s, economists tended to view the best economic role of government as minimal. With the Great Depression of the 1930s and the new school of Keynesian macroeconomics that arose, many economists began to take an opposite view of government.

Smith was not naive about the concept of self-interest. He realized that people can and will collude to take advantage of other people. He argued that whenever manufacturers of the same product get together, their thoughts rapidly turn to conspiring to raise prices and increase profits. He was opposed to this type of monopoly behavior and in particular thought that government should do nothing to encourage such practices. Many economists today argue that government regulatory agencies often contribute more to creating problems of monopoly than they do to regulating these problems. Examples offered are the Interstate

Commerce Commission, which regulates interstate truckers, movers, railroads, barges, and so on; and the Food and Drug Administration, which regulates pharmaceuticals.

Opportunity cost also played a role in Smith's thinking. He raised the example of a village where people could hunt deer or beaver. As he pointed out, the cost of bagging one deer was the number of beaver that could have been trapped with the same time and trouble. The only true cost in economics is opportunity cost.

(자료 : Principle of Economics, Amacher·Ulbrich, South-Western Publishing Co. 3rd Ed. 1986)

4-1 요약해설

아담스미스는 근대경제학의 설립자로 알려져 있다. 그는 스코틀랜드에서 태어났으며 글라스고우 대학과 옥스퍼드 대학에서 교육을 받았다. 후에 그는 글라스고우 대학의 교수와 부교구 목사가 되었다. 1776년에 그가 쓴 국부론은 이전의 경제사상과는 다른 것이었다. 그는 모든 복지후생을 확대시키는데 개인의 이기적인 역할을 강조하였다. 그의 견해는 사람들의 자기중심적인 보이지 않는 손이 사람들을 사회적으로 바람직한 길로 행동하도록 한다는 것이었다. (중략) 스미스 이전에는 사람들은 종종 경제문제에 대하여 국가의 이익을 위하여 국가가 무엇을 할 수 있으며 또 무엇을 해야 하는가 하는 정부의 입장에서 쓰고 바라보았다. 그러나 스미스는 정부의 역할은 최소화되어야 되고, 정부의 역할은 국방이나 화폐의 제조나 또는 법원에서 신속하고 효율적인 재판을 위한 법률체계의 정비 등에 한정되어야 한다고 주장하였다. 이러한 정부의 행위 이외에는 그들의 이익을 추구하는 개인들이 더 경제를 효율적으로 끌고 나갈 수 있다고 생각하였고 경제에 정부가 간섭할 필요가 없다고 주장하였다.

스미스 시대부터 1930년대까지 경제학자들은 정부의 역할을 최소화하는 것이 경제에 가장 좋다는 생각을 갖는 경향이 있었다. 대공황과 케인즈 학파의 거시경제학은 많은 경제학자들을 정부의 역할에 대하여 이전과는 반대의 견해를 갖게 하기 시작하였다. 아담스미스는 “self-interest”라는 개념을 소박하고 천진난만한 개념으로 받아들이지만은 않았다. 그는 사람들이 다른 사람을 이용하기 위하여 서로 결탁도 할 수 있고 또 할 것이라는 사실도 알았다. 그는 같은 제품을 만드는 제조업자들이 서로 만나면 공모하여 제품의 가격을 올리고 이윤도 끌어 올린다고 주장하였다. 그는 독점에 반대하였으며 독점적 행위를 하도록 내버려 두는 정부의 생각에도 반대하였다. (중략) 스미스는 기회비용에 대하여서도 많이 생각하였다. 그는 한 수렵마을에서 사슴 한 마리를 잡는 비용은 같은 시간과 노력을 들여 덫으로 잡는 비버의 숫자와 같다고 하였다. 경제학에 있어서 진정한 비용은 기회비용이다.

제5장

탄력성
(Elasticity)

5.1 탄력성의 일반개념

탄력성이란 원래 물리학에서 주로 쓰이던 개념인데 19세기에 들어와서 영국의 경제학자 마샬(Alfred Marshall)이 경제학에 도입하였다. 일반적으로 탄력성이란 외생변수(또는 독립변수)의 변화에 대한 내생변수(또는 종속변수)의 변화의 감응도(반응도)를 나타내는 크기이다.

즉,

$y = f(x)$ 라는 함수관계에서

x : 외생변수(독립변수) y : 내생변수(종속변수)이다.

y의 x에 대한 탄력성은 E_{yx}로 나타낸다.

$$Eyx = \frac{\frac{\triangle y}{y}}{\frac{\triangle x}{x}} = \frac{\% \triangle y}{\% \triangle x}$$ 로 정의된다.

따라서 $Eyx = \frac{\text{상대적인 } y \text{의 변화}}{\text{상대적인 } x \text{의 변화}}$ 로도 정의된다.

5.2 수요의 가격탄력성

정의에 따른 위 명칭은 원래 수요량의 가격에 대한 탄력성인데 간단히 위와 같이 부르며 더 간단히는 수요의 탄력성이라고 하기도 한다.

왜냐하면 수요함수는 아래와 같이

$Q_d = f(P)$ 인데

Q_d : 내생변수, P : 외생변수 이므로 수요의 가격탄력성(수요량의 가격에 대한 탄력성)은 아래와 같이 정의된다.

$$E_{QdP} = \frac{\frac{\triangle Qd}{Qd}}{\frac{\triangle P}{P}}$$

그런데 많은 책에서 E_{QdP} 대신에 E_d 로 사용하므로 우리도 이에 따르기로 한다. 위의 정의에서 수요곡선은 우하향하므로, 즉 Q_d와 P는 역의 관계에 있으므로 수요의 가격탄력성의 값은 음(-)이다. 그런데 많은 경우에 이 값을 양(+)으로 만들기 위하여 아래와 같이 그 값 앞에 음(-)의 부호를 붙이기도 한다.

즉,

$$E_d = -\frac{\frac{\Delta Q_d}{Q_d}}{\frac{\Delta P}{P}}$$ 로도 많이 사용한다.

따라서

$$E_d = -\frac{\Delta Q_d}{\Delta P} \cdot \frac{P}{Q_d} = -\frac{1}{\frac{\Delta P}{\Delta Q_d}} \cdot \frac{P}{Q_d}$$

$$= -\frac{1}{\text{수요곡선의 기울기}} \cdot \frac{P}{Q_d} = -\frac{\frac{P}{Q_d}}{\frac{\Delta P}{\Delta Q_d}}$$

양의 수 E_d 는 탄력성의 계수(coefficient) 크기에 따라 아래와 같이 불리어진다.

계수 크기	용어
$E_d = \infty$	완전 탄력적
$\infty \rangle E_d \rangle 1$	탄력적
$E_d = 1$	단위 탄력적
$1 \rangle E_d \rangle 0$	비탄력적
$E_d = 0$	완전 비탄력적

수요곡선은 그 경사도(기울기)에 따라 탄력성의 크기가 달라진다. 즉, 똑같은 크기의 가격변화에도 서로 다른 두 재화의 수요량에 미치는 충격은 그 재화의 시장수요곡선의 형태에 따라 다르다. 아래의 그래프에서 알아보자.

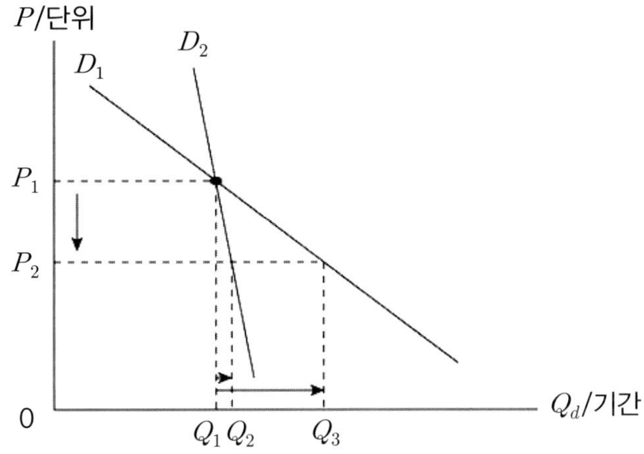

[Fig. 5-1] 상이한 탄력성

가격이 P_1에서 P_2로 하락하면 같은 크기의 가격하락 $(P_1 \sim P_2)$에 대하여 수요곡선 D_1에서는 수요량이 Q_1에서 Q_3로 $(Q_1 \sim Q_3)$만큼 변화한 반면에 수요곡선 D_2에서는 Q_1에서 Q_2로 $(Q_1 \sim Q_2)$만큼 변하였다. 탄력성의 정의에 의하여 수요곡선 D_1의 탄력성 계수가 수요곡선 D_2보다 더 크므로 D_1이 D_2보다 더 탄력적인 수요곡선이라고 말할 수 있다. 일반적으로 직선의 수요곡선인 경우 경사도가 낮으면 낮을수록 더 탄력적인 수요곡선이고 경사도가 높으면 높을수록 더 비탄력적인 수요곡선이 된다. 즉, 아래의 그래프에서

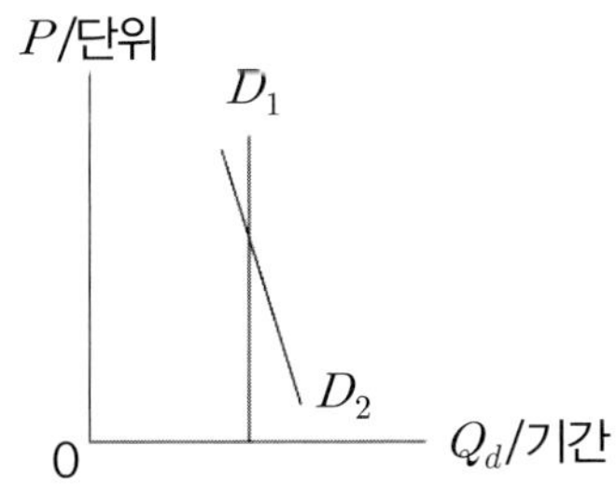

[Fig. 5-2] 완전 비탄력적 수요곡선(D_1)과 매우 비탄력적 수요곡선(D_2)

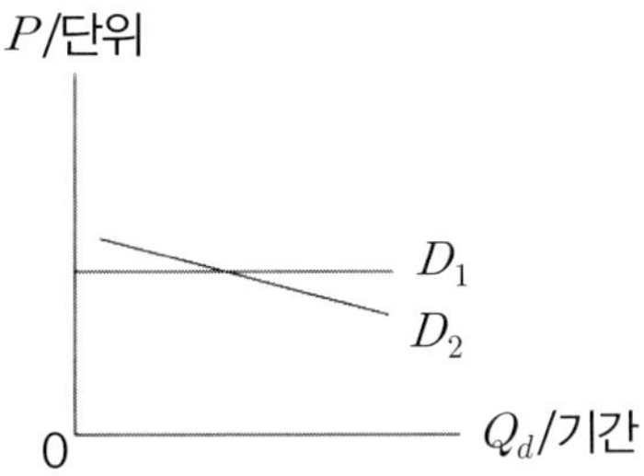

[Fig. 5-3] 완전 탄력적 수요곡선(D_1)과 매우 탄력적 수요곡선(D_2)

[Fig. 5-2]에는 완전 비탄력적인 수요곡선 D_1과 매우 비탄력적인 수요곡선 D_2가 나타나 있다. D_1과 같이 완전 비탄력적인 수요곡선을 갖는 재화는 잘 알려져 있지 않다. D_2와 같이 매우 비탄력적인 재화는 코카인 같은 마약 종류나 치명

적인 심장병 등에 쓰이는 심장약 등이 이에 해당한다. 소금도 비탄력적인 재화로 알려져 있다. 즉, 이들 재화는 가격이 급격히 상승하더라도 수요량은 그다지 줄어들지 않는다.

[Fig. 5-3]에는 완전 탄력적인 수요곡선 D_1과 매우 탄력적인 수요곡선 D_2가 나타나 있다. D_1과 같이 완전 탄력적인 수요곡선을 갖는 재화는 잘 알려져 있지 않다. D_2와 같이 매우 탄력적인 수요곡선의 형태를 갖는 재화는 그 재화와 대체성을 갖는 대체재가 시장에 많이 존재할 때에 나타나는 현상이다. 이러한 재화는 공급자가 가격을 조금만 올려도 수요량은 급격히 줄어든다. 왜냐하면 시장에는 이 재화와 대체성을 띄는 비슷한 재화들이 많이 존재하기 때문에 조금만 이 재화의 가격이 올라도 상대적으로 비싸진 이 재화보다는 상대적으로 싸진 다른 많은 대체재들 중에서 소비자들이 하나를 선택하여 소비를 하기 때문이다.

5.3 특수한 수요곡선의 탄력성

5.3.1 직선의 수요곡선

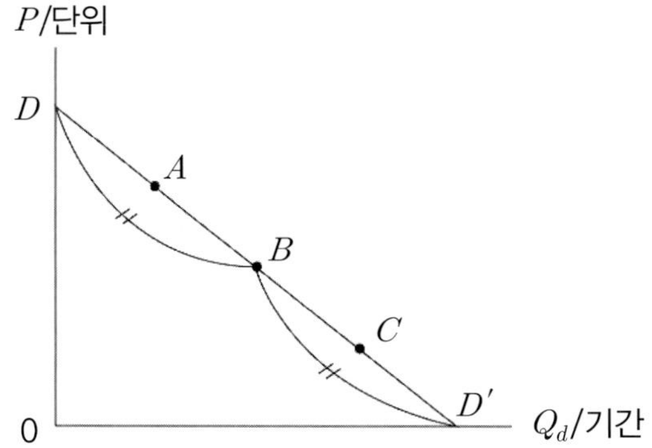

[Fig. 5-4] 직선의 수요곡선

[Fig. 5-4]에서 DD'는 직선의 수요곡선이다. D는 P축 절편이고 D'는 Q_d축 절편이다. $DB = BD'$이다. 각 점 A, B, C에서의 탄력성은 아래와 같다.

A점 : $E_d = \dfrac{AD'}{DA}$ (>1) : 탄력적

B점 : $E_d = \dfrac{BD'}{DB}$ (=1) : 단위 탄력적

C점 : $E_d = \dfrac{CD'}{DC}$ (<1) : 비탄력적

■ 증명

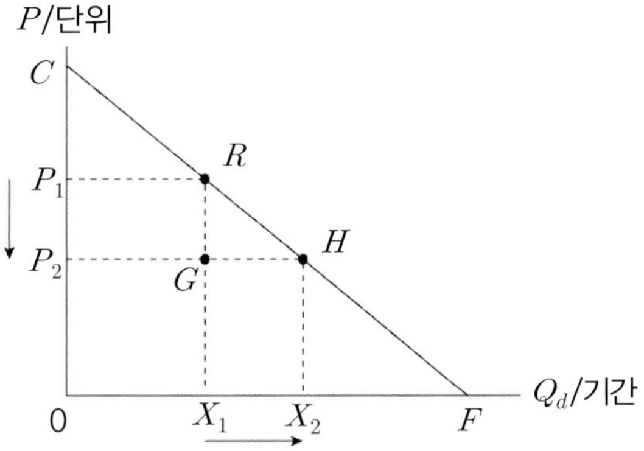

[Fig. 5-5] 직선의 수요곡선

우선 주의할 점은 본 증명에서는 모두 길이를 나타내고 있으므로 표시된 모든 값은 양(+)의 값이다. [Fig. 5-5]에서 만약 가격이 P_1에서 P_2로 하락하면 수요량은 X_1에서 X_2로 증가할 것이다. 이때에 R점에서의 수요의 가격탄력성:

$$E_d = \frac{\frac{\Delta Q_d}{Q_d}}{\frac{\Delta P}{P}}$$

$$= \frac{X_1X_2/OX_1}{P_1P_2/OP_1} \qquad \because \Delta Q_d = X_1X_2, \quad Q_d = OX_1$$

$$\Delta P = P_1P_2, \quad P = OP_1$$

$$= \frac{X_1X_2}{P_1P_2} \cdot \frac{OP_1}{OX_1} \qquad \text{since, } X_1X_2 = GH$$

$$P_1P_2 - RC$$

$$= \frac{GH}{RG} \cdot \frac{OP_1}{OX_1} \qquad \Delta RGH = \Delta RX_1F(\text{닮은꼴})$$

$$\therefore \frac{GH}{RG} = \frac{X_1F}{RX_1}$$

$$= \frac{X_1F}{RX_1} \cdot \frac{OP_1}{OX_1} \qquad \text{since, } RX_1 = OP_1$$

$$= \frac{X_1F}{OP_1} \cdot \frac{OP_1}{OX_1}$$

$$= \frac{X_1F}{OX_1} = \frac{X_1F}{P_1R} \qquad \because OX_1 = P_1R$$

$$= \frac{RF}{CR} \qquad \because \triangle CP_1R = \triangle RX_1F \text{ (닮은꼴)}$$

따라서 직선의 수요곡선 CF상의 어느 한 점인 R점에서의 수요의 가격 탄력성 $E_d = RF/CR$ 이다.

5.3.2 곡선의 수요곡선

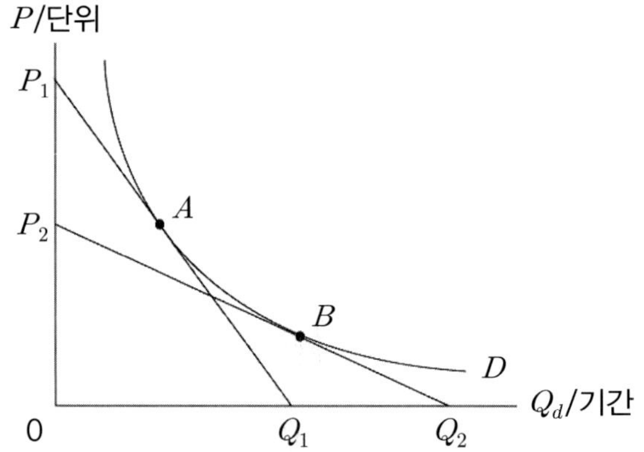

[Fig. 5-6] 곡선의 수요곡선

[Fig. 5-6]에서 D는 곡선의 수요곡선이다. 곡선의 수요곡선 상에서의 탄력성은 위에서 증명한 직선의 수요곡선 상에서의 탄력성의 결과를 이용하면 된다.

[Fig. 5-6]의 A점과 B점에서의 수요의 가격탄력성은

$$\text{A점 : } E_d = \frac{AQ_1}{P_1A}$$

B점 : $E_d = \dfrac{BQ_2}{P_2B}$ 이다.

5.3.3 직각 쌍곡선(Rectangular Hyperbola)

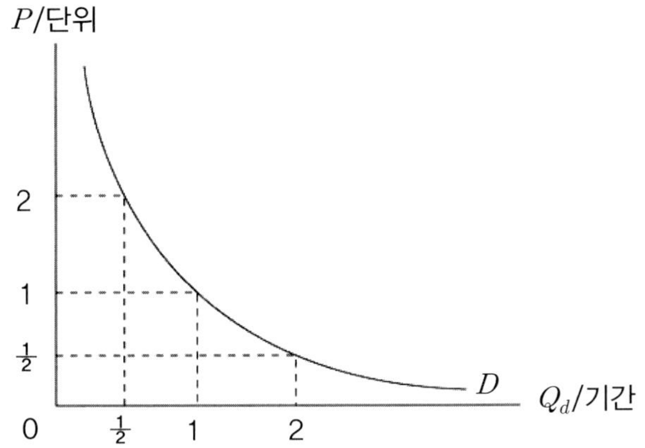

[Fig. 5-7] 직각 쌍곡선

[Fig. 5-7]의 직각 쌍곡선 형태의 수요곡선 D의 특징은 $Q_d \cdot P = 1$ 이라는 것과 가격이 상승할수록 수요곡선 D는 P축에 점근을 하고 수요량이 늘어날수록 수요곡선 D는 Q_d축에 점근을 하는 점근선이다.

이 경우 수요의 가격탄력성은 수요곡선상 어느 점에 있어서나 항상,

$E_d = 1$이다.

■ 증명

$$E_d = -\dfrac{\dfrac{\Delta Q_d}{Q_d}}{\dfrac{\Delta P}{P}} = -\dfrac{\Delta Q_d}{\Delta P} \cdot \dfrac{P}{Q_d}$$

$$= -\dfrac{dQ_d}{dP} \cdot \dfrac{P}{Q_d} \quad \text{(미분개념도입)}$$

직각쌍곡선 : $Q_d \cdot P = 1$

$$= -(-1)P^{-2} \cdot \dfrac{P}{Q_d}$$

$Q_d = \dfrac{1}{P} = P^{-1}$

$$=-(-1)P^{-2} \cdot \frac{P}{\frac{1}{P}} \qquad \therefore \frac{dQ_d}{dP}=(-1)P^{-2}$$

$$=P^{-2} \cdot P^2=1$$

따라서 직각 쌍곡선 형태의 수요곡선 상에 있어서 수요의 가격탄력성은 언제나 E_d=1이다.

5.3.4 호 탄력성(Arc Elasticity)

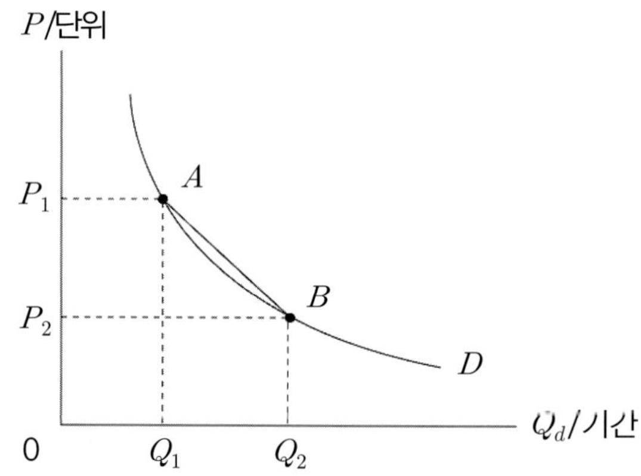

[Fig. 5–8] 호 탄력성

호 탄력성은 A점과 B점 사이의 호에 대한 수요의 가격 탄력성을 의미하는데 아래와 같이 측정할 수 있다.

i) $E_d=-\dfrac{\Delta Q_d/Q_1}{\Delta P/P_1}=-\dfrac{\Delta Q_d/Q_2}{\Delta P/P_2}$

ii) 또는 평균값을 이용하여

$$E_d=-\frac{\Delta Q/\frac{Q_1+Q_2}{2}}{\Delta P/\frac{P_1+P_2}{2}}$$

5.4 수요의 가격탄력성과 총수입

어떤 재화나 용역에 대한 소비자의 총지출비용(total expenditure)은 그 재화나 용역의 가격에다가 수요량을 곱한 것이다($P \times Q_d$). 이러한 소비자의 총지출비용은 기업의 총수입(total revenue)이 된다.

재화나 용역의 가격이 떨어지면 하락한 가격효과 그 자체는 소비자의 총지출비용(기업부문의 총수입)을 하락시킨다. 반면에 하락한 가격으로 인해 수요량은 증가하는데 증가한 수요량 그 자체는 소비자의 총지출비용(기업부문의 총수입)을 증가시킨다. 이와 같이 가격의 하락은 한편으로는 총지출비용(기업의 총수입)을 하락시키는 효과가 있고 또 한편으로는 총지출비용(기업의 총수입)을 증가시키는 서로 상반된 상쇄효과를 나타낸다. 다시 말해서

만약에 $P\downarrow$ (즉 $\frac{\Delta P}{P}\downarrow$) 그렇다면 $Q_d\uparrow$ (즉 $\frac{\Delta Q_d}{Q_d}\uparrow$)

$\Downarrow$ $\Downarrow$

총지출비용↓ ($\Delta TE\downarrow$) 총지출비용↑ ($\Delta TE\uparrow$)

TE 는 Total Expenditure의 약자이다.

수요의 가격탄력성이 탄력적($E_d > 1$)이라 함은 아래의 식에서

$$E_d = -\frac{\frac{\Delta Q_d}{Q_d}}{\frac{\Delta P}{P}} > 1 \text{의 의미이다.}$$

다시 말해서

$$\left|\frac{\Delta Q_d}{Q_d}\right| > \left|\frac{\Delta P}{P}\right| \text{ 라는 뜻이다.}$$

위 부등식의 의미는 수요량의 상대적인 변화가 가격의 상대적인 변화보다 크다는 의미이다. 따라서 어떤 재화의 가격이 떨어질 때 그 것이 소비자들의 총지출비용(기업의 총수입)의 하락에 상대적으로 미치는 효과는 그 것이 수요량의 상승으로 인한 소비자들의 총지출비용(기업의 총수입)의 상승에 상대적으로 미치는 효과보다 작다는 의미이다. 역으로 말해서 어떤 재화의 가격이 떨어질 때 그 가격하락이 기업의 총수입 상승에 상대적으로 미치는 효과는 그 가격하락이 기업의

총수입 하락에 상대적으로 미치는 효과보다 크다는 뜻이다. 결과적으로 어느 재화의 수요곡선이 탄력적인 경우 그 재화의 시장가격이 하락하면 기업들의 총수입은 증가하게 된다. 따라서 우리는 아래의 〈표 5-1〉을 만들 수 있다.

〈표 5-1〉 탄력성과 총수입

탄력성	$P\uparrow$	$P\downarrow$
$E_d > 1$: 탄력적	$TE(TR)\downarrow$	$TE(TR)\uparrow$
$E_d = 1$: 단위 탄력적	변화 없음	변화 없음
$E_d < 1$: 비탄력적	$TE(TR)\uparrow$	$TE(TR)\downarrow$

TR은 총수입(Total Revenue)의 약자

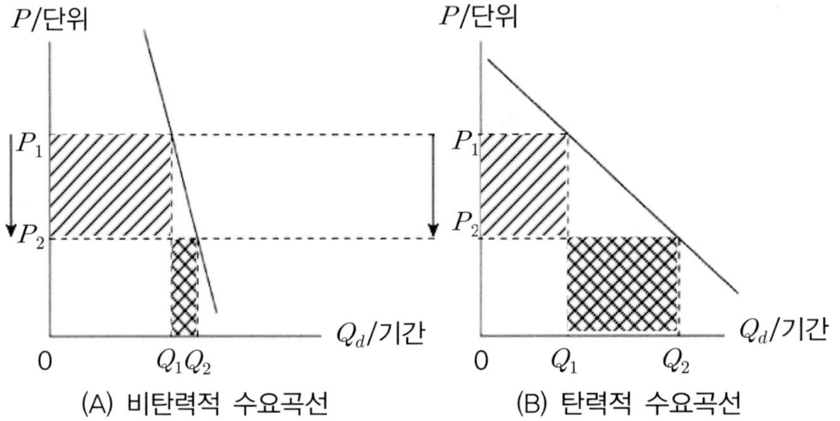

[Fig. 5-9] 탄력성과 총수입의 그래프

[Fig. 5-9]에서도 알 수 있듯이 가격이 P_1에서 P_2로 하락하였을 경우 같은 크기의 가격하락에도 불구하고 (B)의 탄력적인 수요곡선이 (A)의 비탄력적인 수요곡선보다 소비자들의 총지출비용(기업의 총수입)이 더 큰 것을 알 수 있다.

다음은 수요의 가격탄력성에 영향을 미치는 요인들에 대하여 알아보자. 첫째 시장에서 대체재가 존재하는 숫자의 크기에 따라 그 재화의 탄력성의 크기가 결정된다. 대체재의 숫자가 많으면 많을수록 수요곡선은 더 탄력적이 되고 대체재의 숫자가 적으면 적을수록 수요곡선은 비탄력적이 된다. 소금과 같은 재화도 대체재가 없으므로 매우 비탄력적인 수요곡선을 갖는 것으로 알려져 있고 코카인과 같은 마약 종류나 심장병 약들도 비탄력적인 수요곡선을 갖는 재화들로 알려져 있다. 둘째 어떤 재화를 소비하여 그 재화에 적응하며 조정하는데 걸리는 시간이 길면 길수록 그 재화의 수요곡선은 탄력적이다. 왜냐하면 시간이 길면 길수록 대체재를 찾을 수 있는 기회가 많아지고 또한 소비행위를 수정할 기회도 많아지기 때문이다. 셋째 어떤 재화가 실생활에서 쓰이는 용도가 많으면 많을수록 그 재화의 수요곡선은 탄력적이다. 왜냐하면 그 재화의 가격이 조금만 떨어져도 많은 곳에서 많은 양의 수요가 증가할 것이기 때문이다.

5.5 공급의 가격탄력성

정의에 따르면 공급량의 가격에 대한 탄력성이라고 부르는 것이 원칙이나 때에 따라서는 간단히 공급의 탄력성이라고도 부른다.

공급함수는 아래와 같다.

$$Q_s = f(P)$$

Q_s : 내생변수　　　P : 외생변수

공급의 가격탄력성은 아래와 같이 정의된다.

$$E_{Q\varepsilon P} = \frac{\frac{\triangle Q_s}{Q_s}}{\frac{\triangle P}{P}}$$

그런데 많은 교과서에서 E_{QsP} 대신에 E_s로 사용하므로 우리도 이에 따르기로 한다. 일반적으로 공급곡선은 우상향하므로, 즉 Q_s와 P는 정의 관계에 있으므로 공급의 가격탄력성의 값은 양(+)의 값이다. 따라서 수요의 가격탄력성에 있어서와 같이 음(-)의 부호를 붙일 필요가 없다.

따라서

$$E_s = \frac{\frac{\triangle Q_s}{Q_s}}{\frac{\triangle P}{P}} = \frac{\triangle Q_s}{\triangle P} \cdot \frac{P}{Q_s} = \frac{1}{\frac{\triangle P}{\triangle Q_s}} \cdot \frac{P}{Q_s}$$

$$= \frac{1}{\text{공급곡선의 기울기}} \cdot \frac{P}{Q_s} = \frac{\frac{P}{Q_s}}{\frac{\Delta P}{\Delta Q_s}}$$ 이다.

E_s도 수요의 탄력성 때와 같이 계수(coefficient) 크기에 따라 아래와 같이 정의 된다.

계수 크기	용어
$E_s = \infty$	완전 탄력적
$\infty > E_s > 1$	탄력적
$E_s = 1$	단위 탄력적
$1 > E_s > 0$	비탄력적
$E_s = 0$	완전 비탄력적

공급곡선도 그 경사도(기울기)에 따라 탄력성의 크기가 달라진다. 똑같은 크기의 가격변화도 서로 다른 두 재화의 공급량에 미치는 충격은 그 재화의 시장공급곡선의 형태에 따라 다르다. 아래의 그래프에서 알아보자.

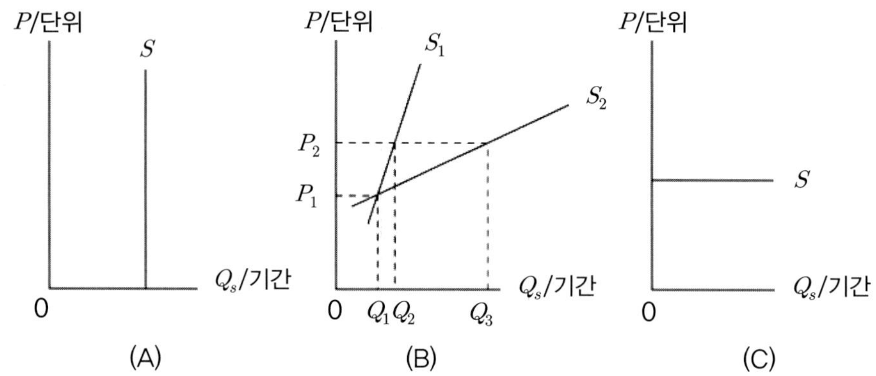

[Fig. 5-10] 서로 다른 탄력성

[Fig. 5-10]에서 (A)는 완전 비탄력적($E_s = 0$)인 공급곡선으로서 작고한 화가들이 남긴 유작 회화품들이 이에 해당한다. (C)는 완전 탄력적인 공급곡선으로서 현실에서 이런 재화의 예는 찾아보기 어렵다. (B)에서는 S_1은 비탄력적인 공급곡선을 나타내고 S_2는 탄력적인 공급곡선을 나타낸다.

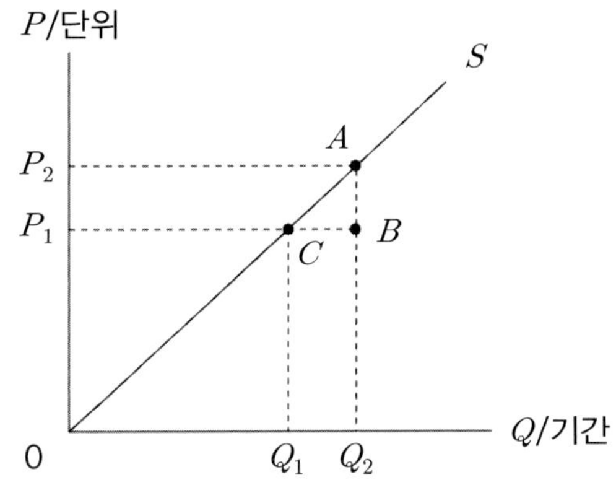

[Fig. 5-11] 원점으로부터 시작하는 공급곡선

[Fig. 5-11]에서와 같이 원점으로부터 시작하는 공급곡선의 탄력성은 공급곡선상(S상) 어디에서나 1이다. 즉, 위의 경우 $E_s = 1$이 항상 성립한다.

■ 증명

$$E_s = \frac{Q_1Q_2/OQ_1}{P_1P_2/OP_1} = \frac{AB/CQ_1}{P_1P_2/OP_1} \qquad \because \triangle ABC = \triangle OCQ_1 \text{ (닮은꼴)}$$

$$= \frac{P_1P_2/OP_1}{P_1P_2/OP_1} \qquad \because AB = P_1P_2 \qquad CQ_1 = OP_1$$

$$= 1$$

따라서

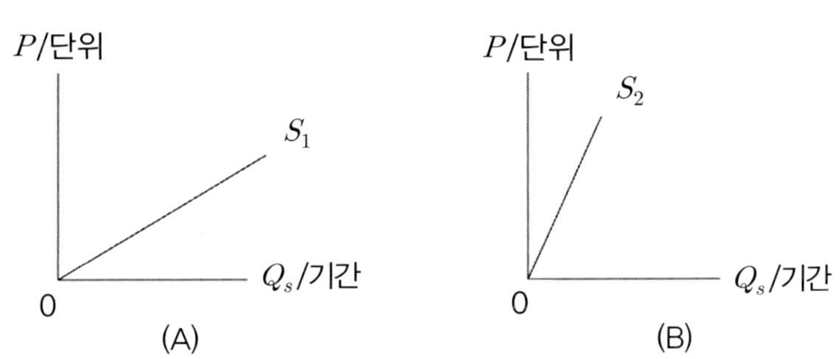

[Fig. 5-12] 탄력성의 계수가 동일

[Fig. 5-12]에서 (A), (B) 그래프 상의 S_1과 S_2는 동일한 크기의 탄력성을 갖는다.

(여러 형태의 공급곡선의 탄력성)

1)

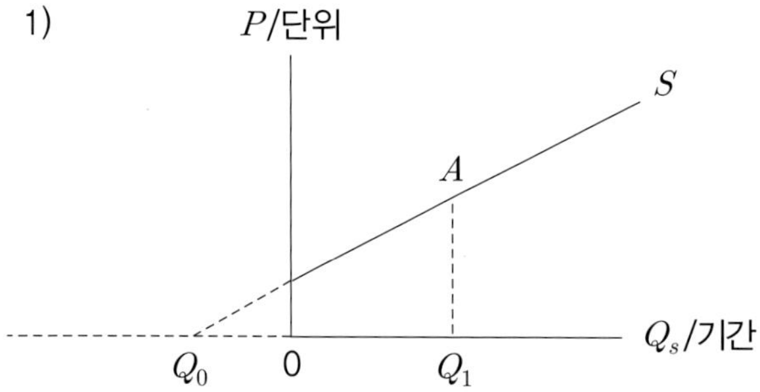

A점에서

$$E_s = \frac{Q_0Q_1}{OQ_1} > 1 : \text{탄력적}$$

2)

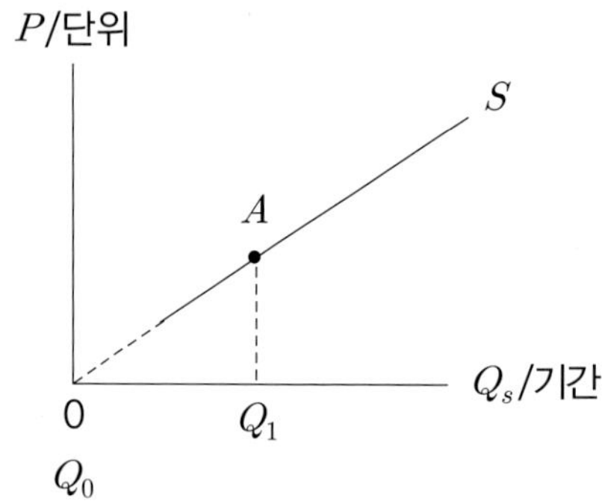

A점에서

$$E_s = \frac{Q_0Q_1}{OQ_1} = 1 : \text{단위 탄력적}$$

3)

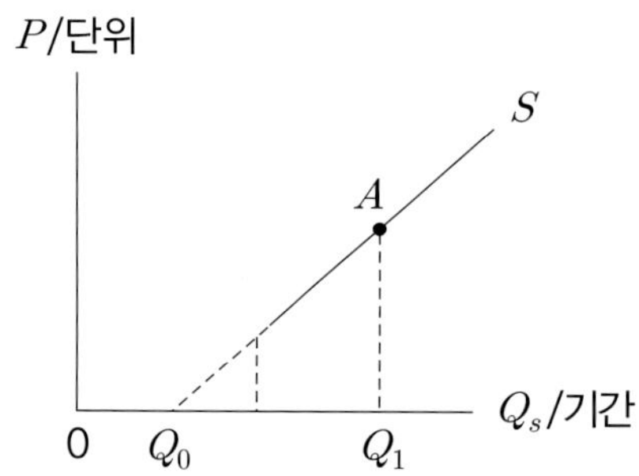

A점에서

$$E_s = \frac{Q_0Q_1}{OQ_1} < 1 : \text{비탄력적}$$

4)

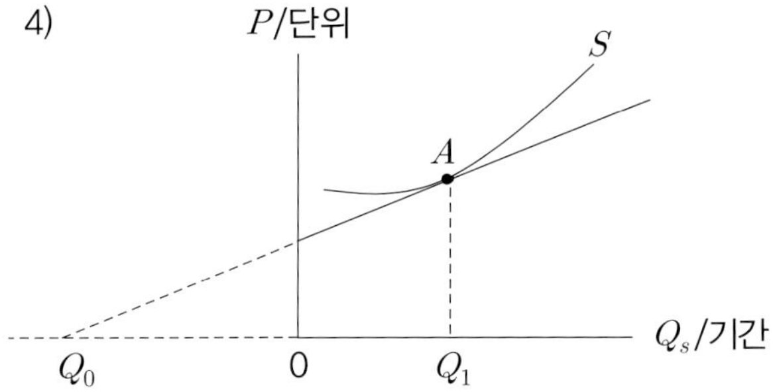

A점에서

$$E_s = \frac{Q_0Q_1}{OQ_1} > 1 : 탄력적$$

5)

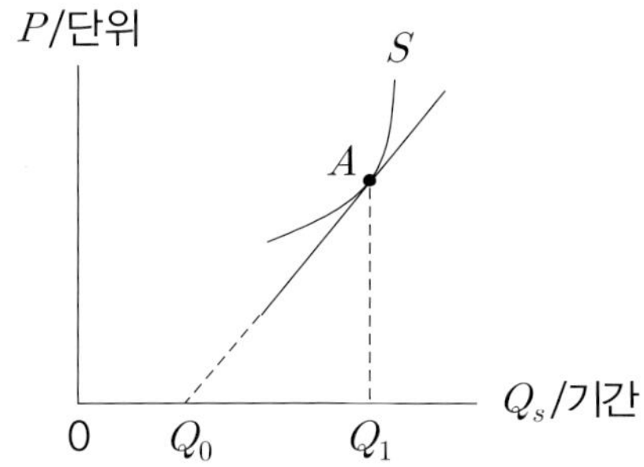

A점에서

$$E_s = \frac{Q_0Q_1}{OQ_1} < 1 : 비탄력적$$

다음은 공급의 가격탄력성에 영향을 미치는 요소들에 대하여 알아보자. 첫째 생산요소가 특별한 요소가 아니며 부존량이 풍부하여 취득하기가 쉬우면 쉬울수록 공급곡선은 더 탄력적이다. 또한 생산의 물리적인 과정이 간단하면 간단할수록 공급곡선은 더 탄력적이다. 또한 생산하는데 드는 기간이 길면 길수록 생산량을 변화시키기 위하여 새로이 발견되거나 개발된 생산요소를 얻을 수 있는 확률이 높아지고 또는 생산에 들어가는 다른 생산요소들을 얻을 수 있는 확률이 높아지므로 공급곡선은 더 탄력적으로 변할 수 있다.

5.6 여타의 탄력성

5.6.1 수요의 소득탄력성(Income Elasticity of Demand)

정의에 의한 명칭은 수요량(Q_d)의 소득(M)에 대한 탄력성이다. 따라서,

$$E_m = \frac{\triangle Q_d / Q_d}{\triangle M / M}$$

Q_d : 수요량
M : 소득

E_m : 수요의 소득탄력성

$E_m > 0$: 정상재 또는 우등재

$E_m < 0$: 열등재

5.6.2 교차 탄력성(Cross Price Elasticity of Demand)

정의는 y재 수요량의 x재 가격에 대한 탄력성이다.

$$E_{yx} = \frac{\triangle Q_d^y / Q_d^y}{\triangle P_x / P_x}$$

Q_d^y : y재의 수요량

P_x : x재의 가격

E_{yx} : y재의 x재에 대한 교차 탄력성

$E_{yx} > 0$: x재와 y재는 대체재

$E_{yx} < 0$: x재와 y재는 보완재

$E_{yx} = 0$: x재와 y재는 독립재

E_{yx}의 계수의 크기는 x재와 y재 사이의 대체나 보완관계의 강도를 나타낸다.

5.7 물품세(Excise Tax)

물품세는 특정한 재화, 예를 들면 술이나 담배, 전기 등과 같은 재화를 사거나 소비할 때에 부과되는 세금이다. 물품세는 술과 같이 어떤 특정한 상품에 세금이 부과된다는 의미에서 특별하다. 그러나 물품세는 일반적으로 음식물과 같이 재화의 넓은 의미의 종류들에도 부과 된다. 따라서 소득세는 일종의 노동에 대한 물품세라고 간주할 수도 있다. 물품세는 거의 판매자로부터 거두어 들여지고 있다. 물품세는 팔린 재화나 용역의 개수나 또는 중량이나 용적 등에 대하여 세금이 부과될 수 있는데 이를 단위세(unit tax) 또는 종량세(specific tax)라 불린다. 예를 들어 자동차 운전자에게 팔린 휘발유의 리터량에 대하여 부과하는 물품세가 이에 해당 된다. 물품세의 고전적인 예가 종량세이다. 물품세는 또 다른 방법으로 부

과가 되는데 이것은 다름 아닌 총판매가격에 고정 %의 세금을 부과하는 방식으로 종가세(ad valorem)라고 부른다.

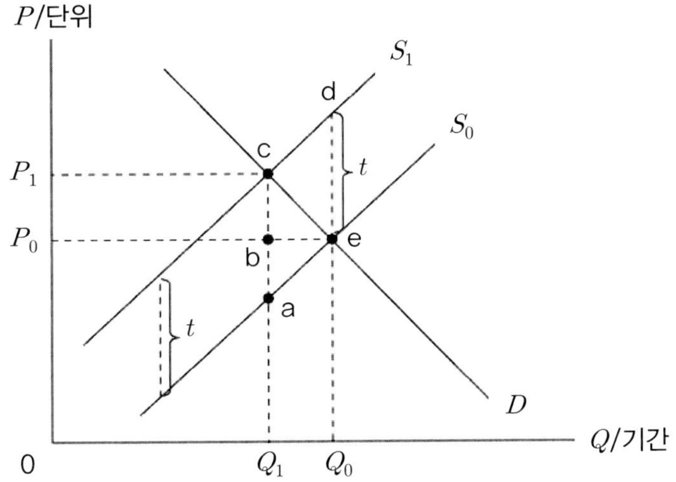

[Fig. 5-13] 물품세(t) 부과

[Fig. 5-13]에서 최초의 수요곡선과 공급곡선은 D와 S_0이다. 만약 정부가 이 재화에 단위당 t원의 물품세를 부과하면 공급곡선 S_0는 S_1으로 이동(shift)할 것이다. 그러면 이 재화의 균형가격은 단위 당 P_0에서 P_1으로 상승하고 균형거래량은 Q_0에서 Q_1으로 감소할 것이다. 물품세가 부과된 후에 소비자가 지불해야 되는 단위당 가격은 P_0에서 P_1으로 (P_0~P_1)만큼 상승하였다. 따라서 정부가 부과한 단위당 물품세 t원은 아래와 같이 해식될 수 있다.

(b~c) 또는 (P_0~P_1) : 소비자 부담

(a~b) : 공급자 부담 이다.

5.7.1 우상향 공급곡선과 완전 비탄력적인 수요곡선

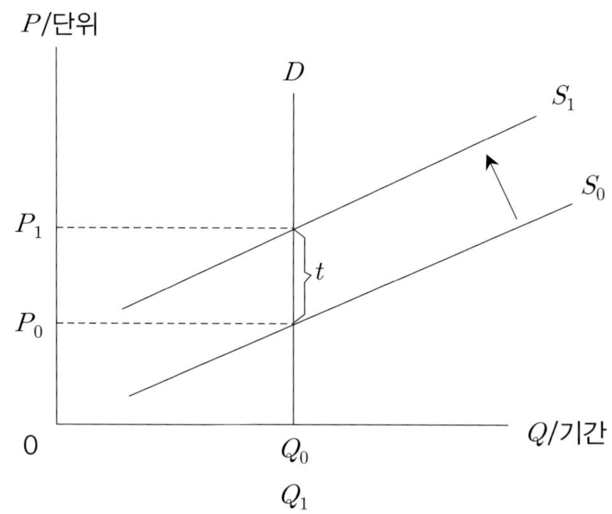

위의 그림에서 정부가 이 재화에 단위당 t원의 물품세를 부과하면 최초의 공급곡선 S_0는 S_1으로 이동할 것이고 균형가격은 P_0에서 P_1으로 상승할 것이다. 그러나 균형거래량은 이전과 변함이 없다. 이럴 경우에는 단위당 물품세 t원의 부담은 소비자가 모두 부담하게 된다.

5.7.2 우상향 공급곡선과 완전 탄력적인 수요곡선

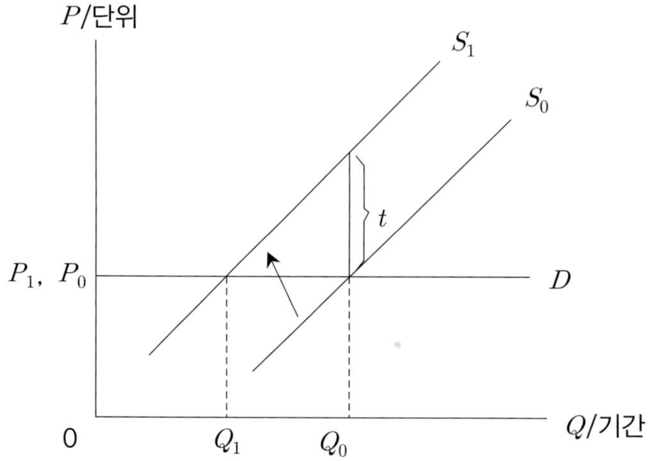

위의 그림에서 정부가 이 재화에 단위당 t원의 물품세를 부과하면 공급곡선 S_0는 S_1으로 이동한다. 시장 균형가격은 변함이 없는데 반하여 균형 거래량은 Q_0에서 Q_1으로 감소한다. 이 경우에는 단위당 t원의 물품세의 부담이 모두 공급자에게로 귀속된다. 따라서 수요곡선이 탄력적이면 탄력적 일수록 공급자의 물품세 부담은 늘어난다.

5.7.3 완전 비탄력적 공급곡선과 좌하향 수요곡선

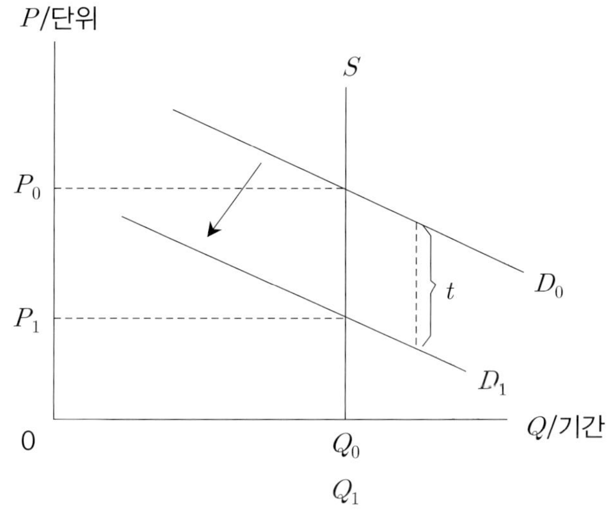

위의 그림에서 정부가 단위당 t원의 물품세를 부과하면 수요곡선은 D_0에서 D_1으로 좌하향 이동한다. 위의 그림에서 S의 이동이 불가능하므로 t원의 물품세 부과를 수요곡선에 반영하였다. 이 경우 주의할 점은 D_1이 소비자가 아닌 공급자가 직면한 수요곡선이라는 점이다. 즉 공급곡선을 이동시킬 수 없으므로 단위당 t원의 물품세 인상을, 상품 가격은 t원 인상되었음, 수요곡선에 반영하였다. D_0은 물품세가 부과되기 전에 소비자가 각 수요량에서 기꺼이 지불하려고 했던 각 가격과의 계획선이고 D_1은 물품세가 부과된 이후에 공급자가 직면한 수요곡선이다. 즉 물품세가 단위당 t원이 부과되면 공급자는 단위당 t원씩 낮게 받게 된다. 균형거래량은 변하지 않았으므로 이 경우 물품세 부담은 모두 공급자가 떠맡게 된다.

5.7.4 완전 탄력적 공급곡선과 좌하향 수요곡선

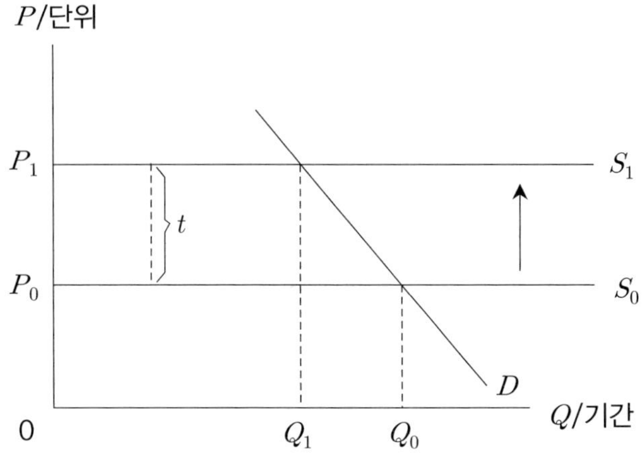

위의 그림에서 정부가 단위당 t원의 물품세를 부과하면 공급곡선은 S_0에서 S_1으로 이동한다. 이 때 가격은 단위당 물품세 t원과 똑같은 크기의 $(P_0 \sim P_1)$ 만큼 P_0에서 P_1으로 상승한다. 따라서 이 경우 모든 물품세의 부담은 소비자가 떠맡게 된다. 더욱이 균형거래량이 Q_0에서 Q_1으로 감소하여 공급자에게도 나쁜 영향을 주게 된다.

5.7.5 종가세(Ad Valorem Tax)

종가세의 분석은 개념적으로 종량세와 같다. 그러나 일정 세율을 적용하는 % 세금(즉 비례세 : proportional tax)이기 때문에 총 세금액은 어느 재화든 단위당 가격에 달려 있다. 즉 10만 원짜리 자전거에 붙는 10%의 종가세는 1만 원이지만 자전거 가격이 올라 15만원이 되면 종가세는 1만 5천원이 된다.

종량세는 과세는 간단하나 그 부담이 공평하지 않을 수 있고 종가세는 공평은 기할 수 있으나 대상에 대한 평가가 어려운 장단점이 있다.

요약

1. 탄력성은 그 재화나 용역의 가격이나 또는 다른 요소의 변화가 수요량이나 공급량에 미치는 감응도(반응도)의 크기(척도)이다.

2. 수직이나 수평의 경우를 제외한 직선의 수요곡선은 그 선상에 탄력성의 크기가 1보다 크거나, 즉 탄력적이거나, 또는 1보다 작거나, 즉 비탄력적이거나, 또는 단위 탄력적인 점들을 가지고 있다.

3. 수요의 가격탄력성은 대체성의 척도를 나타내는데 어떤 재화의 대체재가 많이 존재하면 존재할수록 그 재화의 수요곡선은 탄력적이다. 이것은 그 재화의 가격이 변할 때 소비자들이 더 많은 선택의 여지를 갖고 있으며 그 결과 가격의 변화에 더 빨리 반응을 할 수 있음을 나타낸다.

4. 시간이 길면 길수록 수요의 가격탄력성은 증가한다. 그 이유는 시간이 길면 소비자들이 대체재를 구할 수 있는 기회가 많아지기 때문이다.

5. 기업의 총수입은 수요의 가격탄력성에 따라 변한다. 왜냐하면 수요곡선은 가격과 수요량에 관계된 선이고 총수입은 가격에다가 수요량을 곱한 것이기 때문이다.

6. 가격이 변하면 수요량도 변하고 따라서 기업의 총수입도 변한다. 총수입의 변화량은 가격의 변화에 대한 소비사의 반응도에 의존한다. 이것이 탄력성의 척도이다.

7. 공급의 탄력성은 그 재화의 가격이나 또는 다른 요소들의 변화가 공급량에 미치는 감응도의 크기이다.

8. 시간이 길면 길수록 공급의 탄력성은 커지는데 왜냐하면 시간이 길어지면 생산을 하는데 있어서 모든 조정을 할 수 있는 기회가 더 많아지기 때문이다.

9. 소득의 탄력성은 소득의 변화에 대한 수요량의 변화의 감응도에 대한 크기이다.

10. 교차 탄력성은 한 재화의 가격 변화에 대한 다른 재화의 수요량 변화의 감응도에 대한 크기이다.

11. 수요와 공급 그리고 탄력성의 개념은 세금의 부담 문제를 결정하는데 사용할 수 있다. 수요곡선이 더 비탄력적이고 공급곡선이 더 탄력적 일수록 소비자가 부담하는 세금은 더 커진다. 반대로 수요곡선이 탄력적이면 탄력적 일수록 그리고 공급곡선은 비탄력적이면 비탄력적 일수록 공급자가 부담하는 세금은 더 커진다.

12. 최고가격은 시장의 균형가격 이하에서 결정된다. 최고가격은 부족현상이나 암시장의 발생을 일으킨다. 부동산 분양 상한제 등이 일례이다.

13. 최저가격은 시장의 균형가격보다 높은 수준에서 결정된다. 최저가격은 잉여를 발생시키는데 이 잉여분이 최저가격의 하락을 막도록 누군가에 의하여 흡수되어야 한다. 최저임금제나 추곡수매 등이 일례이다.

중요 용어

탄력성	수요의 가격탄력성
수요의 공급탄력성	탄력성의 계수
완전 탄력적	완전 비탄력적
단위 탄력적	호 탄력성
점 탄력성	총수입
소득의 탄력성	교차 탄력성
물품세	세금 부담
부족(shortage)	잉여(surplus)
암시장	최고가격
최저가격	최저임금제
추곡수매제도	부동산 분양 상한제

연습문제

1. 만약 정부가 어떤 특정 상품에 세금을 부과하여 재정수입을 늘리고자 할 때 이 특정 상품의 수요곡선이 상대적으로 탄력적인 것이 효과적인지 아니면 상대적으로 비탄력적인 것이 효과적인지 이유를 설명하시오.

2. 지하철 공사가 재정수입을 늘리기 위하여 지하철 요금을 인상하였다면 이 정책은 실효를 거둘 수 있는지 설명하시오.

3. 아래의 표에서 2.20원에서 2.40원으로 가격이 상승했을 때의 탄력성과 가격이 2.40원에서 2.20원으로 하락했을 때의 탄력성을 구하시오. 왜 탄력성의 크기가 차이가 나는지 설명하시오.

〈표〉

가격	수요량
0.5원	25
1.0원	20
1.2원	18
1.4원	16
1.6원	14
1.8원	12
2.0원	10
2.2원	8
2.4원	6
2.6원	4
2.8원	2
3.0원	0

4. 여름철에 맥주에 대한 수요 탄력성은 다른 주류에 비하여 높은가 또는 낮은가? 이유를 설명하시오.

5. 원유(휘발유)의 수입을 감소시키려는 정부의 정책이 원유(휘발유)의 수요가 소득에 대하여는 탄력적이고 원유(휘발유)의 가격에 대해서 비탄력적일 때 어떤 결과가 발생할 지에 대하여 설명하시오.

6. 휘발유 가격은 120% 상승하였고 평균물가지수는 150% 상승하였다. 어느 신문에 “높은 휘발유 가격에도 불구하고 휘발유 소비가 늘고 있어 이상하다”

는 기사가 실렸다. 무엇이 문제인가?

7. 당신이 국세청 관계자라면 탄력적인 수요곡선에 물품세를 부과 하겠습니까 또는 비탄력적인 수요곡선에 물품세를 부과 하겠습니까?

8. 정부는 농업 부문에 간섭하지 말아야 될까요? 만일 간섭을 안 할 경우 농부와 일반 소비자들에게는 어떤 결과가 발생할 수 있는지 설명하시오.

읽어보기 5-1

Income and the Price of a Straight Smile

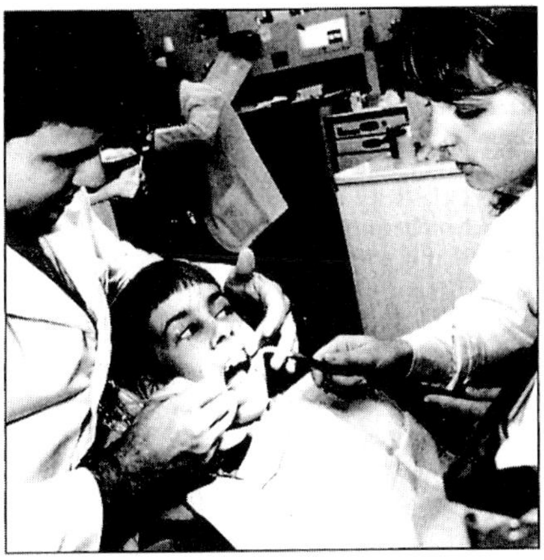

Have you ever seen so many braces in your life? Depending on where you live, it may seems as if every other kid has braces. On top of it all, middle-aged men and women are wearing braces with increasing frequency. Can we explain this phenomenon in economic terms, or is it that we see more braces because society has finally realized the inherent worth of straight teeth?

Let's think back to our simple supply and demand models and the *ceteris paribus* factors that affect demand and supply. We saw earlier that tastes are important. Thus, tastes can be a partial explanation. What else? How about income? If a good is a normal good, demand for it will increase as income increase. If the good is above average in income elasticity, changes in income will have a significant impact on demand.

Let's use some casual empiricism. Who gets braces? Middle and upper-middle income kids (and their parents). We now have an explanation; we may even call it a simple predictive model. We see more braces these days because the demand for straight teeth is very income elastic and incomes have increased significantly in the last decade.

Some testable hypotheses now emerge from our model. We would expect to find that the higher the income level, the higher the incidence of braces. What do you think would happen to an orthodontist's income during a recession? Would it be more sensitive to the business cycle than, say, a general practitioner's income?

(자료 : Principle of Economics, Amacher·Ulbrich, South-Western Publishing Co. 3rd Ed. 1986)

5-1 요약해설

내용은 간단하다. 미국도 그렇지만 요즈음은 한국도 이러한 현상을 점점 더 많이 보게 된다.

즉 치아교정을 하는 어린이나 어른들이 점점 더 늘어난다는 사실이다. 특히 어린이의 경우가 더 많다 하겠다. 이러한 결과는 가지런하고 예쁜 이에 대한 소비자들의 취향이 매우 긍정적으로 변했고 또한 점점 더 경제적으로 잘 살게 된 소득증가가 원인이라 하겠다. 즉, 치아교정은 소득의 탄력성이 플러스(+)일 뿐 아니라 때에 따라선 매우 탄력적일 수 있다. 따라서 이러한 치아교정은 미래에 더욱 성행할 것으로 보인다.

읽어보기 5-2

Alfred Marshall (1842~1924)

Alfred Marshall is perhaps the most important modern economist and may be the most influential economist of all time, in large part because of the great number of students he influenced through his teaching and writing.

Marshall was the great synthesizer and expositor of the *neoclassical school of economics*. The neoclassical school consisted of a regeneration of much classical economics after Karl Marx (and others) had criticized the errors in classical analysis. Most present-day microeconomic theory can be directly traced to this neoclassical school of economic thought.

Born in London, Marshall came to the study of economics by a circuitous route. His father, William Marshall, was a strict disciplinarian who pushed brilliant Alfred to the point of mental and physical exhaustion after endlessly drilling him in Latin and Greek until midnight. Marshall was offered a scholarship at Oxford which would have led to the ministry. Instead, he enrolled at Cambridge to study mathematics. Later, Marshall began to study political economy, but he made extensive use of mathematics in developing his economic theory.

After marrying a former student, Marshall returned to Cambridge. There he belonged to what he called "a small cultural society of great simplicity and distinction." At Cambridge, Marshall generated a tremendous impact on the economics profession. At first, this impact was felt primarily through his influence as a teacher of almost all the major British economists of the early twentieth century. Later, his book *Principles of Economics* (1890) influenced still larger numbers of students. Generations of economists learned economics from Marshall's Principles. In fact, if you had taken a course in economics before 1950, it is very probable that you would have studied from Marshall's book.

(자료 : Principle of Economics, Amacher·Ulbrich, South-Western Publishing Co. 3rd Ed. 1986)

5-2 요약해설

마샬(Alfred Marshall)은 아마도 가장 중요한 근대 경제학자일 것이다. 그는 그의 강의와 저서를 통해서 많은 사람들에게 영향을 끼친 역사상 가장 영향력 있는 경제학자일 것이다. 마샬은 신고전파 경제학자로서 칼 마르크스 등이 고전파 경제학의 잘못을 비판한 이후 신고전파 경제학자들은 고전파 경제학의 많은 부분을 바로 잡았다. 오늘날 미시경제학은 신고전파 경제학에 뿌리를 두고 있다. 마샬은 런던에서 태어나 라틴어와 그리스어 등을 공부했고 후에 케임브리지 대학에 들어가 수학과 정치 경제학 등을 공부했다. 수학을 경제이론에 많이 접목시켰으며 그가 지은 경제학원론(Principle of Economics, 1890)은 경제학자들에게 많은 영향을 미쳤다.

제3부

소비자 선택이론

제6장

기수적 효용이론
(Cardinal Utility Theory)

개인(또는 가계)이나 기업은 모든 면에 있어서 희소성이라는 사실에 직면하고 있기 때문에 선택이라는 행동을 취해야만 한다. 이 장에 있어서 궁극적으로 주된 주제는 수요의 법칙을 발생시키는 소비자의 행동은 그 무엇인가에 대하여 초점이 맞춰져 있다. 수요의 법칙에 대하여는 이미 우리가 논의 한 바 있다. 경제학자들이 처음으로 소비자의 수요에 대하여 연구하기 시작한 것은 고전파 경제학자들(Alfred Marshall , A. C. Pigou)로써 그들은 효용을 잴 수 있다는 가정 하에서 이론을 전개하였다. 효용(utility)이라는 개념은 유용(usefulness)이라는 의미보다는 만족(satisfaction)이라는 의미에 더 가깝다. 우리는 소비자의 선택 행위를 소비자 행동의 심리학적 측면에 있어서 5가지의 명제 하에 논의하려고 한다. 첫째, 소비자들은 그들의 제한된 소득 때문에 선택 행위를 해야만 한다. 둘째, 소비자들은 선택행위를 하는데 있어서 합리적인 선택행위를 한다. 즉 소비자들은 그들에게 가장 큰 만족감을 주는 결정을 한다는 것이다. 셋째, 소비자들은 이러한 선택행위를 불완전한 정보를 가지고 행한다는 것이다. 즉 소비자들은 그들이 소비하려고 선택한 재화의 모든 속성에 대하여 알고 있지는 않다는 것이다. 넷째, 재화를 소비하면 소비할수록 마지막 단위의 재화가 주는 만족감은 점점 더 작아진다(한계효용 체감의 법칙). 다섯째, 많은 재화들이 다른 재화들에 대하여 훌륭한 대체재가 될 수 있는 성질을 갖추고 있다는 것이다. 위의 모든 전제들은 간단해 보이기는 하지만 우리가 수요의 성질에 대하여 어떤 결론을 내릴 수 있도록 해주는 중요한 명제들이다.

앞에서 우리가 논의한 수요의 법칙, 즉 어느 재화나 용역의 가격이 하락할 때 수요량은 증가한다(단, ceteris paribus)는 수요의 법칙은 대체효과와 소득 효과의 두 부분으로 나누어 분석해 볼 수 있다.

6.1 대체효과와 소득효과

6.1.1 대체효과(Substitution Effect)

대체효과란 어느 재화와 용역의 가격이 떨어지면 그 재화나 용역은 모든 다른 재화나 용역에 비교하여 상대적으로 덜 비싸지게 된다. 따라서 결과적으로 그 재화나 용역은 다른 재화나 용역보다 상대적으로 더 싸졌기 때문에 모든 다른 재화나 용역보다는 더 나은 대체재가 되는 것이다. 그러므로 그 재화나 용역은 더 잘 팔리게 되고 따라서 소비자들은 그 재화나 용역을 더 많이 수요하게 되는 것이다. 일반적으로 소고기의 가격이 떨어지면 닭고기를 소비하던 사람들이 닭고기 대신에 소고기의 소비량을 늘리는 것이 한 예라고 할 수 있다.

6.1.2 소득효과(Income Effect)

가격 하락 시 더 많은 재화와 용역이 팔리는 또 다른 효과는 소득효과이다. 소득효과란 어느 재화나 용역의 가격이 하락할 경우 만약에 그 재화나 용역의 가격 이외의 다른 요소들이 변화하지 않는다면(즉 ceteris paribus), 소비자들의 실질임금이나 구매력(purchasing power)은 증가 할 것이다. 즉 가격이 떨어진 그 재화나 용역을 전과 동일한 양을 사고 난 후에도 소비자들은 얼마만큼의 소득을 더 남겨 갖고 있을 것이다. 이 더 남겨진 소득으로 가격이 떨어진 그 재화나 용역을 더 구매할 수 있을 것이다. 더 구매할 수 있는 이러한 효과를 소득효과라고 한다. 물론 이 경우에 앞에서도 논의한 바와 같이 그 재화와 용역은 정상재이거나 우등재이어야 한다.

6.2 효용이론의 역사

"다이아몬드 - 물에 대한 역설"

아담스미스는 그가 지은 국부론(The Wealth of Nations, 1776)에서 다음과 같이 기술하였다. 사용가치(value in use)가 아주 큰 것들은 종종 교환가치(value in exchange)가 매우 낮으며 반대로 교환가치가 아주 높은 것들은 종종 사용가치가 매우 낮다. 물보다 더 가치가 있는 것은 없다. 그러나 물이 살 수 있는 것은 거의 없으며 물과 교환이 되는 것도 거의 없다. 반대로 다이아몬드의 사용가치는 거의 없는데 그러나 다이아몬드는 종종 많은 양의 다른 물건들과 교환이 된다(국부론 1권 4장; Mark Blaug, Economic Theory in Retrospect, Homewood, IL: Richard D. Irwin, Inc., 1968).

다이아몬드 - 물에 대한 역설은 그 논쟁이 오래 동안 지속 되었다. 수학자, 경제학자, 철학자등 많은 사람들이 이 논쟁에 참여하였다. 이 역설에 대한 주된 논점은 전체의 단위와 한계의 단위에 대한 구분과 "유용한(useful)"이라는 단어가 의미하는 논쟁에 관한 것들이었다.

1870년대에 제본스(W. S. Jevons)와 멩거(Carl Menger), 왈라스(Leon Walras)가 각각 따로따로 이 문제에 대하여 글로 답함으로써 해결을 보았다. 그들은 수요와 효용이라는 개념을 전면에 내세우는 이론을 발전시키면서 다이아몬드와 물의 역설을 해결하였다.

이와 같이 아담스미스 자신을 포함하여 그 시절의 경제학자들의 의문은 물은 사용가치가 아주 높은데 왜 가격이 낮으며 다이아몬드는 사용가치는 낮은데 왜 가격이 높은가 였었다. 따라서 그들은 가치와 가격은 서로 관련이 없는가 하는 의문도 갖고 있었다. 그러나 이러한 결과는 사용가치의 개념과 교환가치의 개념을 확실하고도 구체적으로 구분을 하지 못 하였기 때문이었다. 사용가치의 개념과 교환가치의 개념을 구체적이고도 명확히 구분하기 위하여서는 제본스나 칼 멩거, 왈라스 등이 발전시킨 효용이라는 개념과 수요라는 개념이 필요하였다. 아담스미스 이후 다이아몬드와 물에 대한 역설의 밑바닥에 깔린 논쟁은 과연 가치나 가격이 수요나 또는 공급에 의하여 결정되는 것인가 하는 의문이었다. 이러한 의문은 마샬(Alfred Marshall)에 의하여 정리가 되었다. 즉 그의 해답은 가치나 가격은 수요와 공급 둘 다의 기능에 의하여 결정된다는 것이었다.

수요에 대하여 논의 하던 학자들은 효용(utility)이라는 개념을 사용하였다. 일반적인 의미나 사전상의 효용이라는 의미는 보통 유용함이라고 알려져 있으나 이 의미는 경제학에서 사용하는 의미보다는 사뭇 제약적인 것이다. 경제학에서 어떤 소비자가 어떤 한 재화를 구매하기를 원한다고 한다면 그 재화는 효용을 갖고 있는 것이다.

어떤 재화의 본실이 어찌 되었든 간에 그 재화의 유용함의 정도는 소비자의 결정에 달려 있다. 어떤 재화는 어떤 사람에게는 효용이 매우 큰 반면에 또 다른 어떤 사람에게는 아무 소용이 없을 수도 있다. 아름다움과 같이 효용은 그 것을 쳐다보는 사람의 눈과 마음에 달려 있다. 즉, 효용이라는 것은 소비자의 주관적인 판단에 기초한 것으로서 소비자의 만족(satisfaction)을 나타내는 것이지 일반적인 의미의 유용함(usefulness)을 나타내는 것은 아니다. 효용은 또한 사전적(ex ante)인 개념이다. 효용은 소비자가 재화나 용역을 사거나 또는 소비하기 전에 그 재화나 용역에 대하여 느끼는 것을 재는 것이다. 예를 들어서 여러분들이 제과점의 유리창에 비친 케익을 보고 그 것을 사고 싶다고 느꼈다면 그 것이 효용이다. 실제로 여러분들이 그 케익을 사서먹고 병이 날 수도 있고 또는 만족을 얻지 못 할 수도 있는데 이러한 사후적(ex post)인 결과는 경제학과는 아무 관계가 없다. 따라서 효용이란 미래에 얻기를 기대하는 만족이지 실제로 얻은 것이 아니다. 이와 같은 구분을 하는 이유는 앞으로 수요곡선의 전개를 하는데 있어서 우리는 효용이라는 개념을 사용하기 때문이다. 수요곡선은 미래의 기대만족감에 기초하여 소비자들이 사기를 원하는 양이지 실제로 어떤 재화나 용역을 구매하고 난 이후에 살려고 했었던 양이 아니기 때문이다. 효용을 잴 수 있는 적합한 단위는 킬로그램이나 리터 또는 킬로미터처럼 존재하지 않는다. 효용이란 개개인에게는 특별한 것이고 임의적인 것이며 또한 상상적인 단위이기 때문이다. 기수적 효용이론에서는 효용을 잴 수 있다고 가정하였기 때문에 util이라는 단위를 설정하여 사용하고 있다. 따라서 본 장의 기수적 효용이론(Cardinal Utility Theory)에서는 효용을 util이라는 단위로 잴 수도 있고 서로 합할 수도 있으며 효용에 대한 어떤 스케줄(계획표)도 세울 수 있다.

우리는 아래의 〈표 6-1〉과 같은 효용에 관한 계획표를 만들 수 있다고 가정해 보자. 이러한 표를 우리는 효용계획표라고 부른다.

6.3 한계효용체감의 법칙

【효용 계획표】

〈표 6-1〉 철수의 효용 계획표

사이다/일 (단위 : 병)	총효용(TU) (단위 : util)	한계 효용(MU) (단위 : util)
0	0	–
1	20	20
2	38	18
3	54	16
4	67	13
5	77	10
6	84	7
7	88	4
8	89	1
9	87	−2
10	82	−5

위의 〈표 6-1〉은 철수라는 개인이 하루에 마시는 사이다의 양에 따라 느낄 수 있는 효용에 관한 스케줄이다. 위의 〈표 6-1〉에서 총효용은 사이다를 마시는 총양에서 얻는 총만족감의 크기를 표시하고 한계효용은 사이다를 한 병 더 마심으로 인해서 더 얻을 수 있는 증가된 만족감의 크기를 나타낸다. 〈표 6-1〉의 특징은 철수가 하루에 마시는 사이다 양을 점점 더 증가시킴에 따라 (어느 점 까지는) 총효용은 점점 더 커진다는 것이며 또한 사이다를 한 병씩 더 소비함으로써 총효용에 추가되는 증가분의 효용은 점점 더 작아진다는 것이다. 이와 같이 소비가 증가함에 따라 총효용에 추가되는 증가분의 효용(한계효용)이 감소하는 현상을 한계효용 체감의 법칙(principle of diminishing marginal utility)이라고 한다. 따라서 한계효용은 소비가 한 단위 증가함에 따른 총효용의 추가 증가분이다.

TU는 총효용(Total Utility)의 약자이고 MU는 한계효용(Marginal Utility)의 약자이다.

$$MU = \frac{\text{총효용의 변화량}}{\text{소비량의 변화}} = \frac{\Delta TU}{\Delta Qd}$$

고전파 경제학자들(A. C. Pigou, Alfred Marshall)은 한계효용체감의 법칙(principle of diminishing marginal utility)을 가정하였다. 〈표 6-1〉을 그래프로 표시하면 아래와 같다.

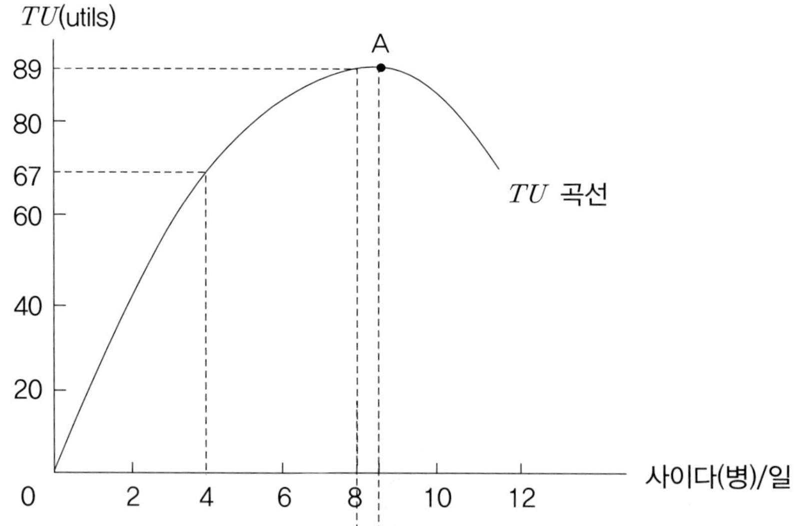

[Fig. 6–1] 총효용 곡선

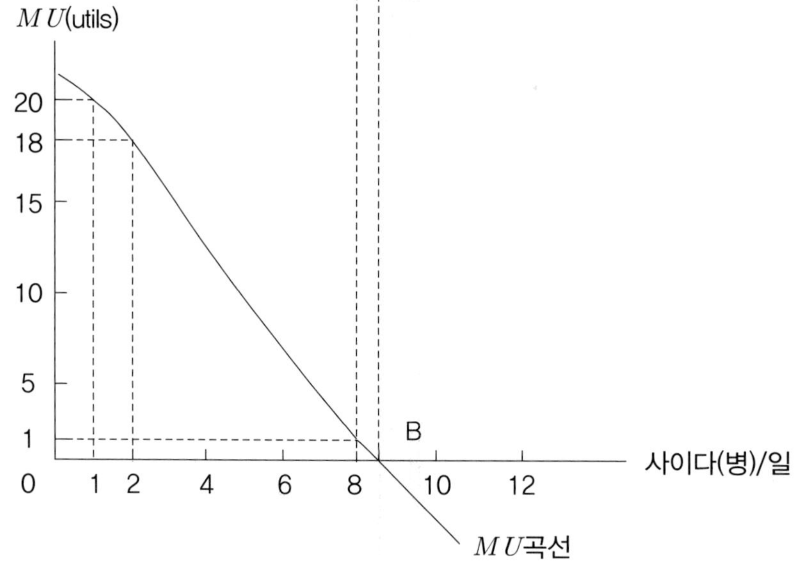

[Fig. 6–2] 한계효용 곡선

[Fig. 6-1]에서 A점은 *TU* 곡선의 맨 꼭대기 극대점이다. [Fig. 6-2]에서 B점은 횡축(사이다 축)과 *MU*곡선이 만나는 점으로서 한계효용(*MU*)이 영이 되는 점이다. 위에서도 보듯이 총효용(*TU*)이 증가하는 경우에도 한계효용(*MU*)은 감소하여 총효용(*TU*)이 극대가 되는 점(A점)에서는 한계효용은 영이 된다. 총효용

(TU)이 극대가 되는 A점 이후에도 한계효용은 계속 감소한다. 따라서 MU곡선은 전 구간에 걸쳐 우하향하는 형태를 나타내는데 이는 다름 아닌 한계효용은 점점 감소한다는 한계효용체감의 법칙(principle of diminishing marginal utility)을 나타내고 있는 것이다.

[Fig. 6-1]에서 A점(극대점) 이후부터 TU곡선은 감소하기 시작하고 따라서 [Fig. 6-2]에서 MU곡선은 음(-)으로 점점 떨어지기 시작하는데 이는 A점이나 B점 이후 소비자가 재화나 용역을 더 소비하면 불효용(disutility)이 발생하기 시작한다는 의미이다. 총효용(TU)과 한계효용(MU)을 수식으로 표시하면 아래와 같다(효용함수).

$$TU = f(Qd) \quad MU = \frac{\Delta TU}{\Delta Qd} = \frac{d\,TU}{d\,Qd}$$

d:derivative

일반적으로 소비자들이 어떤 재화나 용역을 소비할 때에 그들에게 가장 큰 효용을 주는 재화나 용역을 선택하지 못 할 수도 있다. 왜냐하면 재화나 용역은 가격을 가지고 있고 소비자들의 화폐소득에는 한계가 있기 때문이다. 이와 같이 우리는 일상생활에서 화폐를 사용한다. 따라서 우리와 관계가 되는 질문은 우리가 선택행위를 할 때에 어떤 재화나 용역이 우리들에게 가장 큰 효용을 줄 수 있는가 하는 것이 아니고 화폐 1 단위당 어떤 재화나 용역이 우리들에게 가장 큰 효용을 줄 수 있는가 하는 문제이다. 따라서 우리가 화폐를 가지고 어떤 재화나 용역을 소비할 때에 한계효용(MU)의 크기 그 자체가 아니고 화폐 1 단위당 한계효용(MU)의 크기를 고려하게 되는 것이다. 다음에서 한 예를 들어보자.

〈표 6-2〉 서로 다른 화폐 1 단위당 한계효용

택일	MU(utils)/병	가격(원)/병	MU/원
사이다	30.0	3.00	10
콜라	27.0	2.25	12
환타	20.0	2.00	10

위의 〈표 6-2〉에서 소비자에게 가장 큰 만족을 주는 음료는 사이다가 아니라 콜라이다. 왜냐하면 화폐 1 단위당 소비자에게 주는 가장 큰 만족은 콜라이기 때문이다.

6.4 총효용 극대화

자기중심적이라는 가정(self-interest hypothesis)은 우리들로 하여금 소비자들은 그들의 효용(만족)을 극대화 시키려고 행동 한다는 가정을 가능하게 해 준다. 한계효용과 재화의 가격이 어떻게 소비자들이 그들의 총효용을 극대화 시키는데 영향을 주는지 예를 들어 보자.

【효용 계획표 : 빈대떡】

〈표 6-3〉 빈대떡의 효용 계획표

Qd / 주 (단위 : 장)	MU(utils)	MU/p (p=0.5원)	TU(utils)
1	15	30	15
2	14	28	29
3	13	26	42
4	12	24	54
5	11	22	65
6	$10\frac{3}{4}$	$21\frac{1}{2}$	$75\frac{3}{4}$
7	$10\frac{1}{4}$	$20\frac{1}{2}$	86
8	10	20	86
9	9	18	105
10	8	16	113
11	7	14	120

〈표 6-3〉은 소비자가 빈대떡을 소비하였을 때의 효용 계획표이다. 빈대떡의 단위는 장으로 표시하였고 수요량(Qd)의 기간은 1주당이며 가격은 장당 0.5원 이다. 이미 우리가 논의 했던 총효용(TU)의 특징이나 한계효용 체감의 법칙 등이 〈표 6-3〉에 반영 되어 있다.

【효용 계획표 : 피자】

〈표 6-4〉 피자의 효용 계획표

Q_d / 주 (단위 : 장)	MU(utils)	MU/p (p=1.0원)	TU(utils)
1	32	32	32
2	31	31	63
3	28	28	91
4	$24\frac{3}{4}$	$24\frac{3}{4}$	$115\frac{3}{4}$
5	$20\frac{1}{4}$	$20\frac{1}{4}$	136
6	18	19	154
7	17	17	171
8	16	16	187
9	14	14	201
10	12	12	213
11	11	11	224

〈표 6-4〉는 소비자가 피자를 소비하였을 때의 효용 계획표이다. 피자의 단위도 장으로 표시하였고 수요량(Q_d)의 기간도 1주당이며 가격은 장당 1원이다. 이미 우리가 논의 했던 총효용(TU)의 특징이나 한계효용체감의 법칙 등이 〈표 6-4〉에도 반영 되어 있다. 〈표 6-3〉과 〈표 6-4〉에 관계된 어떤 소비자가 13원의 화폐소득을 소유하고 있다고 가정하자. 이제 13원의 소득이 그의 효용을 극대화시키기 위해서 빈대떡과 피자 사이에 어떻게 배분이 되는지 알아보도록 하자. 첫 번째 1원은 피자를 사는데 쓰일 것이다. 왜냐하면 2장의 빈대떡이 주는 1원의 만족감 29 utils에 비해 피자 1장이 주는 1원의 만족감은 32 utils로서 더 크기 때문이다. 두 번째의 1원도 피자를 사는데 쓰일 것이다. 왜냐하면 1장의 피자가 주는 1원의 효용 31 utils에 비해 2장의 빈대떡이 주는 1원의 효용은 29 utils로서 더 작기 때문이다. 즉, 소비자는 2원으로 그의 효용을 극대화하기 위하여 빈대떡은 한 장도 소

비를 안 하고 피자만 2장을 소비하였다. 다음으로 세 번째 1원은 빈대떡을 사는데 쓰여질 것이다. 왜냐하면 이 경우에 있어서 2장의 빈대떡 1원이 주는 한계효용 29 utils는 1장의 피자가 주는 한계효용 28 utils보다 크기 때문이다. 이러한 과정은 우리의 소비자가 그의 화폐소득 13원을 빈대떡과 피자의 소비에 다 쓸 때까지 계속 될 것이며 그 마지막 결과가 〈표 6-3〉과 〈표 6-4〉에 나타나 있다.

결과적으로 우리의 소비자는 그의 총효용을 극대화시키기 위해서 5원을 10장의 빈대떡 소비에 지출하고 8원을 8장의 피자 소비에 지출하게 된다. 이러한 화폐소득의 분배가 13원의 화폐소득을 가지고 얻을 수 있는 최대의 효용이며 그 결과 소비자는 300 utils의 총효용을 얻을 수 있다. 우리는 위의 경우이외에 어떤 다른 지출 형태도 더 큰 총효용(총만족)을 만들어 낼 수 없다는 것을 시도 해보면 알게 될 것이다.

우리가 여지껏 시행해 온 과정의 결과를 살펴보면 우리의 소비자가 그의 총효용을 극대화시키기 위하여서는 빈대떡에 지출한 마지막 1원이 주는 한계효용(MU)의 크기가 피자에 지출한 마지막 1원이 주는 한계효용(MU)의 크기와 같다는 것을 알 것이다.

즉, 만약에 A : 빈대떡, B : 피자 라면은 주어진 소득 하에서 소비자에게 최대효용(만족)을 주는 조건을 수식으로 나타내면,

$$\frac{MU_A}{P_A} = \frac{MU_B}{P_B} \text{ 이다.}$$

우리의 예에서는

$$\frac{MU_A}{P_A} = \frac{8\,utils}{0.5\text{원}} = 16\,utils/\text{원}$$

$$\frac{MU_B}{P_B} = \frac{16\,utils}{1\text{원}} = 16utils/\text{원 이다}$$

일반적으로 소비자들은 다수(n개)의 재화와 용역을 소비를 한다. 따라서 주어진 소득하에서 n개의 재화와 용역을 소비할 때 효용을 극대화하는 조건은 아래와 같다.

$$\frac{MU_1}{P_1} = \frac{MU_2}{P_2},\ \frac{MU_2}{P_2} = \frac{MU_3}{P_3},\ \dots\ \frac{MU_{n-1}}{P_{n-1}} = \frac{MU_n}{P_n}$$

따라서 위의 식들을 일반화 하면

$$\frac{MU_1}{P_1} = \frac{MU_2}{P_2} = \frac{MU_3}{P_3} = \cdots\cdots = \frac{MU_n}{P_n} \text{이다.}$$

또한 위의 식들에서 이미 명시적으로 나타난 결과이지만

$$\frac{MU_1}{P_1} = \cdots\cdots = \frac{MU_n}{P_n} = \frac{MU_W}{P_W} \; (W\text{: 원})$$

따라서 1원의 가격은 1원이다.

그러므로

$$\frac{MU_W}{P_W} = MU_W \text{ 로도 쓸 수가 있다.}$$

6.5 한계효용과 수요곡선

우리가 여지껏 논의한 한계효용 이론으로 우리는 이제 개인의 수요곡신을 도출할 수가 있다. 세상에 오직 두 재화, 즉 X재와 Y재만 있다고 가정해 보자. 가격 이외의 다른 요소들이 일정하다(ceteris paribus)는 조건하에서 아래의 그래프를 가지고 논의해 보자.

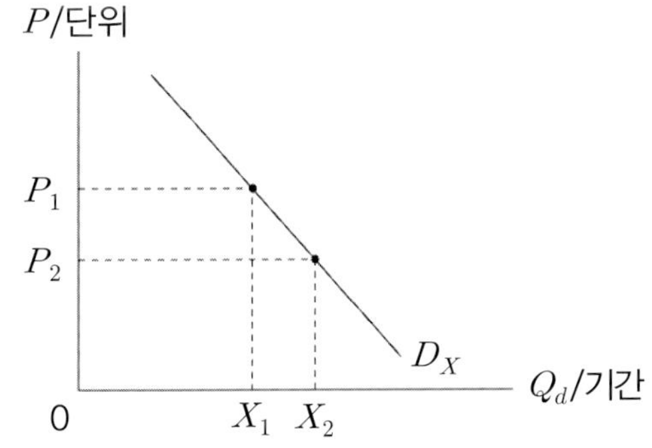

[Fig. 6-3] X재의 수요곡선

개인 소비자가 균형 상태에 있다고 가정하고 논의를 시작하자

$$\frac{MU_x}{P_x} = \frac{MU_y}{P_y}$$: 효용극대화 조건

이 균형조건을 소비자가 P_1 가격에서 X_1만큼의 X재를 소비하는 경우라고 상정하면 위의 식은

$\frac{MU_{X_1}}{P_1} = \frac{MU_y}{P_y}$가 된다.

이 균형조건에서 만약에 X재의 가격이 P_1에서 P_2로 하락한다면 위 식은 아래와 같다.

$$\frac{MU_{X_1}}{P_2} > \frac{MU_y}{y}$$

위의 부등식을 효용 극대화의 조건으로 다시 환원 시키려면 (즉 위의 부등식을 왼쪽변과 오른쪽변이 같은 등식으로 바꾸려면) 위의 부등식의 왼쪽변의 값을 낮추거나 또는 오른쪽 변을 값을 올려야 한다. 어떤 방식으로 이 일을 해낼 수 있을까? 만약에 이 소비자가 X재를 X_1보다 더 소비하게 되면 한계효용체감의 법칙(principle of diminishing marginal utility) 때문에 MU_{X_1}은 감소하기 시작할 것이다.

따라서 이 소비자가 X재의 소비를 X_1에서 X_2로 증가시키면

$MU_{X_2} < MU_{X_1}$이 된다.

더구나 주어진 소득 하에서 X재의 수요량 증가는 Y재의 수요량 감소를 의미한다. Y재의 수요량 감소는 MU_y의 증가를 의미하므로 이 소비자는 아래와 같이 효용극대화의 균형조건으로 다시 회복할 수 있을 것이다.

$$\frac{MU_{X_2}}{P_2} = \frac{MU_y}{P_y}$$

결과적으로 왜 수요곡선이 우하향 하느냐고 질문한다면 그 답은 효용극대화의 조건 때문이다. 즉 소비자들이 그들의 효용을 극대화하기 위한 행동은 가격이 하락하면 수요량이 증가하여 수요곡선을 왼쪽으로 기울게 한다(단, ceteris paribus).

6.6 효용이론의 적용

6.6.1 다이아몬드 - 물에 대한 역설

아담스미스와 또 다른 학자들은 효용은 가격을 결정할 수 있는 요인이 될 수 없다고 주장하였다. 왜냐하면 다이아몬드는 물보다는 사용성(유용성)은 적지만 물보다 가격은 비쌌기 때문이다. 이러한 다이아몬드 - 물의 역설은 총효용(TU)과 한계효용(MU)의 구분을 할 수 없었기 때문에 발생한 것이다. 물의 총효용(총유용성)은 매우 크다. 그러나 물은 그 부존량이 너무 풍부하고 또한 아주 많은 양이 소비가 되고 있기 때문에 물의 한계효용은 매우 낮은 것이다. 이와는 반대로 다이아몬드의 총효용(총유용성)은 상대적으로 낮다. 그러나 다이아몬드는 희귀하기 때문에 다이아몬드의 한계효용은 매우 높다. 그렇다면 가격은 총효용이 아닌 한계효용에 의하여 결정되는 것을 알 수가 있다. 따라서 이제 우리는 한계효용(MU)은 교환가치(value in exchange), 즉 가격(price)을 결정하고 총효용(TU)은 사용가치(value in use)를 결정한다는 사실을 알 수가 있다. 희소성은 효용을 통한 가치와 관계가 되어 있다. 어느 재화이든 간에 한계효용(MU)이 낮으면 그 재화의 양이 얼마나 소비가 되든 또는 그 재화가 얼마나 희소하든 간에 그 재화의 가격은 낮을 것이다. 또한 어느 재화가 상대적으로 희귀하고 한계효용(MU)이 높으면 그 재화는 가치가 있고 가격이 비쌀 것이다.

6.6.2 누진 소득세

St. Petersburg 역설(본장 뒷부분에 소개하였음)은 “화폐와 화폐 소득은 한계효용체감의 법칙(principle of diminishing marginal utility)에 따른다”는 믿음의 기초가 되었다. 이러한 생각은 한계효용 체감의 법칙에 기초한 누진 소득세에 대하여 논쟁을 불러 일으켰다.

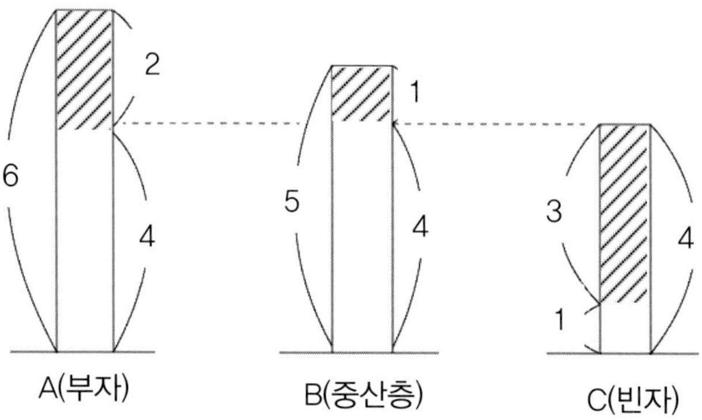

[Fig. 6-4] 소득계층별 누진세

이러한 논쟁은 우리가 효용을 잴 수 있다는 가정과 또한 사람과 사람사이에 효용을 비교할 수 있다는 가정을 하고 있다. 즉 모든 개인은 소득이 같은 양 만큼 증가하면 같은 효용 계획을 갖고 있다는 가정 하에 전개 되었다. 이러한 두 가정하에서 누진세 제안자들은 화폐의 한계효용이 낮은 부자들로부터 화폐의 한계효용이 높은 가난한 사람들에게로 누진소득세를 거두어 들여서 이전하면 그 사회내의 총효용을 극대화 시킬 수 있다는 주장이다.

즉, [Fig. 6-4]에서 A는 부유층으로서 화폐 총소득의 크기가 6단위이며 B는 중산층으로서 화폐 총소득의 크기가 5단위이고 C는 가난한 사람들로서 화폐 총소득의 크기가 1단위이다. 만약에 누진소득세를 시행하여 부자로부터는 2단위의 세금을 거두어들이고 중산층으로부터는 1단위의 세금을 거두어 들여서 이와 같이 거두어들인 세금 총액 3단위를 가난한 빈자들에게 이전하여 준다면 이제 이 사회내에 있는 모든 계층의 화폐소득이 모두 4단위로 동일하게 되어 모든 계층의 화폐 1단위당 한계효용은 같게 되고 따라서 앞에서 우리가 논의 하였듯이 이 사회내의 총효용은 극대화가 될 수 있다는 것이 누진소득세 제안자들의 주장이다.

개인의 효용극대화 원리를 전체적으로 사회에 적용한 누진소득세 제안자들의 주장에 문제점이 없는 것은 아니다. 첫째, 개인들 간에 효용을 비교한다는 것은 의미가 없다 하겠다. 개인들의 취향과 선호도는 개인마다 다르며 똑같은 재화를 보고도 느끼는 개인들의 감각은 서로 다르다. 따라서 취향이나 선호도를 설명할 기준이나 방법이 없다는 것이다. 화폐소득 100원의 증가나 감소에 대하여 부유층이 느끼는 한계효용은 가난한 빈자들이 느끼는 것보다는 작아야 한다는 어떠한 보장도 있을 수 없다. 둘째, 한계효용체감의 법칙을 화폐소득에 적용하였다는 사실이다. 이러한 적용은 증명된 바가 없다. 한계효용체감의 법칙은 어떤 특별한 재화의 소비가 증가하면 한계효용이 감소한다는 뜻 이었다. 소득이 증가하면 모든 재화의 소비는 증가 할 수 있을 것이다. 만약에 우리의 욕망이 무한하다면 한계효용체감의 법칙이 화폐에 적용된다고 믿을 수 있는 근거는 없는 것이다.

6.6.3 기수적 효용이론의 문제점

우리가 여지까지 논의한 효용에 기초한 수요이론은 문제점들을 갖고 논의 되어 온 것이 사실이다. 첫째는 분활에 관한 문제이다. 우리가 선택행위를 통하여 소비를 할 때는 우리의 만족을 극대화시키기 위하여 행동한다. 이 과정에서 우리는 지속적인 소비량의 증가에 대한 계속적인 선택의 결정을 가정하고 있다. 어떤 재화들은 소비량의 증가에 대한 계속적인 선택 행위가 가능하나 어떤 재화는 계속적인 선택결정 행위가 불가능하다. 즉 집이나 자동차의 경우 반(1/2)만을 소비할 수는 없기 때문이다. 따라서 우리가 여지까지 논의해온 기수적 효용이론에 있어서 분활(indivisibility)성에 대한 어려움이 내재하고 있다. 둘째는 우리는 기수적 효용이론에서 효용을 기수로 잴 수 있다고 가정하여 util이라는 단위를 사용하였다. 이는 심리학에서 조차도 아직까지 도달하지 못한 수준으로서 현실적으로 불가능한 일인 것이다. 그렇다고 기수적 효용이론이 쓸모없다고 생각하지는 말기를 바란다. 물리학에서도 많이 그러한 것처럼 우리는 지금 경제학을 논의하기 위한 이론적 도구를 공부하고 있는 중이기 때문이다. 효용을 실제로 잴 수 있느냐 없느냐는 그다지 중요한 것이 아니다. 우리의 목적은 왜? 무엇이 변화 할 때에 수요량이 변화하는지를 더 잘 이해하는 데에 있다 하겠다. 앞으로의 주된 우리의 논제도 이것들이 될 것이다.

6.6.4 소비자 잉여

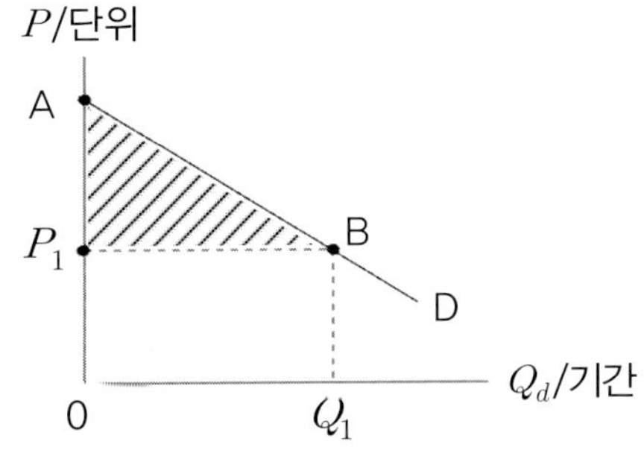

[Fig. 6-5] 소비자 잉여

소비자 잉여란 소비자들이 기꺼이 지불할 수 있고 또한 지불하려고 하는 재화와 용역의 소비에 대한 총화폐금액과 시장에서 결정된 가격에 의한 재화와 용역의 소비에 지출한 총지출금액과의 차이이다. [Fig. 6-5]에서 소비자가 P_1 가격에서 Q_1의 수요량을 소비할 경우 소비자가 기꺼이 지불할 능력과 의사가 있는 총 금액은 $OABQ_1$인데 비하여 실제로 소비자가 지출한 금액은 OP_1BQ_1이다. 따라서 삼각형 P_1AB가 소비자 잉여이다. 즉 우리가 지금까지 논의해 온 효용이론에 의하면 사들인 재화의 마지막 단위의 한계효용은 그 단위의 가격과 같았다. 다시 말해서 마지막으로 사들인 재화 이전 재화들의 한계효용은 가격(이 경우 P_1)보다 클 것이다. 따라서 소비자가 P_1가격에서 Q_1만큼의 수요량을 사들였다면 이 구매로부터 소비자가 받은 총 효용은 $OABQ_1$의 넓이이나 실제로 지불한 크기는 OP_1BQ_1의 넓이이므로 그 차이만큼의 넓이인 삼각형 P_1AB는 소비자가 받는 잉여(보너스)인 셈이다. 아래의 그래프도 참조하기 바란다.

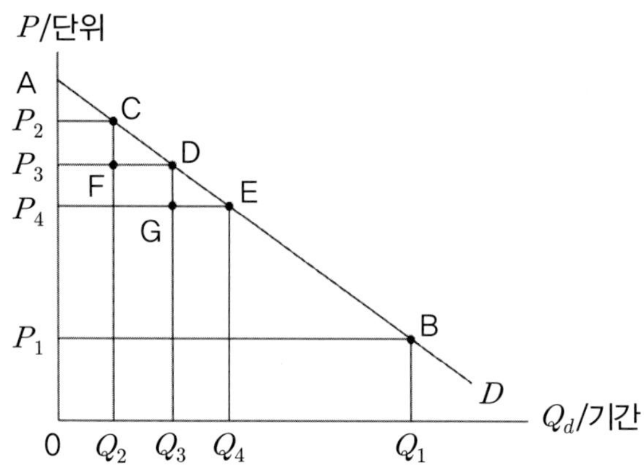

[Fig.6-5] 소비자 잉여와 한계효용

[Fig.6-5]에서 Q_2 만큼의 수요량을 구매하려면 소비자는 OP_2CQ_2 만큼을 지불해야 되고 ($Q_2 \sim Q_3$) 만큼의 수요량을 더 구매하려면 Q_2FDQ_3 만큼을 더 지불해야 된다. 또한 ($Q_3 \sim Q_4$) 만큼의 수요량을 더 구매하려면 Q_3GEQ_4 만큼을 더 지불해야 된다. 그러나 Q_1 만큼의 수요량을 구매하려면 OP_1BQ_1을 지불한다. 따라서 삼각형 P_1AB가 소비자 잉여가 된다.

요약

1. 가격이 떨어지면 수요량은 늘어나는데 이것은 소득효과와 대체효과 때문이다.

2. 총효용은 어떤 재화나 용역을 소비할 때에 일어나는 기대만족의 총량이다.

3. 한계효용은 재화나 용역을 한 단위 더 소비할 때 늘어나는 총효용의 증가분을 말한다.

4. 소비자들이 어떤 재화나 용역의 소비를 결정할 때에는 화폐 1단위당 가장 큰 한계효용(MU)을 갖는 재화나 용역을 선택한다.

5. 개인이 여러 재화들을 소비하려고 할 때에 총효용을 극대화하기 위해서는 각 재화들의 화폐 1단위당 한계효용이 동일하게 되도록 재화를 선택해야 한다.

6. 어떻게 거래를 조사해야 하는가를 설명하는데 효용이론이 유용하다.

7. 기수적 효용이론은 두 가지 이유로 비판 받아 왔다. 즉 효용극대화 이론이 필요로 하는 것처럼 효용은 잴 수 없다는 것과 소비자가 소비하는 재화와 용역은 완벽히 나누어 질 수 없다는 점이다. 그럼에도 불구하고 기수적 효용이론은 소비자의 행위를 분석하는 데에 유용한 도구가 될 수 있다.

8. 소비자 잉여는 소비자가 지불한 금액 이상으로서 소비자가 받는 보너스(이익)이다.

9. 광고와 마케팅은 시장조사 비용을 감소하고 소비자의 취향을 바꾸기 위한 것으로서 우리가 논의한 효용이론과 배치되지 않는다.

중요 용어

대체효과	소득효과
다이아몬드 – 물의 역설	소비자잉여
효용	사전(ex ante)
사후(ex post)	util
기수적 효용	효용함수
한계효용	한계효용체감의 법칙
효용극대화	사용가치
교환가치	개인간 효용비교
indivisibility(불가분성)	immeasurability(불측정성)

연습문제

1. 어떤 것이 효용을 지니기 위해서는 유용해야 하는가? 재화나 용역이 유용하다는 것은 무엇을 의미 하는가?

2. 예를 들어서 석유제품의 경우 소비량은 줄지 않는데 제품의 가격이 증가하면 어떤 일이 발생하는가?

3. 물은 값이 싸고 다이아몬드는 값이 비싸다는 사실은 효용이론에 배치되는지 설명하시오.

4. 만약 한 재화의 한계효용이 4 utils이고 가격이 2원이며 또 다른 재화의 가격은 1원이고 한계효용이 5 utils일 때 이 개인 소비자는 총효용을 극대화하고 있는 것인지 설명하시오.

5. 광고는 소비자들이 소비하는 어떤 재화들로부터 얻는 효용을 증가시키는가 또는 감소시키는가? 광고 행위는 좋은가 또는 나쁜가? 설명하시오.

6. 만약 외과 의사들이 소고기와 암과의 관계를 긍정적으로 인정하였다면 소고기 시장에 대한 소비자들의 총효용 곡선에 어떤 변화가 예상 되는지 설명하시오.

읽어보기 6-1

The St. Petersburg Paradox and the Diminishing Marginal Utility of Income

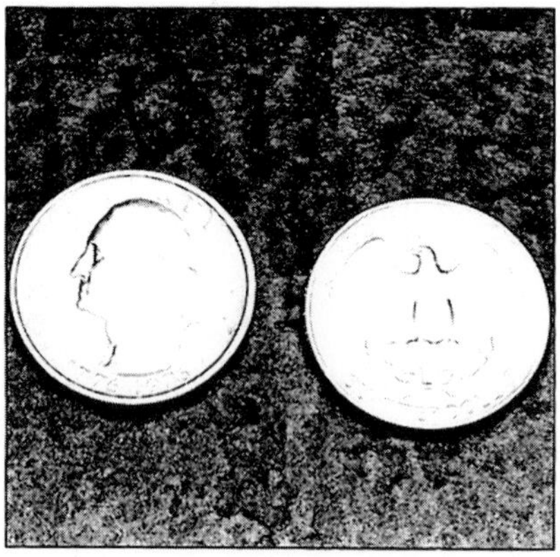

The St. Petersburg Paradox concerned gambling. The gamble is this: B is playing against A. If B flips a coin and it comes up heads, A pays B $1. If tails comes up, nothing is paid and the game is restarted. If heads comes up the second time, A pays $2. If tails comes up, A pays nothing. A third flip takes place–heads pays $4, tails 0. Fourth flip–heads $8, tails 0. The flipping takes place until a head is finally achieved. Now the paradox comes from the fact that the expectation of the amount to be won in this game is an infinite amount of money because it is the sum of an infinite series, each term of which is 50₵. In order for this to be a "fair game," B would thus have to pay A an infinite amount of money in order to induce A to play the game. The observation of actual gambling behavior, however, is that people are not willing to pay even a moderately large fee in order to play this or similar games with an infinitely high expected payoff.

The famous mathematician Daniel Bernouilli wrote a solution to the St. Petersburg Paradox in 1730. His "solution" received attention from the developers of marginal utility theory in the 1860s because it was based on diminishing marginal utility of income.

Bernouilli's "solution" to this paradox was to argue that people would not play because the marginal utility of money income declines with every increment of income. People will not pay $1 for a 50/50 chance of winning $2. One dollar is worth more than a 50 percent chance of $2. Why? Because the second dollar has less marginal utility than the first. Thus, if we assign the first dollar a value of 50 utils and the second dollar 40 utils, $1 certain is worth 50 utils but a 50 percent chance of no dollars (zero utils) and a 50 percent chance of $2 is worth $.50\times0+.50\times90=45$ utils. Bernouilli's "hypothesis" states, furthermore, that the diminishing marginal utility of money income declines more rapidly as income continues to increase.

Bernouilli's idea that money income is subject to diminishing marginal utility was picked up by many economists. This argument, which has neither been proved nor disproved, has been used to defend the progressive income tax.

(자료: Principle of Economics, Amacher·Ulbrich, South-Western Publishing Co. 3rd Ed. 1986)

6-1 요약해설

"St. Petersburg 역설과 화폐소득의 한계효용체감"

St. Petersburg 역설은 도박과 관련이 있다. A라는 사람이 B라는 사람에 대하여 도박을 신청 하였다고 하자.

즉, 첫 번째 B가 동전을 던져서 앞면이 나오면 A가 B에게 1원을 주고 뒷면이 나오면 A가 B에게 아무 것도 안 주기로 한다. 게임은 또 다시 시작되어서 이번 두 번째 동전 던지기에서는 첫 번째 동전 던지기에서 뒷면이 나오고 이번 두 번째 동전 던지기에서 앞면이 나오면 A가 B에게 2원을 주기로 하고 뒷면이 나오면 A가 B에게 아무것도 안주기로 한다. 게임은 또 다시 시작되고 이번 세 번째 동전 던지기에서는 첫 번째 동전 던지기에서 뒷면이 나오고 두 번째 동전 던지기에서도 뒷면이 나오고 이번 세 번째 동전 던지기에서 앞면이 나오면 A가 B에게 4원을 주기로 하고 뒷면이 나오면 A가 B에게 아무것도 안주기로 한다. 이러한 식으로 도박은 계속된다. 이러한 식의 도박을 무한정 끝까지 시행한다고 가정하면 B가 얻을 수 있는 기대금액은 아래와 같다.

첫 번째 시행에서 앞면이 나올 경우 : $\frac{1}{2}\times 1원=\frac{1}{2}원$

두 번째 시행에서 앞면이 나올 경우 : $\frac{1}{2}\times\frac{1}{2}\times 2원=\frac{1}{2}원$

세 번째 시행에서 앞면이 나올 경우 : $\frac{1}{2}\times\frac{1}{2}\times\frac{1}{2}\times 4원=\frac{1}{2}원$

네 번째 시행에서 앞면이 나올 경우 : $\frac{1}{2}\times\frac{1}{2}\times\frac{1}{2}\times\frac{1}{2}\times 8$원$=\frac{1}{2}$원

따라서 이와 같이 무한정 계속되는 도박의 시행에서

B의 총 기대금액 = $(\frac{1}{2}+\frac{1}{2}+\frac{1}{2}+\cdots+\infty)$원$=\infty$원

B의 총 기대금액이 위와 같은데도 A가 B에게 예를 들어 100억 원만 B가 A에게 주고 이와 같은 도박을 하자고 제의 한다면 B는 아마도 안 하려고 한다는 것이 St. Petersburg 역설이다. 결론적으로 이 역설의 뒤에는 화폐의 한계효용이 체감한다는 가정이 놓여 있다.

이 St. Petersburg의 역설은 1730년에 유명한 수학자인 다니엘 베르눌리에 의해서 해결이 되었는데 그의 답은 한계효용 이론을 개발하는 경제학자들에 의해서 1860년대에 주목을 받았었다. 왜냐하면 베르눌리의 해답은 화폐소득이 한계효용 체감의 원리에 기초하고 있었기 때문이다.

이 전과 비슷한 더 간단한 예를 들어 보자. 만약 A가 B에게 동전을 던져서 앞면이 나오면 A가 B에게 2원을 줄 것이고 뒷면이 나오면 아무것도 안 줄 것이니 B는 A에게 1원만 내고 이런 도박을 하자고 하면 B는 선뜻 할려고 하지 않는다. 이 도박을 시행해서 B가 받을 기대금액은 $(\frac{1}{2}\times 2$원$+\frac{1}{2}\times 0$원$)$이다.

다시 말해서 $\frac{1}{2}\times(1$원$+1$원$)$이다. 여기서 우리가 화폐의 한계효용이 체감한다는 가정을 하면 즉, 첫 번째 1원의 한계효용을 예를 들어 50 utils라 가정하면 두 번째 1원은 한계효용 체감의 법칙에 의하여 예를 들어, 49 utils로 가정할 수가 있다(어쨌든 50 utils보다 작다).

위의 도박에서 B가 얻을 수 있는 총 기대효용은 $\frac{1}{2}$(50 utils+49 utils)=49.5 utils이다. 이것은 B가 도박을 하지 않았을 경우 가지고 있을 1원의 한계효용 50 utils보다 작은 숫자이다. 따라서 A가 위와 같은 도박을 B에게 제시했을 때 B가 선뜻 응락을 하지 않는 이유가 화폐의 한계효용은 체감한다는 데에 있다. 그러나 화폐의 한계효용이 체감한다는 사실이 증명된 적도 없고 부정된 적도 없다.

읽어보기 6-2

William Stanley Jevons (1835-1882)

William Stanley Jevons had one of the greatest original minds in the history of economic thought. Jevons combined utility theory with marginal analysis and applied it to consumer choice. He thus constructed the theory that underlies the theory of demand, much as we have done in this chapter.

Jevons led a strange life. He was both an esoteric intellectual and a practical economist. He was born in Liverpool and studied chemistry and mathematics at University College, London. Financial problems caused him to move to Australia to accept a job with the Sydney Mint. He spent five years in Australia, during which time he became very interested in political economy. In 1859 he returned to the University of London and studied political economy until 1865. In 1865 he published a book, The Coal Question, which thrust him into prominence in economic circles. His most famous book, Theory of Political Economy, was published in 1871.

jevons accepted a professorship at Owens College, Manchester, in 1866, where he worked on a wide range of intellectual pursuits, from statistical analysis of commodity prices to very abstract economic theory. He even developed a sunspot theory to explain business cycles. His work generated a great deal of interest in political circles, but Jevons himself had little impact on economic policy of economic thought. This was largely because of his personal habits. He was, perhaps, the original "strange professor." He once wrote to his sister that he had never attended a party " without impressing upon all friends the fact that it is no use inviting me." He didn't regret this solitude; in fact, he argued that reserve and loneliness are necessary to develop ideas. He felt that social intercourse insured that thoughts would "never rise above the ordinary level of the other." A colleague of Jevons wrote: "There never was a worse lecturer, the men would not go to his classes, he worked in flashes and could not finish anything thoroughly, the only point about Jevons was that he was a genius."

Unfortunately for economics, Jevons died at the early age of 47. He drowned while at a health resort in the south of England. At the time of his death, Jevons was working on a massaive book entitled Principles of Economics. The book, of course, was never completed.

(자료: Principle of Economics, Amacher · Ulbrich, South-Western Publishing Co. 3rd Ed. 1986)

6-2 요약해설

제본스(W.S. Jevons)는 경제학 사상에 있어서 최초로 위대한 생각을 지녔던 사람중의 하나이다. 제본스는 효용이론을 한계분석에 접합시켰고 소비자 선택이론에 응용하였고 수요이론을 확립하였다. 그는 영국의 리버풀에서 태어나 런던대학에서 화학과 수학을 공부하였고 재정적인 문제 때문에 호주의 시드니로 옮겨가서 직장 일을 하였으나 그때 그는 정치경제학에 심취하였다. 그는 1859년 런던대학으로 돌아와서 1865년까지 정치경제학을 공부하였고 1871년에 그의 유명한 저서인 정치경제학이론(Theory of Political Economy)을 출간하였다. 제본스는 1866년에 맨체스터의 오웬스대학으로 가서 상품 가격의 통계적 분석으로부터 추상적인 경제이론에 이르기까지 폭 넓은 연구를 하였다. 괴짜이면서도 비밀스런 종교를 믿고 천재이던 제본스는 남부 영국의 한 휴양지에서 익사하였다. 그의 나이 47세 이었던 해이다.

제7장

서수적 효용이론
(Ordinal Utility Theory)

우리가 이 전에 논의하였던 기수적 효용이론은 효용에 기수적인 숫자를 부여하여 그 크기를 잴 수 있다고 가정하였기 때문에 비현실적이고 만족스럽지 못한 것이었다. 다음으로 경제학의 수요측면의 선택이론에 있어서 혁명적이었던 이론은 서수적 효용의 개념이었다. 서수적 효용이론은 기수적 효용이론에 있어서와 같이 효용에 정확한 크기의 숫자를 부여하는 것이 아니고 오직 효용의 크기를 차례로 나열화 함으로서 효용의 우열을 가리는 방법을 택하고 있다. 즉 효용의 크기를 오직 서열화 하고 효용의 선호도의 크기만을 서열화 함으로써 우열을 가리는 방법을 택하고 있다. 19C 후반에 아탈리아의 경제학자 파레토(Vilfredo Pareto)와 영국의 경제학자 에지워스(F.Y. Edgeworth)는 각각 서수적 효용이론에 기초한 또 하나의 소비자 행동이론을 개발하였다. 그것이 다름 아닌 본장의 주제인 무차별곡선분석(indifference curve analysis)이다. 1939년 노벨경제학상 수상자인 영국의 경제학자 힉스(Sir John Hicks)가 그의 고전적 저서인 "가치와 자본"(Value and Capital)이라는 책을 발간하고 난 후에야 이 무차별곡선분석은 경제학자들에게 잘 알려지기 시작하였다. 무차별곡선분석의 이론이 나온 이후 그 이전의 한계효용이론은 얼마동안 학계에서 찬밥 신세가 되었다. 그러나 파레토나 에지워스나 힉스나 다른 경제학자들도 예전의 한계효용이론을 무시하지는 않았나. 예전의 한계효용이론에 비해서 무차별곡선이론의 주된 개선점은 효용을 잴 수 있다고 가정하지 않았다는 데에 있다. 필요하였던 모든 것은 단지 소비자들이 선호하는 재화의 효용이 높으냐 또는 낮으냐 하는 서열을 가늠하는 것 뿐이었다. 따라서 이 전과 같이 효용에 기수적 숫자의 크기를 부여하는 일은 그들과는 전혀 관계가 없는 일이었다.

7.1 서수적 효용이론의 공리

근대의 서수적 효용이론은 기수로서는 효용이 재어 질 수 없고 서수로서만 효용에 대한 선호의 차례가 정해질 수 있다는 것인데 이러한 서수적 효용이론이 존재하기 위하여서는 아래의 공리(원칙)가 뒤따라야 한다.

공리 1) 선호의 공리

서로 다른 A와 B에서

A 〉 B 또는 B 〉 A 또는 A = B 로 표시할 수 있다.

〉 : 선호 된다의 뜻

공리 2) 이행의 공리

만약 A 〉 B & B 〉 C 면 A 〉 C

공리 3) 재화의 정의

적은 재화보다는 더 많은 재화가 선호된다.

i.e.) MU 〉 0

(보기) 가상의 기수적 효용함수의 예

〈표 7-1〉 가상의 기수적 효용표

Q_d	TU_1	MU_1	TU_2	MU_2	TU_3	MU_3
1	10	10	10	10	10	10
2	15	5	20	10	50	40
3	18	3	30	10	500	450

〈표 7-1〉에는 3개의 기수적 효용 관계가 나타나 있다. 즉, (TU_1, MU_1)과 (TU_2, MU_2) 그리고 (TU_3, MU_3)의 3개 조의 효용 관계가 그것이나. 그런데 MU_1은 한계효용이 감소하고 있고 MU_2는 한계 효용이 일정하며 MU_3는 한계 효용이 증가하고 있다. 기수적 효용 이론의 관점에서 보면 서로 다른 효용 함수이다. 그러나 서수적 효용이론의 관점에서 보면 위의 3개조의 효용 관계는 동일한 서수적 효용함수이다. 왜냐하면 수요량 (Q_d)이 증가하면서 선호의 차례가 동일하기 때문이다. 따라서 서수적 효용이론에서 한계효용이 체감하느냐 일정하냐 또는 체증하느냐 하는 것은 의미가 없는 것이다.

7.2 무차별곡선(Indifference Curve)

7.2.1 정의

무차별곡선이란 기하학상으로 소비자에게 동일한 효용(만족)을 주는 두 재화의 상품 바구니들의 결합체이다. 우리는 아래와 같이 상품공간(XY평면)에 소비자에게 동일한 효용을 주는 무차별곡선 I_1을 그릴 수 있다.

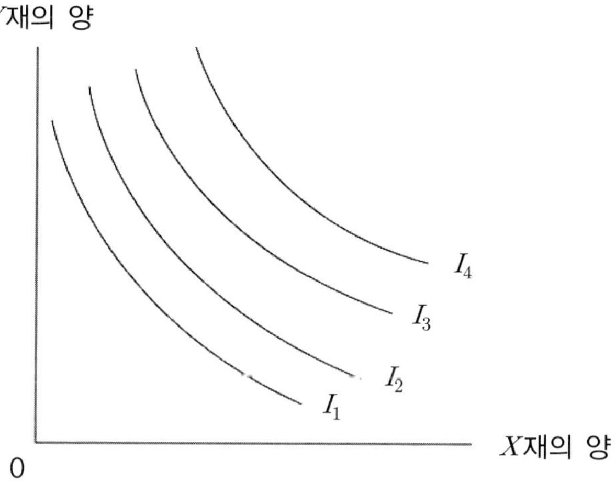

[Fig. 7-1] 무차별곡선과 무차별 지도

우리는 XY평면상에 I_1이외에도 [Fig. 7-1]에서 보듯이 무수히 많은 무차별곡선 (I_2, I_3, I_4, …)을 그려 넣을 수 있다. 이와 같은 한 무리의 무차별 곡선들을 우리는 무차별 지도 (indifference map)라고 부른다. 무차별 지도안의 무차별 곡선들은 서로 다른 효용 수준들을 나타내며 오른쪽 위쪽의 높은 수준의 무차별곡선은 더 높은 수준의 효용을 나타낸다. [Fig. 7-1]에 나타난 무차별곡선의 모양은 대개의 재화에 있어서 대표적인 형태이다.

7.2.2 특수 형태의 무차별곡선

대표적인 무차별곡선은 [Fig. 7-1]에서 보듯이 기울기(slope)가 왼쪽으로 기울어져 있으며 원점으로부터 볼록하다. 왜 [Fig. 7-1]의 무차별 곡선의 모양이 대표적인가를 알아보기 위해서 다음의 특수한 무차별 곡선을 논의해 보자.

1) 직선의 무차별곡선

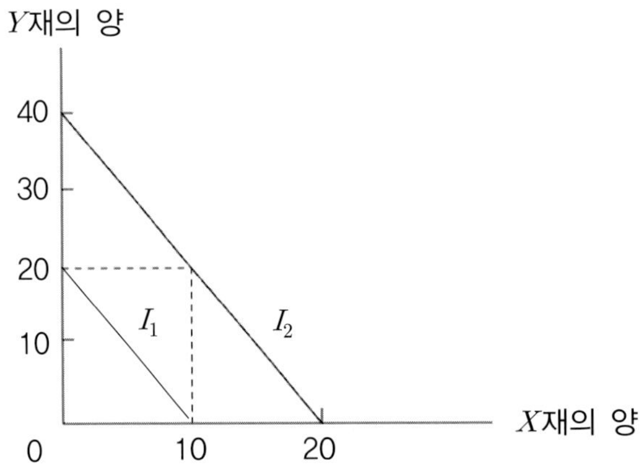

[Fig. 7-2] 직선 무차별곡선

[Fig. 7-2]에서 보면 X재 1단위를 얻기 위하여서는 항상 Y재 2단위를 포기해야만 전과 동일한 수준의 만족 상태에 남아 있을 수 있다. 이러한 종류의 무차별곡선은, 2재화 (X재 & Y재)가 동일한 재화일 경우에 나타 날 수 있는 형태이다. 예를 들면 X재는 2kg 봉지에 들어 있는 사탕일 경우와 Y재는 1kg 봉지에 들어 있는 똑같은 종류의 사탕일 경우에 해당 된다. 이런 형태의 무차별곡선일 경우 X재와 Y재는 완전 대체재이다.

2) 직각의 무차별곡선

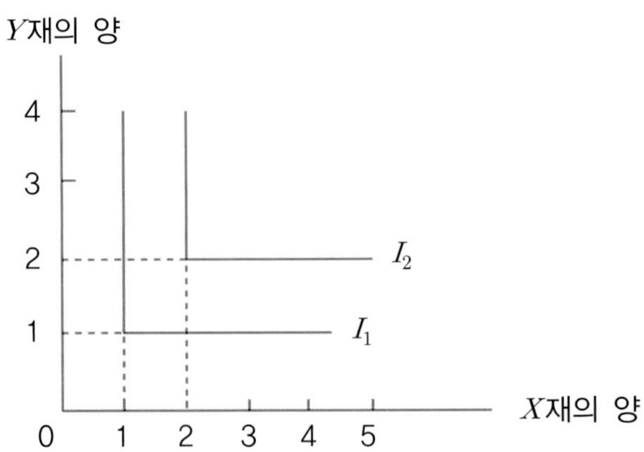

[Fig. 7-3] 직각의 무차별곡선

[Fig. 7-3]의 I_1무차별곡선의 경우 소비자가 각각 1 단위씩의 X재와 Y재를 소유하고 있을 경우 더 많은 양의 X재나 또는 Y재를 소비자가 소유한다고 할지라도 소비자의 효용 수준에는 어떠한 영향도 끼치지 못한다. 예를 들면 왼쪽 신발과 오른쪽 신발과의 관계가 이에 해당 된다. 이 경우에 X재와 Y재와의 관계는 서로 완전 보완재의 관계에 이다.

7.2.3 대표적 무차별 곡선

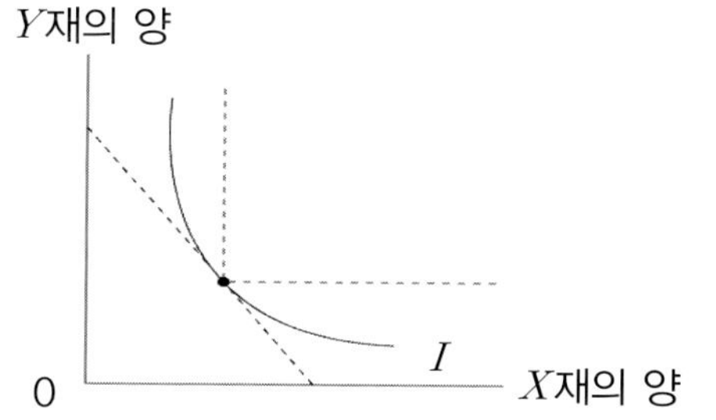

[Fig. 7-4] 대표적 무차별곡선

일반적으로 재화는 그 성질이나 용도상 완전 대체재와 완전 보완재라는 두 극단의 사이에 위치하게 된다. 따라서 [Fig. 7-4]에서 보듯이 대표적인 무차별곡선 I는 점선의 직선(완전 대체재를 의미)과 점선의 직각선(완전 보완재를 의미)과의 사이에서 원점에 볼록한 형태로 나타나게 된다.

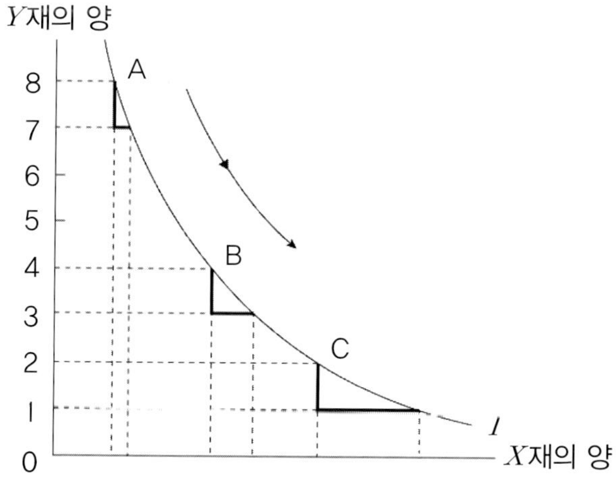

[Fig. 7-5] 볼록형 무차별 곡선

[Fig. 7-5]에서 무차별 곡선 I가 원점에 대하여 볼록한 형태를 갖고 있다. 이와 같이 무차별곡선이 원점에 대하여 볼록하다는 의미는 동일한 효용 수준에 남아 있기 위하여 소비자가 X재의 소비량을 늘리고 Y재의 소비량을 감소함에 따라 소비자의 입장에서 더욱 더 많이 소유하고 소비하게 된 풍부한 X재의 양은 상대적으로 더욱 더 많이 증가하는 추세로 늘리고 소비자의 입장에서 더욱 더 적게 소유하고 소비하게 된 따라서 상대적으로 더욱 희귀하게 된 Y재의 양은 상대적으로 더욱 더 감소하는 추세로 줄여야만 소비자가 전과 동일한 만족 수준에 머무를 수 있기 때문이다. 즉, [Fig. 7-5]에서 소비자가 A점으로부터 C점으로 이동 한다면, 다시 말해서 Y재 대신에 X재로 대체 소비하여 A점으로부터 C점으로 이동하여 동일한 효용(만족) 수준에 머물기 위하여서는 동일한 양의 Y재 소비를 감소함에 따라 증가하는 X재의 소비량은 점점 더 증가해야 한다. 즉, X재의 소비량은 증가율로 증가해야 한다는 것이다. 이러한 무차별 곡선의 곡선 형태는 효용에 어떠한 숫자적인 가치를 부여하지 않고도 한계효용 체감의 개념을 반영하고 있는 것이다. 왜냐하면 Y재의 소비량을 감소시킴에 따라 점점 희귀해진 Y재의 한계효용(MU_y)은 증가하고 X재의 소비량을 증가시킴에 따라 X재의 한계효용 (MU_x)은 감소해야 전과 동일한 효용(만족) 수준에 머물 수 있기 때문이다. 이 때 MU_y는 증가율로 증가하고 MU_x는 증가율로 감소한다.

7.2.4 무차별곡선의 특징

1) 상품공간(또는 XY평면)상의 한 점은 오직 하나의 무차별곡선 상에 있다.

이 성질은 이 전의 가정인 상품은 지속적으로 나누어 소비할 수 있다는 가정에서 유래하였다. 모든 상품 바구니(상품의 조합)는 서열을 부여할 수 있기 때문에 상품공간상의 한 점은 오직 하나의 무차별곡선 상에만 놓여 있다.

2) 무차별곡선의 기울기는 좌상향한다.

동일한 수준의 효용에 머물기 위해서는 한 재화의 소비량을 늘리면 다른 재화의 소비량을 줄여야 한다는 사실이 무차별곡선의 기울기를 왼쪽위로 기울게 한다. 또한 이 성질은 더 많은 재화가 선호된다는 공리3)의 내용과도 부합한다.

3) 무차별곡선은 서로 교차하지 않는다.

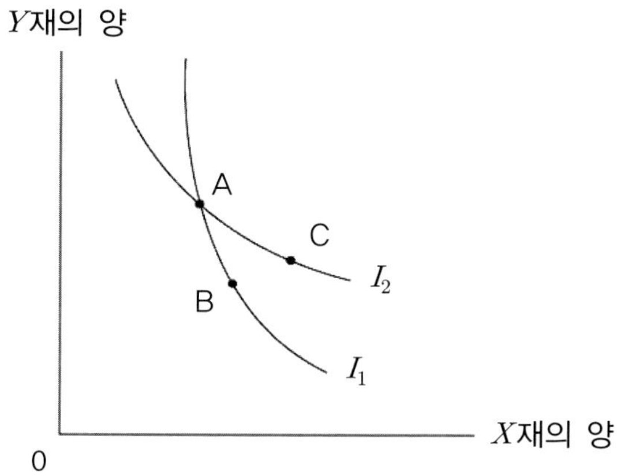

이 성질은 공리2) 이행의 공리와 부합하는 것으로서 논리적 필연성이다. 즉,

I_1에서 A=B & I_2에서 A=C 그러므로 B=C이다.

그러나 우리가 위의 그림에서 보듯이 C점은 B점 보다 더 많은 재화를 소비하고 있으므로 C>B이다. 따라서 이는 논리적 모순으로서 무차별곡선은 서로 교차할 수가 없다.

4) 무차별곡선은 원점으로부터 볼록하다.

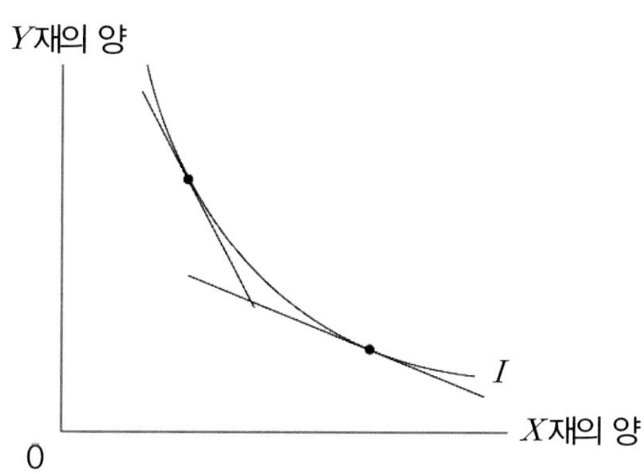

이 성질은 무차별곡선은 무차별곡선상의 한 점의 접선 위에 놓여 있다는

의미로서 우리가 이미 논의한 한계효용체감의 원리와 부합한다. 1)과 2)와 3)의 특성은 소비자들이 적은 것보다는 더 많은 것을 선호한다는 가정하에 소비자들이 상품조합의 서열을 판단할 수 있는 능력을 가지고 있다는 것에 기초하고 있고 4)의 특성은 소비자들이 많은 다른 재화들을 다양하게 소비하고 있다는 경험적 관찰에서 유래하였다.

7.2.5 한계대체율(MRS : Marginal Rate of Substitution)

1) 정의

$$MRS_{x\ \mathrm{for}\ y} = MRS_{xy} = -\frac{y\text{재의 감소량}}{x\text{재의 증가량}} = -\frac{\triangle y}{\triangle x}$$

한계대체율(MRS)은 동일 수준의 효용에 머물기 위해서 Y재의 가치로 표시한 X재의 가치인데 한계대체율의 값을 양(+)으로 만들기 위하여 앞에 음(-)의 부호를 붙였다. 즉, 한계대체율은 무차별곡선의 기울기인($\triangle y/\triangle x$)와 절대값에 있어서는 크기가 같고 부호만 반대인 것이다.

2) 한계대체율 체감의 법칙

한계대체율체감의 법칙은 우리가 한계대체율을 이미 논의한 것처럼 정의하였다면 이것은 법칙이라기보다는 정의에 의한 당연한 논리의 귀결로서 한계효용체감의 원리와도 부합하는 결과인 것이다.

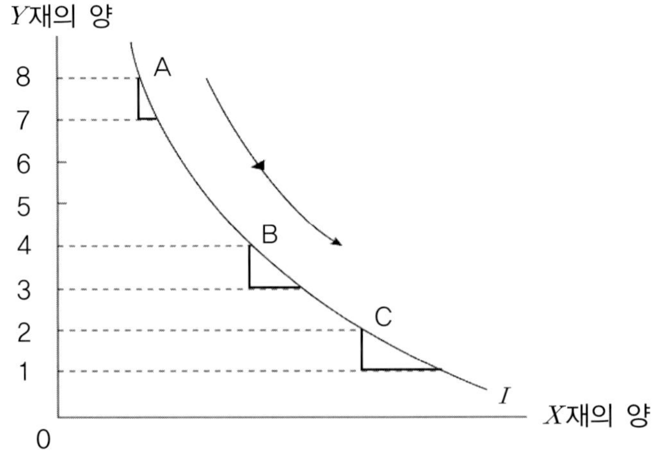

[Fig. 7-6] $MRS_{xy} = -(\triangle y/\triangle x)$

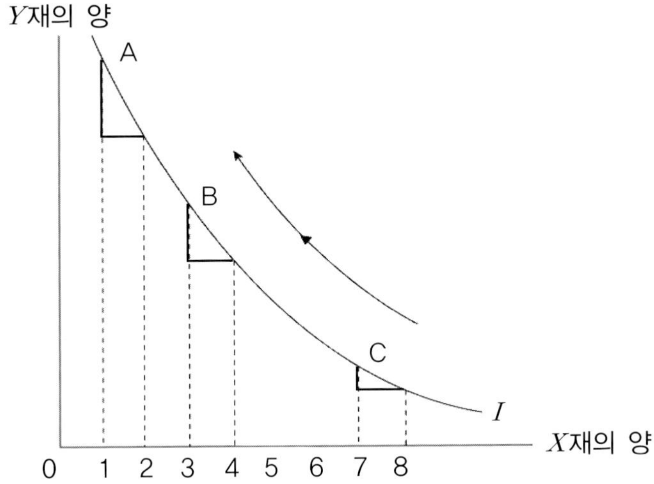

[Fig. 7-7] $MRS_{yx}=-(\triangle x/\triangle y)$

[Fig. 7-6]은 소비자가 A점으로부터 C점으로 소비행위를 이전할 때 그려진 그림이다. 따라서 $MRS_{xy}=-(\triangle y/\triangle x)$의 크기를 잰 것이고 [Fig. 7-7]은 C점으로부터 A점으로 소비행위를 이전 할 때 그려진 그림이다. 따라서 $MRS_{yx}=-(\triangle x/\triangle y)$의 크기를 잰 그림이다. 독자들은 [Fig. 7-6]나 [Fig. 7-7]에서 모두 한계대체율이 감소하는 것을 알 수 있을 것이다. 이 결과는 다름 아닌 한계대체율체감의 법칙을 설명하는 것으로서 이 전의 한계효용체감의 원리와 부합하는 것이다.

7.3 소비자균형(Consumer Equilibrium)

7.3.1 예산선 (Budget Line)

예산선이란 재화나 용역의 주어진 가격과 또한 소비자들의 주어진 소득 하에서 소비자들이 도달할 수 있는 소비 수준들을 그래프로 나타낸 것으로서 예산제약선(budget constraint)이라고도 한다.

X : X재 수요량 Y : Y재 수요량

P_x : X재 가격 P_y : Y재 가격 M : 소비자의 화폐소득

$M = P_x \cdot x + P_y \cdot y$: 예산제약(budget constraint)

위의 식은 X재의 가격이 P_x이고 Y재의 가격이 P_y일 때 소비자가 주어진 화폐소득 M을 가지고 X재는 X양 만큼 수요하고 Y재는 Y양 만큼 수요 했을 때의 상황을 수식으로 나타낸 것이다. 물론 화폐소득 M을 X재와 Y재의 수요에 지출하였을 때를 의미한다.

위의 식을 변환하면 아래의 식이 된다.

$y = -\dfrac{P_x}{P_y} \cdot x + \dfrac{M}{P_y}$: 예산선(budget line)

예산선을 그래프로 나타내면 아래와 같다.

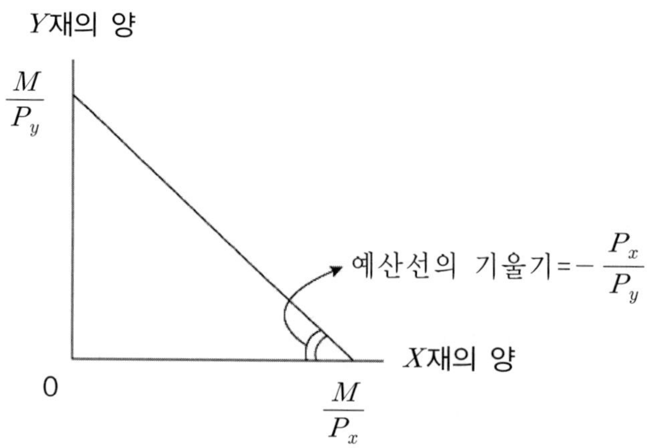

[Fig. 7-8] 예산선

7.3.2 소득의 변화와 예산선

이 경우에 소비자가 화폐소득 (M)은 변화하나 X재의 가격(P_x)과 Y재의 가격(P_y)은 변하지 않고 전과 동일하다고 가정하면

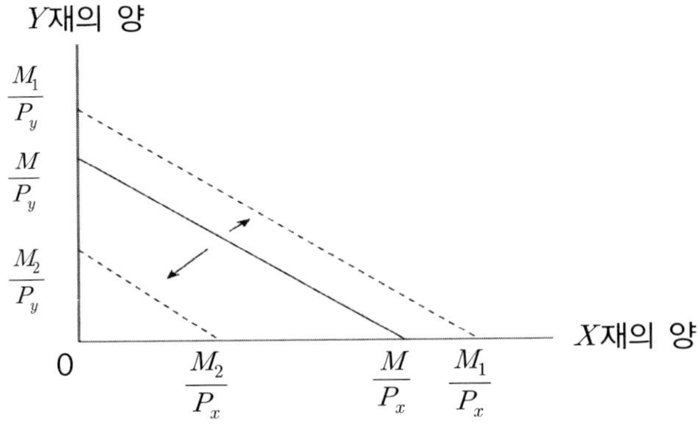

[Fig. 7-9] 예산선과 소득의 변화

[Fig. 7-9]는 원래의 주어진 화폐소득 (M)이 M_1으로 증가하거나 또는 M_2로 감소할 때에 예산선의 이동을 나타낸 것으로서 화폐소득이 M_1으로 증가할 때에는 원래의 주어진 예산선이 위쪽으로 평행 이동하고 화폐소득이 M_2로 감소할 때에는 원래의 주어진 예산선이 아래쪽으로 평행이동 한다.

7.3.3 가격의 변화와 예산선

이 경우에 X재의 가격(P_x)은 변화하나 Y재의 가격(P_y)과 소비자의 화폐소득 (M)은 변하지 않고 전과 동일하다고 가정하면

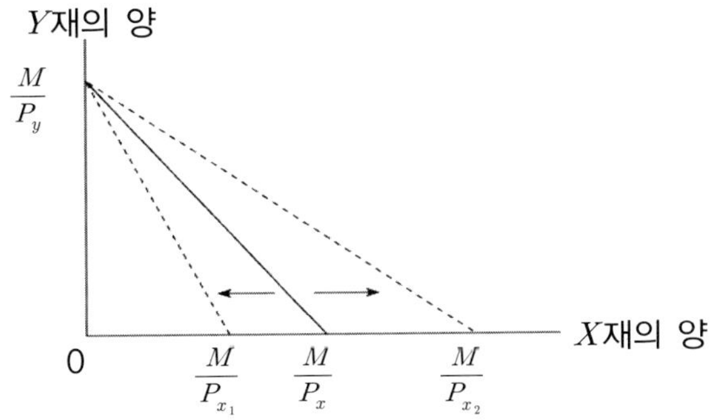

[Fig. 7-10] 예산선과 가격의 변화

[Fig. 7-10]은 원래의 주어진 X재의 가격 P_x가 P_{x_1}으로 증가하거나 또는 P_{x_2}로 감소할 때에 예산선의 이동을 나타낸 것으로서 X재의 가격이 P_{x_1}으로 증가할 때에는 원래의 주어진 예산선이 왼쪽으로 이동을 하고 X재의 가격이 P_{x_2}로 하락할 때에는 오른쪽으로 이동한다.

7.3.4 소비자 균형점

소비자 균형점이란 소비자의 주어진 화폐소득(M)과 주어진 재화의 가격 (P_x, P_y) 하에서 소비자의 만족(효용)을 극대화 시킬 수 있는 상태를 말하는데 우리는 예산선과 무차별곡선이라는 분석도구를 가지고 어떤 점에서 개인 소비자가 그의 만족을 극대화 시킬 수 있는지 알아보자.

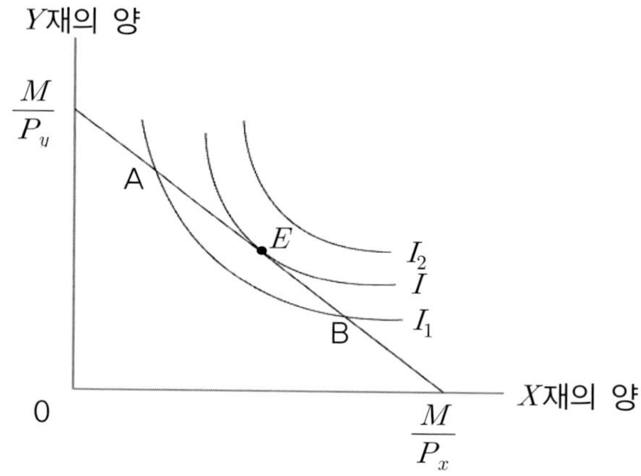

[Fig. 7-11] 소비자 균형점

[Fig. 7-11]에는 예산선과 서로 다른 수준의 무차별 곡선 I와 I_1, I_2가 그려져 있다. 주어진 화폐소득(M)을 가지고 소비자는 무차별곡선 I_1상의 A점과 B점에서 소비행위를 할 수 있고 또한 무차별곡선 I상의 E점에서도 소비행위를 할 수가 있다. 그러나 무차별곡선 I가 I_1보다 상위에 있는 무차별곡선이므로 소비자에게 더 큰 효용(만족)을 주기 때문에 소비자는 당연히 E점에서 소비를 할 것이다. 무차별곡선 I_2상에는 소비자가 주어진 화폐소득(M)을 가지고는 도달할 수 없는 영역이다. 따라서 예산선과 접하는 가장 상위의 무차별곡선 I와의 접점인 E점이 소비자 균형점이다. 따라서 주어진 화폐소득과 주어진 가격체계(P_x, P_y) 하에서 소비자가 극대 만족을 느끼는 소비자 균형점은 E점인 것이다.

7.3.5 소비자 균형점에서의 특징

1) 무차별곡선의 기울기와 예산선의 기울기가 동일함

[Fig. 7-11]에서 보듯이 E점에서는 무차별곡선의 기울기와 예산선의 기울기가 같다.

무차별 곡선의 기울기 = $\frac{\Delta y}{\Delta x} < 0$

예산선의 기울기 = $-\frac{P_x}{P_y} < 0$

즉 E점에서는

$$\frac{\Delta y}{\Delta x} = -\frac{P_x}{P_y}$$

2) 얻은 효용과 잃은 효용이 동일함

[Fig. 7-11]의 E점에서는 동일한 무차별곡선상에 있으므로 재화의 수요량 변화로 인한 얻은 효용과 잃어버린 효용이 같아야 한다(이 부분은 미분적인 개념의 동원이 조금 필요함). 즉, X재를 Δx만큼 더 소비하였다면 Y재는 Δy만큼 소비를 줄여야 동일한 만족(효용) 수준에 머물러 있을 수 있을 것이다. 이 때 X재의 한계효용을 MU_x라 하고 Y재의 한계효용을 MU_y라 하면

x제의 소비증가로 얻은 효용 = $\Delta x \cdot MU_x > 0$, $\Delta x > 0$ & $MU_x > 0$

y재의 소비감소로 잃은 효용 = $\Delta y \cdot MU_y < 0$, $\Delta y < 0$ & $MU_y > 0$

즉, E점에서는

$$\Delta x \cdot MU_x = -\Delta y \cdot MU_y$$

결과적으로, 1)과 2)로부터, E점에서는

$$\frac{MU_x}{P_x} = \frac{MU_y}{P_y}$$: 소비자 균형조건

따라서 소비자 균형점인 [Fig. 7-11]의 E점에서는 주어진 화폐소득(M)과 주어진 가격체계(P_x, P_y)하에서 소비자가 극대만족을 얻기 위하여서는 X재

의 화폐 1단위당 한계효용과 Y재의 화폐 1단위당 한계효용이 동일하도록 만들어야 한다.

또한 1)과 2)의 결과로부터,

$$\frac{MU_x}{MU_y}=\frac{P_x}{P_y}=-\frac{\Delta y}{\Delta x}=MRS_{xy}$$ 임을 알 수 있다.

7.3.6 거래(교환)의 원인

거래는 보통 개인들이 재화들 사이에 있어서 서로 다른 한계대체율을 갖고 있기 때문에 발생한다.

예)

	A	B
X재	생산	교환
Y재	교환	생산

A, B :소비자겸 생산자

위의 예에서 A는 X재를 생산하고 있고 Y재는 거래를 통하여 B로부터 구매하고 B는 Y재를 생산하고 있고 X재는 거래를 통하여 A로부터 구매를 한다. 이런 방법으로 A와 B사이에 소비체계가 이루어진다면 A는 X재를 풍부히 소유할 수 있고 B는 Y재를 풍부히 소유할 수 있으므로

A의 $MRS_{xy}=-\frac{\Delta y}{\Delta x}$: 작은 값

B의 $MRS_{xy}=-\frac{\Delta y}{\Delta x}$: 큰 값

즉, A의 한계대체율이 B의 한계대체율보다 작기 때문에 A와 B사이에 거래(교환)가 이루어질 수 있다.

7.4 소비자 균형점의 이동 요인

7.4.1 소득소비곡선(Income-Consumption curve)

1) 정상재의 경우

소비자균형점에 영향을 미치는 한 요인은 소비자의 소득이다. 소비자 소득의 증감은 새로운 무차별곡선의 창출을 통해 새로운 소비자 균형점을 만들어 낸다. 아래의 그래프에서 논의해 보도록 하자.

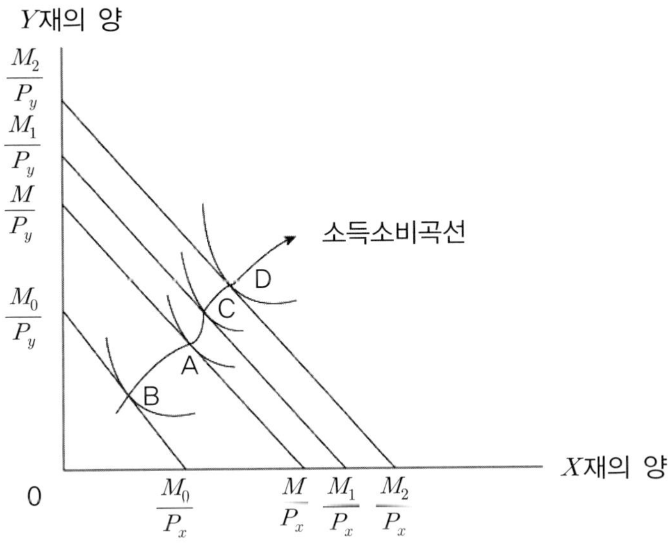

[Fig. 7-12] 정상재의 소득 소비 곡선

[Fig. 7-12]에서 최초에 주어진 화폐소득은 M이다. 화폐소득이 M에서 M_0로 감소하면 소비자 균형점은 A에서 B로 이동한다. 또한 화폐소득이 M에서 M_1, M_2로 각각 상승하면 소비자균형점은 A에서 C와 D로 이동한다. 이럴 경우 각 소비자 균형점들인 B, A, C, D를 연결한 선을 소득소비곡선(income-consumption curve)이라고 한다. 이 경우에 있어서 X재의 가격(P_x)과 Y재의 가격(P_y)에는 변함이 없다. [Fig. 7-12]에서 X재와 Y재는 모두 정상재이거나 또는 우등재이다. 왜냐하면 소득이 증가함에 따라 X재와 Y재 둘 다의 소비가 늘어나고 있기 때문이다.

2) 열등재의 경우

열등재란 우리가 이미 논의하였듯이 소득이 증가할 때 수요량이 감소하는 재화이다. 열등재는 이의 역도 성립한다(vice versa). 그러나 열등재는 상대적인 것이지 한 번 열등재라고 영구히 열등재인 것은 아니다.

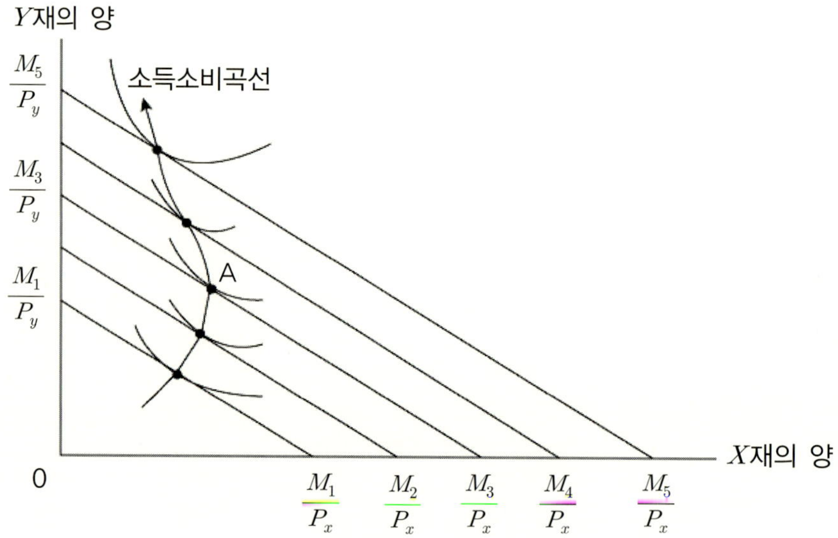

[Fig. 7-13] 열등재의 소득소비곡선

[Fig. 7-13]에서 보듯이 X재는 A점까지는 정상재이지만 소득이 M_4, M_5 등으로 증가함에 따라 열등재로 바뀌고 있다. 열등재의 소득소비곡선은 이와 같이 후방굴절형이다. [Fig. 7-12]나 [Fig. 7-13] 등에서 종축의 Y재의 양 대신에 소득(income)으로 대체하여 표시하면 우리는 이러한 그래프를 엥겔(Engel) 곡선이라고 부른다.

7.4.2 엥겔곡선의 형태

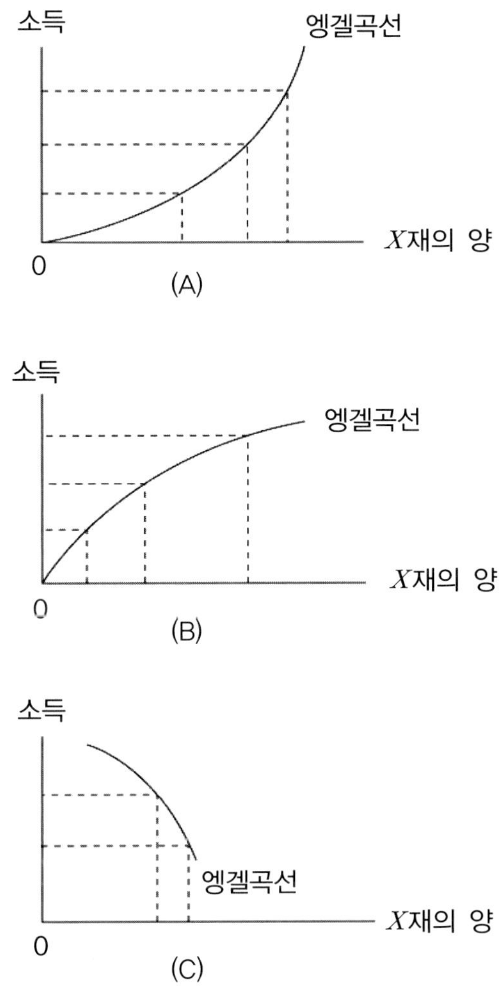

[Fig. 7-14] 여러 가지 형태의 엥겔곡선

[Fig. 7-14]의 (A)그래프의 엥겔곡선은 소득이 증가함에 따라 *X*재의 수요량이 감소율로 증가하고 있는데 이러한 재화는 보통의 정상재의 경우이다. (B) 그래프의 엥겔곡선은 소득이 증가함에 따라 *X*재의 수요량이 증가율로 증가하고 있는데 이러한 재화는 재화의 질이 매우 좋은 우등재에 해당된다. (C) 그래프의 엥겔곡선은 소득이 증가함에 따라 *X*재의 수요량이 감소하고 있는데 이러한 재화는 일반적으로 열등재인 경우이다.

7.4.3 가격소비곡선(Price-Consumption Curve)

재화의 가격변화도 소비자 균형점의 이동에 영향을 준다.

1) X재의 가격(P_x) 하락

이 경우에 소비자의 화폐소득(M)과 Y재의 가격(P_y)은 변화가 없는 것으로 가정한다.

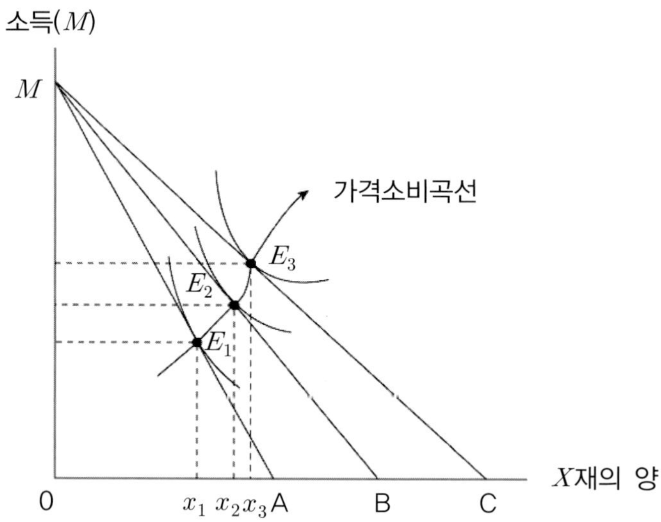

[Fig. 7-15] 가격소비곡선

[Fig. 7-15]에서 MA선은 최초의 소비자 예산선이다. X재의 가격이 하락함에 따라 최초의 예산선 MA는 MB, MC로 변할 것이고 따라서 소비자 균형점도 E_1에서 E_2, E_3로 이동할 것이다. 소비자 균형점 E_1, E_2, E_3를 연결한 선이 가격소비곡선이다. X재의 가격 상승시에는 위의 과정과는 역의 현상이 발생한다.

2) 수요곡선의 도출

[Fig. 7-15]의 가격소비곡선으로부터 우리는 아래와 같이 수요곡선을 도출 할 수가 있다.

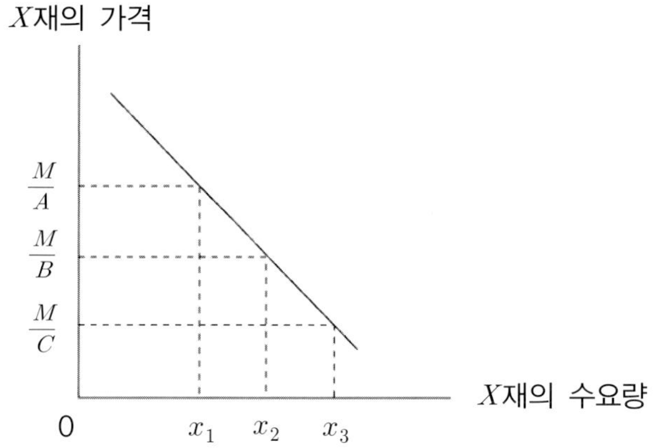

[Fig. 7-16] X재의 수요곡선

7.4.4 대체효과와 소득효과

이미 우리는 대체효과와 소득효과에 대하여 논의한 바 있다. 즉 어떤 재화의 가격이 하락할 경우에 상대적으로 값이 싸진 그 재화를 더 수요하려는 효과를 대체효과라 하고 그 재화의 가격 하락으로 인한 실질소득의 상승으로 인하여 소비자가 그 재화를 전과 동일한 양을 사고도 증가된 소득으로 인하여 그 재화를 더 살 수 있는 효과를 소득효과라고 하였다. 이와 같이 가격의 변화로 인한 총효과는 대체효과와 소득효과로 나누어 볼 수 있다. 이제 무차별 곡선을 이용하여 그래프로 그 내용을 알아보도록 하자.

1) 대체효과

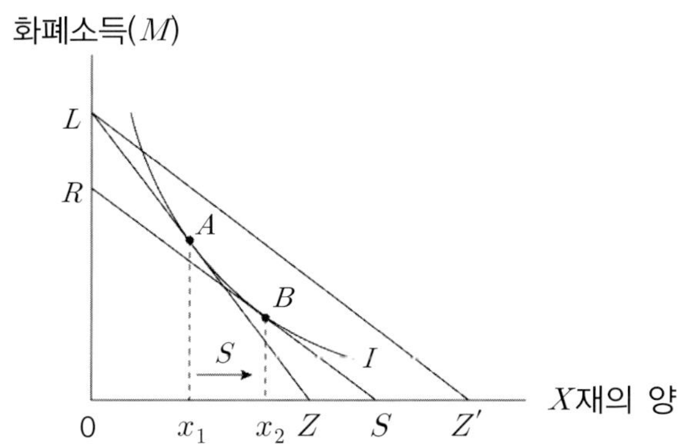

(A)

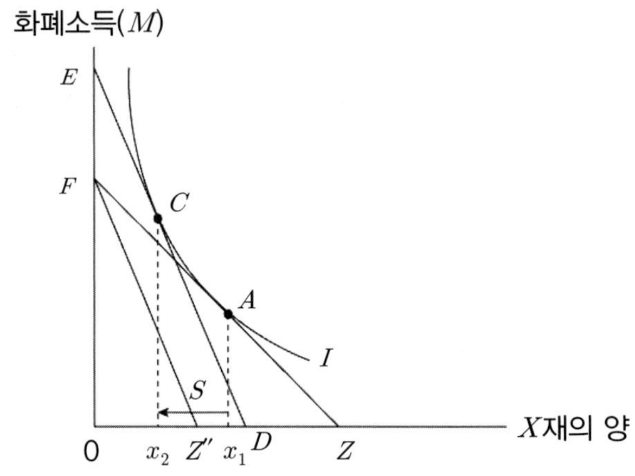

(B)

[Fig. 7-17] 대체효과

[Fig. 7-17]의 (A)에는 X재의 가격이 하락할 경우의 대체효과를 나타낸 것으로서 원래의 예산선은 LZ이며 따라서 최초의 소비자 균형점은 A점이다. 만약 X재의 가격이 하락을 하면 예산선은 LZ'로 이동한다. LZ'과 RS는 평행한다. 따라서 RS는 LZ'보다 소득수준이 낮음을 표시한다. 또한 A점과 B점은 동일한 무차별곡선상에 존재하므로 LZ와 RS는 동일한 구매력을 나타내는 화폐소득 수준이다. 따라서 $S(x_1 \sim x_2)$는 동일한 화폐소득(구매력)을 갖고는 있으나 X재의 가격하락으로 인하여 상대적으로 값이 싸진 X재를 상대적으로 값이 비싸진 다른 재화에 대체하여 더 소비하는 양인데 이를 대체효과라 한다.

[Fig. 7-17]의 (B)에는 X재의 가격이 상승할 경우의 대체효과를 나타낸 것으로서 원래의 예산선은 FZ이며 최초의 소비자 균형점은 A점이다. X재의 가격이 상승하면 예산선은 FZ'로 이동한다. ED와 FZ'은 서로 평행한다. 따라서 FZ'은 ED보다 낮은 소득 수준을 나타낸다. 한편 A점과 C점은 동일한 무차별곡선상에 존재하므로 FZ와 ED는 동일한 구매력을 나타내는 화폐소득수준이다. 따라서 $S(x_1 \sim x_2)$는 동일한 화폐소득(구매력)을 갖고는 있으나 X재의 가격 상승으로 인하여 상대적으로 값이 비싸진 X재를 상대적으로 값이 싸진 다른 재화로 대체하기 때문에 그 만큼 적게 소비하는 X재의 양을 나타내는 대체효과이다.

2) 소득효과

이번에는 소득효과를 이미 설명한 대체효과와 더불어 함께 논의해 보자. 주의 할 점은 우리가 대체효과와 소득효과를 함께 논의할 때에는 항상 대체효과를 먼저 고려해야 한다. 왜냐하면 이미 우리가 논의했던 소비자 균형 조건에서 보면

$$\frac{MU_x}{MU_y} = -\frac{\triangle y}{\triangle x} = MRS_{xy} = \frac{P_x}{P_y} \text{ 인데}$$

만약 X재의 가격(P_x)이 변하면 한계대체율(MRS_{xy})이 먼저 변하기 때문이다.

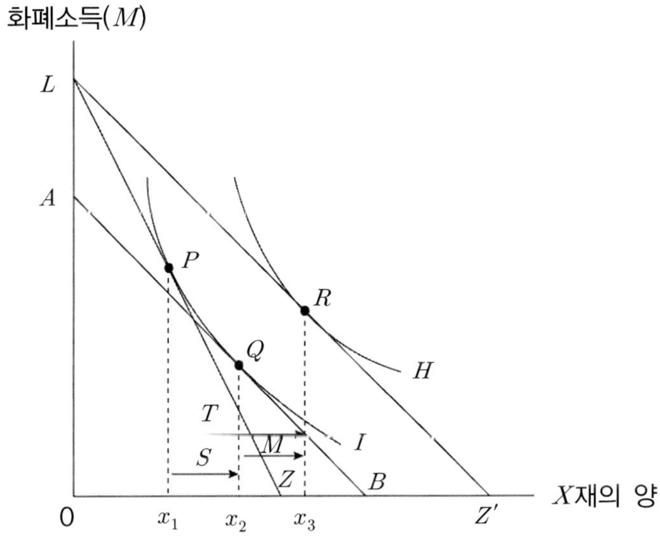

[Fig. 7-18] 대체효과와 소득효과

[Fig. 7-18]에는 대체효과와 소득효과가 함께 나타나 있다. 최초의 예산선은 LZ이며 X재의 가격이 하락한 이후의 예산선은 LZ'이다. LZ와 구매력이 동일한 선은 AB이고 최초의 소비자균형점은 P이다. 따라서 대체효과는 P점에서 Q점으로 이동한 $S(x_1 \sim x_2)$의 수요량이다. LZ'은 AB선보다 높은 수준의 예신선이디. 따라서 LZ'은 소비자의 소득이 늘어날 때 AB가 평행이동 한 것이다. 그러므로 Q점에서 R점으로 이동한 $M(x_2 \sim x_3)$의 수요량이 소득효과인 것이다. 따라서 [Fig. 7-19]에서 $T(x_1 \sim x_3)$는 X재의 가격이 하

락함으로써 발생한 총효과인 것이다. 정리하면,

S : $x_1 \sim x_2$: 대체효과

M : $x_2 \sim x_3$: 소득효과

T : S+M : $x_1 \sim x_3$: 총효과

3) 열등재의 대체효과와 소득효과

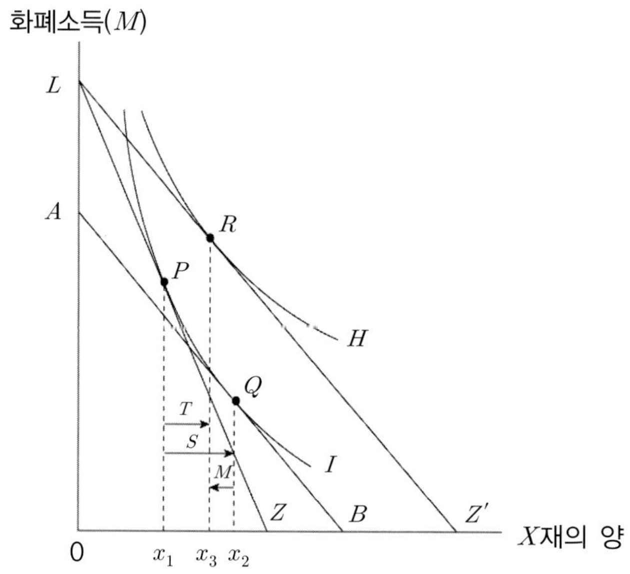

[Fig. 7-19] 열등재의 가격하락효과

[Fig. 7-19]은 가격의 하락시에, 이 경우 X재의 가격하락, 열등재에 대한 대체효과와 소득효과의 움직임을 나타낸 그래프다. 대체효과의 움직임은 이전의 정상재의 경우와 동일하여 더 이상 설명할 필요가 없다하겠으나 소득효과의 경우에 있어서는 열등재의 특성상 그래프에 나타나 있듯이 소득이 증가하고 있음에도 불구하고 수요량이 감소하고 있는 것이 특징이라고 할 수 있을 것이다.

7.5 무차별곡선의 응용

무차별곡선의 개념을 이용하여 소득(income)과 여가(leisure)와의 관계에 대하여 분석해 보자.

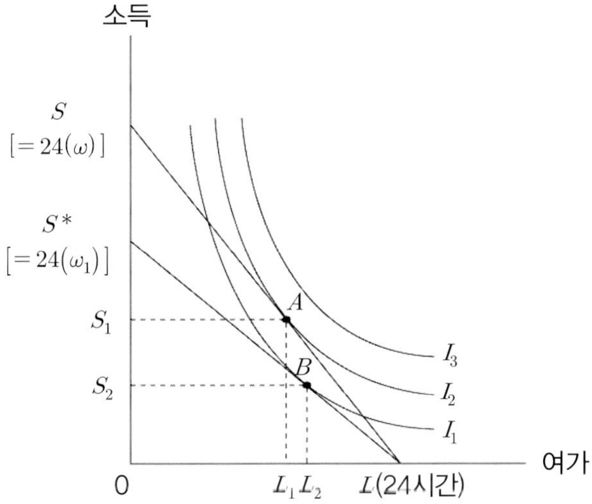

[Fig. 7-20] 소득세의 영향

[Fig. 7-20]은 무차별곡선을 이용한 비례적 소득세가 소비자의 화폐소득과 여가에 미치는 영향을 표시한 그래프이다. 비례적 소득세란 소득의 화폐 1단위당(예를 들어 1원) 같은 세율을 적용하는 것을 말한다. ω는 임금율이다. 따라서 소비자의 총소득은 ($\omega\times$일한시간/하루)이다. 따라서 S점은 하루에 24시간 노동을 했을 경우의 총소득(24ω)이고 L점은 24시간 여가를 즐겼을 경우를 나타낸다. 이 소비자가 화폐소득을 더 늘릴 것인가 또는 여가를 더 즐길 것인가 하는 선택행위는 SL이라는 예산선을 따라 이루어질 것이다. 이 소비자의 만족을 극대화 시키는 소비자균형점은 예산선 SL과 무차별곡선 I_2가 만나는 A점에서 이루어질 것이다. 즉, 이 소비자는 S_1수준의 화폐소득과 L_1수준의 여가를 즐기려고 할 것이다.

만약 정부가 화폐 1단위당 동일한 세율을 이 소비자의 소득에 부과한다면 이 소비자 임금율은 ω에서 ω_1으로 떨어질 것이고 이 소비자가 24시간의 노동을 한다 할지라도 총소득은 $(24\times\omega_1)$이 될 것이다. 따라서 $(S-S^*)$은 정부가 소득세로 거두어간 금액이고 이 소비자의 새로운 예산선은 S^*L이 될 것이며 새로운 소비자균형점은 B점이 될 것이다. B점은 새로운 예산선 S^*L과 I_2보다 낮은 수준의 무차별곡선 I_1과의 접점이다. 즉, 비례소득세가 부과된 이후에 이 소비자는 S_2 수준의 화폐소득과 L_2수준의 여가를 즐기려고 할 것이다.

소득세의 부과는 이와 같이 소비자의 만족 수준과 후생수준을 저하시키고 소득수준은 S_1에서 S_2로 감소시키는 반면에 여가는 L_1수준에서 L_2수준으로 증가시킨다. 다시 말해서 소득세 부과는 일할 의욕을 감소시켜서 소득의 감소를 불러일으키고 대신에 여가를 즐기려는 의욕은 부추겨서 증대시키는 효과가 있다. 소득세가 부과되어 소비자의 화폐소득이 감소하면 소비자가 화폐로 구매하기를 원했던 모든 물건들의 가격은 상대적으로 비싸지게 되는 것이다. 바꾸어 말하면 여가의 상대적인 가격은 오히려 더 싸졌다는 결과이다. 우리는 가격이 하락하면 수요량은 증가한다는 수요의 법칙(단, ceteris paribus)을 알고 있다. 가격이 하락한 여가(leisure)를 더 수요하려는 것은 당연한 결과일 것이다. 이러한 결과는 노동으로부터 발생하는 소득에는 세금이 부과되는데 여가에는 세금이 부과되지 않기 때문이다. 따라서 소득세는 노동의 공급에 부정적인 동기가 되는 요인이다. [Fig. 7-20]에서 여가는 소득이 증가하면 수요량이 감소하는 열등재라는 것을 알 수가 있다.

그러나 경험적으로 조사한 바에 의하면 현실에서 소득(노동)과 여가와의 관계는 아래와 같다고 알려져 있다.

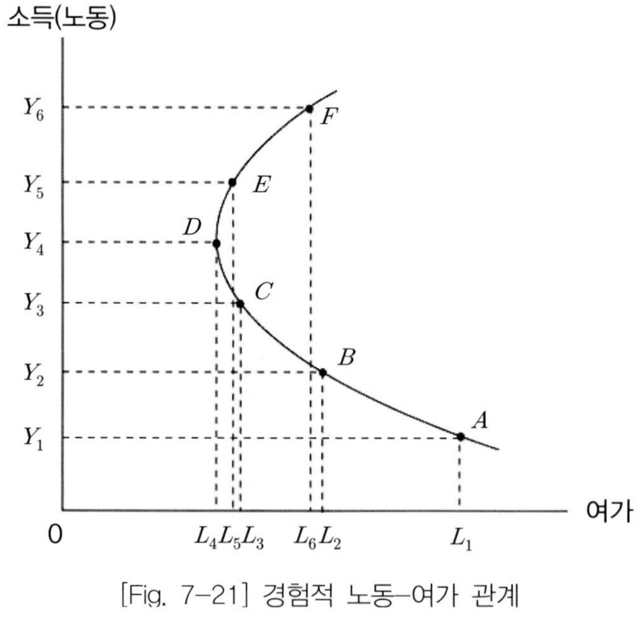

[Fig. 7-21] 경험적 노동-여가 관계

[Fig. 7-21]에서 $A \sim D$구간에서는 위에서 논의하였듯이 여가의 가격이 상대적으로 하락하였기 때문에 여가의 한계효용(MU)도 감소하였다. 그러나 소비자가 효용(만족)을 극대화시키기 위하여서는 소비자(개인)들은 수요량(이 경우 여가에 대한 수요량)을 감소시켜야 할 것이다. 이러한 결과가 [Fig. 7-20]에 나타난 것으로서 [Fig. 7-21]에서는 $A \sim D$구간에서 발생하고 있다. 그러나 현실적으로 D점 이후에서는(소득이 어느 수준 이상에서는) 여가를 늘려 나가는 것으로 알려져 있다. 따라서 노동의 실제적인 현상은 아래의 그래프 [Fig. 7-22]와 같다.

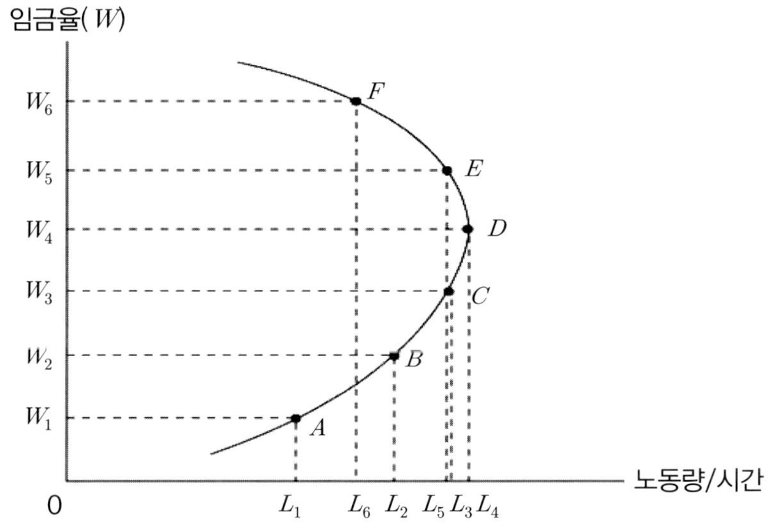

[Fig. 7-22] 노동공급곡선

[Fig. 7-22]의 $A \sim F$까지의 점들은 [Fig. 7-21]의 $A \sim F$까지 점들에 상응하는 점들이다. 위와 같이 현실의 노동공급곡선은 후방굴절형(backward bending)의 모양을 취하고 있다.

7.6 현시선호이론(Revealed Preference Theory)

고전적인 효용이론이나 근대의 무차별곡선 분석이론은 서로의 가정은 다르나 결과는 동일하다는 점에서 서로 닮은 쌍둥이 이론이라 할 수 있겠다. 즉 그들은 소비자의 어떠한 행동들이 수요의 법칙을 작용하게 하는지에 초점이 맞추어져 있었다. 그 해답은 소비자들의 효용극대화를 위한 선택행위였다. 따라서 수요의 법칙을 설명하는 데에 효용함수나 무차별곡선의 분석이 이용되었다. 그러나 현시선호이론은 현실로 나타난 소비자들의 소비행위 결과로부터 역으로 추적하여 수요의 법칙을 설명한다. 현시선호이론에서도 소비자의 선택행위는 합리적이라고 가정한다. 또한 소비자는 적은 양의 재화보다는 많은 양의 재화를 더 선호한다고 가정한다. 그리고 소비자가 실제로 어떤 상품바구니를 선택했다면 이 결과는 소비자가 현실적으로 선호해서 나타난(revealed preference) 현상이다. 즉 이 상품바구니는 소비자의 주어진 소득(예산)과 재화의 가격체계 내에서 선택할 수 있는 수 많은 상품바구니들 중에서 소비자에게 극대만족(극대효용)을 주는 상품바구니이기 때문에 소비자가 합리적으로 또한 실제적으로 이 상품바구니를 선택했다는 것이다. 현시선호이론은 소비자들의 행동이 다음의 약공리와 강공리의 원칙하에서 이루어진다고 가정한다.

약공리 : 주어진 예산(소득)과 재화의 가격체계 하에서 소비자가 선택할 수 있는 상품바구니 A와 B중에서 A를 선택했다면 상품바구니 A는 B보다 시현된 선호라고 말해질 수 있는데 이는 어떤 상황 하에서도 소비자는 A와 B의 선택 중 B를 선택하지 않는다는 것이다.

강공리 : 소비자가 선택할 수 있는 상품바구니 A, B, C 중에서 A가 B보다 선호되고 B가 C보다 선호된다면 A는 C보다 반드시 선호된다. 즉, C는 A보다 절대로 선호될 수가 없는 것이다.

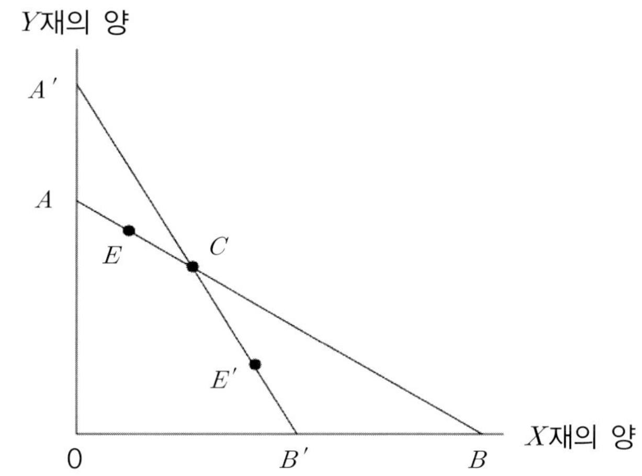

[Fig. 7-23] 가격체계의 변화

[Fig. 7-23]에서 AB는 최초의 예산선이고 $A'B'$은 재화의 가격체계가 변동된 이후의 예산선이다. AB와 $A'B'$은 C점을 통과하므로 동일한 구매력을 나타낸다. 최초의 소비자 선택점이 E였었고 가격체계가 변동된 이후의 예산선 $A'B'$하에서 E'을 선택했다면 약공리의 위배이다. 즉 소비자의 소비행위가 합리적 원리에 위반되기 때문이다. 왜냐하면 예산선 AB하에서는 E점이 E'점보다 현시선호되었기 때문이다. 즉, 새로운 예산선 $A'B'$하에서는 $A'C$의 구간에서만 새로운 소비선택 행위가 가능한 것이다.

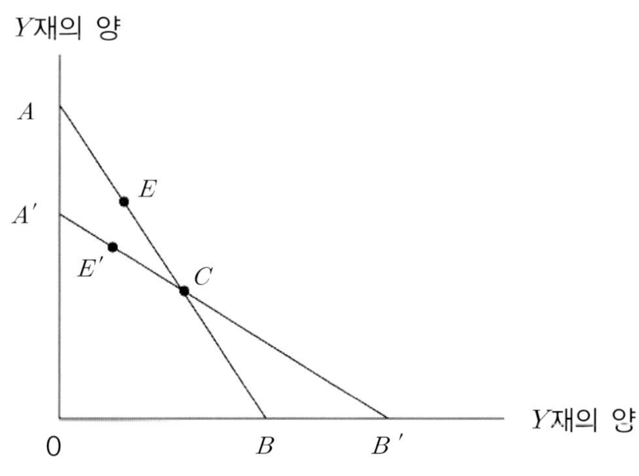

[Fig. 7-24] 가격체계의 변화

[Fig. 7-24]에서 AB는 최초의 예산선이고 $A'B'$은 재화의 가격체계가 변동된 이후의 예산선이다. 여기서도 재화의 가격체계가 변동된 이후의 새로운 예산선 $A'B'$상에서는 CB'구간에서 소비행위를 선택하는 것이 바람직하다. 왜냐하면 CB'구간은 CB구간(최초의 예산선구간)보다 상위에 있기 때문에 소비자에게 더 높은 수준의 만족(효용)을 줄 수 있기 때문이다. 그러면 E'점은 어떠한가? E'점은 AB의 소득하에서는 E점보다 선호의 수준이 낮으나 그러나 가격체계가 변화된 이후의 $A'B'$하에서 E점은 도달할 수 없는 지역이다. $A'B'$하에서 E점에 도달하려면 더 많은 소득(예산)이 필요하다. 따라서 이 경우에는 $A'B'$하에서는 $A'B'$의 전 구간이 새로운 소비선택 행위 대상이 된다. 물론 이 그래프에서도 AB와 $A'B'$은 동일한 구매력을 나타낸다.

이제 한 소비자가 2개의 상품바구니 $C(X_C , Y_C)$와 $D(X_D , Y_D)$를 선택할 수 있다고 가정하자. X와 Y는 X재와 Y재를 나타낸다.

P_X^C , P_Y^C : 상품바구니 C가 현시선호 되었을 때의 X재와 Y재의 가격

P_X^D , P_Y^D : 상품바구니 D가 현시선호 되었을 때의 X재와 Y재의 가격

만약에 $C(X_C, Y_C)$ 상품바구니가 이 소비자에 의하여 선택되었다면 $D(X_D, Y_D)$ 상품바구니를 사는데 들어가는 비용이 C상품바구니를 사는데 들어가는 비용보다 더 많이 들어 갈 것이다.

따라서

$$P_X^C \cdot X_C + P_Y^C \cdot Y_C < P_X^C \cdot X_D + P_Y^C \cdot Y_D \cdots\cdots \text{식}(1)$$

만약에 $D(X_D , Y_D)$ 상품바구니가 이 소비자에 의해 선호되었다면 $C(X_C , Y_C)$ 상품바구니를 사는데 들어가는 비용이 D상품바구니를 사는데 들어가는 비용보다 더 많이 들어갈 것이다.

따라서

$$P_X^D \cdot X_D + P_Y^D \cdot Y_D < P_X^D \cdot X_C + P_Y^D \cdot Y_C \cdots\cdots \text{식}(2)$$

(1)식과 (2)식으로부터

$$P_X^C(X_C - X_D) + P_Y^C(Y_C - Y_D) < 0 \cdots\cdots \text{식}(1)'$$

$$P_X^D(X_D - X_C) + P_Y^D(Y_D - Y_C) < 0 \cdots\cdots \text{식}(2)'$$

(1)'식과 (2)'식을 더하면

$$(P_X^C - P_X^D)(X_C - X_D) + (P_Y^C - P_Y^D)(Y_C - Y_D) < 0 \cdots\cdots \text{식}(3)$$

(3)식에서 오직 X재의 가격만 변한다고 가정하면

$P_Y^C = P_Y^D$이 되고 (3)식은 아래와 같다.

$$(P_X^C - P_X^D)(X_C - X_D) < 0 \cdots\cdots \text{식}(4)$$

식(4)가 의미하는 것은 재화의 가격이 변화할 때 수요량의 변화는 서로 반대방향으로 움직인다는 수요의 법칙을 잘 설명해 주고 있다.

따라서 현시선호이론은 가정조건이나 접근 방법에 있어서 고전파의 효용이론이나 근대의 무차별곡선 분석이론과 차이가 있다 하겠으나 수요의 법칙을 설명함에 있어서는 결과적으로 같다고 하겠다. 즉 여타의 조건이 일정하다면 재화의 가격과 수요량과의 관계는 위 식(4)에서 보듯이 역의 관계가 성립한다는 것이다.

요약

1. 상품바구니들의 전체 조합인 무차별곡선은 같은 수준의 만족을 나타내는 재화의 결합체이다.

2. 무차별곡선의 기울기는 재화 사이의 한계대체율을 나타낸다. 일반적으로 무차별곡선은 원점에 대하여 볼록하다.

3. 한계대체율은 한 재화가 다른 재화와의 대체 크기가 커지면 커질수록 다른 재화로 표시한 한 재화의 가치는 작아진다.

4. 예산제약조건(budget constraint)은 주어진 소득과 주어진 재화의 가격 하에서 구매할 수 있는 상품바구니들의 조합을 예산선(budget line)으로 나타내고 있다.

5. 주어진 소득의 변화와 주어진 재화의 가격 변화는 예산선의 변동으로 나타난다.
   주어진 소득의 증감은 주어진 예산선을 평행하게 상하로 이동(shift)시킨다. 주어진 재화의 가격변화는 그 재화의 종축이나 또는 횡축의 절편의 위치를 이동시켜 예산선의 기울기를 변화시킨다.

6. 소비자 만족의 극대점(소비자 균형점)은 예산선과 가장 상위의 무차별곡선과의 접점이다.

7. 가격소비곡선은 재화의 가격이 변화할 때 각 재화의 소비가 어떻게 변화하는지를 나타낸다.

8. 소득소비곡선은 소비자의 소득이 변화할 때 각 재화의 소비가 어떻게 변화하는 지를 나타낸다.

9. 가격이 변화하면 대체효과와 소득효과가 발생한다. 대체효과는 재화의 상대적인 가격변화의 결과로 발생하는 것이고 소득효과는 재화의 가격이 변화함으로써 소비자의 실질소득이 변화하여서 발생한다.

중요 용어

서수적 효용	총효용(서수적)
한계효용(서수적)	상품공간(XY평면)
무차별곡선	상품바구니
무차별지도	무차별곡선 분석
엥겔곡선	한계대체율
한계대체율 체감의 원리	예산선
소비자 균형점	소늑소비곡선
가격소비곡선	소득세
노동공급곡선	현시선호이론

연습문제

1. 여러분들이 두 가지 선택사이에서 무차별 하다고 일컬어진다면 이것은 무엇을 의미하는가?

2. 여러분들의 등록금이 2배로 인상된다면 여러분들은 어떤 소득효과와 대체효과를 경험하게 될까요?

3. 모든 재화의 가격이 20% 인상된다면 어떤 효과가 나타날까요? 여러분들의 소득이 20% 감소한다면 어떤 효과가 나타날까요? 위의 두 가지 변화에는 어떤 차이점이 존재할까요? 물가 상승은 소득세와 같은 효과를 미치는지 설명하시오.

4. 왜 희귀한 재화의 소비를 한 단위씩 감소시킴에 따라 이를 보상하기 위한 상대적으로 풍부한 다른 재화의 소비는 더욱 더 증가시켜야 하는지 설명하시오.

5. 여러분들은 외과의사가 대학교수보다도 더 휴가를 갖는다고 생각합니까? 왜 그런지 또는 왜 안 그런지를 설명하시오.

6. 어떤 재화의 엥겔곡선이 원점을 통과하는 직선이면 이 재화의 수요에 대한 탄력성이 1이 됨을 증명하시오.

7. 수요함수가 $Q=30-20P$일때 소비자가 상품을 15개 소비하면 이 소비자가 얻는 소비자 잉여는 얼마인가? 만약 가격이 15에서 16으로 상승하면 소비자 잉여의 변화크기는 얼마인가?

8. 왜 여가(leisure)는 열등재인지 설명하시오.

읽어보기 7-1

Experimental Economics : Economics According to Rats

Economics is beginning to borrow from experimental psychology. Economists at the University of Arizona and Texas A&M University, among others, are carrying out work in a lab setting to test some fundamental propositions in economics.

At the University of Arizona, Vernon Smith has conducted research on market behavior using human subjects, usually students. At Texas A&M, economists Ray Battalio and John Kagel have experimented with human and animal subject. In male and female mental hospitals, three economists did experiments with token economies. Patients were paid tokens for tasks and were free to spend these tokens on personal items. Some of the results of these investigations were fascinating. They found that the distribution of income earned was closely parallel to that in the U.S. economy. Perhaps even more startling was the fact that earning differences between male and female patients were similar to those in the "real" economy.

This led the two economists to experiment with rats. They found that rats trained to do "work for pay" (i.e., hit a bar for food) reduced their work effort after some point, choosing more leisure over additional income. They also found that among low-income rats(those that had to work hard for a little food), such work reduction patterns were more common. These experimental results are consistent with behavior patterns of individuals in non-laboratory situations.

(자료: Principle of Economics, Amacher · Ulbrich, South-Western Publishing Co. 3rd Ed. 1986)

7-1 요약해설

"경험경제학 - 쥐에 대한 실험"

경제학은 경험심리학의 기초를 학문적으로 수용함으로써 시작되었다. 아리조나 주립대학의 Vernon Smith나 텍사스 A&M 대학의 Ray Battalio, John Kagel 등은 경제학의 기본적인 명제들을 검증하기 위하여 실험실을 통한 연구활동을 하고 있다. 이들은 인간이나 동물을 대상으로 연구활동을 한다. 남여가 같이 생활하는 정신병원에서 이들은 환자들에게 토근(token) 형태의 화폐를 주고 자유롭게 사용하게 한 결과 환자들의 소득분배 결과는 미국경제의 분배현상과 매우 비슷한 것이었으며 남여 환자사이의 소득의 차이도 실제의 경제상황과 비슷한 것이었다. 이들은 실험실에서 앞발로 막대기를 한번 탁치면 얼마만큼의 음식물이 나오도록 되어 있는 쥐들의 행동실험에서 쥐들도 어느 한계점을 지나면 음식물(소득)을 포기하고 쉬는 것(여가)을 더 즐기는 현상을 볼 수 있었다. 이들은 특히 조금이라도 더 열심히 일(노동 또는 소득)을 해서 조금이라도 더 음식물(소득)을 얻어내야 하는 배고픈 쥐들한테서도 이러한 현상을 발견하였다. 이러한 쥐에 대한 실험적 결과는 실험실 밖의 인간의 행동과도 부합하였다.

읽어보기 7-2

Sir John Hicks

Sir John R. Hicks is one of the most significant contributors to modern microeconomic theory. In his book Value and Capital(1939), he reconstructed demand theory using indifference curves. Hicks developed the theories discussed in this chapter. In 1972 Hicks was awarded the Nobel Prize in Economics(along with Kenneth Arrow) for"... pioneering contributions to general economic equilibrium theory and welfare theory."

Hicks was born in Leamington Spa, England, and attended Balliol College, Oxford. His first teaching post was at the London School of Economics, where he taught from 1926–1935.

He later taught at Cambridge and the University of Manchester. In 1946 he moved to Nuffield College at Oxford and remained there until his retirement.

Hick's main contributions to economic literature center on the theory of demand. Hicks showed that if a consumer maximizes something(we call it utility) and if the consumer's choices can be ranked, it is possible to deduce the consumer's reaction to price changes as well as to substitute and complementary goods. Hicks then went on to establish clearly the difference between income and substitution effects by developing the idea of the compensated demand curve, which is the demand curve along which an individual consumer's real income is unchanged.

Sir John Hicks made contributions to a host of theoretical economic areas, including international trade, public finance, macroeconomics, and monetary theory. Most of his theoretical work was done in the 1930s and 1940s. He clearly ranks as a major figure in the history of economic theory.

(자료: Principle of Economics, Amacher · Ulbrich, South-Western Publishing Co. 3rd Ed. 1986)

7-2 요약해설

힉스(Sir John Hicks)는 근대 미시경제학에 가장 큰 공헌을 끼친 경제학자들 중의 한 사람이다. 그는 그의 "가치와 자본(1939년)"이라는 저서에서 무차별곡선을 사용하여 수요이론을 재구성하였다. 힉스는 1972년에 애로우(Kenneth Arrow)와 함께 일반경제균형이론과 후생경제이론에 공헌한 이유로 노벨경제학상을 수상하였다. 힉스는 영국의 리밍톤, 스파에서 태어나 바리올 대학과 옥스포드 대학에서 수학하였으며 1926년부터 1935년까지 런던대학에서 가르쳤다. 그는 나중에 케임브리지대학과 맨체스터대학에서도 가르쳤고 옥스포드의 너필드대학에서도 가르쳤으며 그 곳에서 은퇴하였다. 힉스가 경제학에 끼친 주된 공적은 수요이론이다. 힉스는 만약 소비자들이 효용을 극대화하고 또한 만약에 소비자들의 선택이 서열화 될 수 있다면 대체재이건 보완재이건 간에 가격의 변화에 대한 소비자들의 반응을 추론하는 것이 가능하다는 것을 보여주었다. 힉스는 소비자의 실질소득이 변하지 않았다는 보상수요곡선의 개념을 통해 소득효과와 대체효과의 차이점을 분명히 하였다. 힉스는 이론경제 분야는 물론 국제무역과 공공재정, 거시경제학, 화폐금융이론 등에서도 많은 기여를 하였다. 그의 주된 이론적 연구 업적은 1930년대와 1940년대에 이루어졌다.

제4부

생산자 이론

제8장

기업과 생산

8.1 기업의 존재 이유와 목적

기업의 존재 이유에 대하여서는 많은 주장이 있으나 Ronald Loase의 "The Nature of the Firm"에 의하면 거래비용(transaction cost)이 회사의 존재 이유 중에 하나라고 주장한다. 그는 판매하고 구매하는 행위에는 비용이 발생한다고 주장한다. 그런데 그러한 거래비용은 회사의 결성에 의해서 최소화 된다는 것이 그의 주장이다. 시장경제에 있어서 판매자와 구매자는 어떤 것이 그들에게 유리한지에 대하여 끊임없이 조사에 나선다. 구매자는 그들이 살 것에 대해서 질과 가격을 항상 저울질 할 것이고 판매자들은 구매자의 수요에 대하여 끊임없이 감시하고 추적할 것이다. 이러한 모든 과정에서 비용이 발생할 것이다.

Almen Alchian 교수와 Herold Demsetz 교수의 주장에 의하면 개인보다는 다수가 모인 집단(team)에 의해서 여러 가지 종류와 형태의 생산물의 생산이 더 효율적으로 수행될 수 있다는 것이 기업 존재의 이유라고 그들은 설명한다. 기업은 다수의 생산요소를 결합하여 재화를 생산해 내는 것이 기업의 기본적인 목적이자 존재 이유일 것이다. 만약 기업이 존재하지 않는다면 모든 생산활동은 개개의 소비자에 의해서 이루어져야 할 것이다. 자급자족의 경제사회에서는 경제규모가 작아서 이러한 소비와 생산활동의 수행이 가능했지만 오늘날과 같이 다양한 종류의 재화가 대규모로 판매되는 경제사회에 있어서 개인 소비자들이 생산활동을 떠맡는다는 것은 불가능한 일이고도 바람직한 일이 아니다. 따라서 기업의 존재 이유는 기업이 생산활동의 주체가 됨으로서 생산을 더욱 효율적으로 수행할 수 있다는 것이다. 즉, 집단(team)에 의한 생산은 개개인이 서로 떨어져 단독으로 생산에 참여하는 것보다 집단(team)을 이루어 생산에 참여할 때에 생산의 효율성이 아주 증대될 수 있다는 것이다. 오늘날 거의 모든 재화가 기업에 의하여 생산되고 있다는 사실은 집단의 생산효율성을 말해 준다 하겠다.

또한 이들은 기업은 이러한 집단에서 노력하는 개인들에게 보상을 하여 주고 또한 그들의 태만한 행동을 감시하고 감독하기 위해서 존재한다고 주장한다, 일반적으로 기업의 주된 목적은 기업소유자의 부(wealth)를 축적하기 위한 것일 것이다. 이를 위하여 기업은 이윤극대화를 추구할 것이다. 또 다른 주장에 의하면 기업의 목적은 이윤극대화가 아니고 시징 점유율의 극대화에 있다고 한다. 시장 점유율의 극대화가 단기의 목적인 기업도 시장 점유율의 극대화가 성공적으로 달성이 된 후에는 장기적으로 보면 이윤극대화가 궁극의 목표가 되지 않을까 싶다.

우리가 앞에서 생산에 대하여 논의할 때 효율성이라는 단어를 사용하였다. 생산에 있어서 효율성이란 물리적으로 투입되는 생산요소의 양을 최소화 시킨다는 기술적인 효율성을 의미하는 것은 아니다. 투입 생산요소의 최소화만을 요구하는 기술적인 효율성은 계획경제의 틀에 기초하고 있는 것이다. 시장경제체제에 있어서 효율성이란 화폐단위로 표시된 최소생산비의 생산 방법에 기초하고 있다. 이러한 최소 생산비를 지향하는 목적은 이윤극대화나 또는 손실최소화를 이루기 위한 것이다.

8.2 생산과 관계된 기초개념

8.2.1 주식회사(Corporation)

주식회사의 특성은 자본증권제도가 확립되어 있다는 점에서 찾을 수 있다. 즉 회사의 기본적 자기자본의 전부를 다수의 주식으로 분할함과 동시에 이것을 유가증권화 함으로써 회사의 자본금을 증권화하고 유동화 시킴으로써 출자를 비인격화 하고 있다. 오늘날 이러한 주식회사의 형태가 영업조직의 대부분을 차지하고 있다. 많은 나라에서 주식회사는 유한책임회사(Limited Liability Company)로 간주되고 있는데 보통은 그 회사의 이름 뒤에 Ltd. 라는 글자가 붙어 있다. 또한 어느 나라에서는 Ltd. 대신에 Inc. (Incorporated)라는 글자를 붙이기도 한다. 이러한 주식회사들은 회사의 소유권을 나타내는 증서인 주식(stock)을 발행함과 동시에 공공기관에서도 발행하는 채권(bond) 등을 발행하여 자본에 충당하고 있다. 소위 말하는 유한책임(Limited Liability)이라는 것은 회사가 영업에 실패하여 대외에 빚(debt)을 지고 있을 때 주식소유자가 이에 대한 법적인 책임을 지지 아니하고 회사 자체가 법적인 책임을 지게 된다. 주식회사의 형태가 영업조직의 대부분을 차지한다는 의미는 주식회사의 숫자에 대한 크기보다는 영업판매량(실적)에 있어서 우월한 위치를 점하고 있다는 뜻이다. 주식회사는 다른 영업조직보다 더 질서정연하고 복잡한 조직형태를 갖추고 있다. 주식소유자(stockholder)는 주주총회에서 투표로 이사회(board of director)를 조직하고 이사회는 회사의 헌장과 규정에 따라 회사를 운영할 임직원들을 임명하며 영업조직을 구성한다.

8.2.2 생산함수와 생산요소

생산함수란 다수의 생산요소를 사용하여 여러 가지의 결합 형태로 예상된 생산물을 생산해내는 관계를 기술한 것이다. 생산요소는 불변생산요소(fixed production factor)와 가변생산요소(variable production factor)로 나눌 수 있는데 불변생산요소는 단기에 있어서는 그 양을 바꾸기 어려운 생산요소들로서 예를 들면 공장의 건물들이나 거대한 생산설비들이 이에 해당된다. 가변생산요소란 단기에 있어서도 그 양을 늘릴 수 있거나 또는 줄일 수 있는 생산요소를 의미한다.

8.2.3 장·단기와 수확체감·체증의 원리

경제학에 있어서 단기(short-run)란 너무 짧아서 모든 생산요소를 모두는 교체할 수 없는 그러한 시간의 길이를 말한다. 단기냐 또는 장기냐 하는 결정은 기존에 운영하고 있는 시설이나 설비들을 더 증감할 수 있느냐 없느냐 하는 것에 달려있다. 장기(long-run)란 시설이나 설비 등을 포함한 모든 생산요소들을 모두 교체할 수 있을 정도로 긴 시간을 말한다. 이러한 단기냐 장기냐 하는 결정기준은 산업에 따라 서로 다르며 일반적으로 경공업 등의 경우에는 그 기간이 짧고 중화학공업이나 우주항공산업 등의 경우에는 그 기간이 길다 하겠다.

주어진 불변생산요소들 하에서 어느 특정한 가변생산요소의 투입량을 점점 더 증가시킴에 따라 생산물(output)이 처음 얼마동안은 더 증가하다가 (즉, 체증율로 증가하다가) 어느 점이 지나서부터는 생산물이 점점 더 작게 증가하는 (즉, 체감율로 증가하는) 현상을 볼 수 있다.

이와 같이 처음 얼마동안 나타나는 현상을 우리는 수확체증의 원리라고 부르고 그 이후에 나타나는 현상을 우리는 수확체감의 원리라고 부른다. 우리는 이러한 현상을 일반적인 생산과정에서 볼 수 있다. 그런데 이러한 현상은 재화를 생산하는 생산과정이외에서도 볼 수가 있는데 예를 들어 인간의 경우 어려서부터 약 17세 또는 18세까지는 키가 쑥쑥 잘 자라는데 그 이후에 약 25세까지는 키가 커도 그 이전처럼 그렇게 잘 크지는 않는다. 약 30세가 되면 그 이후로는 일반적으로 인간의 키는 조금씩이나마 더 줄어든다는 것도 한 예이다. 예를 하나 더 들어보자. 약 500평의 밭에 농사를 짓는다고 가정해 보자. 농사를 잘 지을수 있는 농부의 노동력을 1명씩 투입하여 점점 노동력을 증가시킴에 따라 처음 얼마동안 투입된 노동력이 2~3명 또 3~4명으로 늘어날 때에는 이 500평밭으로부터의 농작물 수확은 점점 더 증가할 것이다. 그러나 만약에 농부를 이 밭에 300명 내지 500명 투입한다고 가정해보자. 아니 이번에는 1000명의 농부를 이 밭에 투입한다고 가정해 보자. 농산물의 수확은 어떻게 될 것인가? 농작물의 수확은 처음에는 증가율로 증가하다가 어느 점을 지나면 농작물의 수확은 감소율로 증가할 것이고 또 그 이후에는 총수확량 자체가 감소할 것이다.

8.3 단기의 생산 함수

이제 우리는 위에서 논의한 단기에 있어서 가변 생산요소가 1개인 경우부터 알아보려고 한다.

【생산관계표】

〈표 10-1〉 생산관계(생산함수)

생산요소 (단위 : 노동)	총생산물 (TP:Total Product)	한계생산물 (Marginal Product)	평균생산물 (Average Product)
1	6	6	6.0
2	14	8	7.0
3	24	10	8.0
4	32	8	8.0
5	38	6	7.6
6	42	4	7.0
7	44	2	6.3
8	44	0	5.5
9	42	−2	4.7
10	36	−6	3.6

〈표 10-1〉에서 생산함수란 투입된 생산요소(input)와 생산된 생산물(output)과의 기술적인 관계를 말한다. 이 경우 경제적 효율성이란 어떤 특정량의 생산물을 생산하기 위해서 최소의 생산비를 지출하는 생산요소의 결합을 조직하는 방법

이나 또는 주어진 생산비로 최대의 생산물을 생산하는 것을 의미한다. 일반적으로 기업들은 고정된 기술 수준하에서 또한 주어진 생산비의 제약하에서 이러한 생산함수에 의하여 최대의 생산물을 생산하기 위하여 생산요소의 결합을 조직한다.

〈표 10-1〉에서

총생산물(TP : Total Product) : 기업이 생산해 내는 총재화량

한계생산물(MP : Marginal Product) : 사용된 생산요소의 1단위의 변화에 대한 총생산물의 변화

평균생산물(AP : Average Product) : 총 생산물을 투입된 생산요소의 양으로 나눈 값

〈표 10-1〉을 그래프로 그리면 아래와 같다.

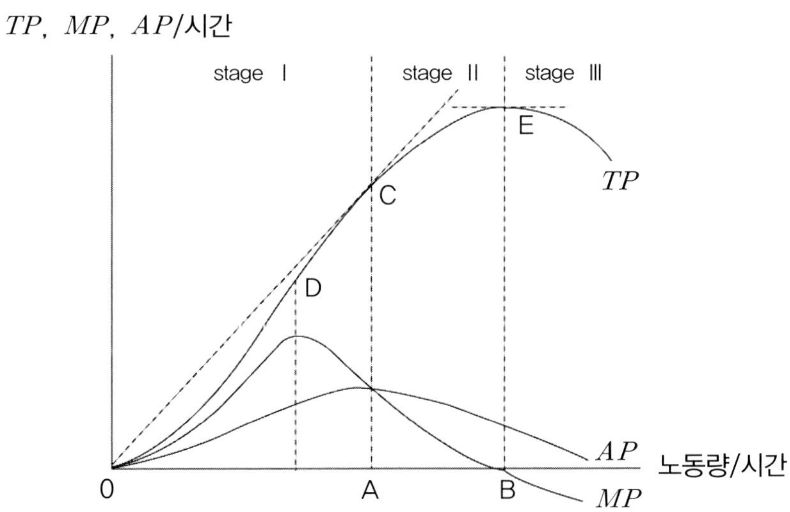

[Fig. 8-1] 총생산물곡선, 한계생산물곡선, 평균생산물곡선

[Fig. 8-1]에는 대표적인 총생산물곡선(*TP*)과 한계생산물곡선(*MP*), 평균생산물곡선(*AP*)이 그려져 있다. C점은 원점에서 시작된 점선과 *TP*곡선과의 접점이고 따라서 (AC/OA)는 노동량이 OA만큼 투입되었을 때의 한계생산물(*MP*)이며 동시에 평균생산물(*AP*)이다. D점은 총생산물(*TP*)곡선의 오목과 볼록이 바뀌는 변곡점이다. 따라서 OD까지는 수확체증의 원리가 적용되는 구간이고 D점 이후부터는 수확체감의 원리가 적용되는 구간이다. E점은 총생산물이 극대가 되

는 점으로 평균생산물은 (EB/OB)이나 한계 생산물은 0(zero)이 되는 점이다. E점 이후로는 한계생산물은 음(-)의 값을 가지며 평균생산물은 점점 감소하여 [Fig. 8-1]의 횡축에 점근을 하나 그래도 양(+)의 값을 갖는다. [Fig. 8-1]에서 보면 생산의 과정을 StageⅠ, StageⅡ, StageⅢ로 나누었는데 이것은 보통 경제학자들이 생산과정을 이렇게 나누어서 논의하는 관습이 있어 왔는데 특히 StageⅢ에서부터는 생산자는 생산을 멈추게 된다. 왜냐하면 생산비를 지불하여 생산요소(이 경우에는 노동)를 생산에 더 투입을 하여도 총생산물은 감소하기 때문이다. [Fig. 8-1]에서 만약에 노동이외의 다른 생산요소(예를 들면 기계와 같은 자본)가 추가로 투입된다면 총생산물곡선이나 한계생산물곡선, 평균생산물곡선 모두가 상방으로 전체가 이동(Shift)할 것이다. [Fig. 8-1]에서 우리는 횡축을 노동이라는 가변의 생산요소 1개만을 설정하였으나 횡축을 다수의 복합적인 생산요소로 구성되어 있다고 가정해도 아무 문제가 없을 것이다.

8.4 등량생산곡선(Isoquant)과 등생산비곡선(Iso-cost Curve)

Iso는 영어의 equal로서 동일한이란 뜻이고 quant는 영어의 quantity로서 양의 뜻이다. 등량생산곡선과 등생산비곡선에 대한 구체적인 내용이나 특징 등은 우리가 수요이론에서 논의하였던 무차별곡선(indifference curve)과 예산선(budget line)의 내용이나 특징등과 매우 비슷하다. 이러한 무차별곡선이나 예산선의 개념을 생산측면에 적용하여 같은 방법으로 분석한 것이 등량생산곡선과 등생산비곡선이다.

8.4.1 등량생산곡선의 정의

등량생산곡선이란 기하학상으로 생산자들이 주어진 생산비하에서 동등한 생산량을 생산해 낼 수 있는 모든 가능한 생산요소들의 결합의 궤적이다. 우리는 아래와 같이 생산요소의 평면(L-K 평면)상에 동등한 생산량을 나타내는 등량생산곡선 Q_1을 그릴 수 있다. 여기서 L은 노동(labor)을 K는 자본(capital)을 나타낸다.

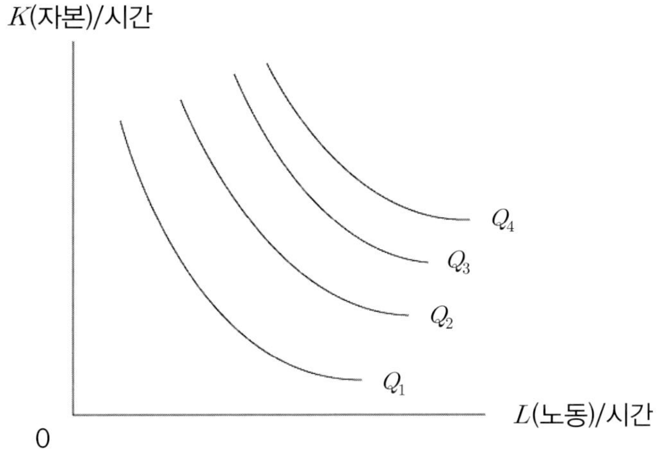

[Fig. 8-2] 등량생산곡선

[Fig. 8-2]에서 보듯이 우리는 $L-K$ 평면상의 Q_1이외에도 무수히 많은 등량생산곡선들을 그려 넣을 수 있다. 오른쪽의 위쪽으로 위치할수록 더 많은 양의 생산물을 나타내고 있다.

(특수한 형태의 등량생산곡선)

대표적인 등량생산곡선은 [Fig. 8-2]에서 보듯이 기울기 (slope)가 왼쪽으로 기울어져 있으며 원점에 대하여 볼록(convex)하다.

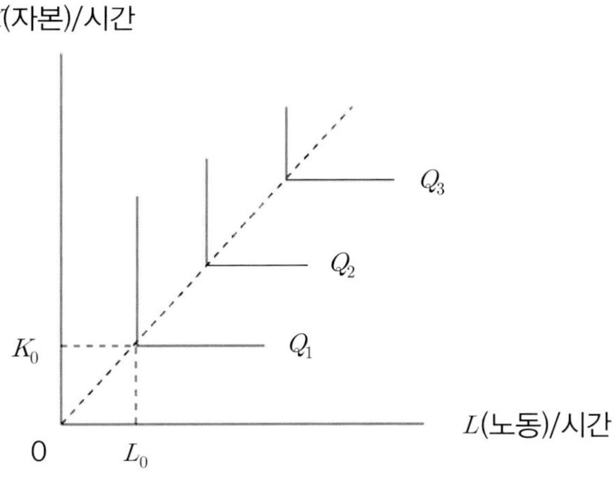

[Fig. 8-3] 직각의 등량생산곡선

[FIg. 8-3]의 형태를 갖는 직각등량생산곡선은 화학제품에서 그 예를 찾아볼 수 있다. 즉, 과산화수소수(H_2O_2)는 수소 2단위에 반드시 산소 2단위를 투입해야만 생산물인 과산화수소수가 생성되어 나온다. [Fig. 8-3]에서

만약에,

모든 생산요소가 $K\%$ 증가할 때 총생산물이 $K\%$ 증가하면 :
규모에 대한 보수불변

모든 생산요소가 $K\%$ 증가할 때 총생산물이 $K\%$ 이상 증가하면 :
규모에 대한 보수증가

모든 생산요소가 $K\%$ 증가할 때 총생산물이 $K\%$ 이하 증가하면 :
규모에 대한 보수감소라고 말한다.

8.4.2 대표적 등량생산곡선

우리는 [Fig. 8-2]에서 원점에 대하여 볼록한 형태를 갖고 있는 대표적 등량생산곡선을 보았다. 이러한 대표적 등량생산곡선이 지닌 형태에 대한 의미를 알아보자.

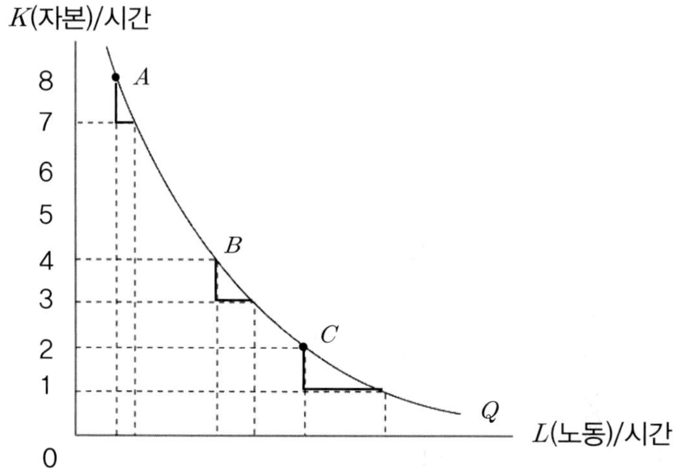

[Fig. 8-4] 볼록형 등량생산곡선

위와 같이 원점에 대하여 볼록한 등량생산곡선의 A점에서 C점으로 생산자가 생산요소의 결합을 바꾸어 생산한다고 가정하자. 생산자의 생산비는 일정하게

주어져 있다. A점으로부터 C점으로의 이동은 예를 들어 기계(자본)의 대수를 1단위씩 감소시켜감에 따라 처음에는 숙력된 노동을 기계대신 대체투입 할 수 있다. 그러나 기계의 감소 대수가 점점 증가함에 따라 나중에는 숙련공의 숫자가 부족하게 되어 미숙련공까지도 대체투입에 사용해야 할 것이다. A점이나 C점이나 동등한 생산물 수준이다. 따라서 전과 동일한 생산량을 유지하기 위하여서는 기계의 대수가 감소함에 따라 전보다 더 많은 노동력(미숙련공)을 투입해야 할 것이다. 이러한 내용은 생산요소가 서로 능력이나 특징이 다른 이질적(heterogeneous)이라는 의미를 내포하고 있다.

8.4.3 등량생산곡선의 특징

1) L-K공간 상의 한 점은 오직 하나의 등량생산곡선상에 있다.

이 성질은 생산물을 연속적으로 생산할 수 있다는 가정하에서 유래하였다. 모든 생산량은 서열을 부과할 수 있기 때문에 L-K공간 상의 한 점은 오직 하나의 등량생산곡선 상에만 놓여 있다.

2) 등량생산곡선의 기울기는 좌상향한다.

동등한 양의 생산물을 생산하기 위하여서는 노동의 투입량을 늘리면 자본의 양은 줄여야 된다는 사실이 등량생산곡선의 기울기를 왼쪽 아래로 기울게 한다.

3) 등량생산곡선은 서로 교차하지 않는다.

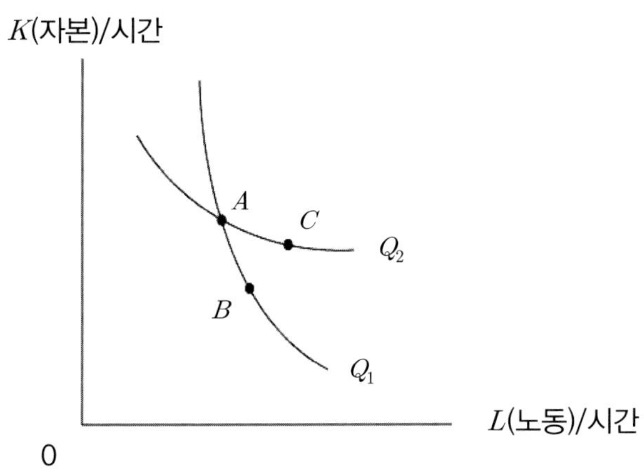

이 성질은 논리적 필연성이다. 즉, Q_1에서 A=B & Q_2에서 A=C이다. 그러므로 B=C이다. 그러나 우리가 위의 그림에서 보듯이 C점은 B점보다 더 많은 양의 생산물을 나타내고 있으므로 C〉B이다. 따라서 이는 논리적 모순으로서 등량생산곡선은 서로 교차하지 않는다.

4) 등량생산곡선은 원점으로부터 볼록하다.

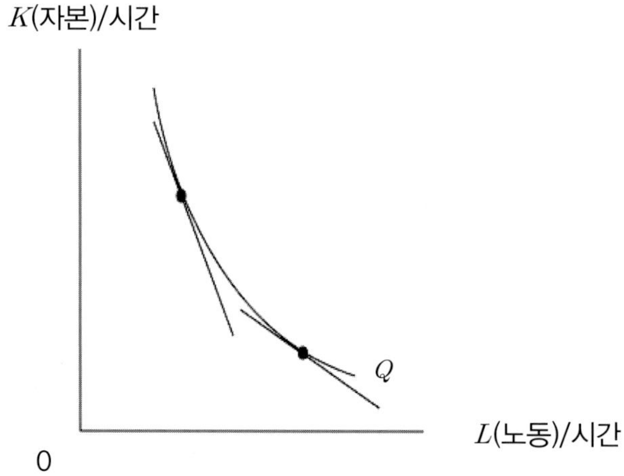

이 성질은 등량 생산곡선의 기울기는 좌상향한다는 성질과 부합하는 것으로서 등량생산곡선은 등량생산곡선상의 한점의 접선위에 놓여 있다는 의미와도 부합한다.

8.4.4 한계기술대체율(MRTS : Marginal Rate of Technical Substitution)

1) 정의

$$MRTS_{L\,\mathrm{for}\,K} = MRTS_{LK} = -\frac{\text{자본의 감소량}}{\text{노동의 증가량}} = -\frac{\Delta K}{\Delta L}$$

한계기술대체율($MRTS$)은 동일한 등량생산곡선 상에서 투입되는 생산요소의 결합비율이 변화할 때 자본의 가치로 나타낸 노동의 가치인데 한계기술대체율의 값을 양(+)으로 만들기 위하여 앞에 음(-)의 부호를 붙였다. 즉 한계기술대체율은 등량생산곡선의 기울기($\Delta K/\Delta L$)와 절대값에 있어서는 크기가 같고 부호만 반대인 것이다.

2) 한계기술대체율 체감의 법칙

한계기술대체율 체감의 법칙은 우리가 한계기술대체율을 이미 논의한 것처럼 정의하였다면 이것은 법칙이라기보다는 정의에 의한 당연한 논리의 귀결로서 원점에 대하여 볼록한 형태의 대표적인 등량생산곡선에 있어서의 특성이다.

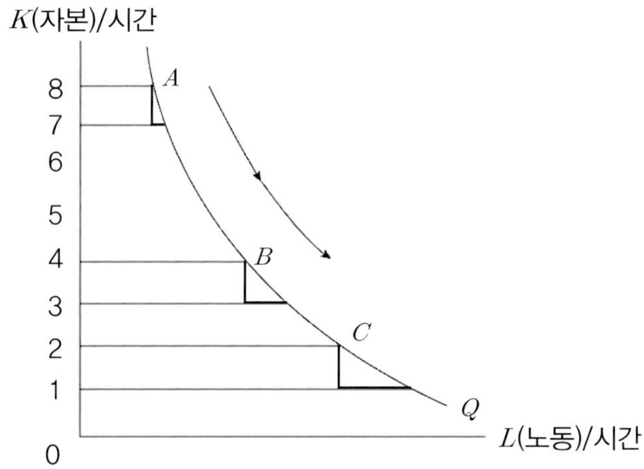

[Fig. 8-5] $MRTS_{LK} = -(\Delta K/\Delta L)$

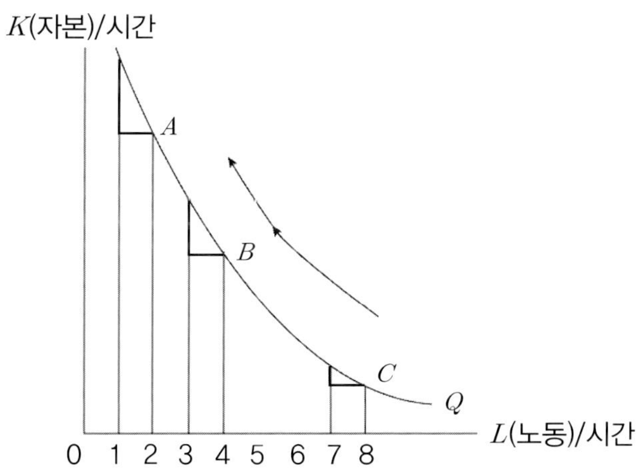

[Fig. 8-6] $MRTS_{KL} = -(\Delta L/\Delta K)$

[Fig. 8-5]는 생산자가 A점으로부터 C점으로 생산요소의 배합을 바꿀 때 그려진 그림이다. 따라서 $MRTS_{LK} = -(\Delta K/\Delta L)$의 크기를 잰 것이고 [Fig. 8-6]은 C점으로부터 A점으로 생산자가 생산요소의 배합을 바꿀 때 그려진

그림이다. 따라서 $MRTS_{KL}=-(\Delta L/\Delta K)$의 크기를 잰 것이다. 독자들은 [Fig. 8-5]나 [Fig. 8-6]에서 모두 한계기술대체율의 크기가 감소하는 것을 알 수 있을 것이다. 이러한 결과는 다름 아닌 한계기술대체율 체감의 법칙을 설명하는 것이다.

8.4.5 등생산비곡선

등생산비곡선이란 주어진 생산요소들의 가격과 생산자들에게 주어진 생산비 하에서 생산자가 투입할 수 있는 여러 가지생산요소들의 결합점들을 연결한 궤적이다.

L : 노동투입량　　　K : 자본투입량

ω : 임금률　　r : 이자율　　C : 생산자에게 주어진 생산비

$C=r \cdot K+\omega \cdot L$: 생산제약조건(production constraint condition)

위의 식은 노동의 가격(임금율)이 ω이고 자본의 가격(이자율)이 r이고 생산자의 생산비가 C일 때 노동은 L만큼 자본은 K만큼을 투입하여 생산물을 생산하려고 하는 상황을 수식으로 나타낸 것이나. 물론 생산자는 생산비 C를 노동(L)과 자본(K)의 구입에 모두 소비하였음을 가정하고 있다.

위의 식을 변화하면 아래의 식이 된다.

$K=-\frac{w}{r} \cdot L+\frac{C}{r}$: 등생산비곡선(iso-cost curve)

등생산비곡선을 그래프로 나타내면 아래와 같다.

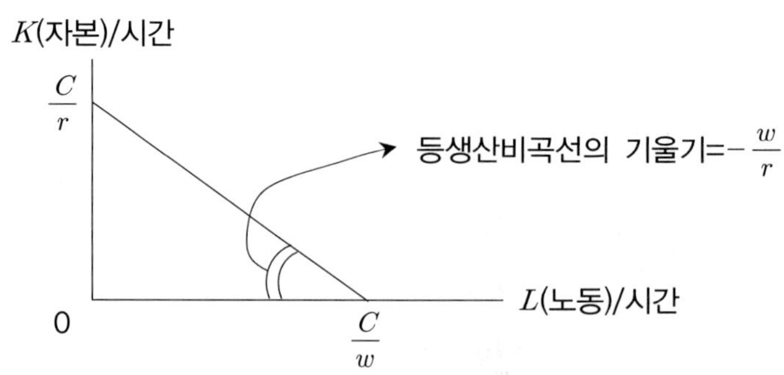

[Fig. 8-7] 등생산비곡선

1) 생산비의 증감이 등생산비에 미치는 영향

생산비의 변화는 주어진 등생산비곡선의 이동(shift)에 영향을 미치는데 이때에 생산비(C)는 변화하나 노동의 임금율(w)이나 자본의 이자율(r)은 변하지 않고 전과 동일하다고 가정하면

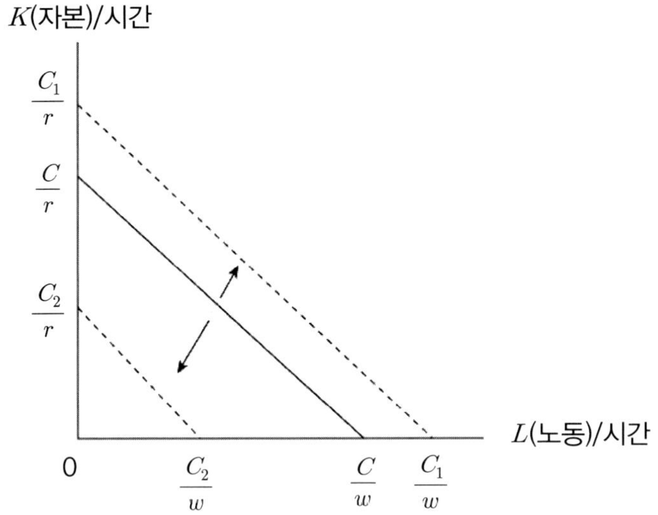

[Fig. 8–8] 등생산비곡선과 생산비의 변화

[Fig. 8-8)은 원래의 주어진 생산비(C)가 C_1으로 증가하거나 또는 C_2로 감소할 때에 등생산비곡선의 이동(shift)을 나타낸 것으로서 생산비가 C_1으로 증가할 때에는 원래의 주어진 등생산비곡선은 위쪽으로 평행이동하고 생산비가 C_2로 감소할 때는 아래쪽으로 평행이동한다.

2) 생산요소의 가격변화가 등생산비 곡선에 미치는 영향

생산요소(K, L)의 가격(r, w)도 원래의 등생산비 곡선의 이동(shift)에 영향을 미치는데 이때에 생산비(C)와 이자율(r)은 변하지 않고 전과 동일하다고 가정하고 오직 노동의 임금율(w)만 변한다고 가정하면

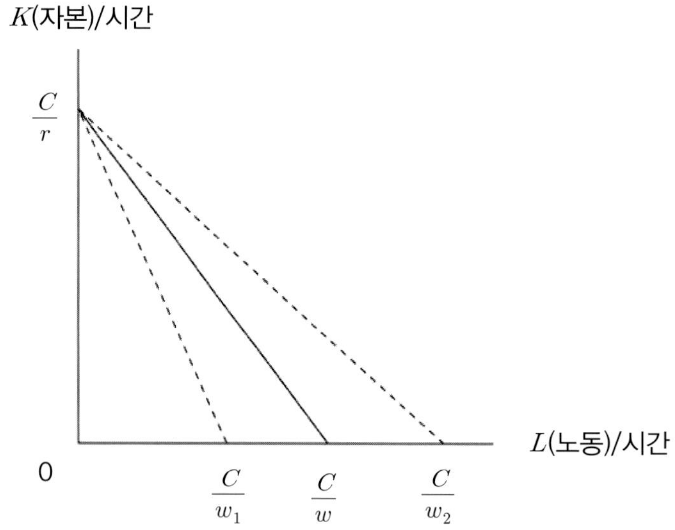

[Fig. 8-9] 등생산비 곡선과 생산요소가격의 변화

[Fig. 8-9]는 최초에 주어진 임금율(w)이 w_1으로 증가하거나 또는 w_2로 감소할 때에 등생산비곡선의 이동(shift)을 나타낸 것으로서 임금율이 w_1으로 증가할 때는 원래의 주어진 등생산비곡선이 왼쪽으로 이동하고 임금율이 w_2로 하락할 때는 오른쪽으로 이동한다.

8.5 생산자균형(Producer Equilibrium)

생산자균형이란 생산자가 주어진 생산요소(K, L)의 가격(r, w)과 생산비(C) 하에서 최대량의 생산물을 생산하거나 또는 주어진 목표량의 생산물을 생산하는데 최소의 생산비를 지출하는 경우를 말하는데 우리는 여지껏 논의해온 등량생산곡선과 등생산비 곡선이라는 분석도구를 가지고 어떤 점에서 위의 조건들을 충족시키는지 논의 해보자.

8.5.1 생산자균형점

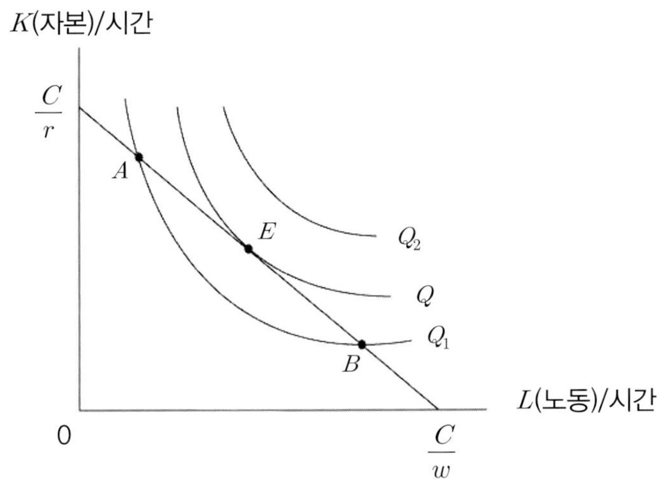

[Fig. 8-10] 생산자균형점

[Fig. 8-10]에는 등생산비곡선과 서로 다른 수준의 등량생산곡선 Q와 Q_1, Q_2가 그려져 있다. 주어진 생산비(C)를 가지고 생산자는 등량생산곡선 Q_1상의 A점이나 B점에서도 생산을 할 수가 있고 또는 등량생산곡선 Q상의 E점에서도 생산을 할 수가 있다. 그러나 등량생산곡선 Q가 Q_1보다 상위의 등량생산곡선이므로 따라서 더 많은 생산량을 의미하므로 생산자는 당연히 E점에서 생산을 할 것이다. 등량생산곡선 Q_2상에는 주어진 생산비(C)를 가지고는 도달할 수 없는 상위의 등량생산곡선이다. 따라서 등생산비곡선과 접하는 가상 상위의 등량생산곡선 Q와의 접점인 E점이 생산자균형점이다. 따라서 주어진 생산비(C)와 주어진 생산요소의 가격(r, w)하에서 생산자가 최대의 생산물을 생산할 수 있는 생산자균형점은 E점인 것이다. E점에서는 어떠한 특징들이 나타나고 있는지 알아보도록 하자.

8.5.2 생산자균형점에서의 특징

1) 등량생산곡선의 기울기와 등생산비곡선의 기울기가 동일함

[Fig. 8-10]에서 보듯이 E점에서는 등량생산곡선의 기울기와 능생산비곡선의 기울기가 같다.

$$등량생산곡선의\ 기울기 = \frac{\Delta K}{\Delta L} < 0$$

$$등생산비곡선의\ 기울기 = -\frac{\omega}{r} < 0$$

즉, E점에서는

$$\frac{\Delta K}{\Delta L} = -\frac{\omega}{r}$$

2) 얻은 생산물과 잃은 생산물의 양이 동일함

[Fig. 8-10)의 E점에서는 동일한 등량생산곡선상에 있으므로 사용한 생산요소량의 변화로 인한 얻은 생산물의 양과 잃어버린 생산물의 양이 같아야 한다. 즉, 노동(L)을 ΔL만큼 더 사용하였다면 자본(K)은 ΔK만큼 사용을 줄여야 전과 동일한 생산량을 생산할 수 있을 것이다. 이때 노동의 한계생산물을 MP_L이라 하고 자본의 한계생산물을 MP_K라 하면

$$노동(L)의\ 사용증가로\ 인하여\ 얻은\ 생산물 = \Delta L \cdot MP_L > 0$$

$$\Delta L > 0\ \&\ MP_L > 0$$

$$자본(K)의\ 사용감소로\ 인하여\ 잃은\ 생산물 = \Delta K \cdot MP_K < 0$$

$$\Delta K < 0\ \&\ MP_K > 0$$

즉, E점에서는

$$\Delta L \cdot MP_L = -\Delta K \cdot MP_K$$

결과적으로, 1)과 2)로부터 E점에서는

$$\frac{MP_L}{\omega} = \frac{MP_K}{r}:\ 생산자균형조건$$

따라서 생산자균형점인 (Fig. 8-10)의 E점에서는 주어진 생산비(C)와 주어진 생산요소의 가격(r, w)하에서 생산자가 최대의 생산물을 얻기 위하여서는 임금율(w)의 화폐 1단위당 노동(L)의 한계생산물(MP_L)과 이자율(r)의 화폐 1단위당 자본(K)의 한계생산물(MP_K)이 같도록 해야 한다.

또한 1)과 2)의 결과로부터

$$\frac{MP_L}{MP_K} = \frac{\omega}{r}\left(= \frac{P_L}{P_K}\right) = -\frac{\Delta K}{\Delta L} = MRTS_{LK}$$ 임을 알 수가 있다.

8.5.3 보수의 수확

위에서 논의한 생산자균형점은 그 위치가 이동할 수도 있다. 그러한 경우 중 하나가 투입되는 생산요소의 증감의 문제이다.

즉,

1) 생산량이 생산요소의 증가율보다 큰 비율로 증가할 때, 예를 들면 생산요소의 투입을 K배 하였을 때 생산량이 K배보다 크게 증가하는 경우 : 규모에 대한 수확증가
2) 생산량이 생산요소의 증가율과 같은 비율로 증가할 때 : 규모에 대한 수확불변
3) 생산량이 생산요소의 증가율보다 적은 비율로 증가할 때 : 규모에 대한 수확감소

라고 불리어진다.

아래의 그래프는 위의 관계들을 나타낸다.

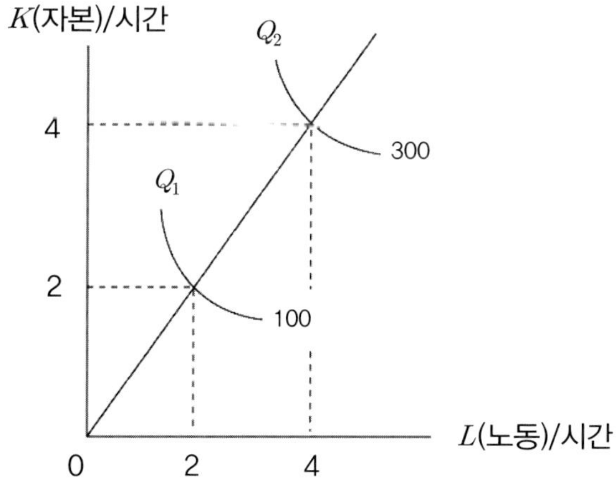

[Fig. 8-11] 규모에 대한 수확증가

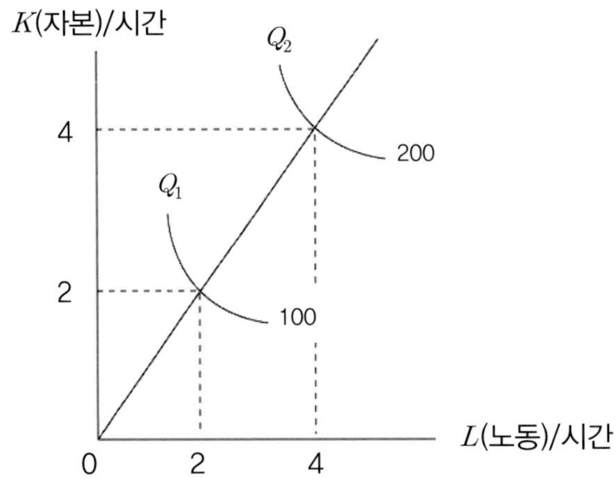

[Fig. 8-12] 규모에 대한 수확불변

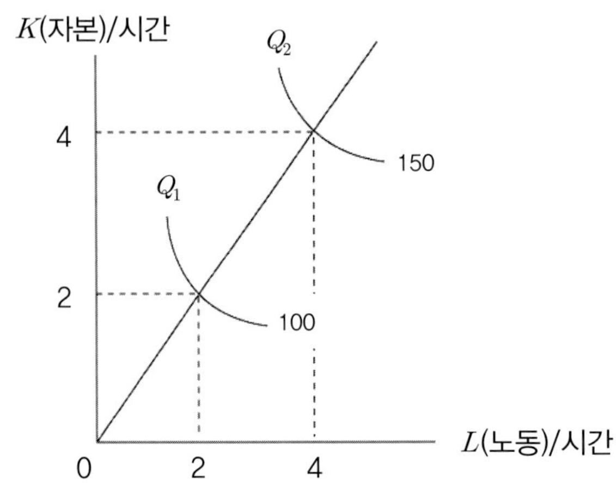

[Fig. 8-13] 규모에 대한 수확감소

8.6 생산자균형점의 이동

8.6.1 확장선(Expansion Path)

확장선(또는 확창선이라고도 함)이란 생산요소의 가격(r, w)이 변하지 않고 일정할 때 생산자의 생산비(C)가 증가하면 생산자균형점은 이동할 것이다. 이럴 경우 생산자균형점들을 연결한 선을 확장선이라고 한다.

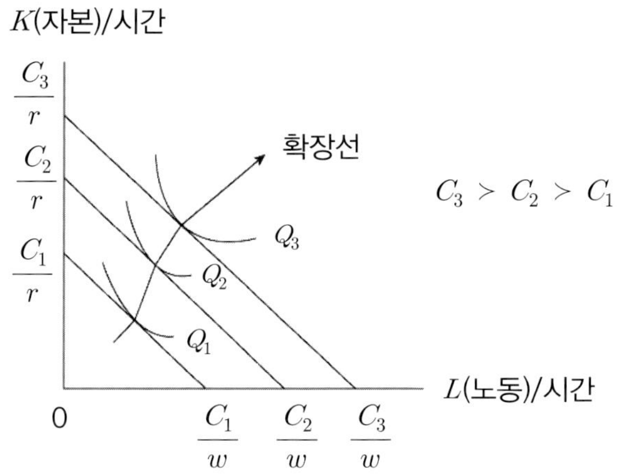

[Fig. 8-14] 확장선

8.6.2 열등재의 노동

노동(L)이라는 생산요소가 열등재인 경우 생산자균형점은 아래와 같다.

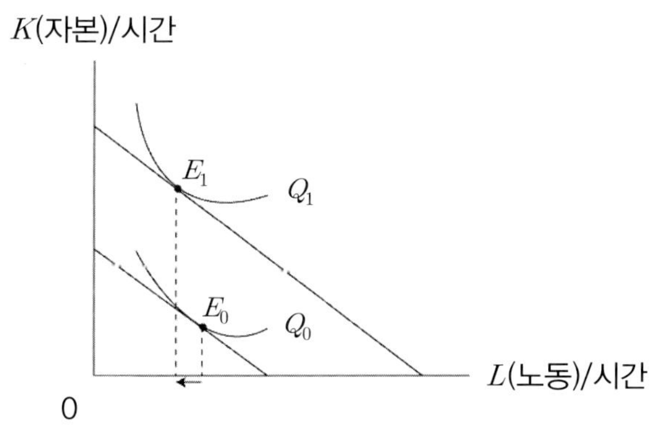

[Fig. 8-15] 노동(열등재)

[Fig. 8-15]에서 생산비(C)가 Q_0수준에서 Q_1수준으로 늘어날 경우 생산자균형점이 E_0에서 E_1으로 이동하였다면 그림에서 보듯이 노동의 생산요소는 투입량이 줄어들었다. 이것은 노동이라는 생산요소가 열등재임을 의미한다.

8.6.3 열등재의 자본

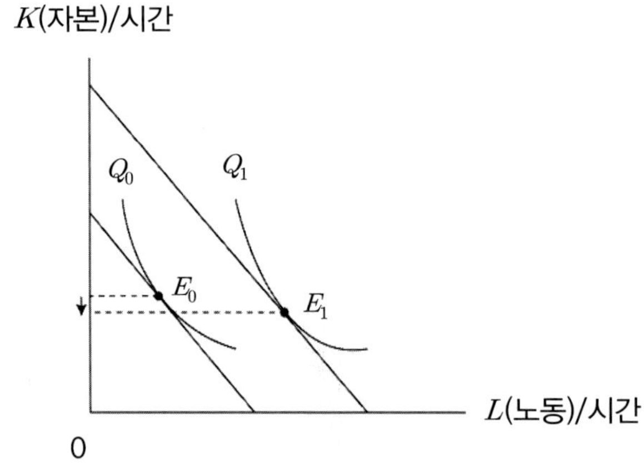

[Fig. 8-16] 자본(열등재)

[Fig. 8-16]에서 생산비(C)가 Q_0수준에서 Q_1수준으로 늘어날 경우 생산자 균형점이 E_0에서 E_1으로 이동하였다면 그림에서 보듯이 자본의 생산요소는 투입량이 줄어들었다. 이것은 자본이라는 생산요소가 열등재임을 의미한다.

8.6.4 생산요소의 대체효과

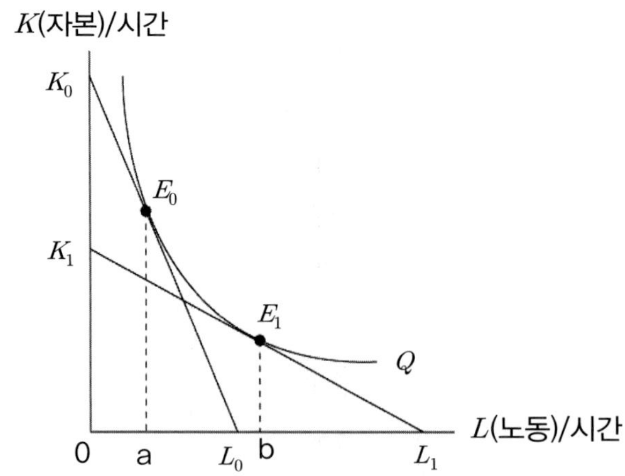

[Fig. 8-17]) 노동의 대체효과

[Fig. 8-17]에서 생산비(C)는 변하지 않고 이자율(r)과 임금율(w)이 변할 경우 등생산비곡선은 K_0L_0에서 K_1L_1으로 변할 것이고 생산자균형점은 동일한 등량생산곡선(Q)을 따라서 E_0에서 E_1으로 변할 것이다. 이때 노동의 투입량은 (a~b)만큼 증가할 것인데 이것이 다름 아닌 임금율(w)의 하락에 의한 노동의 대체효과이다.

8.6.5 기술의 진보

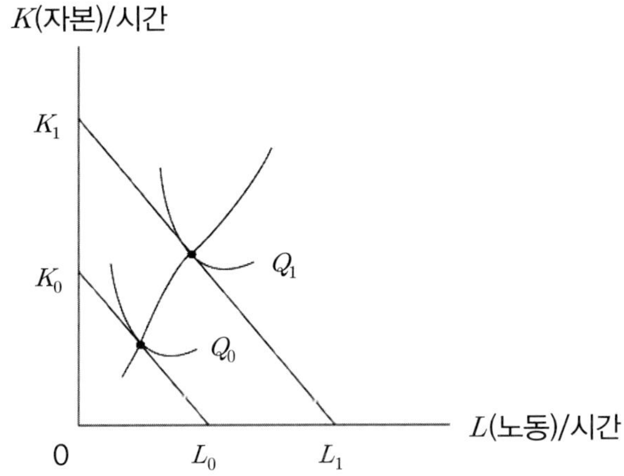

[Fig. 8-18] 기술진보에 의한 등량생산곡선의 이동

[Fig. 8-18]에서는 생산비(C)나 생산요소(L, K)의 가격(r, w)은 변하지 않고 기술수준만 진보하고 개선이 된나면 등량생신곡선은 Q_0에서 Q_1으로 상방이동(shift)할 것이다.

8.6.6 생산비의 감소

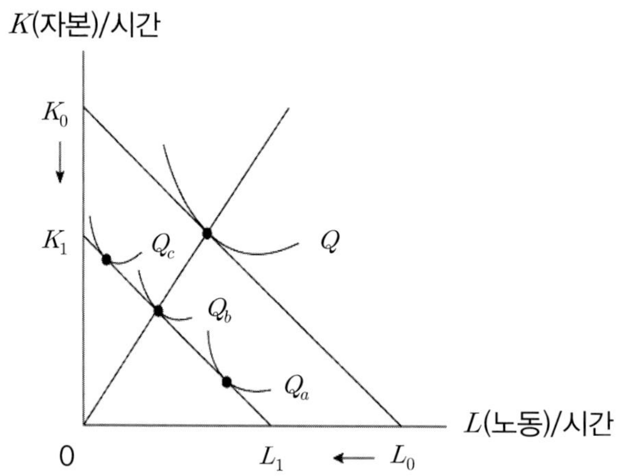

[Fig. 8-19] 생산비(C)의 감소 영향

[Fig. 8-19]에서 생산요소(L, K)의 가격(r, w)은 변하지 않고 생산비(C)만 감소되었을 경우 Q는 Q_a , Q_b 또는 Q_c로 생산량이 감소할 것이다.

이때에

$Q \rightarrow Q_a$: 노동집약적

$Q \rightarrow Q_c$: 자본집약적

$Q \rightarrow Q_b$: 중립적으로 변하였다고 한다.

8.7 경제적 생산영역(Economic Region of Production)

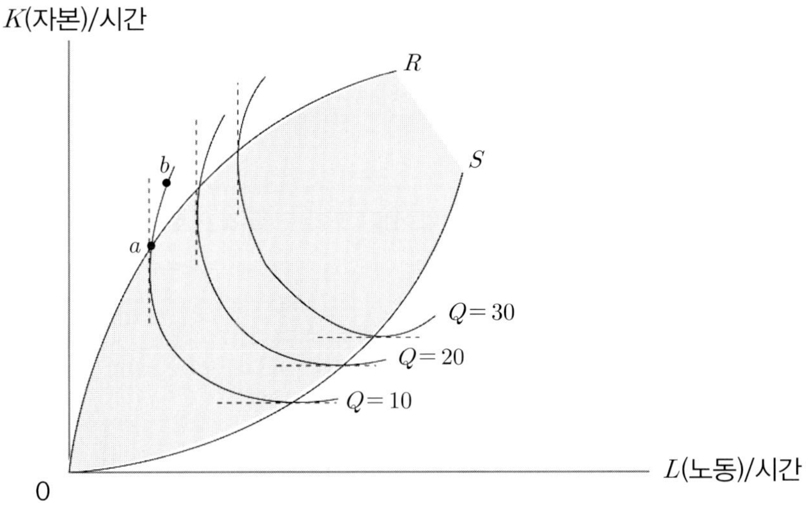

[Fig. 8-20] 경제적 생산영역

등량생산곡선의 기본적인 특징 중 기울기가 좌상향 한다는 것은 두 생산요소(K, L)의 한계생산(MP)이 모두 양(+)의 값을 갖는다는 의미를 갖고 있다. 그러나 [Fig. 8-20]에서 보듯이 어떤 경우에는 등량생산곡선의 기울기가 우상향하여 기울기가 양의 값을 갖는 경우가 있다. 이럴 경우에는 반드시 적어도 두 생산요소 중 하나는 음(-)의 한계생산의 값을 갖게 된다. 위의 그래프에서 $Q=10$일 때 b점에 있어서는 a점에 있어서보다 더 많은 노동과 자본을 투입하여 a점에서와 동일한 생산량을 생산한다. 노동과 자본의 가격인 임금율(w)과 이자율(r)은 양(+)의 값이다. 즉, 이성적인 생산자라면 더 많은 생산비를 지출하면서까지 동일한 생산량을 생산하려고 하는 생산자는 없을 것이다. 따라서 합리적인 생산은 OR선과 OS선의 안쪽에서 이루어 질 것인데 우리는 이 영역을 경제적생산영역(economic region of production)이라고 부르고 OR선과 OS선을 경계선(ridge line)이라고 부른다. 이와 같이 OR선과 OS선 바깥의 영역은 우리가 이미 논의 했던 생산의 제3단계(StageⅢ)에 해당되는 영역이다.

요약

1. 기업은 생산요소들을 결합하고 생산물을 생산하기 위하여 기업가에 의하여 조직된 것인데 기업가는 이러한 기업을 이윤을 극대화하는 방식으로 기업을 운영한다.

2. 영리를 목적으로 하지 않는 사기업이나 영리를 목적으로 하지 않는 공기업은 영리를 목적으로 하는 기업들과 기업경영의 동기나 목적이 다르다. 그러한 이유는 비영리 기업들은 이윤을 배당받을 수 있는 청구자(residual claimants)들이 없기 때문이다.

3. 일반적으로 많은 나라에 있어서 소유권이 1인인 기업이 숫자적으로는 우세하지만 총판매금액에 있어서는 주식회사가 훨씬 우세하다.

4. 경제적 효율성이란 주어진 일정량의 생산물을 생산하는데 생산비를 최소화할 수 있는 생산요소의 결합을 선택하는 것을 의미한다.

5. 생산함수란 생산요소와 생산물과의 기술적 관계이다.

6. 단기에 있어서는 어떤 생산요소는 투입량이 고정되어 있지만 장기에 있어서는 모든 생산요소의 투입량이 가변적이다.

7. 단기에 있어서 가변생산요소의 투입량이 증가함에 따라 낮은 생산물 수준에서는 기업은 수확체증을 경험하나 높은 수준으로 생산물의 생산이 증가함에 따라 결국은 기업은 수확체감을 경험하게 된다.

8. 기업은 주어진 생산비 아래에서는 생산량을 극대화시키기 위한 생산요소의 배합을 생산함수로부터 선택한다.

중요 용어

생산	생산함수
수평결합	수직결합
복합결합(conglomerate)	거래비용
기업(firm)	산업(industry)
단독소유권	주식회사
이사회	주식(stock)
채권(bond)	유한책임
기술적 효율	경제적 효율
불변생산요소	가변생산요소
단기(short-run)	장기(long run)
한계생산물	평균생산물
총생산물	수확체감의 원리

연습문제

1. 단기와 장기의 차이점을 설명하시오. 단기에 있어서 농장 농업과 수박 가두좌판업과 전기발전업에 있어서의 차이점을 설명하시오

2. 소비측면의 한계효용체감의 원리와 생산측면의 수확체감의 원리와는 부합하는 면이 있는지? 비슷한 면이 있다면 설명하시오.

3. 사적인 영리를 추구하는 기업과 동일한 물건을 생산하는 비영리 기업들의 실례를 열거하시오.

4. 전문적인 스포츠 분야에서 선수들을 위한 코치의 숫자는 실제로 많지가 않다. 그러나 대부분의 많은 선수들은 그들의 선수생활을 끝내고 나면 곧 바로 코치가 된다고 한다. 왜 이런 현상이 나타나는지 이유를 설명하시오.

5. 생산함수가 $Q = K + 2L$이다.

   i) Q=100일 때와 Q=200일 때의 등량생산곡선을 구하시오

   ii) K=50이고 L=100일 때의 한계기술대체율을 구하시오

   iii) K=50 , L=100일 때 TP_L, MP_L, AP_L을 구하시오

6. 자본(K)과 노동(L) 사이에 $MRTS_{LK} = -4$일때 동일한 등량생산곡선 상에서 K를 2단위 감소시키면 L은 몇 단위 증가시켜야 하는지 설명하시오.

읽어보기 8-1

Average and Marginal Batting Averages

"It doesn't matter what I did last year. I hit 0.190. But to talk about coming back after 120 to 130 times at bat, it's too early. I'm hitting 0.239. A 0-for-20 could turn that around. A 10-for-20 could turn it around."

Sports figures understand the relationship between marginals and averages because their batting average, or their shooting percentage, of their yards per carry exhibit the same relationship between averages and marginals that we find in economics. Reggie Jackson is talking about how his batting average could change. At the time he was quoted, he had batted 125 times and his average was actually .240, not .239. He had 30 hits in 125 times at bat. Jackson states that 0-for-20 or 10-for-20 both would turn that average. He understands that the next 20 marginal times at bat will pull up or drag down the average. If he hits 0-for-20, his batting average would fall to .206, and if he goes 10-for-20, his average would rise to .275.

(자료: Principle of Economics, Amacher · Ulbrich, South-Western Publishing Co. 3rd Ed. 1986)

8-1 요약해설

야구에 있어서 타율은 타격한 총 회수 중에서 적중타격(hit)한 평균(average) 타율로 나타낸다. 따라서 시즌 중반 이후 정도에 타율의 부진으로 인해 선수의 타율을 평가하는 것은 바람직하지 않다. 왜냐하면 앞으로 남은 한계적(marginal) 의미의 타격이 평균타율의 크기를 결정하기 때문이다. 현재까지 125개의 타격 중 30개를 hit했다면 타율은 2할 4푼 (0.24)일 것이다. 앞으로 남은 타격의 기회가 20번이라면 (0 for 20)일 경우에 타율은 2할 6리 (0.206)로 떨어지지만 (10 for 20)일 경우에는 타율은 2할 7푼 5리 (0.275)로 올라 갈 것이기 때문이다.

제9장

생산비 이론

9.1 생산비의 개념

9.2 단기의 생산비

9.3 생산물곡선(Product Curve)과 생산비곡선(Production Cost Curve)과의 관계

9.3.1 평균생산물(AP)과 평균총생산비(ATC)와의 관계

9.3.2 한계생산물(MP)과 한계생산비(MC)와의 관계

9.4 장기의 생산비

9.4.1 단기와 장기의 생산비 관계

9.5 규모의 경제(Economies of Scale)와 규모의 불경제(Diseconomies of Scale)

9.5.1 규모의 경제가 발생하는 이유

9.5.2 규모의 불경제가 발생하는 이유

9.6 장기평균 생산비곡선의 형태

9.6.1 규모의 경제 확장형(Extended Economies)

9.6.2 규모의 불경제 조기형(Early Diseconomies)

9.6.3 규모의 경제 일정 연장형(Extended Constant LRAC)

- 요 약
- 중요 용어
- 연습 문제

9.1 생산비의 개념

전 장에서 우리는 생산함수에 대해서 논의하였다. 또한 기업은 주어진 생산함수의 기술적 관계하에서 최소의 생산비 지출을 목표로 생산요소들의 결합을 택한다. 이러한 생산요소 결합의 선택과정은 생산비와 생산비함수로 연결되어 진다. 우리가 보통 일상에서 총비용(total cost)이라고 말하는 것은 기회비용(opportunity cost) 또는 경제적비용(economic cost)이라고도 말하는 것으로서 이것은 명시적비용(explicit cost)과 암묵적 비용(implicit cost)으로 구성되어 있다. 명시적 비용은 현상이나 결과가 우리의 눈앞에 쉽게 뜨이는 지출로서 회계상 비용(accounting costs)또는 지출경비(money outlay)라고도 한다. 총수입(total revenue)또는 총판매액(total sales)에서 경제적 비용을 뺀 것을 우리는 경제적 이윤(economic profit)또는 순 이윤(pure profit)이라고 하며 총수입 또는 총판매액에서 명시적비용을 뺀 것을 우리는 회계상 이윤(accounting profit)이라고 한다. 따라서 기업가들은 총수입이 기회비용(경제적 비용)보다도 적을 경우에는 그 기업의 생산을 중단하고 기업을 떠나게 된다. 많은 국가에 있어서 세금(tax)을 계상할 목적으로 국세청에 보고하는 이윤은 회계상 이윤인 경우가 많다. 따라서 이런 경우에 있어서의 경제적 이윤은 회계상 이윤에서 세금과 암묵적비용을 차감한 잔액이 된다. 특히 자본(capital)과 전문기업경영(또는 기업주)에 지불되는 총비용(기회비용)에 충당되는 이윤을 정상이윤(normal profit)이라고 하는데 따라서 기업의 총수입이 정상이윤을 보상하지 못할 경우 자본이나 전문기업경영인은 그 기업을 떠나게 된다. 위의 설명이 현실과 똑 같지 않을 경우도 발생할 수 있는데 즉 경제적비용(economic cost = explicit cost + implicit cost)이 정상이윤(normal profit)과 같거나 또는 보다 크다면 기업의 경영은 유지가 될 수 없다 하겠다.

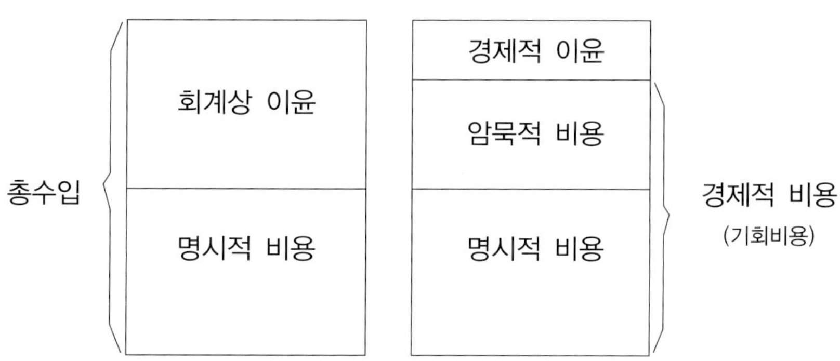

[Fig. 9-1] 경제적 이윤과 회계상 이윤

9.2 단기의 생산비

생산함수는 투입물과 산출물과의 기술적 관계이다. 이러한 투입물(생산요소)은 가격을 가지기 때문에 기업의 생산비와 관련이 있다. 생산요소의 가격은 생산요소시장에서 결정이 되는데 기업에 의해서 영향을 받을 수도 있고 받지 않을 수도 있다. 주어진 생산요소의 가격과 생산함수로부터 우리는 생산비에 대한 자료를 얻을 수 있다.

【가상 기업의 생산비】

〈표 9-1〉 생산비 관계표

(1) 총생산물/기간 (Q)	(2) 총고정비용 (TFC)	(3) 총가변비용 (TVC)	(4) 총비용 (TC)	(5) 평균고정비용 (AFC)	(6) 평균가변비용 (AVC)	(7) 평균총비용 (ATC)	(8) 한계비용 (MC)
0	60	0	60		0		0
1	60	40	100	60	40	100	40
2	60	76	136	30	38	68	36
3	60	108	168	20	36	56	32
4	60	140	200	15	35	50	32
5	60	175	235	12	35	47	35
6	60	216	276	10	36	46	41
7	60	262	322	8 4/7	37 3/7	46	46
8	60	312	372	7 1/2	39	46 1/2	50
9	60	369	429	6 2/3	41	47 2/3	57
10	60	430	490	6	43	49	61

2) 총고정비용(TFC; Total Fixed Cost):고정된 생산요소에 들어가는 생산비로써 총고정비용은 단기에 있어서 변하지 않는다.
예) 공장건물, 기계 등

3) 총가변비용(TVC; Total Variable Cost):생산과 직결되어 증감되는 생산비로써 생산량이 증가함에 따라 증가한다.
예) 각종 가변 생산재료, 노동력 등

4) 총비용(TC; Total Cost):총고정비용(TFC)과 총가변비용(TVC)의 합계비용이다.

5) 평균고정비용(AFC; Average Fixed Cost):총고정비용(TFC)을 총생산물(Q)로 나눈 비용이다.

6) 평균가변비용(AVC; Average Variable Cost):총가변비용(TVC)을 총생산물(Q)로 나눈 비용이다.

7) 평균총비용(ATC; Average Total Cost):평균고정비용(AFC)과 평균가변비용(AVC)의 합계비용이다.

8) 한계비용(MC; Marginal Cost):총생산물(Q)을 1단위 더 생산하는데 들어가는 총생산비(TC)의 변화량. 단기에 있어서 총생산비의 변화는 총가변생산비와 동일함으로 식으로 나타낸 한계비용은 아래와 같다.

$$MC=\frac{\Delta TC}{\Delta Q}=\frac{\Delta TVC}{\Delta Q}$$

전 장에서 우리는 총생산물곡선(TP curve)과 한계생산물곡선(MP curve), 평균생산물곡선(AP curve)을 [Fig. 8-1]과 같이 그리고 논의 하였다. 즉, 총생산물곡선에 있어서 처음에는 수확체증의 원리가 적용되었고 그 다음으로는 수확체감의 원리가 적용되었으며 그 이후로는, 즉 TP curve의 극대 꼭지점 이후로는, 생산자가 생산을 하지 않는 생산의 3단계(Stage Ⅲ)로 나누어 논의하였다. 위의 논리에 의하여 우리는 아래와 같은 생산비 곡선들을 도출할 수 있을 것이다.

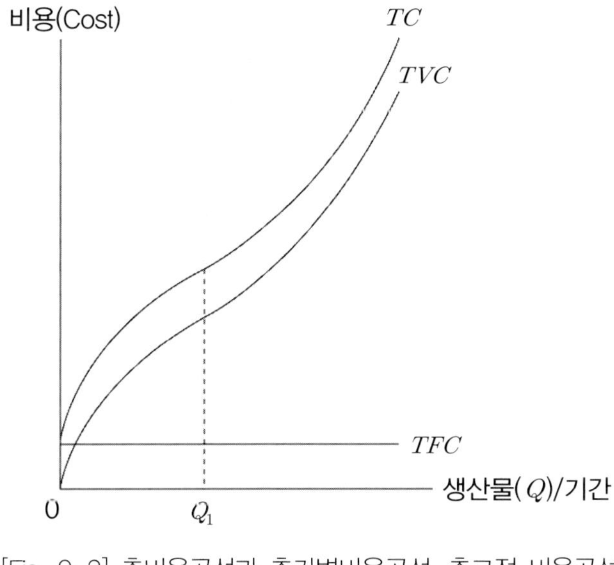

[Fig. 9-2] 총비용곡선과 총가변비용곡선, 총고정 비용곡선

[Fig. 9-2]에는 총비용(TC) 곡선과 총가변비용(TVC) 곡선과 총고정비용(TFC) 곡선이 그려져 있다. Q_1의 생산량에 해당하는 TC 곡선과 TVC 곡선상의 점들은 각 곡선상에서 오목과 볼록이 교차하는 변곡점들이다. TC 곡선과 TVC 곡선은 생산함수의 논리를 반영하고 있으므로 원점에서부터 Q_1까지는 TC곡선이나 TVC 곡선은 감소율로 증가하고 Q_1 이후부터는 증가율로 증가한다. 이러한 이유는 우리가 [Fig. 8-1]에서 총생산물(TP)곡선을 처음에는 증가율로 증가하고 변곡점이후에는 감소율로 증가한다고 가정하였기 때문이다.

다음으로는 TC, TVC 곡선들과 MC, AC, AVC, AFC 곡선들과의 그래프상 관계를 알아보자. 이러한 여러 비용들 사이의 그래프적 관계가 [Fig. 9-3]에 나타나 있다.

A'점은 TC 곡선상의 A점 (변곡점)에 대응하는 점으로서 MC 곡선상의 극소점을 나타낸다. MC 곡선은 우리가 이미 논의했듯이 TC 곡선상의 각 점에 있어서 접선의 기울기이다. B'점은 TVC 곡선상의 B점(접점)에 대응하는 점으로서 AVC 곡선상의 극소점을 나타낸다. C'점은 TC 곡선상의 C점에 대응하는 점으로써 ATC 곡선상의 극소점을 나타낸다. MC 곡선은 AVC 곡선과 ATC 곡선의 극소점을 통과하고 있다. AFC 곡선은 계속 감소하여 횡축인 생산물(Q)축에 점근하고 있다.

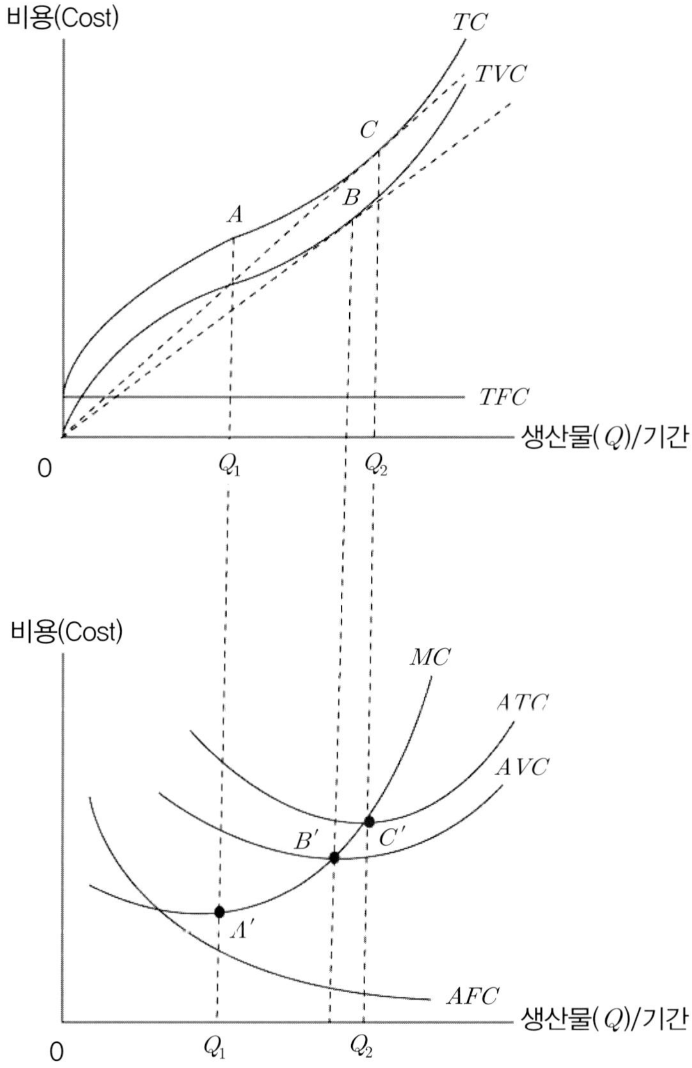

[Fig. 9-3] 여러 비용곡선들 사이의 관계

9.3 생산물곡선(Product Curve)과 생산비곡선(Production Cost Curve)과의 관계

9.3.1 평균생산물(AP)과 평균총생산비(ATC)와의 관계

$$ATC = \frac{TC}{TP} = \frac{1}{\frac{TP}{TC}}$$

$$= \frac{\omega \cdot L}{Q}$$: 투입생산요소는 노동(L)하나라고가정함

L(노동투입량)
ω(임금율)
Q(총생산물)

$$= \frac{\omega}{\frac{Q}{L}}$$

$$= \frac{\omega}{AP_L}$$

위 식의 결과는 총평균생산비(ATC)곡선과 평균 생산물(AP_L)곡선은 서로 역의 관계가 있음을 나타낸다.

9.3.2 한계생산물(MP)과 한계생산비(MC)와의 관계

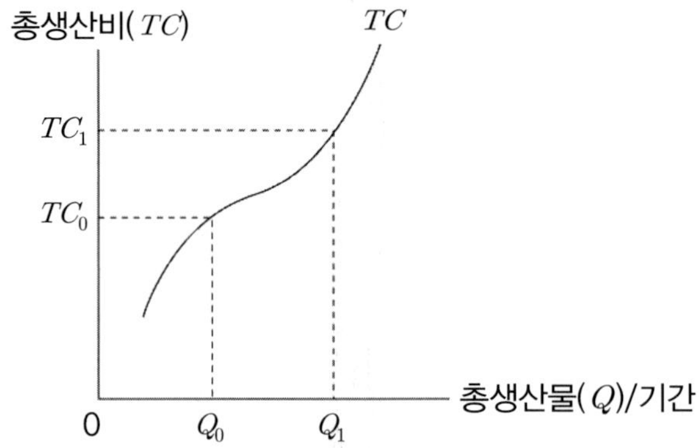

만약에 $TC = f(Q)$라 하면 TC : Total Cost Q : 총생산물

$$ATC = \frac{f(Q)}{Q} \qquad MC = f'(Q) = \frac{df(Q)}{dQ}$$

$$ATC' = \frac{dATC}{dQ} = \frac{d}{dQ} \cdot \frac{f(Q)}{Q} = \frac{f'(Q) \cdot Q - f(Q) \cdot 1}{Q^2}$$

$$= \frac{1}{Q}\left\{f'(Q) - \frac{f(Q)}{Q}\right\}$$

$$= \frac{1}{Q}(MC - ATC) \gtreqless 0$$

위 식에서 $ATC'(dATC/dQ)$은 ATC 곡선상의 어느 한 점에 있어서의 접선의 기울기이다.

따라서

$MC > ATC$면 $ATC' > 0$: ATC 곡선의 기울기는 양(+)

$MC = ATC$면 $ATC' = 0$: ATC 곡선의 기울기는 0(zero)

$MC < ATC$면 $ATC' < 0$: ATC 곡선의 기울기는 음(-)이다.

위 식의 결과는 [Fig.9-3]의 그래프와도 일치한다.

$$MC = \frac{\Delta TC}{\Delta Q} = \frac{TC_1 - TC_0}{Q_1 - Q_0}$$

$$TC_1 = w \cdot L_1 \quad TC_0 = w \cdot L_0 \quad L_1 > L_0$$

$$= \frac{w \cdot L_1 - w \cdot L_0}{Q_1 - Q_0} = \frac{w(L_1 - L_0)}{Q_1 - Q_0}$$

$$= \frac{w}{\dfrac{Q_1 - Q_0}{L_1 - L_0}}$$

$$= \frac{w}{MP_L}$$

위 식의 결과는 한계생산비(MC)곡선과 한계생산물(MP)곡선은 서로 역의 관계가 있음을 나타낸다. (9.3.1)과 (9.3.2)의 결과로부터 우리는 생산물 함수와 생

산비함수와의 관계가 서로 역의 관계에 있음을 알 수가 있다. 이와 같이 생산물곡선과 생산비곡선이 서로 역의 관계에 있다는 사실은 물건을 거울에 비추면 형상이 거울에 나타나는 현상에 견주어 우리는 거울영상(mirror image)현상이라고 부른다. 이와 같이 생산물곡선과 생산비곡선과의 관계를 그래프로 나타내면 아래와 같다.

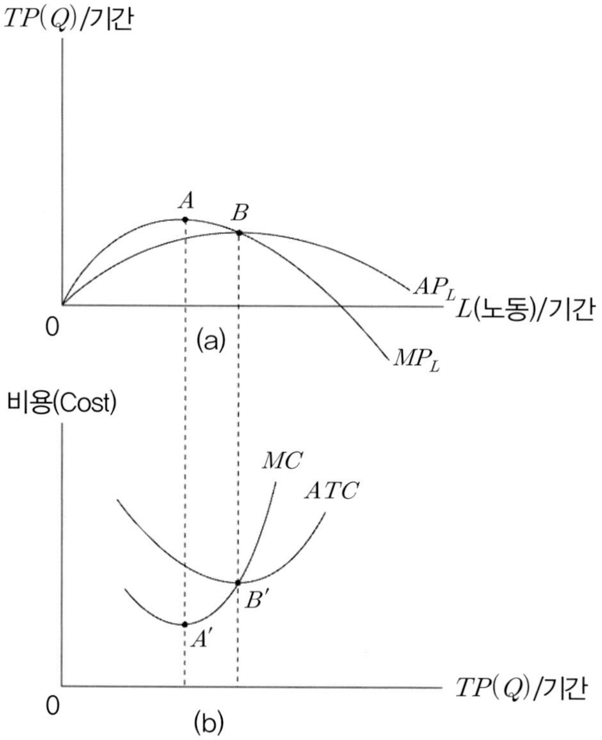

[Fig. 9-4] 생산물곡선과 생산비곡선과의 관계

[Fig. 9-4]의 (a)는 생산물시장에 있어서 평균생산물(AP_L)과 한계생산물(MP_L)의 그래프이고 (b)는 평균총생산비(ATC)와 한계생산비(MC)의 그래프이다. (a)의 A점은 (b)의 A'점의 대응점이고 (a)의 B점은(b)의 B'점의 대응점이다. A점은 MP_L곡선상의 극대점이고 A'점은 MC곡선상의 극소점이다. B점은 AP_L곡선상의 극대점이고 B'점은 ATC곡선상의 극소점이다. B점에서는 AP_L곡선과 MP_L곡선이 교차하고 B'점에서는 ATC곡선과 MC곡선이 교차하고 있다. 이상의 설명과 [Fig. 9-4]에서 보듯이 그래프 (a)와 (b)는 서로 거울의 영상(mirror image)과 같다 하겠다. 즉, 생산물곡선이 증가하면 각각의 생

산비곡선들은 감소하고 있으며 이의 역현상(vice versa)도 발생한다.

9.4 장기의 생산비

9.4.1 단기와 장기의 생산비 관계

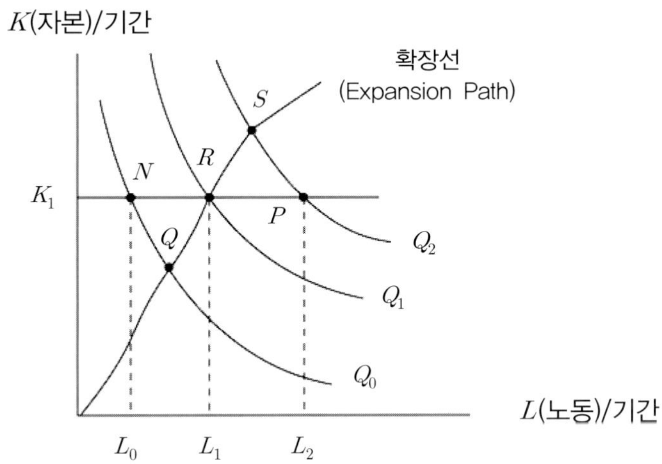

[Fig. 9-5] 단기와 장기의 확장선(Expansion Path)

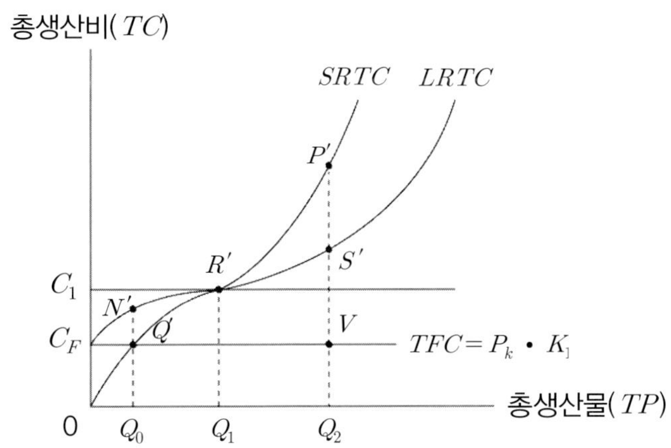

[Fig. 9-6] 단기총생산비 곡선(*SRTC*)와 장기총생산비곡선(*LRTC*)

우리는 생산자의 확장선(expansion path)으로 되돌아가 단기와 장기의 총생산비곡선에 대하여 논의하고자 한다. 이전과 같이 투입되는 생산요소는 자본

(K)과 노동(L) 이라는 두 가지 생산요소만 있다고 가정하자. [Fig. 9-5]는 3개의 생산자균형점 Q, R, S로 연결된 확장선을 나타내고 있다. 이 생산자균형점들은 장기(long-run)에 있어서 Q_0, Q_1, Q_2 수준의 총생산물(TP)들을 가장 적은 생산비인 최저생산비로 생산하고 있음을 말해준다. 왜냐하면 장기에 있어서는 생산자의 생산비는 자유로이 증대될 수 있기 때문이고 따라서 확장선은 원점으로부터 출발을 하고 있다. [Fig. 9-5]의 Q, R, S에 대응하는 점들이 [Fig. 9-6]의 Q', R', S'에 나타나 있다. 한 기업의 장기총생산비곡선(LRTC: Long-Run Total Cost)이 [Fig. 9-6]에 나타나 있다. 장기에 있어서는 우리가 이미 논의한 바와 같이 모든 생산요소가 가변생산요소이므로 이 기업의 장기총생산비 곡선은 원점으로부터 시작되며 곡선의 형태는 단기총생산비곡선의 경우와 마찬가지로 변곡점(inflection point)을 중심으로 왼쪽은 총생산비가 감소율로 증가하고 오른쪽으로는 총생산비가 증가율로 증가하고 있다.

이제 이 기업이 Q_1 수준의 총생산물을 생산하기 위해서 공장건물을 건축한다고 가정해보자. 이 기업은 Q_1수준의 총생산물을 생산하는 데에 최저생산비를 지불하기 위해서 [Fig. 9-5]의 R점에서 생산을 하게 될 것이다. 한번 이 공장건물이 지어지고 난 이후에는 단기적으로는 자본(K)은 K_1 수준에 고정이 될 것이다. 따라서 이 경우 단기의 총고정비용(TFC)은 자본량으로 K_1이며 화폐금액으로는 $P_K \cdot K_1$이다 (P_K:자본의 가격: 이자율). 만약에 이 기업이 단기에 Q_0수준의 총생산물을 생산하려면 (Fig. 9-5)의 N점에서 생산을 해야 할 것이고 따라서 자본은 K_1을 노동은 L_0를 투입해야 하는데 이때의 총생산비(N점에서)는 Q점에서의 생산비보다 높은 수준이다. 얼마만큼이나 높은 수준이냐 하는 답은 [Fig. 9-6]에 나타나 있다. [Fig. 9-6]에서 N', R', P'점들은[Fig. 9-5]의 N, R, P와 대응하는 점들이다. 다시 바로 위의 질문으로 되돌아가서 [Fig. 9-5]의 N점과 Q점과의 총생산비 차이는 [Fig. 9-6]의 ($N' \sim Q'$)의 거리이다. 또한 이 기업이 단기에 있어서 Q_2수준의 총생산물을 생산하려면 [Fig. 9-5]의 P점에서 생산을 해야 할 것이고 따라서 자본은 K_1을 노동은 L_2를 투입해야 하는데 이때의 P점에서의 총생산비는 S점에서의 생산비보다 높은 수준이다. P점과 S점과의 총생산비 차이는 [Fig. 9-6]에서 ($P'-S'$)의 거리이다.

따라서 단기총생산비곡선(SRTC: Short-Run Total Cost)과 장기총생산비곡선과의 그래프적 관계 모양은 [Fig. 9-6]과 같다. 우리는 [Fig. 9-6]에서 R'점 (따라서 Q_1수준의 총생산물)이 단기에 있어서 최적점(최적생산물)이며 따라서 Q_0나 Q_2 수준의 생산은 최적생산이 아닌 것도 알 수가 있다. 따라서 R'점을 제외하고는 단기총생산비곡선(SRTC)은 장기총생산비곡선(LRTC)보다 [Fig. 9-6]에 나타나 있듯이 위에 놓여지게 된다.

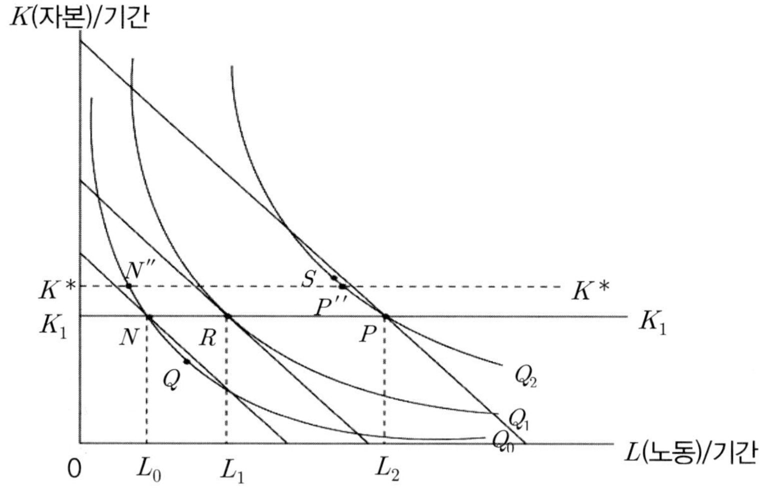

[Fig. 9-7] 총고정비용(TFC)증가시 단기총생산비와 장기총생산비

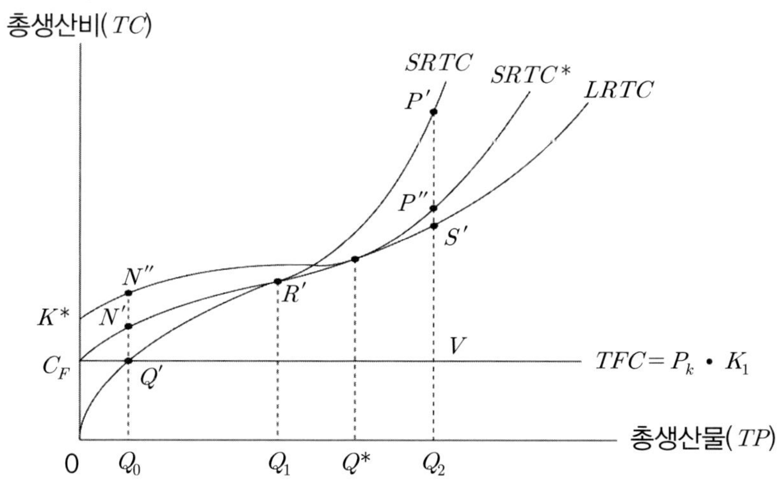

[Fig. 9-8] 총고정비용(TFC)증가시 단기총생산비와 장기총생산비

[Fig. 9-7]은 [Fig. 9-5]의 그래프와 근본 구성은 같은 그림이나 단기에 있어서 총고정비용(TFC)이 K_1수준에서 K^*수준으로 상승하였을 때를 나타낸 그래프이다.

[Fig. 9-8]은 [Fig. 9-6]의 그래프와 근본 구성은 같은 그림이나 단기에 있어서 총고정비용(TFC)이 K_1수준에서 K^*수준으로 상승하였을 때 나타낸 그래프로서 단기총생산비용인 $SRTC^*$가 하나 더 추가된 그래프이다. [Fig. 9-7]에서 자본이 K_1에서 K^*수준으로 상승하면 생산자가 Q_0수준의 생산물을 생산할 경우 생산자의 생산비는 $(Q \sim N)$ 수준의 크기보다 더 증가된 $(Q \sim N'')$수준으로 늘어날 것이다. 따라서 이와 같이 증가된 생산비의 수준은 [Fig. 9-8]에서 $(Q' \sim N')$ 수준보다 더 많은 $(Q' \sim N'')$수준으로 나타나 있다. 또한 자본이 K_1에서 K^*수준으로 상승할 때 생산자가 Q_2수준의 생산물을 생산할 경우 [Fig. 9-7]에서 생산자의 생산비는 $(S \sim P)$ 수준의 크기보다 더 감소된 $(S \sim P'')$수준으로 감소할 것이다. 이와 같이 감소된 생산비의 수준은 [Fig. 9-8]에서 $(S' \sim P')$ 수준보다 더 적은 $(S' \sim P'')$ 수준으로 나타나 있다. 이와 같이 단기에 자본이 K_1수준에서 K^* 수준으로 증가하면 [Fig. 9-7]에서 총생산물(TP)인 Q_1수준의 생산자균형점 R은 R점과 S점 사이의 어느 한 점에 위치할 것이고 따라서 증가된 총생산물은 [Fig. 9-8]에서 Q_1과 Q_2의 사이인 Q^*로 나타날 것이다. 따라서 [Fig. 9-5], [Fig. 9-6], [Fig. 9-7], [Fig. 9-8]로 우리는 단기총생산비곡선과 장기총생산비곡선과의 관계를 일반적으로 아래와 같이 그릴 수 있다.

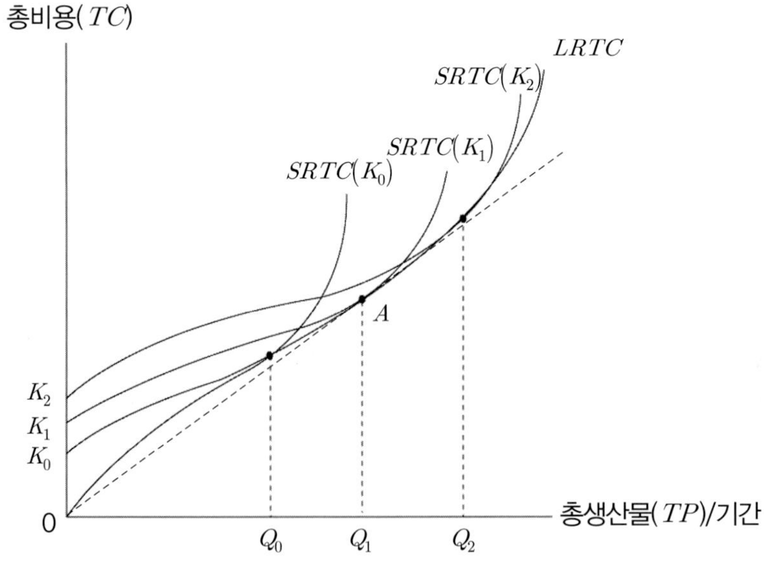

[Fig. 9-9] 단기와 장기의 총생산비곡선

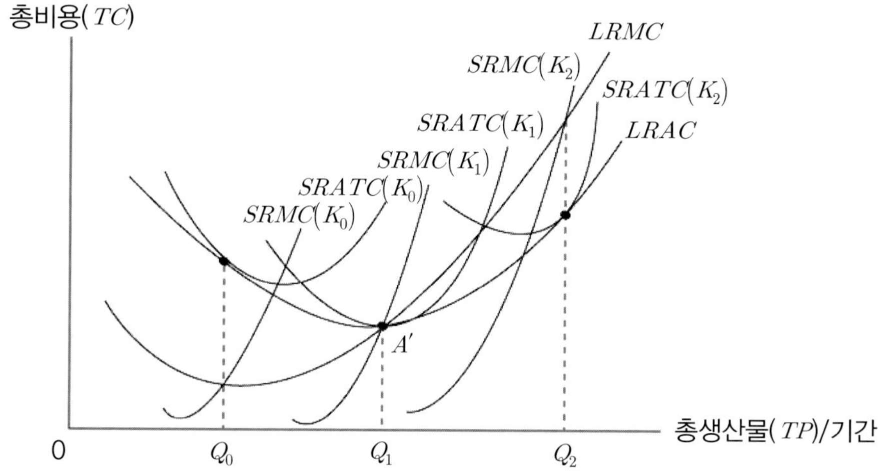

[Fig. 9-10] 단기와 장기의 평균생산비곡선과 한계생산비곡선

[Fig. 9-9]에서는 장기총생산비곡선($LRTC$)에 접하는 단기총생산비곡선 $SRTC(K_0)$와 $SRTC(K_1)$, $SRTC(K_2)$가 나타나 있는데 이들은 자본의 규모가 각각 K_0, K_1, K_2로 증가함에 따른 결과로서 총생산물 Q_0, Q_1, Q_2는 이들 3개의 단기총생산비곡선이 주어진 생산설비의 규모 하에서 최적생산량을 생산하고 있음을 나타낸다. 최적생산량이란 주어진 생산량을 생산하기 위하여 최소의 생산비를 지불하고 있다는 의미이다(least-cost).

[Fig. 9-10]의 단기나 장기의 평균생산비곡선이나 한계생산비곡선의 그래프 형태는 우리가 이미 논의한 단기생산비 분석에서 사용한 내용으로서 [Fig. 9-10]의 A'점은 장기평균총생산비곡선의 극소점으로서 ($Q_1 \sim A$)의 값은 [Fig. 9-9]에서 원점으로부터 출발하여 장기총생산비곡선(LRTC)과 접하는 접선(OA 접선)의 기울기이다. 또한 [Fig. 9-9]에서 총생산물이 Q_0일 때 $LRTC$상의 오목과 볼록이 바뀌는 변곡점이 존재한다. [Fig. 9-9]에는 무수히 많은 단기의 총생산비곡선이 장기의 총생산비곡선에 접하고 있는데 이러한 장기의 총생산비곡선을 우리는 포락선(envelope curve)이라고 부른다. [Fig. 9-10]에서도 무수히 많은 단기의 평균총생산비곡선이 장기의 평균생산비곡선에 접하고 있는데 이러한 장기의 평균생산비곡선도 포락선이라고 불리어진다. 본질적으로 장기에 있어서의 결정은 어떤 크기의 설비를 세울 것인가 결정하는 데에 초점이 맞추어져 있다. 각 설비 크기는 단기의 평균총생산비곡선을 나타내고 있기 때문에 장기의 결

정이란 원하는 설비 크기에 해당하는 단기의 생산비곡선을 선택하는 것이라고 할 수 있다. 우리는 [Fig. 9-10]에서 장기의 평균생산비곡선에 접하는 무수히 많은 단기의 평균총생산비곡선들 사이가 극한적으로 작아진다면 우리는 부드러운 U자 모양의 장기평균생산비곡선을 도출해 낼 수 있을 것이다. 이러한 의미에서도 장기의 평균생산비(*LRAC*)곡선은 단기의 설비규모를 수평적으로 계획하여 선택할 수 있는 계획선(planning horizon curve)이라 할 수 있다.

9.5 규모의 경제(Economies of Scale)와 규모의 불경제(Diseconomies of Scale)

우리는 규모의 경제(economies of scale)나 규모의 불경제(diseconomies of scale)라는 개념과 수확체증(increasing returns)이나 수확체감(decreasing returns)이라는 개념을 구분해야 할 것이다. 수확체증이나 수확체감이라는 개념은 주어진 설비규모를 집중적으로 더 많이 사용하였는가 아니면 더 적게 사용하였는가에 따라서 나타나는 현상이지만 규모의 경제나 규모의 불경제는 아래의 그림에서 보듯이 그 설비규모의 크기 변화에 따라서 나타나는 현상이다.

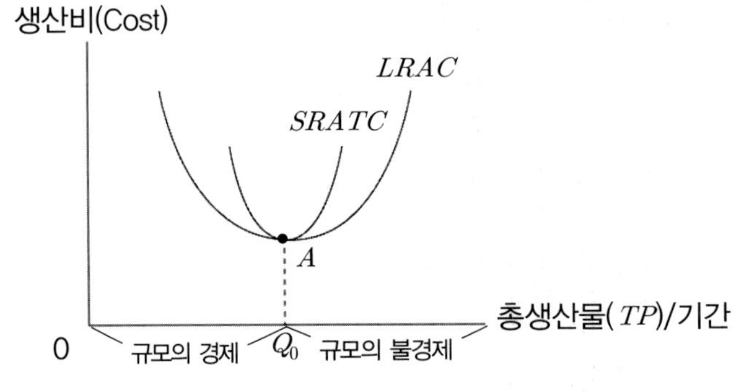

[Fig. 9-11] 규모의 경제와 규모의 불경제

[Fig. 9-11]에는 장기의 평균생산비곡선 (*LRAC*)과 단기의 평균총생산비곡선이 그려져 있다. 총생산물이 Q_0까지 증가할 때에는 장기평균생산비곡선은 하락하고 있는데 이 점까지의 시설 규모 크기의 증대는 규모의 경제현상이 나타나고 있음을 보여주고 있으면 그 이후부터는, 즉 Q_0보다 시설규모의 크기를 늘려서 생산량을 증대시키면 규모의 불경제 현상이 발생하기 시작함을 나타내고 있다. 따

라서 [Fig. 9-11]에서는 A점(Q_0의 생산량)에서의 $SRATC$ 곡선으로 나타나 있는 시설규모가 최적의 시설규모 크기라고 말할 수 있다.

9.5.1 규모의 경제가 발생하는 이유

1) 기업이 생산규모를 점점 크게 증대시킴에 따라 기업은 더 숙련된 노동력을 구할 수 있을 뿐만이 아니라 더 특수화된 기계와 장비들을 구할 수 있을 것이다. 또한 이렇게 구입한 기계와 장비나 노동력 등을 더욱 효율적으로 생산에 이용할 수 있을 것이다. 따라서 이러한 특화나 노동의 분업 등을 생산에 집중시킴으로써 증대된 효율성을 통한 규모의 경제현상이 나타날 수가 있다.

2) 규모가 큰 기업들은 생산요소 등을 구입할 때에 많은 경우에 있어서 다량의 구매가 가능할 수 있으므로 이런 경우에 할인(discount)의 혜택을 받을 수 있을 뿐더러 또한 다른 회사들로부터 정확한 양의 중간재 등을 구매할 수가 있어서 이런 원인들이 규모의 경제를 발생시키는 한 요인이 될 수가 있다.

3) 생산활동이나 경제에 더 많은 정치적 영향을 미치는 것은 작은 규모의 기업보다는 대기업이 대상이 되는 경우가 많다. 따라서 생산과 경제에 긍정적인 정치적 영향을 많이 입을 수 있는 규모가 큰 대기업의 경우에 규모의 경제가 나타날 수 있다.

4) 시설규모와 생산의 크기를 확장함에 따라서 기술적인 요인 등으로 인하여 평균생산비가 감소하는 경향이 있는데 이럴 경우에도 규모의 경제가 발생할 수 있다. 규모의 경제를 규모에 대한 보수증가(increasing returns to scale)라고도 한다.

9.5.2 규모의 불경제가 발생하는 이유

기업의 크기와 조직이 점점 커짐에 따라서 기업내의 소통이나 화합은 점점 더 어려워지는 경향이 있다. 또한 많은 경우에 있어서 경영수뇌부로부터 생산 말초조직에 이르기까지의 명령 하달이나 조직통제에 있어서 더 많은 시간이 걸리며 더 많은 어려움이 발생할 수 있다. 따라서 기업의 규모가 점점 더 커짐에 따라 기업이 얻을 수 있는 많은 이익이나 장점들을 획득한 후에는 경영의 비효율성이 나타나 장기의 생산비곡선은 기업이 커짐에 따라 우상향으로 올라가게 된다. 규모의 불경제를 규모에 대한 보수감소(decreasing returns to scale)라고도 한다.

9.6 장기평균생산비 곡선의 형태

우리가 논의할 이 제목은 최적 설비규모의 크기와 관계가 있다. 우리는 여지까지 오직 하나만의 최적 설비규모의 크기를 갖는 부드러운 U자 모양의 장기평균생산비곡선에 대하여서만 논의를 해왔다. 그러나 경험적 조사에 의하면 현실의 경제에 있어서는 부드러운 U자 모양의 장기평균생산비곡선 이외에도 여러 다른 형태가 있는 것으로 나타났다.

9.6.1 규모의 경제 확장형(Extended Economies)

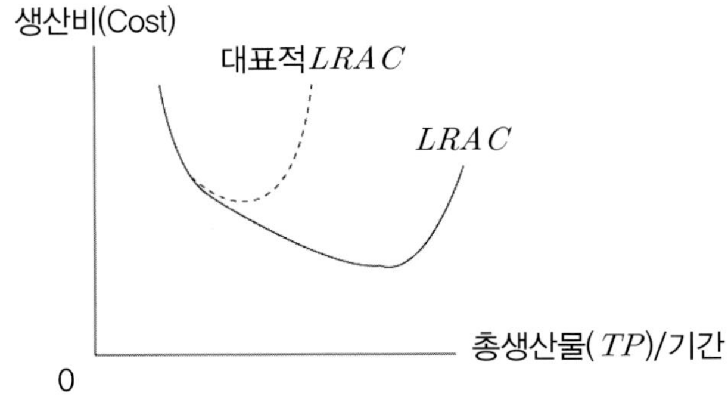

[Fig. 9-12] 확장형 규모의 경제

[Fig. 9-12]는 규모의 경제(economies of scale)가 대표적인 장기평균생산비곡선보다도 더 연장되고 확장되는 경우를 말한다. [Fig. 9-12]에서 우리가 논의 하였던 부드러운 U자 모양의 대표적인 장기의 평균생산비곡선은 점선으로 나타나 있다. [Fig. 9-12]에서와 같이 규모의 경제가 확장내지 연장되는 경우는 현실에서도 볼 수가 있는데 서로 시설이나 설비규모의 크기가 서로 다른 기업들이 한 산업 내에서 어깨를 나란히 하고 생산에 참여를 하고 있는 경우이다. 실예로 철강 산업은 산업 내에 아주 큰 회사도 존재하고 있지만 중소의 기업들도 산업 내에 존재하고 있다. 또 다른 한 예로는 자동차 산업을 들 수가 있는데 우리는 자동차 산업 내에는 몇 개의 아주 거대한 기업들이 존재하고 있음을 볼 수가 있다. 이와 같이 기업의 거대함이 규모의 경제 때문이라면 생산은 이와 같은 거대 기업에 의해서 운영되게 하는 것이 효율적이라 할 수가 있다. [Fig. 9-12]에서 보듯이 규모의 경제는 총생산물(output 또는 total product)축을 따라 매우 길게 연장되어 존재하고 있다. 이럴 경우에 어떤 산업에 있어

서는 자연독점(natural monopoly)이 발생하기도 하는데 그 원인은 규모의 경제가 그 산업 내에 오직 하나의 기업 존재만을 정당화시켜 주기 때문이다. 실예로서 한국 전력공사나 한국가스공사 등이 우리가 볼 수 있는 예이다. 자연독점이란 규모의 경제 때문에 나타나는 현상으로서 시장의 규모가 오직 하나의 최적 시설과 설비를 갖춘 거대 기업만이 자리를 잡을 수 있는 크기이기 때문에 발생한다고 여겨지고 있다.

9.6.2 규모의 불경제 조기형(Early Diseconomies)

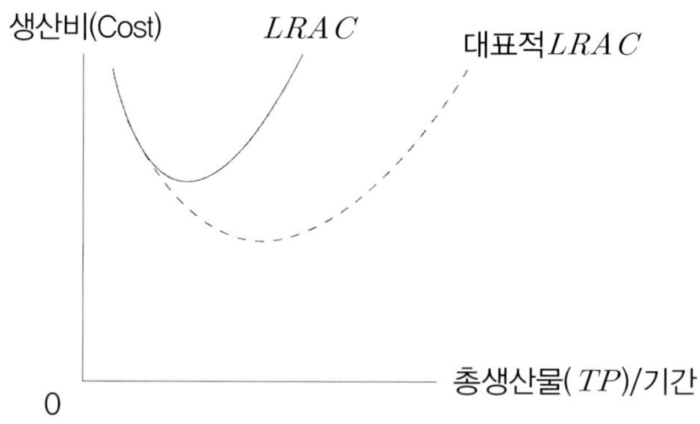

[Fig. 9-13] 조기형 규모의(불)경제

[Fig. 9-13]에는 가능한 규모의 경제가 빠르게 일찍 나타났다가 규모의 불경제도 또한 빠르게 나타나고 있다. 이러한 경우는 산업 내에 상당히 많은 기업들의 시설이나 설비의 규모가 매우 비슷할 경우에 발생한다. 만약에 장기의 평균생산비곡선상에 최적생산물 생산점이 오직 하나일 경우에는 모든 시설이나 설비규모의 크기가 매우 비슷해질 것이다. 거대기업의 발생 이유인 규모의 경제와 이러한 하나의 거대기업에 의한 생산이 매우 효율적이라는 이전의 현상과는 매우 대조적인 현상이다.

9.6.3 규모의 경제 일정 연장형(Extended Constant LRAC)

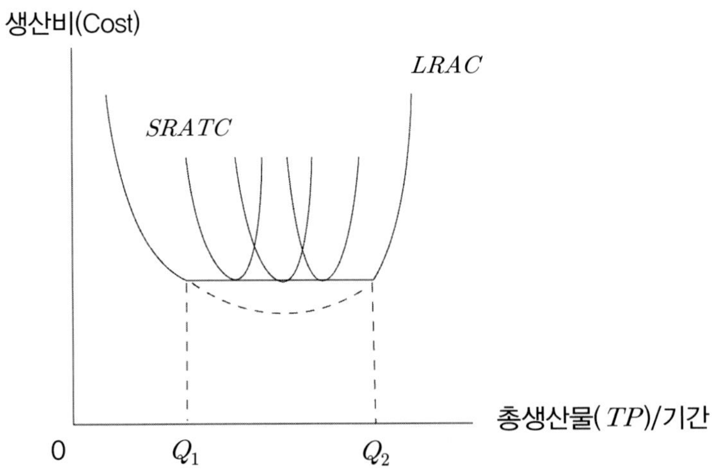

[Fig. 9-14] 일정 연장형 규모의 경제

[Fig. 9-14]에는 서로 다른 크기의 시설이나 설비규모를 갖춘 많은 숫자의 기업들이 최적의 상태(최저생산비 : least cost)에서 생산을 하고 있다. 분명히 서로 다른 크기의 기업들이 똑 같은 평균생산비에서 효율적으로 한 산업 내에서 생산을 하고 있다. 어느 기업이든지 생산량 Q_1 과 Q_2 사이에서만 생산을 하고 있다면 효율적인 생산을 하고 있다고 말해질 수 있다. 이 경우 만약에 이와 같이 똑같은 규모와 크기의 많은 기업들을 뒷받침 해 줄 만큼 이 기업들이 생산한 생산물들에 대한 소비자들의 수요가 충분하다면 이 생산물들의 시장에서는 매우 경쟁적인 상황이 벌어질 것이다. 이와 같은 현상은 많은 산업에서 발생하고 있는데 일 예로 의류 산업이 대표적이라 할 수 있고 또한 자본주의가 발달한 선진국에서 많이 찾아 볼 수 있는 경우이다. (예 : 미국)

요약

1. 경제학자들은 생산의 암묵적인 비용과 명시적인 비용을 구분하는데 암묵적인 비용은 보이지 않는 또 다른 용도로 쓰여질 수 있는 데에 필요한 부분의 비용을 말하며 명시적인 비용은 일반 지출이나 회계상(book keeping)의 비용에 해당한다.

2. 명시적 비용과 암묵적비용을 포함한 총 생산비(TC)가 총수입(TR)과 같을 때 우리는 경제적 이윤(economic profit)이 0(zero)이라고 말한다. 이것은 전문 기업 경영자에게 돌아가는 정상보수까지도 포함하고 있음을 뜻한다. 만약에 총생산비가 총수입을 초과하면 기업과 생산요소는 이 산업을 떠나 다른 산업으로 수지를 맞추기 위해 떠날 것이다.

3. 단기에 있어서 고정생산요소에 더하여 가변생산요소의 투입량이 증가하면 기업은 처음에 낮은 수준의 생산에 있어서는 생산물의 수확체증을 경험할 수 있으나 어느 수준을 지나서 생산물이 더욱 크게 증대되면 결국은 수확체감을 경험하게 된다.

4. 수확체증과 수확체감의 원리는 단기에 있어서 U자 모양의 평균총생산비 곡선과 부합한다.

5. U자 모양의 장기평균생산비곡선은 생산에 있어서 규모의 경제와 규모의 불경제 때문에 나타나는 현상이다.

6. 생산자가 주어진 생산비로 선택할 수 있는 생산요소들의 결합점들을 모두 연결한 궤적이 등생산비곡선(iso-cost curve)이다. 주어진 생산물을 생산하는데 들어가는 최소생산비(least cost)는 등생산비곡선과 등량생산곡선(iso-quant)이 만나는 점인데 이것이 생산자균형점(producer equilibrium point)이나. 이러한 생산자균형점을 장기적으로 연결한 선을 확장선(expansion path)이라고 한다.

7. 생산자균형점에서는 화폐 1 단위당의 한계생산물의 크기가 생산요소마다 똑같아진다.

8. 비용곡선들은 생산물곡선들과 그 내용에 있어서 서로 역의 관계에 있다. 즉, 생산비곡선들은 생산물곡선들을 거울에 비춰 반사된 형상(mirror image)들이다. 이러한 사실은 생산기술(생산함수)이 비용조건을 결정한다는 관계를 확인할 수 있다.

9. 생산요소의 투입량이 증가하면 총생산물(TP)은 증가하는데 이때 생산요소의 투입 증가율보다 총생산물의 산출 증가율이 더 높으면 규모에 대한 보수증가(increasing returns to scale)라 하고 더 낮으면 규모에 대한 보수감소(decreasing returns to scale)라 하며 증가율이 같으면 규모에 대한 보수불변(constant returns to scale)이라고 한다.

중요 용어

명시적 비용	암묵적 비용
경제적비용	회계상이윤
경제적이윤	정상이윤
총고정비용	총가변비용
평균총비용	평균고정비용
평균가변비용	한계비용
계획수평(planning horizon)	장기평균비용곡선
최적규모설비	규모의 경제
규모의 불경제	자연적 독점(natunal monopoly)

연습문제

1. 왜 단기에 있어서나 장기에 있어서나 평균생산비곡선은 U자의 모양을 갖는지 설명하시오.

2. 정상이윤이란 무엇인지 설명하시오. 또한 왜 기업이 정상이윤을 얻어야 할 필요가 있는지 설명하시오.

3. 시카고학파의 "공짜로 먹는 점심과 같은 그러한 것은 없다"는 경구는 무엇을 의미하는지 설명하시오.

4. 수확체감(diminishing returns)과 규모의 불경제(diseconomies of scale)와의 차이점은 무엇인지 설명하시오.

5. 어느 기업의 단기한계비용곡선이 $SRMC(q)=12+3q$의 형태를 갖는다면 이것은 한계생산물곡선(MP curve)이 어떤 형태를 갖는다는 것인지 설명하시오.

6. 단기에 있어서 어떤 기업의 총비용(TC) 함수가 아래와 같이 주어졌다고 하자.

   C= 3000 + 500Q

   1) 이 기업의 고징비용은 일나인가?

   2) 산출량이 10일 때의 평균총생산비는 얼마인가?

   3) 또한 이때의 한계생산비는 얼마인가?

7. 한 기업의 생산요소 결합 비율이 $(MP_L/w)>(MP_K/r)$ 일 때 생산비극소화를 위해서는 어떻게 해야 하는지 설명하시오.

8. 노동 임금율이 1.5배로 상승하면 생산비곡선에 어떤 영향을 줄 것인지에 대해 설명하시오.

읽어보기 9-1

Opportunity Cost

Opportunity cost pervades all economic calculations. Every activity has an opportunity cost, because the decision to undertake one activity precludes the undertaking of another. Professor Charles A. Lave of the University of California, lrvine, applied this basic economic concept in a study of the 55 miles per hour (mph) speed limit. [1]The 55 mph speed limit was enacted in 1974 in an attempt to save energy. Since then, people have argued that the 55 mph speed limit is a "good thing" because it also saves lives. Lave examined statistics that showed that the cost of wasted travel time is enormous per life saved or energy saved by driving at 55mph rather than 65 mph. Let's examine the opportunity cost of driving at 55 mph and compare it to the benefits. Studies show that commuters value their travel time at 42percent of their hourly wage. if we calculate the time it takes to drive the same disatance at 55 mph instead of 65mph and value the increased travel time at 42 percent of commuters' hourly wages, we find that a 55mph speed limit costs about $6 billion in travel time per year. The government tells us that a 55mph speed limit saves 4,500 lives per year. Therefore, it costs about $1.3 million per life saved. In addition, we save roughly 1 to 2 percent of our gasoline. This is a trivial amount of savings and one which could be duplicated or exceeded by proper maintenance of air in tires. So the primary benefit is in lives saved. In his article, lave reports on some other costs of saving lives. He reports that putting a smoke detector in every home would cost about $5,000 per life saved, kidney dialysis machines save lives for about $30,000 per life, mobile cardiac care units cost about $2,000 per life saved. The conclusion is pretty obvious: Driving 55 mph is a very costly way of saving lives. No wonder it is so unpopular! it is a good example of the government forcing people to purchase a commodity, in this case safety, which the public views as too costly.

If you don't think that a 55 mph speed limit is too costly, what about a 45 mph speed limit, or a 35 mph speed limit? A 5 mph speed limit would virtually insure no deaths from automobile accidents. Do you think a 5mph speed limit is a reasonable opportunity cost to insure no highway deaths? Probably not. So you see, it's a decision at the margin concerning what you think the proper trade-off between costs and benefits for safety happens to be. As Lave points out, the cost of saving one life by moving from 65 mph to 55 mph is 102 person-years of extra travel time per year- much more than the average life expectancy.

(자료: Principle of Economics, Amacher · Ulbrich, South-Western Publishing Co. 3rd Ed. 1986)

9-1 요약해설

[기회 비용]

기회비용이라는 개념은 경제학의 많은 분야에 퍼져있다. 모든 행위는 기회비용이라는 개념을 품고 있다. 왜냐하면 어떤 한 행위를 한다는 것은 또 다른 어떠한 행위를 할 수 있는 것을 배제하기 때문이다. 미국에서는 1974년에 자동차 주행시에 최대시속 65mph 에서 55mph로 낮추는 법안이 시행되었다. 이러한 주행시의 감속 법안은 에너지(가솔린)를 절약하고 사람의 생명을 구할 수 있다는 취지에서였다. 이러한 취지의 법안에 대하여 미국의 캘리포니아 주립대학교 얼바인 캠퍼스의 Charles A.Lave 교수는 기회비용이라는 개념을 적용하여 연구를 하였는데 미국 정부의 보도에 의하면 55mph 의 감속법안 시행으로 일 년에 약 4,200명의 생명을 구했다고 한다.

그러나 이러한 55mph의 감속시행으로 운전자들의 주행시간은 증가될 것인데 같은 거리를 65mph로 운행할 때보다 55mph로 운행을 할 때의 비용(cost)은 통근자들의 시간당 임금의 약 42%의 가치에 달한다는 연구결과였다. 이 이외에도 여러 가지 비용이 감속법안으로 인해서 추가되었지만 한사람의 생명을 구하는데 약 미화로 130 만불이 소요되었으며 또한 시속 65mph 에서 55mph 로 감속주행함으로써 구할 수 있는 한 생명의 비용은 평균기대수명보다도 더 높은 인간의 나이로 102세였다고 한다.

제5부

시장이론

제10장

완전경쟁시장
(Perfectly Competitive Market)

10.1 완전경쟁시장의 특징

완전경쟁시장은 순수경쟁시장(pure competitive market)이라고도 불리어지는데 그 특징은 첫째, 완전경쟁시장 내에는 수많은 판매자와 구매자가 존재한다는 것이다. 따라서 어느 한 개인의 판매자와 구매자는 시장 내에서 어떠한 힘을 지닌 실력행사를 할 수가 없다. 즉, 어떤 개인적인 판매자와 구매자는 시장의 가격에 영향을 미칠 수 없으며 시장에서 정해진 가격(market price)을 그대로 받아들이는 가격 수용자(price-taker)일 뿐이다.

둘째, 완전경쟁시장 내에서 생산활동을 하는 기업들은 서로 동질한(homogeneous) 생산품을 생산하고 있다고 가정되어진다. 따라서 상황이 이러할진대 구매자의 입장에서는 부득이 어느 한 판매자를 다른 판매자보다 더 선호하고 좋아할 이유가 없다는 것이다.

셋째, 완전경쟁시장에 진입하려고 하는 기업이나 또는 퇴진을 원하는 기업들은 언제나 자유롭게 시장에 진입(free entry)을 할 수가 있으며 또한 이 산업(시장)으로 부터 자유롭게 퇴진(free exit)을 할 수가 있다.

넷째, 완진경쟁시장 내에서는 시장에 대한 모든 지식과 정보가 누구에게나 공개되어 있어서 완전경쟁시장에 참여하는 참여자는 누구나 이러한 지식과 정보를 알고 있으며 또한 생산요소의 이동이 매우 자유스럽다고 가정하고 있다.

이상의 가정들은 대개가 완전경쟁시장의 일반적인 윤곽을 개발한 아담 스미스(Adam Smith)가 그의 국부론(The Wealth of Nations)에서 가정하였던 것과 같은 것들이며 앞으로 우리가 사용할 그래프 모형들은 마샬(Alfred Marshall)에 의하여 개발된 것들이다.

10.2 완전경쟁시장의 단기적응(Short-run Adjustment)

만약에 완전경쟁시장 내에 있는 한 기업이 그들이 생산한 생산물을 판매하려면 그 기업은 시장 내에서 정해진 가격(market price)에 의하여서만 그 생산물을 판매할 수가 있다. 이러한 이유로 인하여 그 기업은 가격수용자(price-taker)로 간주된다.

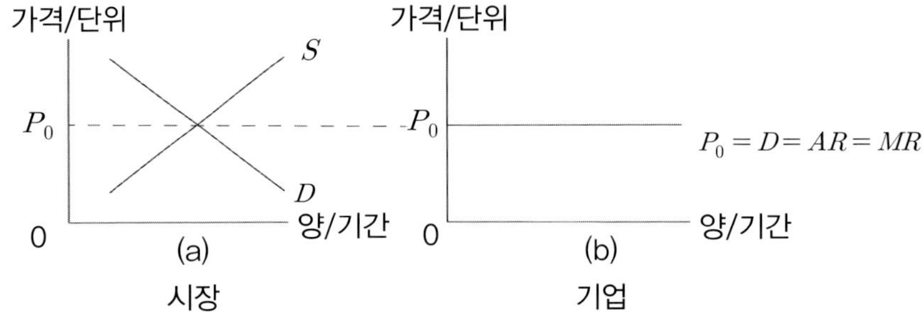

[Fig.10-1] 완전경쟁시장의 수요와 공급곡선 및 기업의 완전탄력적 수요곡선

[Fig. 10-1]의 (a)에는 완전경쟁시장 내에 있는 수많은 판매자와 구매자에 의하여 형성된 수요와 공급의 계획선이 그려져 있고 이러한 수요곡선과 공급곡선에 의하여 시장균형가격(market price)인 P_0가 나타나 있다. (b)에는 이 시장(산업) 내의 한 기업이 처하고 있는 완전탄력적인 수요곡선이 그려져 있다. 이 한 기업은 가격수용자(price-taker)이기 때문에 이 한 기업이 처한 수요곡선(D)은 시장균형가격(market price)인 P_0이다. 따라서 소비자들은 그들이 원하는 어떠한 양이라도 P_0의 가격(D: demand curve)수준에서 살 수가 있으며 동시에 기업은 그 기업이 팔수 있는 양을 역시 P_0의 가격 수준에서만 얼마든지 팔수가 있는 것이다. 따라서 P_0(D)는 기업의 입장에서 보면 평균수입(AR: Average Revenue)이고 동시에 한계수입(MR: Marginal Revenue)이 되는 선이다.

완전경쟁시장에 있어서의 수요곡선과 공급곡선 및 완전경쟁시장내의 한 기업의 평균수입($AR = MR = P_0 = D$)곡선과 그 기업의 대표적인 총수입(TR: Total Revenue)곡선과의 기하학적 관계는 아래와 같다.

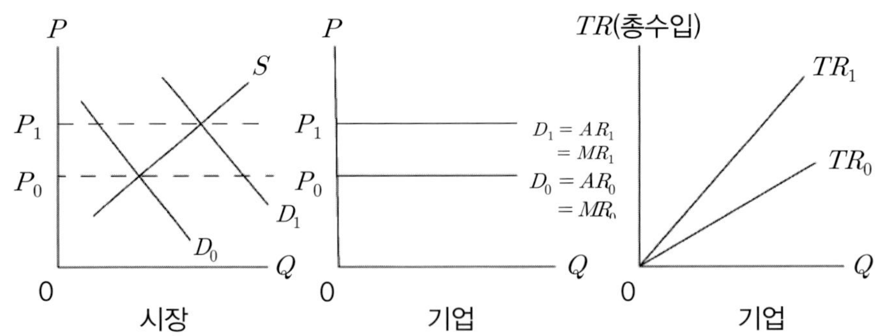

[Fig. 10-2] 완전경쟁시장의 수요와 공급곡선 및 시장 내의 대표적 기업이 처한 수요곡선 및 총수입곡선

[Fig. 10-2]에는 완전경쟁시장 내에서 수요가 증가(D_0에서 D_1으로)했을 때에 시장내의 한 기업이 처한 수요곡선의 변화와 이에 따른 총수입(TR : Total Revenue) 곡선의 변화를 나타낸 그래프이다.

P : 가격/단위
Q : 양/기간을 나타낸다.

앞으로의 시장이론에서는 가능한 한 위의 약칭 명기를 사용하려고 한다.

10.3 이윤극대화 조건(Profit Maximizing Condition)

다음으로는 단기에 있어서 완전경쟁시장의 이윤극대화 조건에 대하여 논의해 보자. 이 경우에도 물론 완전경쟁시장 내에 있는 대표적 한 기업에 있어서의 단기적 이윤에 관한 문제이다.

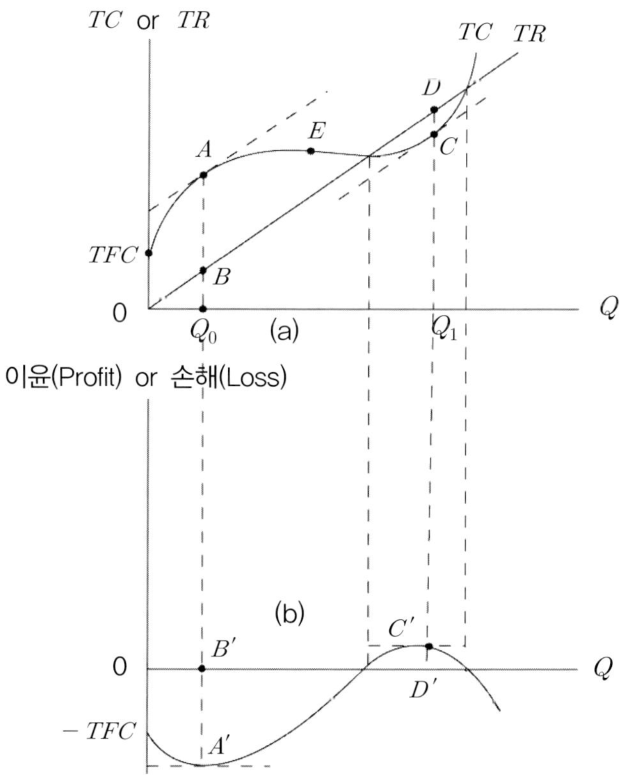

[Fig.10-3] 총생산비(TC), 총수입(TR)과 이윤, 손해와의 관계

[Fig. 10-3]의 (a)에는 총생산비(TC)곡선과 총수입(TR)곡선이 나타나 있다. (b)에는 총생산비곡선과 총수입곡선의 궤적의 차이인 이윤과 손실이 그려져 있다.

[Fig. 10-3]에서 A점과 C점에서의 접선들은 총수입곡선과 평행하게 그려져 있으며 E점은 총생산비곡선의 변곡점이다. [Fig. 10-3]에 나타난 그래프들은 단기에 있어서 완전경쟁시장 내에 있는 한 기업에 관한 그래프들이다. 그래프에 나타나 있듯이 이 기업은 생산량이 Q_0일 때에 가장 큰 손실을 입을 것이며 생산량이 Q_1일 때에 가장 큰 이익이 발생할 것이다. 생산량이 Q_0나 Q_1일 때는 A점이나 C점에서 총생산비곡선에 접하는 접선이 총수입곡선과 평행한다. 즉, 한계생산비(총 생산비곡선에 접하는 접선)와 한계수입(총수입곡선의 기울기)이 같다는 의미이다. 그러나 생산량이 Q_0일 때는 손실이 극대가 되는 상태이며 생산량이 Q_1일 때는 이윤이 극대가 되는 상태이다.

좀 더 구체적이고도 정확한 내용을 수리적으로 설명해보도록 하자.

【수리적 해설】

이 수리적 설명은 기초의 미분개념이나 기초의 수리경제학적 개념이 부족한 독자들은 생략하고 넘어가도 무방하다.

$\pi = TR(Q) - TC(Q)$라 하자 $\quad \pi$: 이윤($profit$)

이윤(π) 극대화 조건 :

1) 1차 필수조건(1st order necessary condition)

$$\frac{d\pi}{dQ} = \frac{d\ TR(Q)}{d\ Q} - \frac{d\ TC(Q)}{d\ Q} = 0$$

$$MR - MC = 0$$

$$\therefore\ MR = MC$$

2) 2차 충분조건(2nd order sufficient condition)

$$\frac{d}{dQ} \cdot \frac{d\pi}{dQ} = \frac{d}{dQ}\frac{dTR(Q)}{dQ} - \frac{d}{dQ}\frac{dTC(Q)}{dQ} < 0$$

$$\frac{d^2\pi}{dQ^2} = \frac{d^2TR(Q)}{dQ^2} - \frac{d^2TC(Q)}{dQ^2} < 0$$

즉, 2차 충분조건이 음(-)의 값을 갖기 위하여서는 π(이윤) 함수가 위로 볼록한 형태를 지녀야 하는데 [Fig. 10-3]의 (b) 그래프에서 보면 C'점이 이에 해당되는 상태임을 알 수가 있다. 따라서 1)과 2)의 조건으로부터 단기에 있어서 완전경쟁시장 내에 있는 한 기업의 이윤극대화 조건은 첫째, 한계수입과 한계생산비가 동일해야 한다(MR=MC). 둘째, 이윤(π)함수가 위로 볼록한 형태를 갖을 때에 한해서만 위의 조건(MR=MC)은 충족된다.

10.4 완전경쟁시장에 있어서 이윤(Profit)과 손실(Loss) 및 조업중단점(Shut-down Point)

우리는 이제 제9장에서 논의한 생산비 이론과 본 장에서 지금까지 논의하여 온 이론들에 기초하여 완전경쟁시장 내에 있는 한 기업의 이윤과 손실 및 조업중단점에 대하여 논의해 보자.

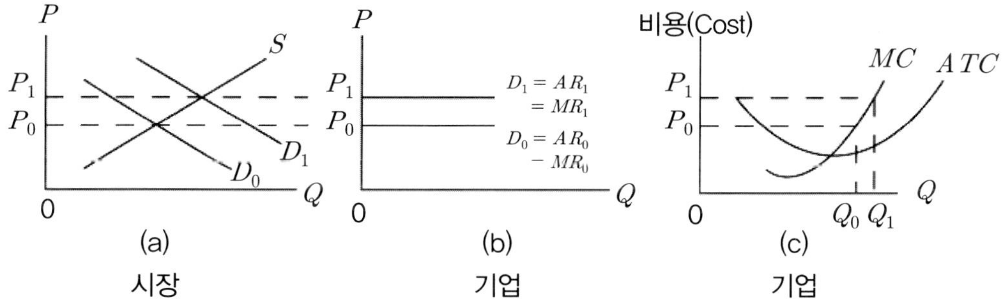

[Fig. 10-4] 완전경쟁시장 내의 기업의 적정 생산량

(Fig. 10-4)의 (a)에는 우리가 이 전에도 논의한 바 있는 완전경쟁시장에 있어서의 수요와 공급곡선이 나타나 있고 이에 따른 시장균형가격(P_0, P_1)이 표시되어 있다. (b)에는 P_0와 P_1에 따른 시장 내의 대표기업이 처한 수요곡선(D_0, D_1)과 그에 따른 한계수입곡선(AR_0, AR_1)과 한계생산비곡선(MR_0, MR_1)이 그려져 있다. (c)에는 대표기업의 적정생산량 (Q_0, Q_1)이 나타나 있는데 이러한 적정량의 산출은 이윤극대화 조건인 $MR = MC$로부터 결정되었다. (c)의 그래프를 좀

더 확대하여 세부적으로 논의해 보자.

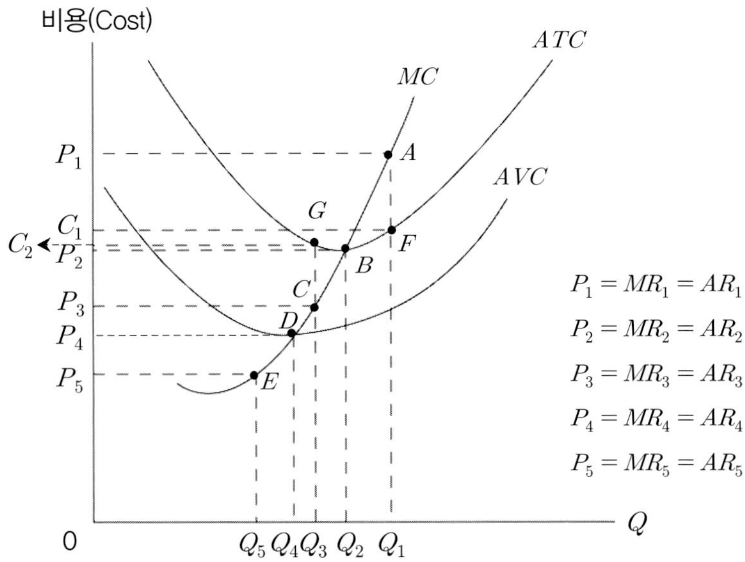

[Fig. 10-5] 이윤과 조업중단점(shut-down point)

[Fig. 10-5]에는 완전경쟁시장 내의 대표적인 한 기업의 평균총생산비(ATC)곡선과 평균가변비용(AVC)곡선과 한계비용(MC)곡선이 그려져 있으며 P_1부터 P_5까지는 시장 내에서 결정된 각각 다른 수준의 시장균형가격(market price)이다. 따라서 $(P_1 = MR_1 = AR_1 = D_1) \cdots\cdots\cdots (P_5 = MR_5 = AR_5 = D_5)$는 이미 논의한 바와 같다. 대표적인 이 기업의 적정 생산량은 이윤극대화의 조건인 $MR = MC$에 따라서 정해진다.

[Fig. 10-4]의 그래프에 표시된 각 점에 대하여 알아보자.

1) A(생산량 Q_1)점에 있어서의 총수입(TR)은 OP_1AQ_1이고 총비용(TC)은 OC_1FQ_1이므로 C_1P_1AF만큼의 경제적 이윤(economic profit)이 존재하므로 기업은 생산을 계속할 이유가 존재한다.
2) B(생산량 Q_2)점에 있어서의 총수입(TR)은 OP_2BQ_2이고 총비용(TC)도 OP_2BQ_2이므로 경제적 이윤은 0(zero)이다. 즉, 정상이윤(normal profit)만 존재하고 있으므로 이때의 총수입은 명시적비용(explicit cost)과 암묵적비용(implicit cost)의 충당에는 쓰일 수가 있다. 따라서 기업은 생산을 계속할 수가 있다.

3) C(생산량 Q_3)점에 있어서의 총수입(TR)은 OP_3CQ_3인데 비하여 총비용(TC)은 OC_2GQ_3이다. 따라서 Q_3만큼의 생산량에서 이 대표적 기업은 P_3C_2GC만큼의 손실(Loss)을 보게 될 것이다. 그렇다면 이 기업은 손실을 입고도 생산을 계속해야만 할까? 물음에 대한 대답은 "네"이다. 왜냐하면 C점은 평균가변비용(AVC)곡선보다도 위쪽에 있으므로 총수입(TR)이 총가변비용(TVC)보다 크다. 따라서 이 기업은 총가변비용에 소요되는 경비를 지불하고도 얼마만큼의 남음이 있어서 이와 같이 남는 부분을 총고정비용(TFC)의 지불에 얼마만큼은 충당할 수가 있을 것이다. 만약에 이 기업이 C점에서 생산을 하지 않는다면 총가변비용에 대한 지출은 물론이고 총고정비용에 대한 지출도 해야 하기 때문에 손실은 훨씬 더 커질 것이다. 따라서 손실을 조금이라도 더 줄이기 위해서는 이 기업은 C점에서도 생산을 계속해야 할 것이다. 그러나 이 기업은 이와 같이 얼마만큼의 손실을 입는 고통을 겪으면서까지 계속해서 오래 동안 생산을 할 수는 없을 것이다. 따라서 장기적으로 보면 이 기업은 이 산업(시장)을 떠나게 될 것이다.

4) D점(생산량 Q_4)에 있어서 총수입은 OP_4DQ_4인데 총가변비용 또한 OP_4DQ_4이다. 따라서 D점에 있어서는 총수입이 총비용에도 훨씬 못 미칠 뿐만이 아니라 총고정비용(TFC)의 지불에 충당할 수 있는 여분은 하나도 없는 것이다. 즉 총수입이 오직 총가변비용의 지불에만 모두 충당될 수 있을 뿐이므로 기업은 생산을 할 수도 있고 또는 기업의 문을 닫을 수도 있다. 따라서 평균가변비용(AVC)곡선의 최소점을 우리는 조업중단점(shut-down point)이라고 부른다.

5) E점(생산량Q_5)에 있어서의 총수입(TR)인 OP_5EQ_5는 총가변비용의 지불에도 충당되지 못할 정도로 손해가 증대됨으로써 기업은 당연히 생산을 중단할 것이다.

따라서 단기에 있어서 완전경쟁시장 안에 있는 대표적인 기업의 평균생산비(AVC)곡선의 극소점(조업중단점 : shut-down point)으로부터 그 기업의 한계생산비(MC)곡선을 따라서 위쪽으로 올라간 부분이 다름 아닌 완전경쟁 아래서 단기 기업의 공급곡선(supply curve)이라는 것을 우리는 인지할 수 있을 것이다. 또한 고정비용(fixed cost)은 이떤 비용적이거나 또는 생산량적이거나의 결정사항에 관계가 없음도 알 수 있으며 한계분석에도 관계가 없는 것을 알 수가 있다.

단기에 있어서 완전경쟁시장의 공급곡선은 우리가 제2부의 제4장 공급에서 논의

한 것처럼 시장(산업)내의 각 기업들의 공급곡선을 수평적으로 합계한 것만은 아니다. 물론 산업(시장)의 규모가 작고 또한 생산요소의 가격이 변하지 않고 일정하다면 산업(시장)의 공급곡선은 각 기업의 공급곡선을 기하학상 수평적으로 합계한 것과 같을 것이다. 그러나 만약에 시장(산업)의 규모가 크고 따라서 생산물이 점점 확대 생산되어질 경우에 이에 따라 생산요소의 가격이 증가한다면 산업내의 한 기업의 공급곡선(평균가변생산비곡선의 극소점으로부터 한계생산비곡선을 따라 위쪽부분)은 위쪽으로 이동할 것이며 따라서 다른 생산비곡선들도 위쪽으로 상승이동할 것이다. 따라서 이 경우의 시장공급곡선은 각 기업의 한계생산비곡선(평균가변생산비곡선의 극소점 윗부분)을 기하학상 수평적으로 합계한 것이기는 하지만 시장의 규모가 작을 때 보다는 기울기가 더 가파르고 더욱 비탄력적으로 변한다.

10.5 완전경쟁기업의 장기 균형

우리는 지금까지 완전경쟁시장 내의 한 대표적인 기업에 대하여 단기적인 시점에서 분석을 해 보았다. 그러나 장기적인 관점에서 보면 어느 기업이나 완전경쟁시장에 자유로이 진입을 할 수 있을 뿐만이 아니라 또한 자유로운 퇴진을 결정할 수가 있다. 이러한 가정아래서 완전경쟁시장 내에서 기업활동을 하는 대표적 기업의 장기균형에 대하여 논의해 보자.

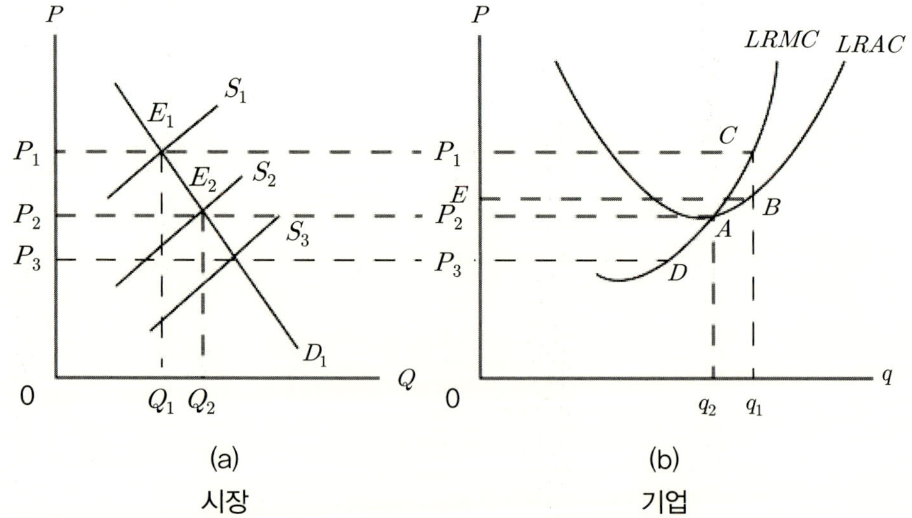

[Fig. 10-5] 완전경쟁기업의 장기균형

[Fig. 10-5]의 (a)에는 시장의 수요곡선 D_1과 공급곡선 S_1부터 S_3까지가 나타나 있다. (b)에는 기업의 장기평균생산비($LRAC$)곡선과 장기한계생산비($LRMC$)곡선이 나타나 있다.

1) 시장의 균형가격이 P_1수준에서는 이 시장 내에 있는 기업은 q_1 수준의 생산물을 생산할 것이고 경제적이윤(economic profit)은 EP_1CB가 될 것이다. 왜냐하면 $P_1 = MR = LRMC$에서 극대이윤이 결정되기 때문이다.

2) 이 산업(시장)내에서 위와 같은 경제적 이윤이 존재한다는 사실이 널리 알려지게 되면 이윤을 쫓는 많은 기업들이 이 산업으로 진입하여 시장의 공급곡선은 S_1으로부터 S_2를 거쳐 S_3까지도 이동해 갈 수가 있을 것이다. 그러나 공급의 양이 시장 내에서 S_3수준으로 늘어나고 따라서 시장의 균형가격이 P_3가 되면 [Fig. 10-5)의 (b), D점에서 보듯이 시장 내의 기업은 손실을 입게 되고 따라서 이 산업으로부터 기업의 퇴진이 시작될 것이다. 이러한 기업들의 시장으로의 진입과 퇴진을 거듭한 후에 결국 시장의 종착점은 그림(a)의 E_2점이 될 것이다.

$(S_1 \rightarrow S_2 \rightarrow S_3 \rightarrow S_2)$ 즉,

$Q_1 = q_1 \times$(최초의 시장 내의 기업수)

$Q_2 = q_2 \times$(최초 시장 내 기업수+새로 시장에 진입한 기업수)

$q_2 < q_1$이 될 것이다.

q_2가 q_1보다 작게 되었다는 사실은 산업내의 기업들이 생산규모인 시설의 크기를 줄였다는 것을 뜻한다.

[Fig. 10-5]의 (b)에서 A점과 B점에 대하여 좀 더 확대하여 보면 아래와 같다.

[Point A]

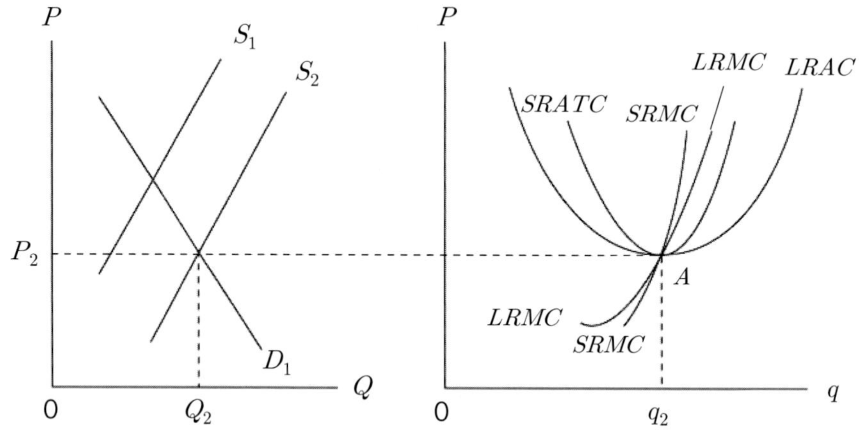

(a)
시장

(b)
기업

위의 그림 (b)에서 A점은 장기의 기업균형점인 동시에 장기의 조업중단점(shut down point)이다. 따라서 이때에 A점에서의 경제적 이윤(economic profit)은 0(zero)이다.

[Point B]

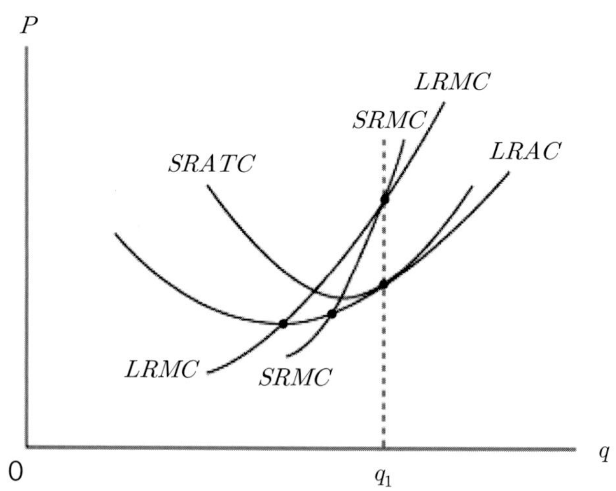

10.6 완전경쟁시장의 장기공급곡선

이미 논의하였듯이 완전경쟁시장의 특징 중의 하나는 기업들의 시장 진입과 퇴진이 자유롭다는 것이다. 이러한 기업들의 자유스러운 시장의 진출입에 따라 시장 내에서 필요로 하는 생산요소의 양도 증감할 수 있을 것이다. 즉, 시장 내의 기업의 수가 증가하면 시장의 생산요소에 대한 수요도 증가할 것이며 이에 따라 생산요소의 가격에 변동을 초래할 수 있다. 따라서 이와 같이 변동된 시장 내의 생산요소 가격은 장기적으로 보면 시장의 공급곡선에 영향을 미칠 수 있다. 이의 역(vice versa)도 성립할 수 있다. 기업들의 시장진출입이 생산요소에 미치는 영향에 대하여 논의해 보자.

10.6.1 생산비 불변산업(Constant Cost Industry)

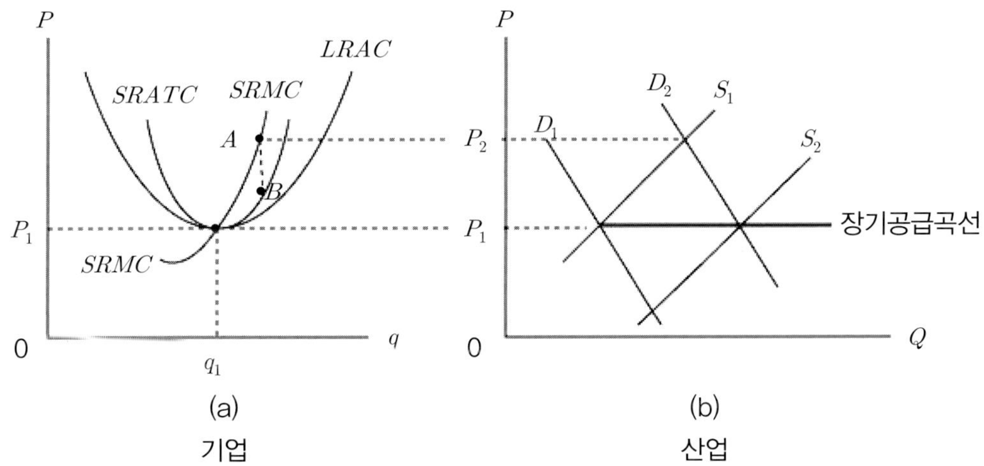

[Fig. 10-6] 비용불변 산업의 장기공급곡선

[Fig. 10-6])의 (a)에는 기업의 장기평균생산비($LRAC$)곡선과 단기평균총생산비($SRATC$)곡선, 단기한계생산비($SRMC$)곡선이 나타나 있고 (b)에는 시장에서의 수요곡선과 공급곡선이 나타나 있다. 최초에 기업은 장기균형 상태에 있다고 가정하자 즉 그림(a)에서 P_1의 균형가격에서 q_1의 생산량을 생산하는 시설규모(plant size)를 갖고 있다고 가정하자. P_1의 가격은 시장에서 정해진 시장균형가격(market equilibrium price)이다. 만약에 시장에서 수요가 D_1에서 D_2로 증가하면 시장의 균형가격은 P_1에서 P_2로 상승할 것이다. P_2의 가

격 하에서의 기업의 순이윤(pure profit, 경제적 이윤)은 그림 (a)에서 단위당 (A~B)가 될 것이다. 이와 같은 경제적 이윤의 발생은 기업들을 시장으로 진입시키게 되는 요인이 될 것이다. 시장으로의 기업들 진입이 시작됨에 따라서 생산요소의 수요도 증가할 것이다. 그러나 이때에 이 시장에서 사용되는 생산요소가 일반적인 것들이고 또한 부존량이 풍부하여 증가된 생산요소의 수요가 생산요소의 가격에 아무런 영향도 미치지 않는다면 시장에서의 재화가격에도 아무런 영향을 미치지 않고 재화의 가격은 이전과 동일한 수준인 P_1에서 결정될 수 있을 것이다. 따라서 새로이 기업에 진입한 기업들의 공급곡선은 그림 (b)에서 ($S_1 \rightarrow S_2$)로 변할 것이다. 이에 따라 그림(b)에서 보듯이 산업의 장기공급곡선은 생산비의 불변을 나타내는 완전 탄력적인 공급곡선의 모양을 갖는다.

10.6.2 생산비 증가산업(Increasing Cost Industry)

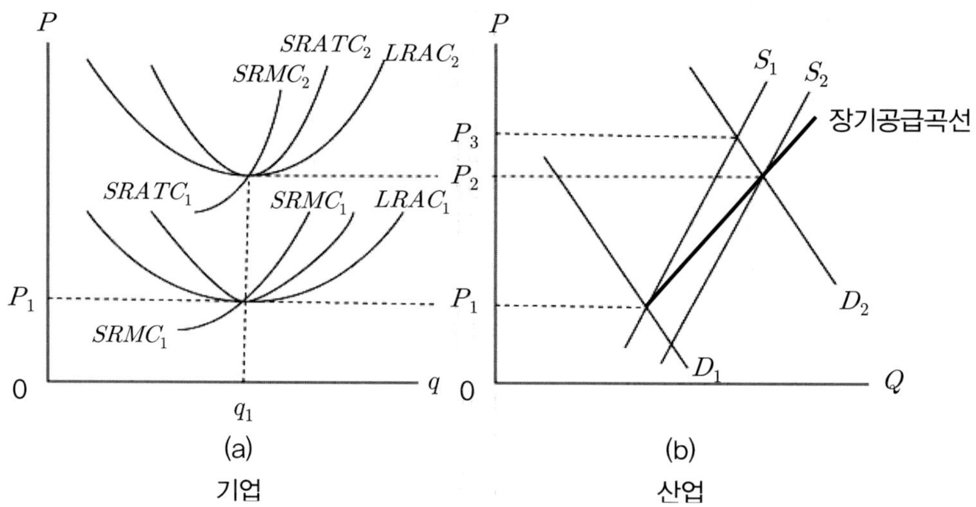

[Fig. 10-7] 비용증가 산업의 장기공급곡선

[Fig. 10-7)의 (a)에는 한 쌍의 기업의 장기평균생산비($LRAC_1$, $LRAC_2$)곡선과 단기평균총생산비($SRATC_1$, $SRATC_2$)곡선, 단기한계생산비($SRMC_1$, $SRMC_2$)곡선이 나타나 있고 (b)에는 시장에서의 수요와 공급곡선이 나타나 있다. 최초에 시장 내의 대표적인 이 기업이 장기균형 상태에 있다고 가정하자. 즉 그림(a)에서 보면 시장에서 정해진 균형가격 P_1에서 q_1의 생산량을 생산하는 시설규모를 갖고 있다고 가정하자. 만약에 시장에서 수요가 D_1에서 D_2로 증가하면 시장균형 가격

은 P_1에서 P_3로 상승할 것이다. P_3가격하에서 그림 (a) $SRMC_1$과 $SRATC_1$과의 관계에서 보면 앞의 생산비 불변산업에서 설명했던 바와 같이 이 기업에게는 단위당 얼마만큼의 경제적 이윤(economic profit)이 발생할 것이다 (그림(a)에는 나타나 있지 않음). 이와 같은 경제적 이윤의 발생은 기업들이 시장으로 진입하는 요인이 될 것이다. 시장으로의 기업들 진입이 시작됨에 따라서 생산요소의 수요도 증가할 것이다. 그러나 이때에 이 시장에서 사용되는 생산요소의 사용이 증가됨에 따라서 생산요소의 가격이 상승을 한다면 산업내의 기존의 기업들은 물론이고 새로이 산업에 진입한 기업들에게 있어서도 모든 생산비 곡선들은 그림(a)에 있어서와 같이 위로 이동을 할 것이다. 따라서 시장의 재화 가격도 상승할 것인데 이러한 결과가 그림(b)에서 P_2로 나타나고 있으며 새로운 기업의 진입으로 인하여 S_1은 S_2로 이동하였다. 이에 따라 그림 (b)에서 보듯이 산업의 장기공급곡선은 생산량이 증가할수록 재화의 가격도 상승하는 우상향 형태를 갖는다.

10.6.3 생산비 감소산업(Decreasing Cost Industry)

이 경우는 시장 내에서 생산요소의 사용이 증대할 때에 생산요소의 가격이 하락하는 상황이 발생하면 나타날 수 있는 결과인데 실제로 현실경제에서 실예를 찾아보기는 매우 어려운 일이라고 알려져 있다.

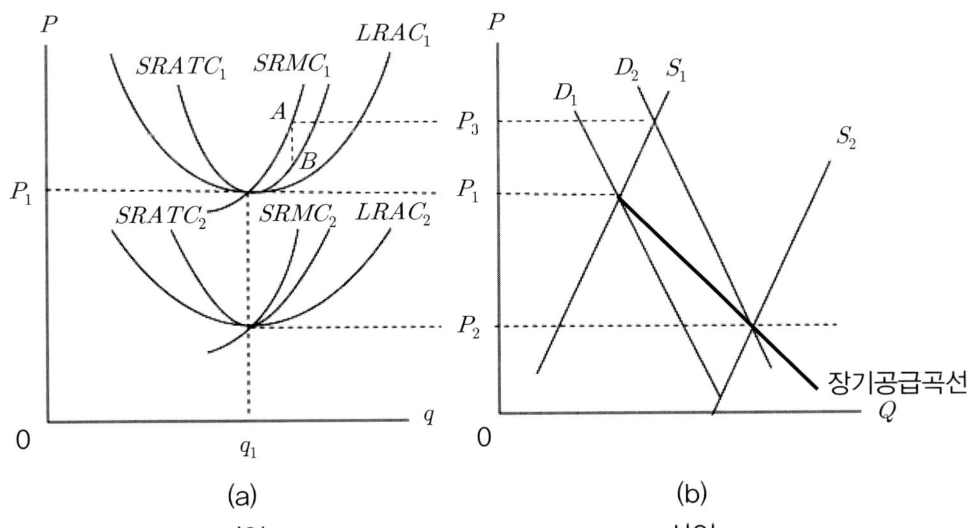

[Fig. 10-8] 비용감소 산업의 장기공급곡선

[Fig. 10-8]의 (a)에는 한 쌍의 기업의 장기평균생산비 곡선과 단기평균총생산비곡선 및 단기한계생산비곡선이 나타나 있고 (b)에는 시장에서의 수요와 공급곡선이 나타나 있다. 최초에 시장 내의 이 기업은 장기균형 상태에 있다고 가정하자. 즉 그림(a)에서 보면 시장에서 정해진 균형가격 P_1에서 q_1의 생산량을 생산하는 시설규모(plant size)를 갖고 있다고 가정하자. 만약에 시장에서 수요가 D_1 에서 D_2로 증가하면 시장균형 가격은 P_1 에서 P_3로 상승할 것이다. P_3 가격하에서 그림(a)의 $SRMC_1$과 $SRATC_1$과의 관계에서 보면 단위당 (A~B)만큼의 경제적 이윤이 발생할 것이다. 이와 같은 경제적 이윤의 발생은 기업들이 시장으로 진입하는 요인이 될 것이다. 시장으로 기업들의 진입이 시작됨에 따라 생산요소의 수요도 증가할 것이다. 그러나 이때에 시장에서 사용되는 생산요소의 사용이 증가됨에 따라서 생산요소의 가격이 하락을 한다면 (이러한 현상은 현실의 경제에서는 실예를 찾기 어렵다) 산업내의 기존의 기업들은 물론 새로이 산업에 진입한 기업들에게 있어서도 모든 생산비 곡선들은 그림(a)에 있어서와 같이 아래로 이동할 것이다. 따라서 시장의 재화가격도 하락할 것인데 이러한 결과가 그림(b)에서 P_2로 나타나고 있으며 새로운 기업의 진입으로 인하여 S_1은 S_2로 이동하였다. 이에 따라 그림(b)에서 보듯이 산업의 장기공급곡선은 생산량이 증가할수록 재화의 가격은 하락하는 우하향의 형태를 갖는다. 앞에서도 언급했듯이 이와 같은 생산비가 감소하는 장기의 산업공급곡선은 실제로 찾기는 매우 어려우나 만일에 존재한다면 장기적으로 이 산업 내에 규모의 경제(economies of scale)가 발생하고 있다는 의미를 내포하고 있다 하겠다. 이 경우에 있어서도 단기의 산업공급곡선은 우상향(positively sloped)하고 있다. 왜냐하면 단기의 산업공급곡선은 단기의 기업들의 한계 생산비곡선들의 기하학상 수평적 합계이기 때문이다.

10.7 완전경쟁시장의 균형점

완전경쟁시장의 모델은 시장내의 기업이나 또는 산업이 모두 경제적이윤(economic profit)이 0(zero)일 때를 균형상태로 간주한다. 이러한 내용은 완전경쟁시장이 다른 시장의 구조를 판단하는데 기본적인 표준이 된다는 의미가 깔려있다. 경제학자들은 이러한 균형상태를 이상적인 결과로서 사회적으로 최적상태라고 간주하였다. 그들은 균형상태에서는 모든 요소나 자원들이 모든 경쟁을 통하여 최적으로 배분되고 있다고 생각하였다.

10.7.1 단기 균형점

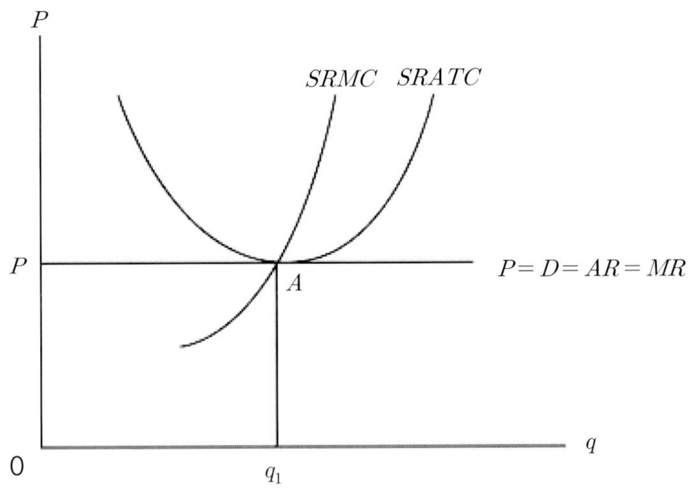

[Fig. 10-9] 기업의 단기균형

[Fig. 10-9]의 A점에서는 경제학자들이 간수하는 단기균형점이 나타나 있다. A점에서는 균형가격(P)이 평균총생산비(ATC)곡선과 또한 한계생산비(MC)곡선과 같게 되어 있다.

첫째, $P=MC$가 의미하는 것은 배분이 효율적으로 달성되었다는 의미로서 기업이 사용하는 모든 요소나 자원이 소비자들이 원하는 뜻대로 정확히 배분되었다는 의미이고 동시에 기업은 그 생산수준을 소비자들이 원하는 규모까지로 정확히 확장하고 있다는 것이다.

둘째, 만약에 $P > MC$인 경우는 기업은 재화의 생산에 충분한 생산요소를 투입하지 않은 상태로서 소비자들은 재화를 생산하는데 들어가는 생산비보다 더 많은 비용을 가격으로 지불하게 되는 경우이다.

셋째, 만약에 $P < MC$인 경우에는 기업이 재화의 생산에 필요한 것보다 너무 많은 요소나 자원을 투입한 상태로서 소비자들은 재화를 생산하는데 들어가는 생산비보다 더 적은 비용을 가격으로 지불하게 되는 경우이다. 다시 말해서 $P=MC$인 경우에 가장 적정량의 요소나 자원이 재화에 배분되었다는 의미이다.

넷째, $P=ATC$가 의미하는 것은 기업은 정상이윤(normal profit)을 얻고 있다는 의미이다. 따라서 이 기업은 시장을 떠날 이유가 없고 또한 다른 기업들도 시장에 진입할 동기가 없다 하겠다.

다섯째, $MC = ATC$가 의미하는 것은 기업은 q_1의 생산량을 평균총생산비의 최저점에서 생산한다는 것인데 이것은 q_1을 생산하는데 생산요소의 결합을 가장 최저 생산비(least-cost)방법으로 생산을 한다는 것이다. 이것은 또한 가변생산요소들을 가장 효율적으로 결합하여 생산에 투입한다는 의미이기도 하다.

10.7.2 장기 균형점

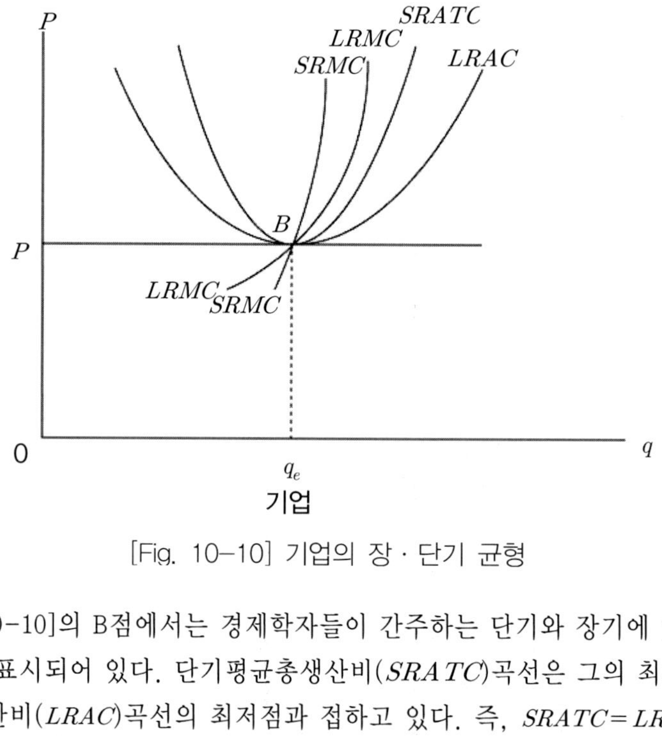

[Fig. 10-10] 기업의 장 · 단기 균형

[Fig. 10-10]의 B점에서는 경제학자들이 간주하는 단기와 장기에 있어서 기업 균형점이 표시되어 있다. 단기평균총생산비(*SRATC*)곡선은 그의 최저점에서 장기평균생산비(*LRAC*)곡선의 최저점과 접하고 있다. 즉, $SRATC = LRAC$이다. 이러한 현상은 완전경쟁시장 내에 있는 모든 기업은 가장 효율적인 시설규모(plant size)를 갖고 있으며 또한 가변생산요소를 효율적으로 결합하여 생산에 투입하고 있다는 의미이다. 다시 말해서 기업들은 최저생산비(least-cost)의 방법으로 생산요소들을 결합하며 또한 생산에 최적의 시설규모 크기를 갖고 있다는 뜻이다. 시장 내의 모든 기업들은 생산에 있어서 가장 효율적이 되도록 노력을 기울여야 하며 그렇지 않으면 손해를 입고 시장에서 퇴출될 수 있기 때문이다. 만약에 시장 내의 어느 한 기업이 다른 기업들보다 더 효율적이라면 비록 다른 기업들은 경제적 이윤을 남기지 못 할지라도 이 한 기업은 경제적 이윤을 남길 수 있을 것이다.

장기균형점에서 가격과 비용들과의 관계는 $P = SRATC = SRMC = LRAC = LRMC$이다. 이러한 관계는 완전경쟁시장의 모델이 다른 시장의 모델과 비교해서 이상적으로 높은 효율성을 지닌다는 의미이다.

10.8 완전경쟁시장의 대표적 기업과 경제적 이윤

우리는 지금까지 완전경쟁시장의 모델에 대하여 구체적이고도 세밀하게 논의하여 왔다. 완전경쟁시장에서 새로운 기업의 진입(entry)이 시작되면 완전경쟁시장 내에 존재하는 기업들의 이윤은 정상이윤(normal rate of return) 수준으로 떨어지게 된다. 그러나 우리는 상당히 경쟁적이고 또한 산업으로의 진입이나 산업으로부터의 퇴진이 상당히 자유스러운 산업 내에서 기업을 경영하는 경영자들 중 매우 많은 사람들이 상당히 부자들이라는 사실을 우리 모두는 알고 있다. 그렇다면 여지껏 우리가 논의해온 완전경쟁시장의 모델 전체를 부정하지 않고는 어떻게 이러한 일이 발생할 수가 있을까? 장기적으로 완전경쟁 하에서 어떻게 정상이윤을 초과한 이윤(보수)들이 존재할 수 있는지에 대하여 알아보기 위하여 다음의 개념들에 대하여 논의해 보자.

10.8.1 지대(Rent)와 준지대(Quasi-rent)

지대(rent)라는 개념은 우리들에게 친근하다. 우리는 우리가 사는 아파트나 빌린 토지에 대하여 지대를 지불한다. 그러나 경제학자들은 이 지대라는 용어에 대하여 특별하고도 남다른 의미를 부여하여 왔다. 첫째, 경세적지대(economic rent)란 생산요소에 대한 기회비용(또는 경제적 비용)을 지불한 후에도 추가적으로 그 생산요소에 지불한 비용을 말한다. 둘째, 준지대(quasi-rent)란 생산요소의 소유자가 단기에 있어서 그 생산요소를 생산에 공급하기 위하여 요구하는 비용이외에 추가적으로 그 생산요소에 지불되는 비용(보수)을 말한다. 지대와 준지대의 차이는 기술적인 것일 뿐 실제로 경제학자들은 이 두 개념을 막연히 혼용하고 있다. 그들은 단기에 있어서나 장기에 있어서나 지대를 생산요소에 들어가는 기회비용의 초과분으로 간주하였다. 그렇다면 경제적이윤(economic profit)보다는 경제적지대(economic rent)라는 개념이 보다 더 일반적이라고 할수 있을 것이다. 여지까지 우리는 경제적이윤을 기회비용(암묵적 비용+ 명시적 비용)을 초과한 수입으로 간주하여 왔으므로 경제적이윤(economic profit)은 다름 아닌 기업주(entrepreneur)에 대한 지대(rent)이다.

우리는 지금까지 기업주(또는 전문경영인)들은 완전경쟁시장에서는 오직 정상이윤(normal profit)만을 획득할 수 있다는 것을 보아 왔다. 왜냐하면 완전경쟁시장 내에서 만약에 경제적이윤이 발생을 하면 새로운 기업의 진입이 출현하여 정상이윤을 제외한 다른 모든 이윤들은 없애 버리기 때문이다. 그러나 어떤 생산요소들에 있어서는 지대가 존재하는 것이 가능한 일이다. 이제 이러한 가능성을 완전경쟁시장과 관련시켜 논의해 보자.

10.8.2 대표적 기업의 지대와 차액지대론(Differential Rent Theory)

우리는 지금까지 완전경쟁 하에서 비슷한 생산비 구조를 가진 많은 기업들 중에서 대표적인 한 기업에 대하여 논의를 해 왔다. 그러나 이러한 상황이 항상 현실적인 것은 아니다. 일 예로 농업분야에 있어서 어떤 한 농지가 다른 농지들보다 여러 면에 있어서 훨씬 우수한 농지라고 하자. 즉, 이 농지는 다른 농지에 비하여 흙의 질도 비옥하고 강우량도 적당하게 알맞으며 기후도 농사에 아주 알맞는 그러한 곳에 위치하고 있다는 뜻이다 이러한 모든 상황들은 그 농지를 소유한 농부가 농사를 짓는 생산비에 영향을 미칠 것이다. 다시 말해서 비교우위를 갖고 있는 농지는 다른 농지들에 비해 경제적지대(economic rent)가 존재할 수 있다는 것이다. 중요한 사실은 경제적 지대가 우리가 지금까지 논의해온 완전경쟁시장의 이론을 약화시키지는 않는다는데 있다. 1817년 영국의 고전파 경제학자인 리카르도(David Ricardo)는 차액지대론(differential rent theory)의 개념으로 완전경쟁시장의 이론과 지대의 존립성에 대해서 조화로운 설명을 하였다.

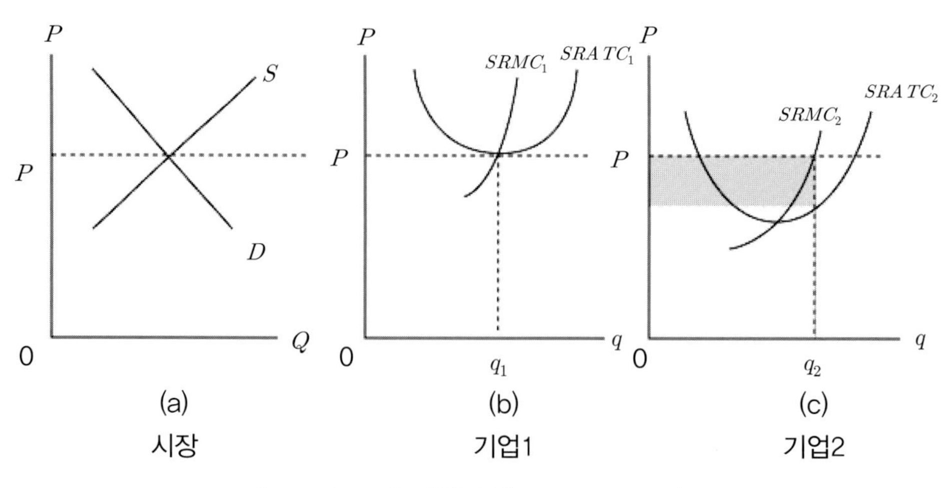

[Fig. 10-11] 차액지대(differential rent)

[Fig. 10-11]의 (a)는 완전경쟁시장의 수요와 공급곡선에 의한 시장균형가격(P)이 나타나 있다. (b)의 기업1은 경제적이윤이 0(zero)임을 나타내고 있다. (C)의 기업2는 회색 부분만큼의 경제적이윤이 나타나 있다. 이와 같은 경제적 이윤은 이전의 예와 같이 기업2가 기업1보다 더 비교우위에 있는 비옥한 농토를 경작함으로 인해서 나타난 사실이다. 기업2는 결과적으로 감소된 생산비 때문에 이러한 경제적 이윤이 발생한 것인데 그림(c)에 나타나 있다. 더 비교우위에 있는 비옥한 농토를 농사짓는 기업2는 경제적 이윤이 발생하는 이유로 앞으로도 계속하여 더 이 비옥한 농토를 농사짓기 위하여 농토의 소유주에게 이전보다도 더욱 더 높은 대가를 치르려 할 것이다. 이러한 대가는 기업2의 생산비가 되어 기업2의 평균총생산비($SRATC_2$)곡선을 윗쪽으로 이동시킬 것이다. 이와 같이 인상된 대가가 다름 아닌 지대인데 지대가 오름에 따라서 기업2의 평균총생산비($SRATC_2$)곡선도 위쪽으로 이동하여 회색 부분인 경제적이윤이 없어질 때까지 상승할 것이다. 다시 말해서 생산요소에 대한 차액지대의 발생은 더 생산적인 생산요소에 대한 지대가 상승함으로 인해서 산업내의 기업들간에 평균생산비가 동일하게 되도록 하는 원인이 된다. 만약에 기업2가 운영하는 농토의 소유주가 그 농토를 소유만 하고 기업2에게 임대를 안 하고 있다면 이 또한 임대료에 대한 기회비용을 잃고 있는 것이다. 위에 설명한 차액지대론의 요지는 완전경쟁산업 내의 기업들 중에서도 정상보수율(normal rate of return)보다도 높은 경제적 이윤을 남길수 있는 기업이 나타날 수 있다는 것이다. 그러나 이전보다도 더 인상된 여분의 대가를 생산요소에 새로이 더 지불하려 한다는 의미에서 경제적 이윤이라기보다는 경제적 지대라는 의미가 더 좋을 듯하다. 많은 경우에 있어서 기업의 전문경영인들(entrepreneurs)이 기업의 실제 소유자(owner)인 상황 때문에 그 결과로 마치 지대가 경제적이윤처럼 비춰졌다. 실제로 전문경영인들은 오래 동안 그들의 특별한 능력을 부단히 숙련시켜 왔고 이러한 특별히 숙련된 능력들이 회사의 기초를 형성해 왔다. 이와 같이 특별히 숙련된 능력에 대한 보수는 특별히 숙련된 생산요소(노동)에 대한 지대(rent)이지 경제적 이윤(economic profit)이 아니다라는 것이 차액지대론의 의미이다.

10.9 완전경쟁산업과 최고가격(Ceiling Price)

우리가 지금까지 논의해 온 완전경쟁시장에 대한 개념과 최고가격이라는 정부의 정책이 어떤 관계를 맺고 있는지 논의해 보려고 한다. 이 논의를 위해 아래와 같은 두 가지의 가정을 하려고 한다.

가정: 1) 소매의 주택시장에 있어서 소비자들의 주택수요 곡선은 탄력적이다.

2) 주택산업은 완전경쟁산업이며 생산비증가 산업이다.

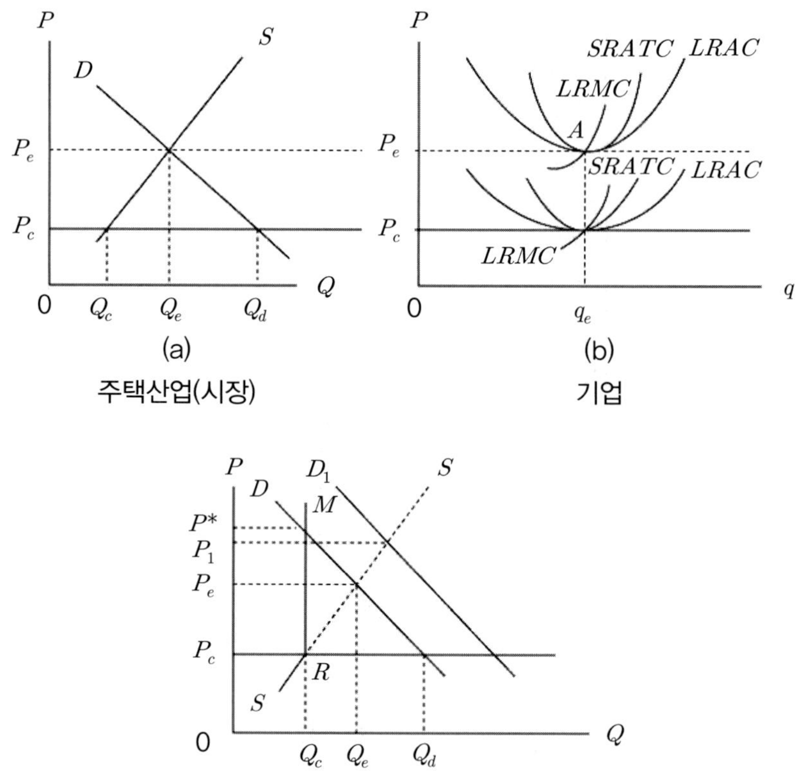

(a) 주택산업(시장) (b) 기업

(c) 소매 주택시장

[Fig. 10-12] 최고가격(ceiling price)과 완전경쟁산업

[Fig. 10-12]의 (a)에는 주택산업의 수요곡선(D)과 공급곡선(S)이 나타나 있고 수요곡선(D)은 주택소비자들의 주택에 대한 수요곡선이다. 또한 시장의 균형가격인 P_e와 균형수급량인 Q_e가 나타나 있다. (b)에는 이 산업내의 한 기업의 생

산비곡선들이 나타나 있고 이 한 기업은 최초에 A점에서 균형을 이루고 생산에 참여하고 있었으며 균형생산량은 q_e이다. (C)에는 실제로 주택의 매매가 이루어지는 소매의 주택시장 상황을 나타낸 것이다. 그러나 최초의 균형가격 P_e와 Q_e는 그림(a)와 동일할 것이다(그러나 실제로는 소매시장의 가격이 좀 더 높을 수도 있다) 만약에 정부가 주택산업에 그림(a)의 P_c와 같이 최고가격(ceiling price)을 부과하면 기업은 손해를 입게 될 것이고 몇몇 기업들은 산업을 떠나게 될 것이다. 우리는 주택산업이 생산비증가 산업이라고 가정하였으므로 이 산업으로부터의 기업의 퇴진과 따라서 감소한 주택의 공급량은 주택에 투입되는 생산요소의 가격을 하락시킬 것이다. 따라서 그림(b)에서처럼 이 기업의 생산비 곡선들은 모두 아래로 이동(shift)할 것이다. 그러나 산업 내에 남아 잇는 기업들은 역시 $(0 \sim q_e)$의 산출량을 생산할 것이다. 그러나 산업내의 기업의 수는 감소하였으며 어느 기업도 경제적 이윤을 남기지 못하고 있다. 또한 소매의 주택시장에서는 가격하락으로 인하여 수요가 증가하여 수요곡선이 그림(c)에서처럼 D에서 D_1으로 우상향으로 이동할 수도 있다. 이제 최고 가격이 주택산업에 부과된 이후의 총공급량은 Q_c가 될 것이며 이는 그림(a)와 (c)에 나타나 있다 그림(a)에서 부족한 주택량 $(Q_c \sim Q_d)$는 할당제 등의 대책을 산업이나 정부가 마련해야 될 것이다. 어쨋든 최고가격이 부과된 이후에 그림(c)에서 보면 이제 주택의 공급곡선은 S가 아니라 SRM이 되어 주택가격은 P_1보다도 높은 P^*가 되었다. 따라서 최고가격이 주택산업에 부과된 이후에는 소비자들은 더 적은 소비량을 예전보다도 더 높은 가격에 소비하게 되었으며 우리가 가정했듯이 만약에 소매의 주택시장이 탄력적이라면 주택판매업자들의 총수입도 감소할 것이다.

요약

1. 완전경쟁시장의 특징들은 다수의 판매자와 구매자가 있다는 것과 동질의 재화를 생산한다는 것과 산업으로의 진입이나 또는 산업으로부터의 퇴진이 자유스럽다는 것과 시장에 대한 완전한 정보나 지식을 누구나 공유할 수 있다는 것과 한 산업으로부터 다른 산업으로의 노동의 이동이 자유롭다는 것이다.

2. 완전경쟁시장내의 한 기업이 직면하고 있는 수요곡선은 시장에서 정해진 균형 가격에 의하여 정해지며 완전 탄력적인 수요곡선이다.

3. 완전경쟁시장에서의 기업의 단기공급곡선은 소위 조업중단점(shut-down point)이라고 불리는 기업의 단기평균총생산비 곡선의 극소점에서 시작하여 위쪽으로 향한 단기 한계생산비곡선이다.

4. 시장의 수요변화에 적응하는 장기적 반응은 산업의 생산비 특징에 따라 다르다. 완전경쟁시장에서는 시장으로의 진입이 쉽기 때문에 경제적이윤이 존재하는 한 추가적으로 기업들이 시장에 진입한다. 장기에 있어서 수요의 증가에 의하여 야기된 경제적이윤은 결과적으로 새로운 기업들의 시장진입을 유도한다.

5. 장기적으로 보면 산업은 생산비불변 산업과 생산비증가 산업, 생산비감소 산업으로 나눌 수가 있는데 이들의 장기적 공급곡선의 기울기는 생산비불변일 경우는 완전 탄력적이며 생산비증가일 경우는 우상향하고 생산비감소일 경우는 우하향하고 있다.

6. 완전경쟁시장이 다른 시장에 비하여 효율성이 있다고 하는 것은 단기와 장기에 있어서 균형점이 $P = SRATC = SRMC = LRAC = LRMC$의 관계에 있다는 사실이다.

7. 이윤은 경제모델이 효율을 추구하도록 하는 힘이 있다. 기업은 효율성을 추구하는 것이 아니라 이윤을 추구한다. 이와 같은 이윤추구는 완전경쟁시장의 모델을 특징화하는 효율성을 불러오게 한다.

8. 경제적지대(economic rent)는 생산요소에 지불되는 기회비용(또는 생산요소의 공급비용)보다 이상의 보수가 생산요소에 지불되는 비용이며 준지대

(quasi-rent)는 단기적인 의미의 지대(rent)를 정의하기 위한 용어로서 생산요소를 공급하는 공급자가 받기를 원하는 보수 이상으로 요소공급자에게 지불되는 비용을 말한다.

9. 완전경쟁 기업도 경제적 이윤을 얻을 수 있다. 그러나 이러한 보수(return)는 경제적 이윤이라기보다는 그 기업에 있어서 어떤 특별한 생산요소에 대한 지대(rent)로 간주된다.

중요 용어

완전경쟁(pure competition)
시장의 힘(market power)
대표적 기업
장기공급곡선
생산비불변 산업
생산비감소 산업
회계상이윤
준지대(quasi-rent)
이윤극대화
정상이윤
가격수용자(price taker)
평균수입
단기공급곡선
조업중단점
생산비증가 산업
경제적이윤
경제적지대(economic rent)
시장균형가격
한계수입
차액지대

연습문제

1. 생산비증가 산업에 있어서 단기의 공급곡선의 활용에 의하여 어떻게 산업의 장기공급곡선이 형성되는지 설명하시오.

2. 생산비가 감소하는 산업에 있어서 대표적인 완전경쟁기업의 균형점을 단기와 장기에 있어서 그래프를 그리고 또한 시장에서 수요가 감소할 때에 단기와 장기에 있어서 어떻게 변화하는지 그래프로 그려서 설명하시오.

3. 만약에 쌀값이 오르지 않으면 쌀농사를 짓는 농부들은 수지타산을 맞추기 어려울 것이나 장기적으로 보면 쌀 가격은 오를 것이라는 명제에 대하여 논하시오.

4. 왜 이윤극대화가 효율성을 추구하게 되는지 설명하시오.

5. 어떤 상황에서 산업의 장기공급곡선은 우상향 하는지 설명하시오.

6. 왜 단기에 있어서 생산자가 손해를 입고 있는 상황인데도 생산을 계속하는지 설명하시오.

7. 완전경쟁하에서 장기균형점이 $P=SRATC=SRMC=LRAC=LRMC$인 관계가 있음은 무엇을 뜻하는지 설명하시오.

8. 왜 좋은 위치를 차지하고 있는 휘발유 주유소는 “완전경쟁 하에서 새로운 주유소의 시장진입은 경제적 이윤을 0(zero)으로 만든다”는 명제를 무너뜨릴 수 있는지 설명하시오.

읽어보기 10-1

David Ricardo (1772~1823)

David Ricardo may have been the most influential of all the classical economists. Born in London to Dutch-Jewish parents, he entered his father's stockbrokerage firm at the age of 14. Seven years later he married a Quaker and became a Christian. He did this against the wishes of his family, and, as a result of their disapproval of his wife, he started his own business. By age 25 he had amassed a sizable fortune.

In 1799, while he was on vacation, Ricardo picked up a copy of Adam Smith's The Wealth of Nations because he was bored. He was immediately attracted to economic theory by the power of Smith's analysis. Despite his lack of formal education, he quickly became a leading intellectual of his time. His experience is in contrast to that of almost all the other classical economists who had pursued rigorous programs of formal education. In 1814 Ricardo retired to devote his time to political economy. In 1819 he became a member of Parliament and, with the help of James Mill (father of the great economist John Stuart Mill), founded the Political Economy club of London. this club became the forum in which the classical economists discussed their ideas.

Ricardo was a prolific writer of letters and pamphlets intended to influence policy discussions on economic matters. His chief formal work, On the Principles of Political Economy and Taxation, was published in 1817. He is best remembered for his statements on the principles of comparative advantage and his support of free trade, which are only a part of his comprehensive work. In fact, much of his early interest in economics was generated by his interest in international trade and his interest in showing the benefits of such trade. Ricardo also develped a labor theory of value which greatly impressed Karl Marx, who extended and radicalized Ricardo's theory. Ricardo developed the differential rent theory presented in this chapter.

(자료: Principle of Economics, Amacher · Ulbrich, South-Western Publishing Co. 3rd Ed. 1986)

10-1 요약해설

리카르도는 고전파 경제학자중 가장 영향력이 있는 사람이었다. 네덜란드인과 유태인 부모사이에서 태어난 리카르도는 14살에 그의 아버지가 운영하는 주식연계 회사에 들어갔으며 21살에 그의 부모가 반대하는 결혼을 하고 기독교 신자가 되었다. 그런 이유로 그는 그의 아버지 회사를 떠나 25살에는 홀로 큰 부자가 되었다. 1799년 휴가 중에 우연히 아담스미스의 국부론을 보게 된 그는 경제학에 심취하게 되었다. 그는 교육은 별로 못 받았지만 금방 유명인이 되었고 그의 경력은 교육을 많이 받은 다른 고전파의 경제학자들과는 대조적이었다. 그는 1814년에 은퇴하여 정치 경제학에 전념하였고 1819년에는 그 유명한 밀(John Stuart Mill)의 아버지인 James Mill의 도움을 받아 런던에 정치경제학 클럽을 세웠다. 1817년에 그는 "정치경제학과 세금에 대한 원론"을 출간하였다. 그는 비교우위와 자유무역 이론으로 유명하며 또한 노동가치설의 이론발전에도 기여하였는데 이는 후에 마르크스(Karl Marx)에게 큰 영향을 주었다.

제11장

독점시장
(Monopoly Market)

11.1 수요곡선과 한계수입곡선

11.2 독점균형의 의미

11.3 독점자의 공급곡선

11.4 독점자의 이윤과 손실

11.5 독점기업과 가격차별

11.6 이윤극대화 이외의 기업목적

11.7 독점에 대한 오류와 진실

11.8 한계수입(MR)과 수요의 가격탄력성(Ed)과의 관계

11.9 독점의 장 · 단기 균형

11.10 독점의 사회적 비용

11.11 독점자의 시장차별화와 복수시설

11.12 독점의 가격규제(Monopoly Price Regulation)

11.13 독점의 세금규제(Monopoly Tax Regulation)

- 요 약
- 중요 용어
- 연습문제

독점(monopoly)이란 뜻의 어원은 그리스어의 mono(one ; 하나)라는 뜻과 polein (seller ; 판매자)이라는 뜻에서 유래되었다고 한다. 가까운 대체재가 존재하지 않는 오직 한 사람의 판매자로서만 이루어진 순수한 의미의 독점은 그 예가 흔하지는 않다. 그러나 순수한 독점과 비슷한 경제적인 영향을 갖고 있는 종류의 기업들은 현실에서도 꽤 찾아볼 수 있는데 우리는 이러한 기업들은 독점력(monopoly power)을 가지고 있다고 한다. 독점자(monopolist)는 가격탐색자(price searcher)이다. 가격탐색자란 이윤을 극대화하기 위해서 가격을 설정하는 자를 말한다. 가격을 탐색할 수 있는 기업은 독점력을 가지고 있다. 독점적인 기업은 왼쪽으로 기울어진 시장수요곡선에 접하고 있다. 따라서 독점기업은 더 많은 재화를 시장에 판매하려고 한다면 독점기업이 생산하거나 판매하는 재화의 가격을 낮추어야 한다. 전 장에서 우리는 순수경쟁기업은 완전탄력적인 수요곡선에 접하고 있는 것을 보았다. 따라서 그 경우에 가격과 평균수입과 한계수입이 같다는 사실을 보았다. 그러나 독점기업은 단독판매자이자 산업이기 때문에 왼쪽으로 기울어진 시장수요곡선에 접하고 있다는 사실은 독점기업과 완전경쟁기업과의 중요한 차이점이다. 독점기업이 더 많은 재화를 판매하기 위하여서는 재화의 판매가격을 낮추어야 한다는 사실은 기하학상으로 한계수입(MR: Marginal Revenue)곡선이 평균수입(AR: Average Revenue)곡선보다 아래에 놓여 있다는 뜻이다. 아래의 표를 참고해 보자.

11.1 수요곡선과 한계수입곡선

수요(Demand)와 한계수입(Marginal Revenue)과의 관계

〈표 11-1〉 수요와 한계수입

판매량(Q)	가격(AR)	총수입(TR)	한계수입(MR)
1	64원	64원	64원
2	63	126	62
3	62	186	60
4	60	240	54
5	58	290	50
6	$56\frac{1}{2}$	339	49
7	55	385	46
8	52	416	31
9	47	423	7
10	40	400	−23

〈표 11-1〉의 관계는 기하학상 아래의 그래프로 나타낼 수 있다.

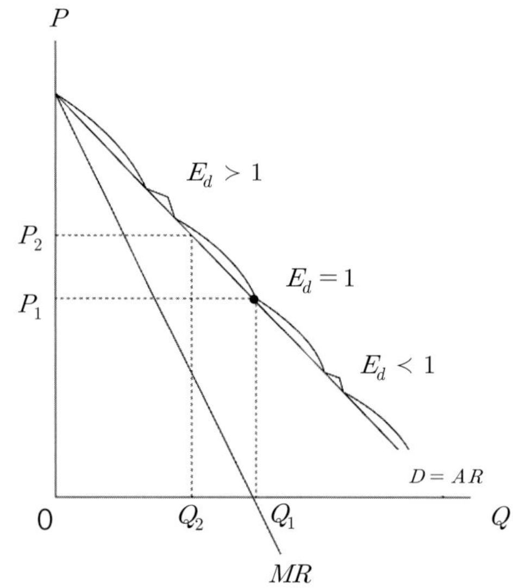

[Fig. 11-1] 수요와 한계수입

우리는 이미 탄력성과 총수입과의 관계를 논의한 바 있다. 또한 직선의 수요곡선에 대한 탄력성도 논의한 바 있다. 이제 그와 같은 논의를 한계수입과 독점기업과의 관계에 적용시켜보자. 수요가 비탄력적일 때 재화의 가격이 떨어지면 이것은 총수입에 한계적으로 추가되는 증가분이 음(-)의 값을 갖는다는 것을 의미한다. 즉, 한계수입(MR)이 음(-)의 값을 갖는 다는 의미이다. [Fig. 11-1]에서 가격이 P_1 이하로 떨어지면 한계수입이 음(-)의 값을 가지기 때문에 총수입은 감소한다. 이 결과는 수요곡선의 비탄력적인 부분과 상응한다. 반대로 가격이 P_2에서 P_1으로 하락하면 총수입은 증가를 하게 되는데 이때의 수요곡선의 탄력성은 탄력적인 부분에 상응한다. 즉, [Fig. 11-1]이 갖는 중요한 의미는 한계수입(MR)곡선은 원점과 수요곡선 ($D = AR$) 이 Q축과 교차하는 교차점과의 거리의 중간점을 통과한다는 사실이다. 아래의 기하학적 증명을 참고하자.

【기하학적 증명】

증명 1) : 한계수입(MR)곡선의 도출

$$\text{총수입}(TR) = \sum MR = MR \text{ 곡선 아래의 면적}$$

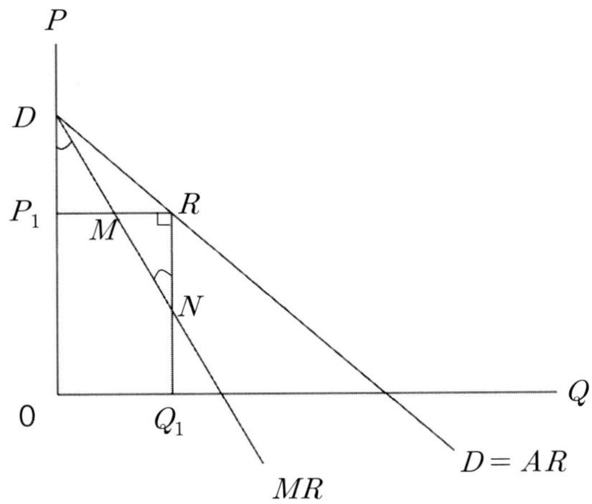

P_1가격에서

$$TR = OP_1RQ_1 = \Sigma MR = ODNQ_1$$

$$\therefore\ \triangle DP_1M \equiv \triangle MRN$$

$$\therefore P_1M = MR$$

증명 2): 한계수입(MR)곡선의 도출

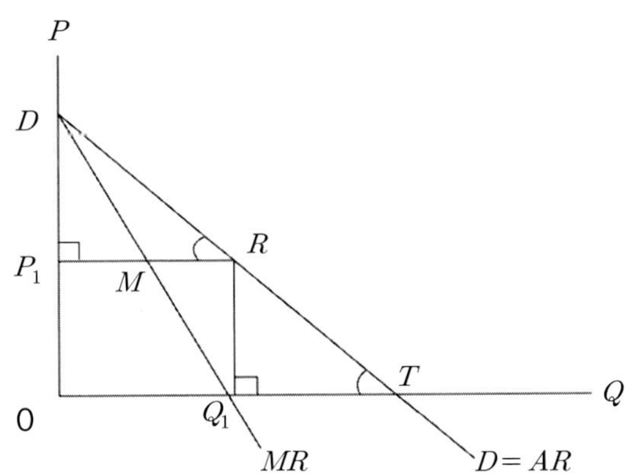

P_1가격에서

$$TR = OP_1RQ_1 = \sum MR = \triangle ODQ_1$$

$$\therefore \triangle P_1DM \equiv \triangle Q_1MR$$

$$\therefore P_1D = Q_1R = OP_1$$

$$\therefore OQ_1 = Q_1T \quad \text{or} \quad \triangle P_1DR \equiv \triangle Q_1RT$$

위의 기하학상의 증명결과 중요한 의미는 독점기업이나 또는 독점자들은 한계수입(MR)이 양(+)의 값을 갖는 부분을 선호한다는 것인데 이때의 수요곡선은 탄력적인 부분이다.

독점시장 내에서 만약에 어떤 한 기업이 다른 기업에 비하여 월등한 크기로 규모의 경제 현상이 발생한다면 이 기업은 시장 내의 다른 기업보다도 상품의 가격을 다른 경쟁기업보다도 훨씬 싼 값에 판매를 하여 그들의 고객을 확보할 수 있을 것이며 따라서 종국에 가서는 시장을 석권할 수 있을 것이다. 이와 같은 방법으로 산업 내에 오직 하나의 거대한 기업만이 출현을 하게 된다면 우리는 이러한 기업을 "자연독점(natural monopoly)"이라고 부른다. 보통 이러한 자연독점 기업은 정부에 의하여 규제를 받게 되는데 일반적으로 흔한 현상은 아니다. 만약에 이러한 자연독점의 출현이 희귀한 현상이라고 한다면 우리의 현실 경제에서 존재하고 있는 독점력(monopoly power)의 출현은 기본적으로 인간들이 인위적으로 만든 장벽에 의하여 만들어진 것이라고 할 수 있겠다.

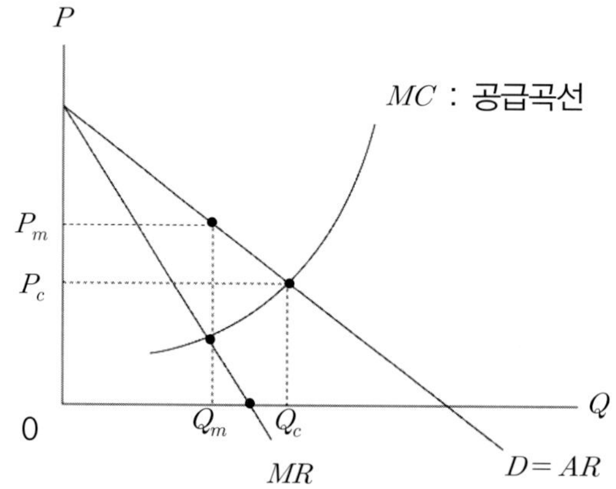

[Fig. 11-2] 독점과 완전경쟁

[Fig. 11-2]에서 독점자(monopolist)는 단기에 있어서 이윤을 극대화시키는 조건인 $MR=MC$에서 P_m의 가격에서 Q_m의 생산량을 소비자들에게 판매할 것이다. 만

약에 위의 상황이 완전경쟁시장 아래서의 상황이라면 생산자들은 P_c의 가격에서 Q_c의 생산량을 소비자들에게 판매하였을 것이다. 독점시장으로의 새로운 기업의 진입은 거의 불가능한 상황이므로 독점시장내의 소비자들은 그들이 원하는 만큼의 소비량을 충분히 얻을 수 없을 뿐만이 아니라 구매하는 가격 또한 비싼 것이다. 이와 같이 독점자들은 생산량을 제약하는 역할도 한다. 즉 독점시장은 완전경쟁시장에 비하여 더 적은양의 재화를 더 높은 가격에 소비자들에게 강제로 판매하는 경향이 있다.

11.2 독점 균형의 의미

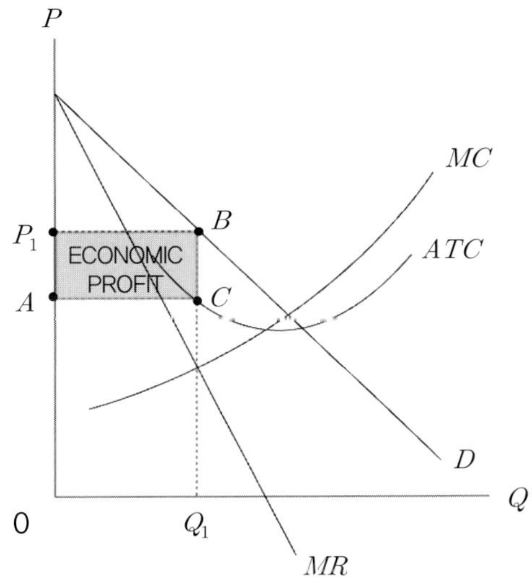

[Fig. 11-3] 독점균형

[Fig. 11-3]에는 독점자(monopolist)의 균형상태가 나타나있다. 즉, 이윤을 극대화 하려는 독점자는 $MR=MC$라는 조건에서 Q_1만큼의 생산량을 P_1이라는 가격으로 소비자에게 판매하려고 한다. 따라서 총수입(TR)은 OP_1BQ_1이고 총비용(TC)은 $OACQ_1$이므로 독점자는 AP_1BC만큼의 경제적이윤(economic profit)을 얻게 된다.

[Fig. 11-3]에서

1) $P_1 > ATC$: 이 의미는 독점자가 경제적 이윤을 얻고 있다는 의미이다.

2) $P_1 > MC$: 이 의미는 독점자가 생산하는데 들어가는 기회비용보다 소비자가 생산물에 지불하는 가치(비용)가 더 높다는 의미이다.

3) $ATC > MC$: 이 의미는 독점자가 생산하는 생산량 Q_1이 생산요소들을 결합하는데 있어서 최소의 생산비(least-cost)로 생산을 하고 있지 않다는 의미이다.

11.3 독점자의 공급곡선

독점기업은 완전경쟁기업의 한계생산비곡선이 공급곡선인 것과 같은 공급곡선을 가지고 있지 않다. 공급곡선은 어떤 가격에서 얼마만큼의 생산량이 공급될 것인가를 보여준다. 즉, 공급곡선을 만들기 위해서는 주어진 어떤 특정한 가격에서 기업이 수요와는 관계가 없이 어떤 주어진 특정량을 공급할 것이라는 관계를 보여주는 것이 필수적이다. 그러나 독점기업은 그 자신이 이윤이 극대화되는 곳에서 가격을 결정하기 때문에 어떤 가격에서 얼마만큼의 생산량을 공급할 것인가를 독점기업에 묻는 것은 의미가 없다. 왜냐하면 독점기업에게는 한계수입과 한계비용이 동일한 $MR = MC$에서의 이윤극대화는 수요곡선의 위치와 모양에 따라서 다르기 때문이다.

예 1)

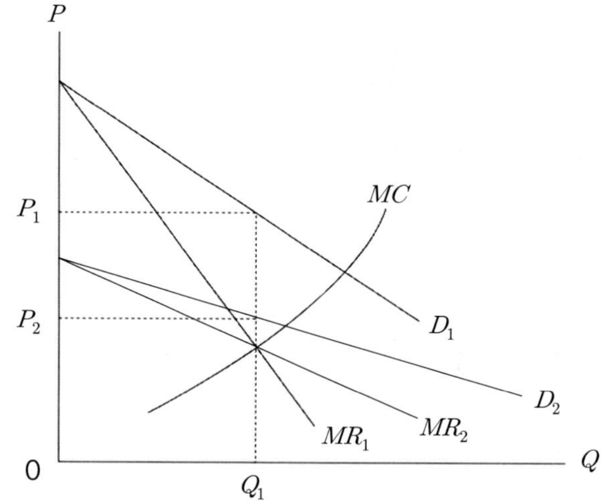

[Fig. 11-4] 한 생산량 - 두 가격

[Fig. 11-4]에는 하나의 생산량 Q_1에 부합하는 두개의 가격 P_1과 P_2가 나타나

있다. 같은 질의 생산물일지라도 시장의 위치에 따라서 수요곡선은 위와 같이 서로 다른 형태를 나타낼 수 있다. 수요곡선 D_1과 D_2로부터 도출된 한계수입곡선 MR_1과 MR_2는 같은 수준의 생산량에서 독점자의 한계생산비(MC)곡선과 교차하고 있다.

예 2)

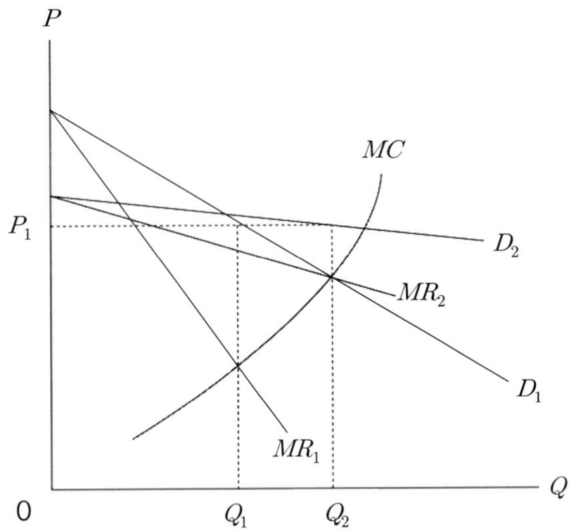

[Fig. 11-5] 두 생산량 – 한 가격

[Fig. 11-5]에는 하나의 가격 P_1에 부합하는 두개의 생산량 Q_1과 Q_2가 나타나 있다. 서로 다른 두 수요곡선 D_1과 D_2로부터 도출된 MR_1과 MR_2가 독점자의 한계생산비(MC)곡선과 서로 다른 두 점에서 만나고 있다. 따라서 독점자의 이윤을 극대화하는 생산량은 Q_1과 Q_2의 두 생산량이다.

따라서 [Fig. 11-4]와 [Fig. 11-5]에서 보았듯이 우리는 독점자의 공급곡선을 나타낼 수가 없다. 그러므로 독점자는 공급곡선을 갖지 않는다.

11.4 독점자의 이윤과 손실

독점기업이라고 해서 언제 어디서나 반드시 이윤을 남기는 것은 아니다. 만약에 정부가 어떤 재화의 생산과 판매에 있어서 여러분들에게 절대적으로 순수한 독점권을 보장한다고 해도 여러분들은 손해를 입을 수가 있다. 이와 같이 독점자가 손해를 입는 경우는 독점자가 설정한 가격이 너무 비싸거나 또는 시장에서의 수요가 불충분한 경우 등으로 알려져 있다.

예 1)

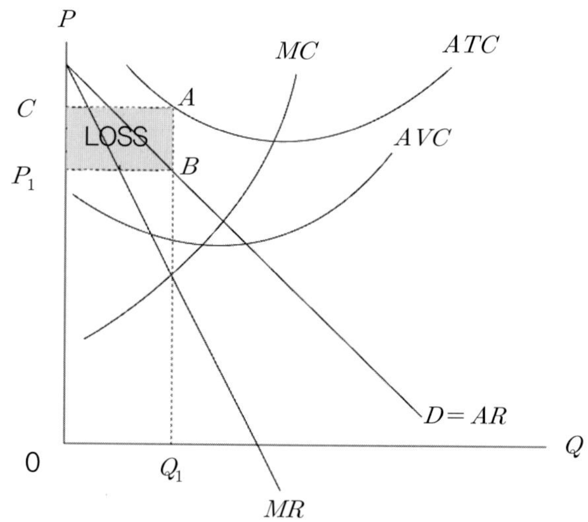

[Fig. 11-6] 독점기업과 손실

[Fig. 11-6]에는 독점기업이 손실을 입고 있는 것이 나타나 있다. 독점기업은 이윤극대화의 가격인 P_1에서 Q_1의 생산량을 시장에 공급하고 있다. Q_1의 생산량에서 독점기업의 평균총생산비는 단위당 Q_1A이다. 따라서 독점기업은 사각형 P_1CAB만큼의 손해를 입고 있다. 수요곡선이 평균총생산비(ATC)곡선보다 아래에 있으므로 독점기업은 손실을 피할 방법이 없다. 그렇다면 이렇게 손실을 입으면서까지 독점기업은 생산을 계속할 것인가 하는 것이 문제다. P_1의 가격이 평균가변비용(AVC) 보다 상위에 있으므로 독점기업은 단기에 있어서는 생산을 계속할 것이다. 그러나 장기적으로 보면 수요가 증가하지 않는 한 이 독점기업은 이 사업에서 손을 뗄 것이다. 독점기업이 손해를 입는다는 것은 그들이 투입한 생산요소들이 기회비용의 가치도 얻지 못한다는 의미이다.

예 2)

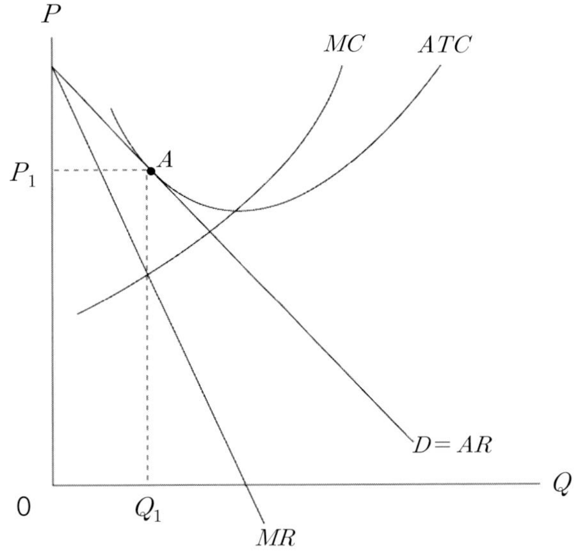

[Fig. 11-7] 독점기업과 정상이윤

독점기업이 손해를 입을 수 있는 것처럼 독점기업은 정상이윤(normal profit)을 얻을 수도 있다. [Fig. 11-7]은 이러한 경우를 보여주고 있다. 독점기업은 Q_1의 생산량을 시장에 공급하고 P_1의 가격을 요구할 것이다. 독점기업의 총수입(TR)은 사각형 OP_1AQ_1인데 이것은 총생산비(TC)와 동일하다. 따라서 이럴 경우에는 독점기업은 오직 기회비용만을 획득하고 있는 상황이므로 다른 기업들이 이 독점시장으로 진입할 동기가 없을 뿐만이 아니라 이 독점기업 또한 시장을 떠날 특별한 이유는 없다할 것이다. 우리는 독점기업은 항상 이윤을 남길 수만은 없는 것이며 실제로 독점기업은 종종 손해를 입고 시장을 떠나기도 한다. 따라서 독점기업은 그들이 원하는 가장 높은 가격을 시장에서 항상 요구할 수만도 없다 하겠다.

11.5 독점기업과 가격차별(Price Discrimination)

지금까지 우리가 독점자의 행동을 분석하는데 있어서 독점자들은 모든 소비자들에게 동일한 가격을 요구하거나 또는 한 소비자에게 판매되는 모든 재화에 대하여 동일한 가격을 요구하는 것으로 가정해왔다. 그러나 만약에 이와는 반대로 독점자들이 서로 다른 소비자들에게 서로 다른 가격을 요구하거나 또는 구매하는 재화의 양에 따라서 서로 다른 특정 소비자들에게는 서로 다른 가격을 요구한다면 이것은 독점자들이 가격차별을 실행한다고 말할 수 있다. 이와 같은 독점자의 가격차별이 성공한다면 이것은 독점자의 또 하나의 이윤의 원천이 될 것이다. 우선 독점자가 한 소비자에게 가격차별을 하는 경우를 알아보자.

11.5.1 소비자 잉여(Consumer Surplus)

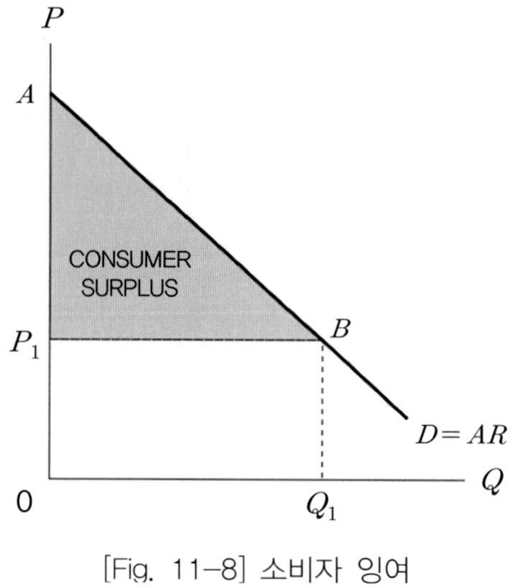

[Fig. 11-8] 소비자 잉여

[Fig. 11-8]에는 소비자가 어떤 재화를 P_1의 가격에서 Q_1의 양을 구매하는 경우를 나타낸다. 우리는 소비자들의 만족이 극대화되기 위해서는 어느 한 재화에 소비되는 마지막 1단위의 화폐가 주는 한계효용(MU)이 또 다른 어떤 재화들에 소비되는 마지막 1단위의 화폐가 주는 한계효용과 동일해야 된다는 사실을 알고 있다. 이것은 한계효용체감의 법칙에 의하여서도 먼저 구매한 재화들의 1단위가 주는 한계효용이 마지막으로 구매한 Q_1의 1단위에 지불한 화폐가격보다도 크다는 의미이다. 따라서 소비자들은 Q_1의 소비량까지 사기 이전

에는 P_1보다 더 높은 가격을 지불할 의사와 능력이 있었다. 그러므로 [Fig. 11-8]의 P_1가격에서는 소비자들은 효용이라는 덤을 P_1AB만큼 받았다고 할 수가 있다. 우리는 이와 같이 소비자가 얻은 여분의 효용을 소비자 잉여라 한다. 따라서 소비자 잉여란 소비자가 받은 총효용(TU)인 $OABQ_1$에서 소비자가 지불한 총지출(TE)인 OP_1BQ_1을 제외한 부분이다.

11.5.2 가격차별

또한 독점자들은 소비자들에게 서로 다른 구매량에 따라서 서로 다른 가격을 요구하는 가격차별 정책을 시도 할 수도 있다.

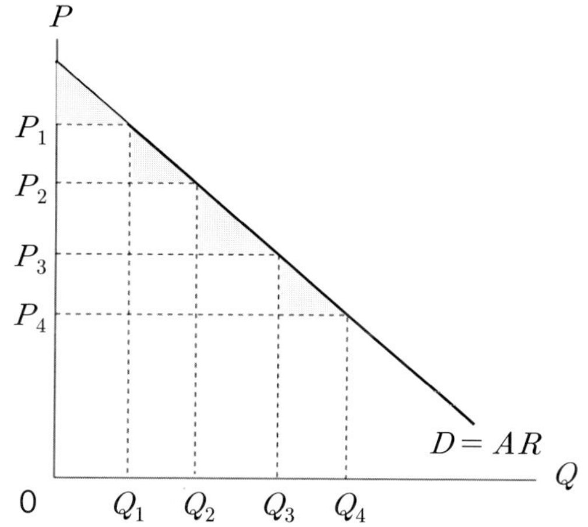

[Fig. 11-9] 가격차별적 소비자 잉여

[Fig.11-9]에는 소비량의 차이에 따른 서로 다른 가격을 요구하는 독점자의 가격차별 정책이 나타나 있다. 즉, 독점자는 Q_1의 수요량까지는 P_1의 가격에 팔고,$(Q_2 \sim Q_1)$의 양은 P_2의 가격에 팔고, $(Q_3 \sim Q_2)$의 양은 P_3의 가격에 팔고 $(Q_4 \sim Q_3)$의 양은 P_4의 가격에 팔기를 원한다. 만약에 [Fig. 11-9]와 같은 가격차별적인 정책을 독점자가 시행한다면 그래프에서도 보이는 바와 같이 대개의 소비자 잉여는 독점자에게 빼앗겨서 독점자의 수익으로 돌아 갈 것이다. 이와 같은 가격차별적인 판매의 예는 우리가 빵을 살 때에 1개에는 50원을 판매자가 요구하지만 2개를 살 때에는 75원을 요구하는 경우와도 같겠다. 또한 이와 같은 가격차별 정책은 완전(순수)경쟁시장에서는 결코 발생하지 않고 독점적 경쟁시장이나 과점시장에서는 발생할 수가 있다. 만약에 독점시장에서 판

매되는 재화에 대하여 아주 질 좋은 대체재들이 시중에 존재한다면 가격차별은 발생하기 어렵다 하겠다.

또 다른 형태의 가격차별은 독점자가 시장을 분리할 수 있어서 서로 다른 소비자 집단에게 서로 다른 가격을 요구할 수 있을 때이다. 시장을 분리할 수 있다는 의미는 물건 값이 싼 시장에서 물건을 구매하여 물건 값이 비싼 시장에다가 재판매(resale)를 할 수가 없다는 의미이다. 이와 같은 시장분리가 가능하다면 독점자들은 서로 다른 두 시장에서 서로 다른 수요의 탄력성에 기인하여 가격의 차별을 시도할 수가 있다. 이때에 독점자들은 각 시장에서 한계수입(MR)이 동일하게 되도록 판매를 시행하는 것이 독점자의 총수입(TR)을 극대화시키는 방법이 될 것이다. 따라서 독점자는 한계수입이 가장 큰 시장으로부터 판매를 시작하여 최종적으로 모든 시장에서의 한계수입이 동일하게 되도록 하는 것이 독점자의 총수입을 극대화 시키는 방법이라 하겠다. 이와 같은 형태의 가격차별이 더 보편적이라 할 수가 있는데 실 예로 서점들이 학생들 보다는 교수들에게 책값을 더 싸게 받는다든가 또는 항공회사가 휴가 가는 사람이나 학생들보다 회사를 운영하는 비즈니스맨들에게 보다 높은 운임을 받는다든가 또는 의사들이 똑 같은 의료시술을 하면서도 가난한 사람들에게는 더 낮은 의료보수를 받는 것들이 있다. 앞에서도 언급하였듯이 위의 예와 같은 경우 서로 다른 수요의 탄력성을 가진 서로 다른 소비자 집단으로 나눌 수가 있어야 하며 또한 독점자는 시장들 사이에서 소비자들이 재화를 이동시켜서 재판매를 할 수 없도록 할 수 있어야 한다. 이와 같은 가격차별 정책을 쓰는 판매자들은 종종 자기들이 어떤 한 특정 집단을 돕기 위하여 가격차별 정책을 쓴다고 정당화하고 있다. 예를 들면 의사들은 가난한 사람들을 돕기 위하여 가난한 사람들에게는 의료비를 더 싸게 받는 가격차별정책을 쓰고 있다고 정당화 하고 있다. 또 어떤 판매자들은 우리는 학생이나 노인들을 돕기 위하여 그들에게는 더 낮은 가격을 받고 있다고 주장하기도 한다. 그러나 판매자의 입장에서 보면 가격차별은 판매자의 이윤을 증가시키게 된다는 것이다. 이와 같은 가격차별의 예는 실제로 우리들 주위에서 많이 볼 수가 있다. 또 다른 예로서는 평일 날 한 낮 동안에 진행되는 문화행사나 영화 상영시의 입장료는 다른 때의 입장료보다 더 싸다거나 또는 점심 식사 때의 식음료비가 저녁 식사 때의 식음료비보다 싸다든가 또는 가두판매대의 신문이나 주간잡지의 값이 집으로 배달되는 신문이나 잡지의 값보다 2~3배는 비싸다든지 또는 소설책의 겉표지가 딱딱하고 두꺼운 표지와 얇고도 부드러운 표지의 2가지로 발간되는 이유라든지 또는 자기가 살고 있는 집근처의 자동차 수리점보다 고속도로 상의 휴게소 자동차 수리점의 수리비가 더 비싼 경우나 또는 자기 고향의 대학등록금과 그 이외의 타 지역에 입학했을 때의 대학등록금과의 차이 등은 모두 가격차별의 한 예라고 할 수가 있다. 이와 같은 가격차별의 필요충분조건은 시장분리와 시장에서 수요의 가격탄력성이 서로 상이해야 한다는 것이다. 가격차별 정책은 국제무역에 있어서도 자주 행하여지는데 이러한 현상은 같은 재화에 있어서도 국가간에 있어서 수요의 탄력성의 차이와 시장의 분리가 용이하다는 데에 있다. 더구나 관세(tariff)와 수송비(transportation cost)등의 이유로 인해서 국가사이의 재판매(resale)가 어렵기 때문이다. 그러면 이러한 가격차별정책은 불공정하고 부도덕한 처사이기만 한 것일까? 가격차별정책은 독점 하에서 독점자가 생산량을 늘리는 긍정적인 면도 있다. 우리는 전에 독점은 생산량을 제약하기 때문에 바람직하지 않다고 논의한 바가 있다. 그러나 독점자가 한 번에 한 개씩 생산물을 판매할 수 있다면 생산량은 $P=MC$의 조건에 이를 때까지 늘어 날 것이다. 독점자들이 생산량을 제약하는 이유는 상품의 가격이 떨어지는 것을 막기 위한 것이다. 이러한 결과는 완전경쟁시장에서 얻은 결과와 동일하다. 차이점은 단지 독점자에게 더 많은 이윤이 돌아간다는 사실이다. 즉 가격차별은 소비자 잉여를 독점자들에게 돌려서 독점자들은 더욱 부유하게 만들고 소비자들은 더욱 가난하게 만든다는데 있다.

11.6 이윤극대화 이외의 기업목적

우리는 지금까지 기업은 극대이윤을 추구하는 존재로 가정하여 왔다. 이러한 가정 하에서 서로 특징이 다른 완전경쟁하의 기업들이나 독점기업들이 어떻게 수요의 변화에 적응하는지를 논의하여 왔다. 이러한 이윤극대화의 가정은 완전경쟁하의 기업들에 있어서는 합리적인 것처럼 보여 졌었다. 그러나 전문경영인에 의하여 경영되는 거대기업이나 독점력을 지닌 기업의 영역에서는 어떤 일이 일어날 수 있는지 논의해 보자. 보통 기업들은 소유주가 아닌 고용된 전문경영인에 의하여 운영되는 경우가 많다. 이러한 소유와 경영의 분리가 있는 기업의 경우 전문경영인은 소유주이자 동시에 경영인의 기업운영 방식과는 사뭇 다른 기업운영을 하는 수가 있다. 기업의 목적은 이윤극대화에 있는 것이 아니라고 주장하는 사람들은 표준적인 이윤극대화 가정에 필적할만한 또 다른 가정들을 주장하고 있다.

11.6.1 만족가정

이 주장은 기업의 경영은 이윤극대화를 이루는데 있지 않고 오히려 소유주의 흥미를 만족시켜 줄 수 있는 어떠한 이윤이나 생산량의 수준에 있다는 가정이다. 여기서 소유주의 흥미란 어느 일정수준의 이윤이나 생산량만이 아니고 시장참여의 크기나 박애주의 내지는 애타주의등과 다른 목적들도 여기에 포함될 수 있다. 그러나 경험적 검증의 어려움 등으로 인하여 이 가정의 주장은 가치가 매우 낮다 하겠다.

11.6.2 제한적 판매극대가정 (Constrained Sales Maximization Hypothesis)

이 가정은 William Baumol 교수에 의해서 주장된 가정으로서 이윤의 어떤 주어진 수준 아래서 전문경영인들의 주된 첫 번째 목표는 기업의 판매량을 시장에서 증가시키는 것이라는 주장이다. 그의 주장의 요지는 기업의 시장점유율의 증가에 따라서 시장에 있어서 기업의 상대적인 크기가 정해짐으로 전문경영인들은 이에 따라 주식소유주로 부터 보상을 받는다는 것이다. 이 가정이 내포하고 있는 의미는 우리가 이전에 논의하였던 것처럼 독점기업이 그렇게 나쁜 것만은 아닐 수도 있다는 것이다. 왜냐하면 이윤의 극대보다는 판매량의 극대가 독점기업의 일차적인 주된 목표라면은 독점기업은 재화의 가격은 낮추고 생산량은 증대시킬 수가 있기 때문이다. 이와 같이 축소된 가격과 증가된 생산량은 자원의 비효율적 배분을 교정하는 역할을 할 수가 있기 때문에 이윤극대화의 목적 하에 있는 기업만큼 그렇게 나쁘지는 않다는 것이다.

11.6.2 장기 이윤극대화 가정 (Long-Run Profit Maximization Hypothesis)

이 가정의 주장에 의하면 예를 들어서 기업이 판매량을 극대화하고자 하는 실질적 목적은 장기적으로 보아서 이윤을 극대화하려고 한다는 것이다. 마찬가지로 만약에 기업이 사회적인 책임이나 애타주의 또는 박애주의 사업에 관심을 기울인다면 이 또한 장기적 이윤극대화에 기업의 목적이 있는 것이라고 주장한다. 그러나 이 가정에 있어서의 문제점은 만약에 우리가 어느 정도 단기와 장기에 알맞는 기간 설정을 할 수가 없다면 거의 모든 기업의 활동은 장기적으로 이윤극대화의 목적에 부합될 수 있다는 것이다. 그러므로 이 가정은 어찌 보면 모든 것에 부합될 수 있으며 따라서 아무것도 예견하거나 설명할 수 없을 수도 있다. 이론이란 중요한 관점이나 나타난 현상의 효과 등에 초점을 맞추어 현실의 세계로부터 추출해 낸 것이다. 만약에 이윤극대화 가정이 유효한 가정이라면 그 가정은 기업의 행위에 대하여 어느 정도는 합리적이고도 정확한 예상을 할 수가 있어야 한다. 이윤극대화의 가정은 경험적으로 검증을 받은 많은 가정들의 초석이다. 그러나 우리가 논의한 그 이외의 가정들은 아직까지는 그렇게 활발하게 경험적으로 논의된 바가 없는 가정들이라 하겠다.

11.7 독점에 대한 오류와 사실

우리는 지금까지 독점모델에 대하여 논의해 왔다. 현실의 세계에는 순수독점과 같은 모델은 없지만 독점력(monopoly power)을 갖춘 기업들은 존재를 하고 있으며 이에 대한 이론들은 독점행위들을 설명하는 데에 유용하다 하겠다. 독점에 대한 개념에 있어서 많은 오해와 편견이 존재하고 있으므로 우리가 논의한 것들 중에서 오류와 진실을 점검해 보고자 한다.

11.7.1 오류(Fallacy)

1) 독점자는 가능한 높은 가격을 청구한다.

이러한 주장은 종종 일반대중들이 믿고 있는 것으로써 이러한 높은 가격의 청구로 인해서 일반대중들을 속이고 있다고 판단한다. 그러나 독점자들은 이윤을 극내화 시킬 수 있는 생산량을 생산하여 시상의 수요곡선에 의하여 제약을 받는 가격에서 재화를 판매하고 있는 것이다.

2) 독점자는 항상 높은 이윤을 얻는다.

위의 주장과 비슷하기는 하나 좀 다른 이와 같은 주장은 우리가 논의한 바와도 같이 어떤 독점자는 경제적이윤을 얻기도 하지만 어떤 독점자는 정상이윤을 얻기도 하고 또 다른 어떤 독점자는 손해를 입기도 한다. 확실히 어떤 독점자는 이윤을 얻기도 하지만 만약에 수요가 변화하면 손해를 입기도 한다. 독점자와 완전경쟁시장내의 기업과의 차이점은 독점자들은 시장으로의 새로운 기업늘의 진입을 방해할 수 있기 때문에 그들의 독점이윤이 보다 오랜 기간 동안 유지될 수 있다는 것이다. 독점자는 손해를 입으면 그들은 시장에서 퇴진할 수도 있으며 어떤 경우에는 정부가 이들이 시장으로부터의 퇴진을 막는 경우도 있다.

3) 독점자는 수요를 두려워 않는다.

종종 독점자들은 수요에 신경을 쓰지 않는다는 믿음이 있다. 오히려 독점자들은 수요를 조작한다는 사회적인 비평까지도 있다. 그러나 독점자들은 그들이 생산하는 재화와 용역의 시장수요곡선에 제약이 되어 있으며 그들의 수입을 극대화시키는 시장가격은 시장수요곡선과 엄연히 연결이 되어 있다.

11.7.2 사실(Fact)

1) 독점자는 한계생산비(MC)보다 높은 가격을 청구한다.

독점자는 이윤을 극대화시키는 생산량에서 생산을 하고자 한다. 이러한 생산량의 제약은 가격이 한계생산비보다 높다는 것을 의미한다. 즉, 독점자의 생산량은 경제적 이윤이 발생할 때나 정상이윤이 발생할 때나 또는 손해가 발생할 경우나를 막론하고 제품의 가격은 한계생산비보다 높다($P = AR = D > MR = MC$).

2) 독점자는 공급곡선이 없다.

독점자는 가격탐색자이다. 독점자는 이윤을 극대화시키는 생산량을 결정하고 시장의 수요곡선에 의하여 평균수입(AR)과 동일한 가격을 설정한다. 따라서 독점자에게 공급곡선이란 무의미한 것이다. 이와 같은 공급곡선의 부재는 우리가 수요의 변동에 따른 공급의 반응을 쉽게 연계시킬 수 없기 때문에 독점시장에 대한 이론들이 완전경쟁시장에 대한 이론들보다도 유용하지 못하다고 하겠다.

3) 독점자는 수요곡선이 탄력적인 경우에 생산한다.

종종독점자는 수요곡선이 비탄력적이라도 생산을 하는 것으로 착각을 하나 수요가 비탄력적인 부분에서는 독점자는 언제나 시장가격을 높여서 청구한다. 따라서 독점자들은 항상 수요곡선의 탄력적인 부분에서만 생산을 한다. 우리는 수요곡선이 비탄력적일 때는 한계수입(MR)이 음(-)의 값을 갖는 것을 보아왔다.

4) 독점자는 결국에는 경쟁에 직면한다.

우리가 순수 독점시장의 이론을 논의하기 시작할 때에는 하나의 기업이 어떠한 대체재의 존재도 없이 오직 하나의 재화만을 생산하고 있어서 기업간의 경쟁이란 거의 없는 것으로 가정하였었다. 그러나 독점자가 이윤을 얻고 있다는 사실이 알려지게 되면 독점자들은 잠재적인 경쟁자들의 추적을 당하게 되고 또한 독점시장으로의 새로운 기업들의 진입을 막는 자연적이거나 인위적인 장벽들도 오랫동안 남아 있기는 어렵다 하겠다.

11.8 한계수입(MR)과 수요의 가격탄력성(Ed)과의 관계

$TR = P \cdot Q \qquad P = f(Q)$

TR(Total Revenue : 총수입), P(Price : 가격), Q(Quantity : 양)

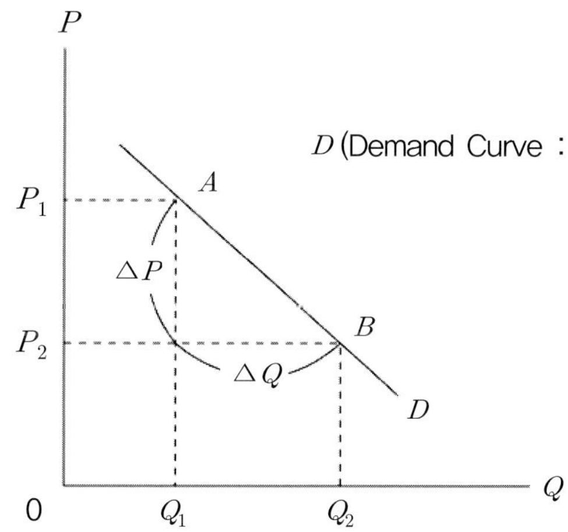

[Fig. 11-10] 한계수입과 수요의 가격탄력성

A점에서 B점으로 이동하면

$TR_1 = P_1 \cdot Q_1 \qquad TR_2 = P_2 \cdot Q_2$

$\Delta TR = TR_2 - TR_1 = P_2 \cdot Q_2 - P_1 \cdot Q_1$

$= (P_1 + \Delta P)(Q_1 + \Delta Q) - P_1 \cdot Q_1$

$$= P_1 \cdot \triangle Q + Q_1 \cdot \triangle P + \triangle P \cdot \triangle Q$$

만약에 $\triangle P \fallingdotseq 0$ & $\triangle Q \fallingdotseq 0$

$$\triangle TR = P_1 \cdot \triangle Q + Q_1 \cdot \triangle P \quad (\because \triangle P \cdot \triangle Q \fallingdotseq 0)$$

따라서

$$\frac{\triangle TR}{\triangle Q} = MR = P_1 + Q_1 \cdot \frac{\triangle P}{\triangle Q} = P_1(1 + \frac{Q_1}{P_1} \cdot \frac{\triangle P}{\triangle Q})$$

$$\therefore MR = P(1 - \frac{1}{Ed})$$ Ed: 수요의 가격탄력성

(미분적 설명)

$$\frac{d\,TR}{d\,Q} = MR = \frac{dP}{dQ} \cdot Q + P \cdot \frac{dQ}{dQ}$$

$$= \frac{dP}{dQ} \cdot Q + P \cdot 1$$

$$= P(1 + \frac{dP}{dQ} \cdot \frac{Q}{P})$$

$$= P(1 - \frac{1}{Ed})$$

(기하학적 설명)

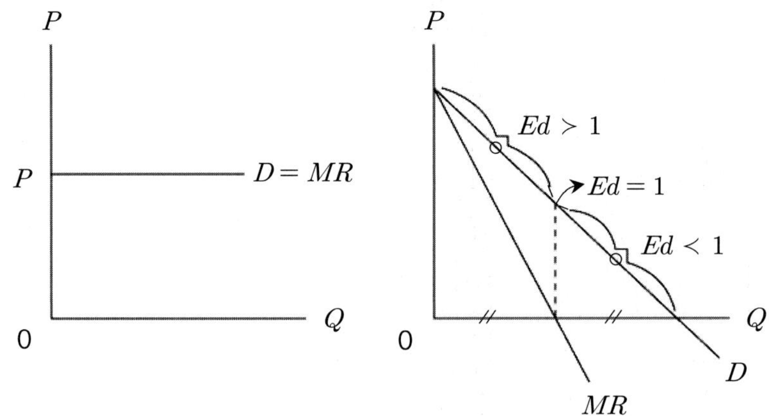

[Fig. 11-11] 한계수입과 수요의 가격탄력성

[Fig. 11-11]에서

$Ed = \infty \cdots\cdots MR = P$

$Ed > \infty \cdots\cdots MR > 0$

$Ed = 1 \cdots\cdots MR = 0$

$Ed < 1 \cdots\cdots MR < 0$

따라서 독점자는 $Ed > 1$ $MR > 0$ 부분에서 생산하기를 원한다.

11.9 독점의 장·단기 균형

11.9.1 단기 균형

단기에 있어서 독점자는 경제적이윤(economic profit)이나 정상이윤(normal profit)을 낼 수도 있지만 손해(loss)도 입을 수 있다. 단기 균형에 대하여는 이미 이전에 논의를 충분히 하였음으로 이곳에서는 간단히 그래프로 설명을 대신할까 한다.

1) 독점자의 경제적이윤(economic profit)

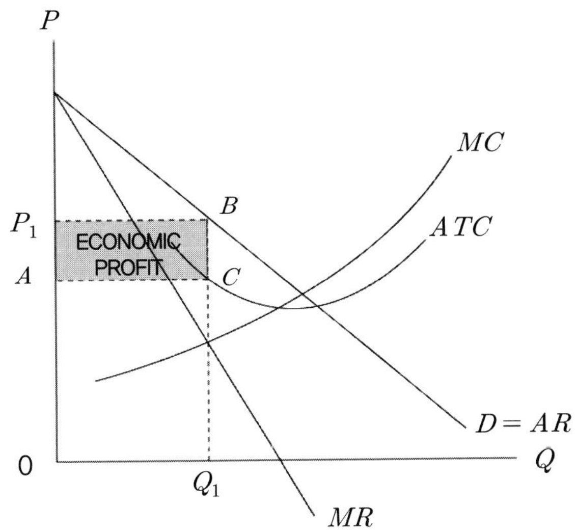

[Fig. 11-12] 경제적이윤

2) 독점자의 정상이윤(normal profit)

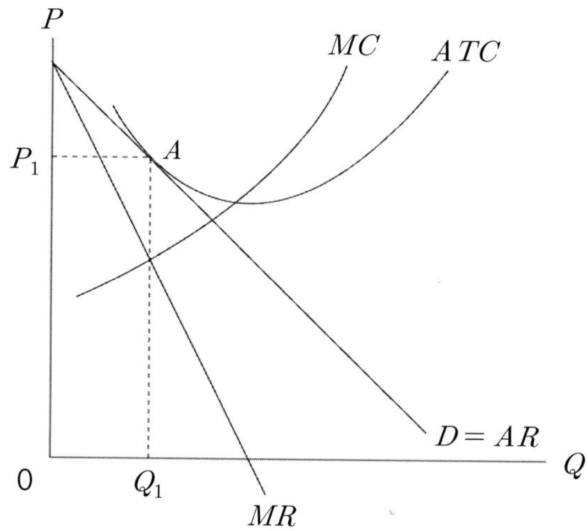

[Fig. 11-13] 정상이윤

3) 독점자의 손해(loss)

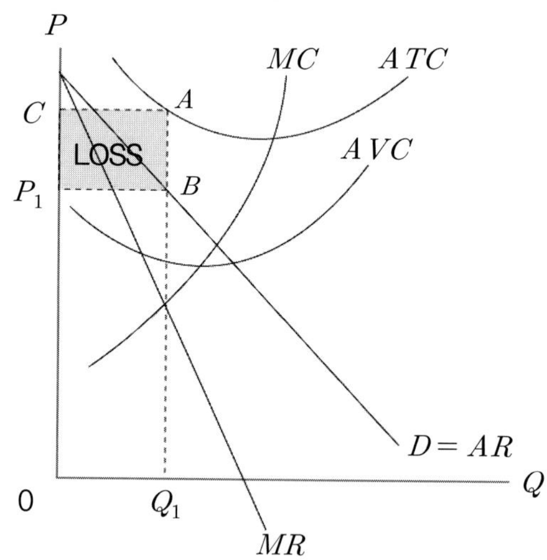

[Fig. 11-14] 독점자의 손해

[Fig. 11-14]의 경우 비록 독점자가 손해를 입고는 있으나 총수입에서 총가변비용을 지불하고도 남음이 있어서 이 남음으로 총고정비용에 얼마만큼은 충당을 할 수가 있으므로 독점자는 생산을 단기적으로는 계속하나 장기적

으로는 이 시장을 떠나게 될 것이다.

4) 조업중단(shut-down)

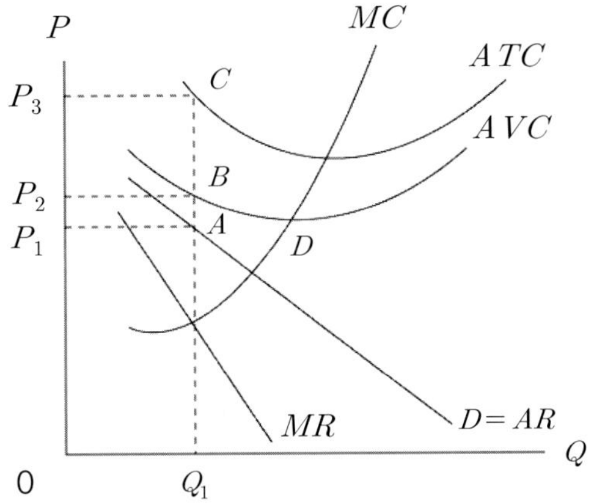

[Fig. 11-15] 조업중단

[Fig. 11-15]에는 독점자가 생산을 중단해야 되는 상태가 나타나 있다. 즉 독점자는 이윤극대화의 조건인 $MR=MC$에서 Q_1의 생산량을 생산하여 수요의 조건에 따라 P_1의 가격을 요구할 것이다. 독점자의 총수입은 OP_1AQ_1이고 총비용(평균총비용)은 OP_3CQ_1이고 총가변비용은 OP_2BQ_1이다. 따라서 이 독점자는 총수입(OP_1AQ_1)이 총가변비용(OP_2BQ_1)에도 미치지 못하므로 즉시 조입을 중단(shut-down)할 것이다. 이와 길이 독집자의 총 수입이 총가변비용의 지불에도 못 미칠 경우 독점자는 기업의 경영을 중단하고 산업을 떠날 것이다. 이와 같은 조업중단의 현상은 독점자의 생산비가 너무 높거나 수요의 크기가 너무 빈약할 때에 발생한다.

11.9.2 장기 균형

장기적인 관점에서 보면 생산요소 가격의 변화라든지 기술의 진보 등으로 인하여 독점자의 생산비에 변화가 올 수도 있다. 또한 수요측면에서 보면 소비자의 취향이나 소비자의 소득의 크기 또는 대체재의 개발 및 소비자의 숫자의 변화 등으로 인하여 수요에도 변화가 올 수도 있다. 이럴 때마다 독점자들은 더 많은 이윤을 얻기 위해서 시설규모(plant size)의 크기를 조절한다.

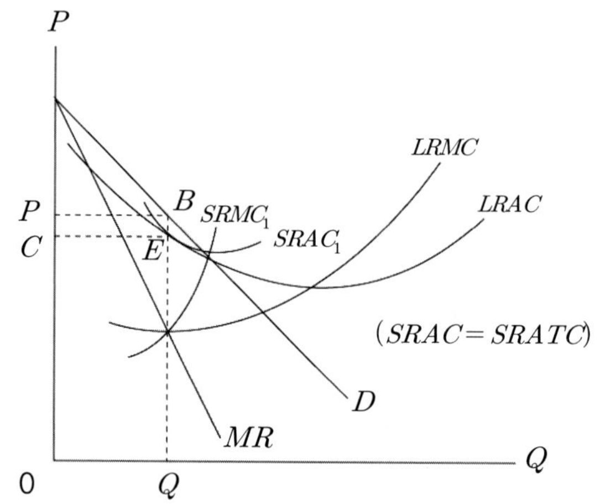

[Fig. 11-16] 독점단기균형

[Fig. 11-16]에는 단기에 있어서 독점자의 이윤을 극대화하는 생산량 Q와 가격 P가 나타나 있다. 따라서 경제적 이윤은 크기가 $CPBE$이다. 장기적인 관점에서 보면 이 독점자는 비교적 작은 시설규모 (plant size)의 크기에서 생산을 하고 있다 하겠다. 그러나 독점자의 생산비에 변화가 발생하고 또한 소비자의 수요에 영향을 미칠 수 있는 요인들이 기간적으로 더욱 긴 장기적인 기간 내에서 발생하면 독점자들은 이윤을 더 높이기 위해서 시설규모를 늘리는 아래의 그래프에 나타난 현상과 같은 결과가 일어난다.

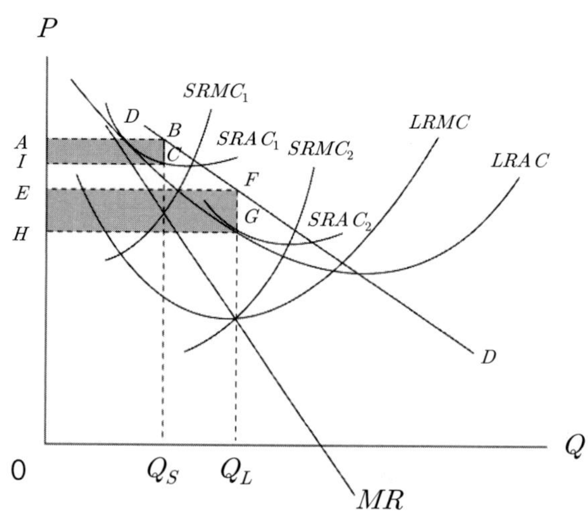

[Fig. 11-17] 독점장기균형

[Fig. 11-17]에는 독점자가 최초에는 이윤을 극대화시키는 조건인 $MR=MC$에서 Q_s의 생산량을 생산하고 가격 A를 요구하여 $IABC$의 경제적이윤을 획득하고 있었다. 그러나 생산적인 측면에서의 변화와 또는 수요적인 측면에서의 변화가 장기적인 기간 내에 발생하게 되면 독점자들은 더 큰 이윤을 얻기 위해서 시설규모(plant size)를 더 늘리고 생산비를 낮춤으로써 이윤을 확대시키려고 한다. 즉, 시설규모를 $SRAC_1$과 $SRMC_1$으로부터 $SRAC_2$와 $SRMC_2$로 늘려서 Q_L의 생산량을 생산하고 가격 E를 요구하게 된다. [Fig. 11-17]에서 보듯이 이때의 경제적 이윤은 $HEFG$로써 전보다 이윤이 더 증가하였음을 알 수가 있다.

결론적으로 독점자의 장기균형조건은 [Fig. 11-16]과 [Fig. 11-17]로부터 $MR=LRMC$임을 알 수 있다.

MR(한계수입)=$LRMC$(장기한계생산비) : 독점자의 장기균형조건

11.10 독점의 사회적 비용

독점자는 독점이윤을 창조하기 위하여 완전경쟁하의 생산량보다 적게 생산함으로써 재화의 산출량을 감소시키고 생산요소의 분배에 왜곡 현상을 야기한다. 그러나 독점과 관계된 사회적 비용은 이것만이 아니다. 다음을 논의해 보자

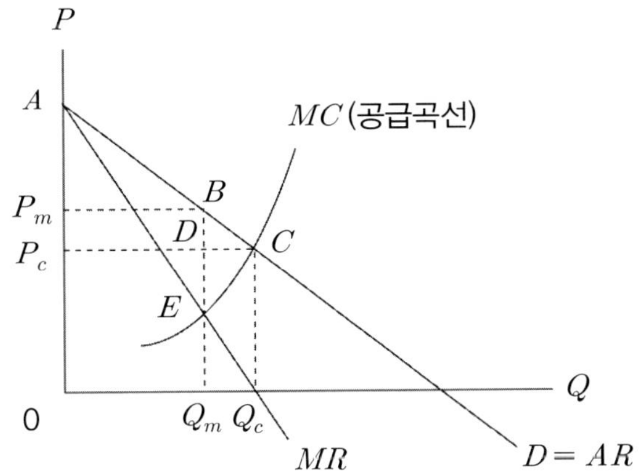

[Fig. 11-18] 사중적손실(Deadweight Loss)

[Fig. 11-18]에서 P_c는 완전경쟁시장에서 결정된 시장의 균형가격이며 따라서 P_c와 수요곡선 D에 의하여 거래량인 Q_c가 나타나 있다. 따라서 이 경우에 소비자잉여(consumer surplus)는 $\triangle P_cAC$이다. 그러나 독점 하에서는 이윤극대화의 조건인 $MR=MC$에 따라 Q_m의 생산량을 생산하고 독점가는 P_m의 가격을 요구할 것이다. 결국 독점이 발생하게 되면 소비자 잉여는 $\triangle P_mAB$로 감소하게 된다. 또한 사각형의 P_cP_mBD는 소비자 잉여에서 독점자의 이윤으로 전환이 되었다. 그렇다면 $\triangle BDC$는 누구의 소유로 전환이 되었는가? 이 $\triangle BDC$는 소비자에게도 독점가에게도 돌아가지 않은 사회적 후생손실이다. 우리는 이러한 사회적 후생손실을 사중적 손실(deadweight loss)이라고 부른다. 이러한 사중적 손실은 가치있는 생산요소들을 갖다가 쓰레기통에 내버리는 것과 같다 하겠다. DEC 면적은 생산자잉여(producer surplus)의 부분으로서 Q_mECQ_c면적과 함께 경제의 다른 부문으로 생산요소가 이전이 된 부분이다.

또 다른 독점의 사회적 비용은 독점자의 비효율적 경영태도이다. 즉 완전 경쟁기업들은 시장에 의하여 효율성을 강요당하지만 독점자는 시장에 의하여 이러한 강압을 받지 않는다는 것이다. 독점자는 이와 같이 시장에 의하여 느슨한 경영에 대한 책임을 추궁당하지 않기 때문에 완전경쟁시장의 경쟁자들보다는 더 태만한 경영을 한다는 것이다. 우리는 이러한 독점자들의 느슨한 경영의 비효율성을 X-비효율성(X-inefficiency)이라고 부른다.

독점의 사회적비용중에서 또 다른 예는 소위 독점자가 독점을 유지하기 위해서 들이는 비용이다. 즉 사회적인 관점에서 보면 독점자는 독점을 유지하기 위하여 자원을 낭비하고 이와는 반대로 사회는 독점을 분쇄하고 방해하느라고 노력을 하며 자원을 소모한다. 화폐가치로 확산하기는 쉬운 일이 아니지만 경영적이고도 기업가적인 우수한 능력들이 상당히 독점력을 지키고 유지해 나아가는데 소모하게 된다. 이러한 곳에 쓰이는 자원들은 더 이상 재화와 용역에 쓰일 수는 없는 것이므로 우리는 이러한 비용을 독점지대요구비용(monopoly rent seeking)이라고 한다.

11.11 독점자의 시장차별화와 복수시설

우리는 이미 독점자의 가격차별에서 소비자 잉여와 서로 다른 수요량에서 서로 다른 판매가격에 대한 일차의 가격차별에 대해서 논의한 바 있다. 또한 한계수입(MR)과 수요의 가격탄력성(Ed)에 대하여서도 논의한 바도 있다. 이러한 기초지식 하에서 다음을 논의해 보자.

11.11.1 독점자의 시장차별

독점자가 서로 다른 시장에서 이윤극대화를 위하여 서로 다른 가격으로 차별화에 성공하려면 다음과 같은 조건이 구비되어 있어야 한다.

(조건)

1) 시장이 분리 가능하여야 하며 따라서 한 시장에서 구입하여 다른 시장으로의 재판매가 불가능 하여야 한다.
2) 시장들에서의 수요의 가격탄력성이 서로 달라야 한다. 예를 들어서 시장1과 시장2가 존재한다고 하자. 이 두개의 시장에서 한 독점자가 이윤을 극대화시키는 조건은 아래와 같다.

$$MR_1 = MC = MR_2$$

$$MR_1 = P_1\left(1 - \frac{1}{E_1}\right) \qquad E_1 \text{ : 1시장의 수요의 가격탄력성}$$

$$MR_2 = P_2\left(1 - \frac{1}{E_2}\right) \qquad E_2 \text{ : 2시장의 수요의 가격탄력성}$$

따라서 이윤극대화의 조건은:

$$P_1\left(1 - \frac{1}{E_1}\right) = P_2\left(1 - \frac{1}{E_2}\right)$$

그러므로 만약에 $E_1 > E_2$이면 $P_1 < P_2$ 의 조건이 성립하여야 독점자는 두 시장을 통하여 이윤을 극대화시킬 수가 있다. 즉, 수요의 가격탄력성이 높은 시장에서는 낮은 가격을 받고 수요의 가격탄력성이 낮은 시장에서는 높은 가격을 받아야 독점자의 이윤이 극대가 된다는 뜻이다.

예) F : 외국시장 D : 국내시장 이라 하자

만약에 $E_F > E_D$ 이면

$P_F < P_D$ 이어야 독점자는 이윤을 극대화 할 수 있다. 따라서 경제학적으로 볼 때 덤핑(dumping)은 P_F(외국에서의 판매가격)가 평균총생산비(ATC)이하일때만이 불법(illegal)이라고 할 수가 있다. 그러나 덤핑이라는 것이 외국인에게는 좋은 거래가 될 수 있음에도 불구하고 외국정부가 규제를 하는 이유는 그 나라의 자국 산업을 보호하기 위함이다. 또한 수요의 탄력성이 크면 클수록 그 시장 내에 존재하는 대체재는 풍부하다는 의미이다.

(기하학적 설명)

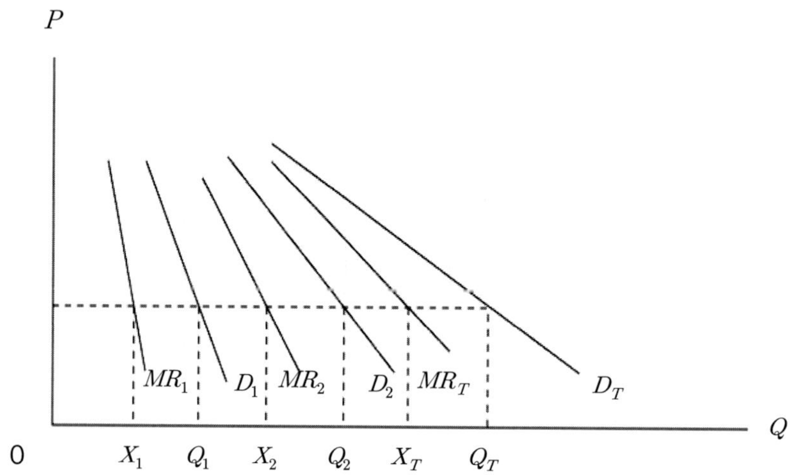

[Fig. 11-19] 두 시장의 한계수입곡선과 수요곡선

$X_1 + X_2 = X_T$ & $Q_1 + Q_2 = Q_T$ 이다

즉,

$MR_1 + MR_2 = MR_T$ & $D_1 + D_2 = D_T$이다.

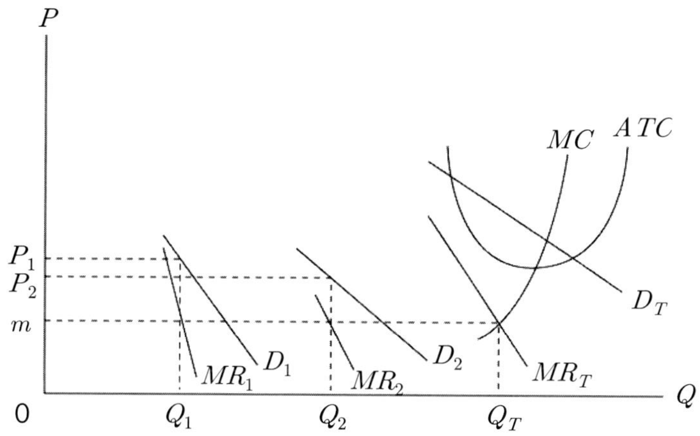

[Fig. 11-20] 독점자의 시장차별

[Fig. 11-20]에서 보면 수요의 가격탄력성이 낮은 시장1에서 높은 가격(P_1)을 청구하고 있음을 알 수가 있다. 즉, $MR_1 = MC = MR_2 = Om$ 일 때에 독점자의 이윤이 극대화가 된다.

11.11.2 독점자의 복수시설(Multiplant)

독점자는 복수의 공장시설을 운영할 수가 있다. 즉, 공장 A의 시설과 공장 B의 서로 다른 시설규모를 갖고 이윤의 극대화를 추구하는 경우가 있다. 이럴 경우의 이윤극대화 조건을 아래에서 논의해 보자.

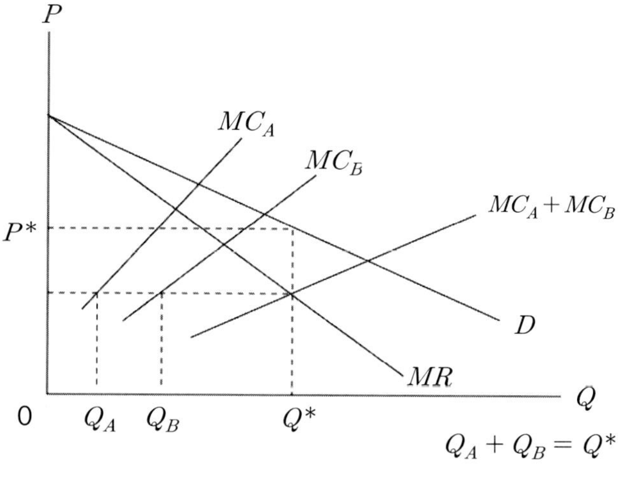

[Fig. 11-21] 독점자의 복수시설

[Fig. 11-21]에는 독점자가 복수의 공장시설들을 갖고 있는 경우가 나타나 있는데 독점자의 이윤극대화 조건인 $MC_T = MR$에서 독점자는 재화에 대하여 Q^*의 생산량을 생산하고 P^*의 가격을 요구한다. 그러나 두 공장시설 사이에서는 $MC_A = MC_B$가 되어야 균형조건이 되어서 최저생산비(least-cost)로 독점자가 생산을 효율적으로 하게 된다. 즉, 복수시설의 최적가동조건은 $MC_A = MC_B$이다.

여기서 만약에 이 독점자가 더 높은 생산비가 들어가는 공장 A의 시설을 갖고 있지 않다고 가정해보자. 그렇다면 MR과 MC_B의 교차점에 대응하는 수요곡선상의 재화의 가격은 P^*보다도 더 상승할 것이다. 역설적으로 높은 생산비가 들어가는 공장 A의 시설이 오히려 독점자가 요구하는 시장가격을 하락시키는 결과를 초래하였다.

이 외에도 우리가 이미 간단히 논의하였듯이 독점자는 누구를 돕는다는 목적하에 소득의 높고 낮음에 따라 또는 나이나 성별에 따라 또는 체류기간의 장단에 따라서 가격차별을 시행하는데 이는 경제학적 의미로 해석하면 이윤을 극대화하는 데에 일단의 목적이 있다 하겠다.

11.12 독점의 가격규제(Monopoly Price Regulation)

만약에 정부가 독점자들이 너무 많은 이윤을 남기고 있다고 생각을 하거나 또는 너무 높은 가격을 요구하고 있다고 믿거나 또는 독점자들이 너무 과도하게 생산량을 제한하여 생산하고 있다고 판단하는 경우에 독점자들을 법적으로 규제를 할 수 있다.

11.12.1 가격고정(Price Fixation)

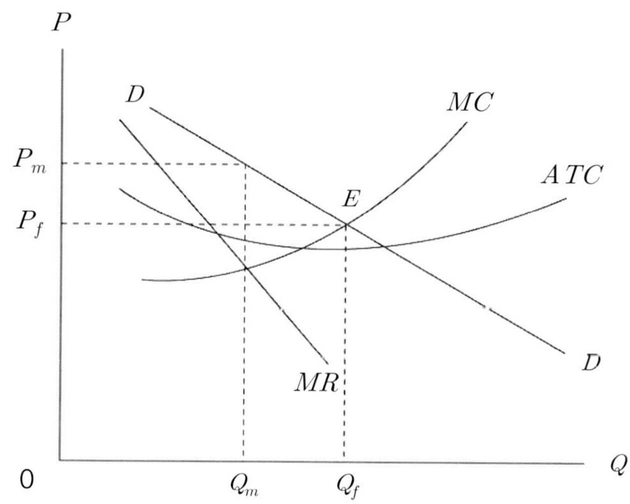

[Fig. 11-22] 독점 가격고정

[Fig. 11-22]에서 독점자는 애초에 Q_m의 생산량을 생산하고 P_m의 가격을 받기를 원할 것이다. 그러나 정부가 생산량이 너무 적고 가격도 너무 높다고 판단한다면 P_f수준의 가격에서 법적으로 가격을 설정할 수 있을 것이다. 변화는 아래와 같다.

$P_f E\ D$: 새로운 수요곡선

$P_f E$: E점까지의 MR(한계수입)곡선

E : MR=MC이 되는 점

따라서 정부에 의하여 가격이 P_f로 설정이 된 후에는 시장의 가격도 하락하였음은 물론 생산량도 Q_m에서 Q_f로 증가하였다. 그래도 독점자는 경제적 이윤을 얻고 있다. 따라서 만약에 연관된 다른 산업으로부터 이 독점시장으로의 새로운 기업들의 진입이 시작된다면 이 시장의 독점자는 판매가격을 평균총생산비(ATC)의 극소점까지 하락시켜서 새로운 기업들의 진입을 방어할 수 있을 것이다. 만약에 이 독점자가 새로운 기업들의 시장진입에 대한 방어에 성공한다면 이 독점자는 다시 시장의 판매가격을 종전과 같이 P_f 수준으로 상승시켜서 순수이윤(경제적이윤)을 확보하려 할 것이다.

11.12.2 최고가격 부과(Ceiling Price Setting)

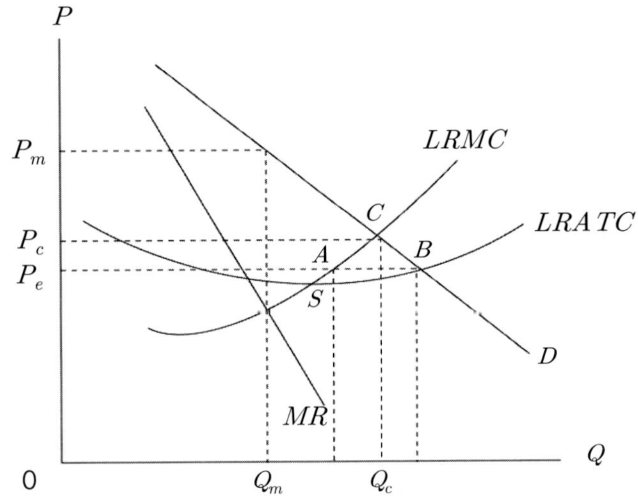

[Fig. 11-23] 독점에 최고가격 부과

[Fig. 11-23]에서 독점자는 처음에 Q_m의 생산량을 생산하고 P_m의 가격을 받기를 원할 것이다. 그러나 정부가 이 독점자의 이윤이 너무 많다거나 또는 생산량이 너무 작아서 수요자들에게 불편을 끼치는 해가 너무 크다고 생각한다면 P_c수준의 가격에서 법적으로 최고가격(ceiling price)을 설정할 수가 있다. 그렇다면 [Fig. 11-23]의 변화는 아래와 같다.

P_cCD: 새로운 수요곡선

P_cC: C점까지의 한계수입(MR)곡선

C점: $MR = MC$이 되는 점

최고가격이 정부에 의하여 설정이 되면 [Fig. 11-23]에 나타나 있듯이 시장가격은 P_m에서 P_c로 하락하였으며 생산량도 Q_m에서 Q_c로 상승하였다. 이 경우에도 독점자는 순수이윤을 얻고 있다. 따라서 다른 산업으로부터 이 독점시장으로의 새로운 기업들의 진입이 시작된다면 이 시장의 독점자 역시 판매가격을 평균총생산비($LRATC$)의 극소점까지 하락시켜서 새로운 기업들의 진입을 방어할 수 있을 것이다. 만약에 이 독점자가 새로운 기업들의 시장진입 방어에 성공한다면 이 독점자는 다시 시장의 판매가격을 종전과 같이 P_c수준으로 상승시켜서 경제적 이윤을 다시 확보하려 할 것이다.

이상까지의 최고가격을 독점에 부과하는 경제적 효과는 독점에 가격을 고정(fixation)시키는 효과와 거의 일치하였다. 그러나 가격을 고정시켰을 때에는 시장의 판매가격이 법적으로 상승이나 하락을 할 수가 없는 반면에 최고가격(ceiling price)을 독점에 부과하였을 때의 시장판매 가격은 최고가격(P_c)이하로는 판매가 가능하다는 차이가 있다. [Fig. 11-23]에서 만약에 시장가격이 P_c에서P_e로 하락되어 최고가격이 설정된다면 독점자들은 생산량은 줄이고 가격은 높여서 시장에 요구하게 될 것이다. 더구나 P_e수준의 가격에서는 (A~B)만큼의 수요량 부족현상이 발생하고 있어서 이 전의 보다 높은 시장가격 수준인 P_c보다도 사회적으로나 경제적으로나 바람직하지 않다 하겠다.

(최적의 최고가격; Optimal Ceiling Price)

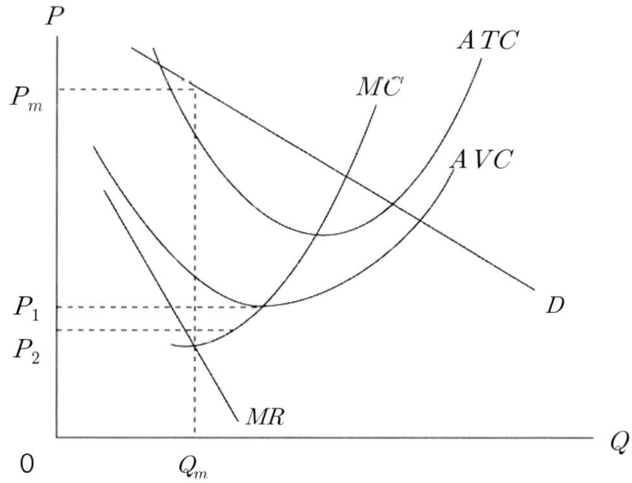

[Fig. 11-24] 최적의 최고가격

[Fig. 11-24]에서 독점자는 Q_m의 생산량을 생산하고 P_m의 가격을 요구할 것이다. 그러나 시장가격이 P_2가 되면 이 독점자의 총수입(TR)은 총가변비용(TVC)의 충당에도 모자라서 결국은 문을 닫고 이 산업을 떠날 것이다. 따라서 최적의 최고가격(ceiling price)은 P_1수준이 될 것이다.

11.13 독점의 세금규제(Monopoly Tax Regulation)

정부는 독점자의 판매량이나 판매액을 기준으로 일정한 세금을 부과시키는 판매세(sales tax) 정책을 사용하여 독점자를 조정할 수도 있다. 판매량을 기준으로 판매 단위당 세액을 부과하는 경우가 있는데 이러한 세금을 종량세(excise tax)라고 한다. 이에 비하여 판매액(판매수입)의 일정비율(%)을 세금으로 내는 것은 종가세(ad valorem tax)라고 한다.

11.13.1 종량세(excise tax or a unit tax)

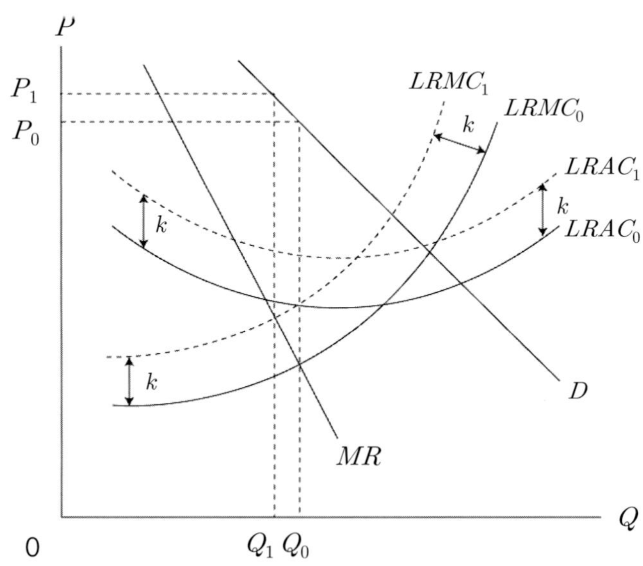

[Fig. 11-25] 종량세 부과

[Fig. 11-25]에는 정부가 독점자에게 판매된 재화의 1 단위당 k원의 세금을 부과한 결과를 표시한 그래프이다. 이러한 이유로 종량세는 단위세(a unit tax)

라고도 한다. 종량세가 부과되기 전에는 독점자는 Q_o의 생산량을 생산하여 P_o의 가격을 요구하고 있다. 그러나 1단위당 k원의 종량세가 부과되면 생산자(이 경우 독점자)의 평균생산비와 한계 생산비는 모두 k원만큼 위로 수직 상승할 것이다. 따라서 독점자의 새로운 판매량은 Q_1으로 가격은 P_1으로 변하였다. 즉, 종량세를 독점자에게 부과하면 생산량은 감소하고 판매가격은 상승하는 결과를 초래한다. [Fig. 11-25]의 오른쪽 상단을 확대하여 그리면

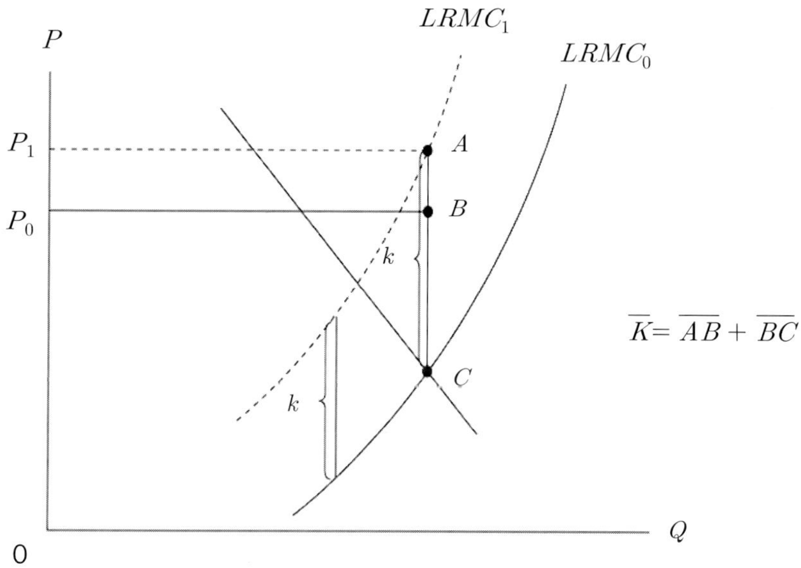

[Fig. 11-26] K원의 종량세

[Fig. 11-26]은 [Fig. 11-25]의 오른쪽 윗 부분을 확대하여 그린 그래프이다. 정부가 독점자에게 k원의 종량세를 부과하면 k원 중에서 AB원은 소비자의 부담으로 귀속되고 BC원은 독점자에게로 부담이 되는 것을 알 수가 있다.

즉, $\overline{AB} + \overline{BC} = \overline{K}$인 것이다.

11.13.2 총액세(lump-sum tax)

정부는 독점자의 독점이윤이 너무 크다고 판단할 경우에 이윤을 회수하여 재분배하기 위하여 판매량이나 판매액 또는 이윤의 크기와는 상관없이 독점자에게 일정액의 총액을 세금으로 한 번에 부과할 수도 있는데 이를 총액세(lump-sum tax)라고 한다.

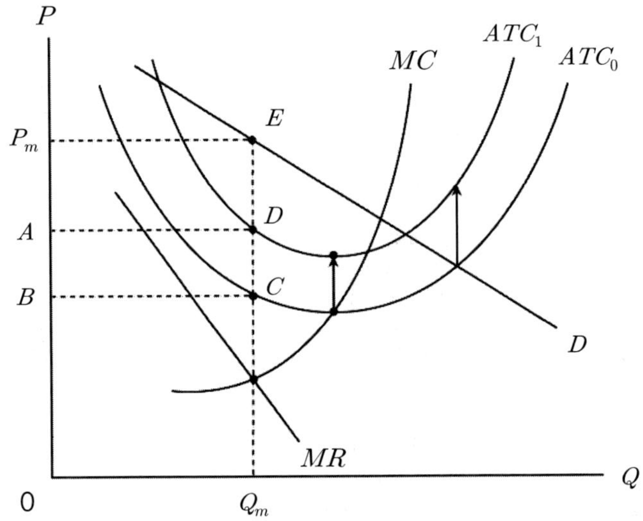

[Fig. 11-27] 총액세의 부과

[Fig.11-27]은 정부가 독점자에게 총액세를 부과했을 때의 결과를 그래프로 보여주고 있다. 애초에 독점자는 Q_m의 생산량을 생산하여 P_m의 가격을 요구하고 있다. 국가가 총액세를 부과하면 오직 평균총생산비(ATC)곡선만 수직으로 상방이동하고 한계생산비(MC)곡선이나 수요곡선(D) 또는 한계수입(MR)곡선 등에는 아무 영향이 없다. 왜냐하면 총액세금은 생산자에게 있어서 총고정비용(TFC)과 같은 성질의 것이기 때문이다. 결과적으로 총액세를 부과한 이후에 독점자의 생산량(Q_m)이나 가격 (P_m)에는 영향이 없고 오직 독점자의 경제적 이윤만 $ABCD$만큼 축소되었다.

11.13.3 이윤세(profit tax)

이윤세는 독점자의 이윤에 대하여 일정률(%)의 세금을 부과하는 것으로서 독점이윤이 너무 과다하다고 정부가 판단할 경우에 이를 세금으로 회수하여 재분배하기 위한 목적이다.

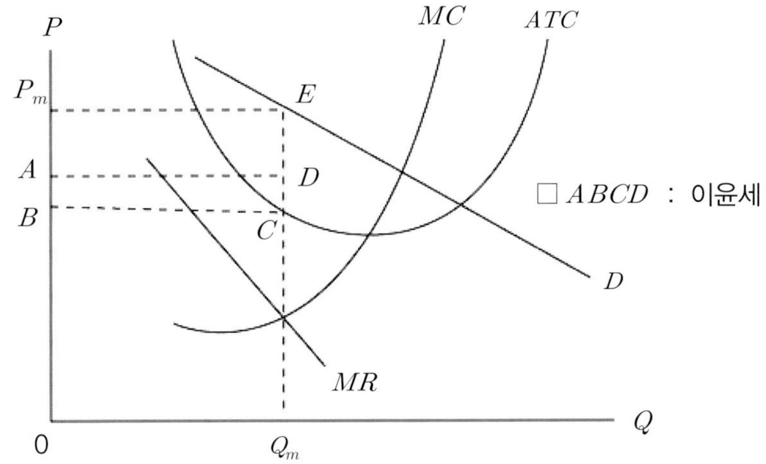

[Fig. 11-28] 독점이윤세 부과

[Fig. 11-28]에서 독점자는 애초에 Q_m의 생산량을 생산하여 P_m의 가격을 요구하고 있다. 따라서 독점자의 경제적 이윤은 P_mBCE인데 여기에 예를 들어 X%의 독점 이윤세를 사각형 ABCD 만큼 부과하면 독점자의 독점 이윤은 P_mBCE에서P_mADE로 감소하나 독점자의 애초의 생산량(Q_m)이나 가격(P_m)에는 영향을 미치지 못한다.

11.13.4 종가세(ad valorem tax)

종가세는 판매액(판매수입)에 일정비율(%)을 세금으로 부과하는 경우를 말하는데 종가세는 독점자의 한계수입을 낮추는 효과를 갖고 있으며 그 이외의 생산비 곡선이나 수요곡선 등에는 영향을 미치지 못한다.

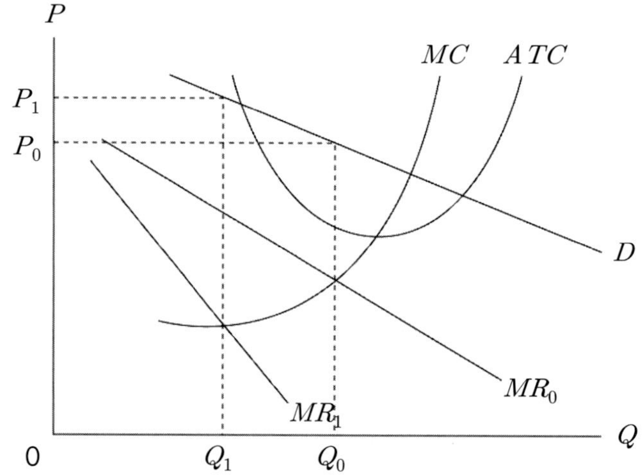

[Fig. 11-29] 종가세 부과

[Fig. 11-29]에서 독점자는 애초에 Q_o의 생산량을 생산하여 P_o의 가격을 요구하고 있다. 정부가 독점자에게 종가세를 부과하면 이는 독점자의 한계수입을 감소시켜 독점자는 새로이 Q_1의 생산량에서 P_1의 가격을 요구할 것이다. 따라서 정부가 독점자에게 종가세를 부과하면 생산량은 감소하고 재화의 시장가격은 상승한다.

요약

1. 순수독점이란 가까운 대체재가 없는 한 재화를 오직 한 판매자만이 판매하고 있는 시장 상황을 말한다.

2. 독점기업은 왼쪽으로 기울어진 수요곡선에 직면해 있으며 그의 한계수입(MR) 곡선은 수요곡선의 아래에 놓여있다.

3. 독점가들은 한계생산비곡선과 한계수입곡선이 만나는 곳에서 생산량을 생산함으로써 그들의 이윤을 극대화하고 또한 판매되는 위의 생산량에서 시장가격을 결정한다. 독점에 있어서 시장가격은 종종 평균총생산비보다 크기 때문에 흔히 경제적이윤이 존재한다.

4. 독점가들은 어떤 때는 그들의 이윤이 오랫동안 지속될 수 있도록 하기 위하여 시장으로 새로이 진입하려는 기업들에 대하여 진입하지 못하도록 장벽을 설치할 수도 있다.

5. 독점기업들은 완전경쟁하의 기업들보다 생산량은 적게 생산하고 가격은 더 높게 책정한다. 균형에서 독점기업이 생산량을 생산하는 수준에서는 $P \neq AC \neq MC$.

6. 독점력이 있다고 해서 반드시 이윤을 얻는 것은 아니다. 어떤 독점자는 지속되는 손해로 인하여 시장을 떠나기도 하고 또한 어떤 독점자는 오직 정상이윤만을 얻기도 한다.

7. 독점자는 가격차별에 의하여 그의 수입을 증가시킬 수 있다. 가격차별이 성공하기 위하여서는 소비 집단이 갖고 있는 수요곡선의 가격탄력성이 서로 달라야 하며 또한 소비 집단들이 속한 시장들이 서로 분리되어 있어서 소비자들이 한 시장에서 물건을 사서 다른 시장에 되파는 소위 재판매(resale)가 금지 되어질 수 있어야한다.

8. 독점의 사회적 비용은 생산요소들을 적재적소에 배치하지 못하는 것과 사중적 후생의 손실과 독점지대비와 X-비효율성 등이라 할 수 있다.

9. 만족가정과 판매극대가정(sales maximization hypothesis)은 둘 다 모두 소유와 경영의 분리라는 개념에서 유래되었다.

10. 비록 순수독점의 예는 존재하지 않지만 순수독점의 모델은 독점력을 분석하는데 그래도 유용하다.

11. 경쟁시장의 이론은 대기업의 출현을 시장들 사이에서 자본이 자유스럽게 이동이 가능하기만 하다면 언제든지 발생할 수 있는 필연의 결과라고 주장한다.

중요 용어

독점	독점력
가격 탐색자(price searcher)	덤핑
진입 장벽	가격차별
사중적 손실(deadweight loss)	X-비효율성
독점지대비	소유와 경영의 분리
판매극대 가정	장기이윤극대
자연독점(natural monopoly)	독점자
소비자 잉여(consumer surplus)	생산자 잉여(producer surplus)
시장 분리	재 판매
종량세(excise tax)	종가세(ad valorem tax)
총액세(lump-sum tax)	독점이윤세(monopoly profit tax)

연습문제

1. 독점 하에서 왜 한계수입(MR)이 평균수입(AR)보다 작은지 설명하시오.

2. 기업들은 사회적인 책임이 있는가에 대하여 답하고 기업들은 이윤을 극대화해야만 하고 그들의 사회적인 책임은 선출되거나 지명된 공무원들에게만 맡겨야 된다는 주장에 대하여 설명하시오.

3. 시장진입의 장벽에 대하여 열거하고 어떤 것이 가장 효율적인지에 대하여 설명하시오.

4. 왜 독점자는 수요곡선의 비탄력적인 부분에서는 결코 생산을 하지 않으려고 하는지 설명하시오.

5. 정부는 손실을 입고 있는 독점기업들이 시장에 남아 있을 수 있도록 보조금을 지원해 주어야만 하는지 설명하시오.

6. 만약에 상점에서 상품을 구매할 때마다 구매카드에 도장을 찍어주고 일정한 횟수의 도장이 확보되면 가격을 깎아 주는 판매방식도 가격차별에 속하는지 설명하시오.

7. 가끔 독점기업이 완전경쟁기업보다 이윤극대화에 대한 관심이 그리 크지 않다는 주장이 있다. 왜 그런지 설명하시오.

8. 라디오를 생산하는 독점자의 한계생산비는 수식으로 MC=60+Q이고 또한 라디오에 대한 수요곡선은 수식으로 P=100-3Q이다. MC는 한계생산비 Q는 생산량 P는 라디오의 가격이다. 이윤극대화를 위한 생산량은 얼마이며 그때의 가격은 얼마인가?

9. 한국 내에는 거의 독점적 위치를 차지하고 있는 자동차 회사들이 있다. 이 회사들은 보통 국내에서 보다도 미국이나 유럽 등의 외국에서 동질의 차를 더 싼값에 판매하고 있다. 이 회사들의 경영방침은 어떻다고 생각되는지 설명하시오.

읽어보기 11-1

Selling a Railroad

Railroads are sometimes viewed as natural monopolies because there is usually only one rail line that operates in a particular area and the fixed costs of maintaining the tracks are a significant part of operating costs. As a result, the long-run average cost curve declines over a wide range of output levels. Railroads do, however, have close substitutes in truck, barge, and air travel and freight.

In the 1960s and early 1970s, railroads were unprofitable because demand decreased due to increased competition from air and truck transportation. Many rail-roads became unprofitable, but the federal government did not want them to go out of business. This meant that either they had to be subsidized from tax revenues or the government had to get in the business of running railroads. Conrail was formed as a 14,200-mile, 15-state, freight-carrying, government operated railroad in the Northeast. Rising gasoline prices, among other factors, made railroads become attractive again as freight carriers. The demand curve shifted to the right. As a result, Conrail became profitable. In 1984, Conrail earned a $400 million profit and the Department of Transportation decided to sell the railroad. Fourteen prospective buyers expressed an interest in buying the railroad. When the plans were announced, a disagreement arose between Secretary of Transportation Elizabeth Dole, who wanted to sell the rail-road, and Congressman James J. Florio, a New Jersey Democrat, who wanted to delay the sale. Congressman Florio argued that the government might get more money if the railroad showed a longer history of profits. Secretary Dole didn't think the government should be in the railroad business. She indicated in 1985 that selling Conrail was a high priority item in President Reagan's second term.

(자료: Principle of Economics, Amacher·Ulbrich, South-Western Publishing Co. 3rd Ed. 1986)

11-1 요약해설

대한민국 내에서도 상황은 비슷하지만 일반적으로 철도회사들은 어느 특정 영역내에 보통하나의 철도회사가 존재하며 열차량이라든지 선로 등의 유지에 막대한 유지비용이 소요됨으로 보통 자연독점(natural monopoly)의 기업으로 간주된다 또한 장기의 평균총생산비 곡선은 규모의 경제가 장기간 지속됨에 따라 아주 넓은 영역에서 감소 상태를 나타낸다. 그러나 철도는 이론에서와는 달리 화물트럭이나 비행기나 항공화물 등의 아주 근접한 대체재(substitutes)가 존재하고 있다.

1960년대와 1970년대 미국에서는 증가된 항공이나 트럭과의 경쟁에서 뒤진 결과 철도사업들은 이윤을 남기지 못하게 되었다. 그러나 미국정부는 이들이 시장에서 퇴진하지 않도록 세금으로부터 많은 보조금을 지원하기도 하고 또는 직접 철도사업에 뛰어들기도 하였다. 훗날 무엇보다도 휘발유 가격이 상승함에 따라서 철도는 또 다시 화물운송에 매력적인 운송수단이 되었으며 이로 인하여 흑자를 남기는 사업으로 변하게 되었고 이로 인하여 부자가 된 철도사업을 매각해야 하는지 아니면 더 많은 이윤을 얻기 위하여 계속 소유해야 하는지에 대하여 미국 교통부와 미국의회 사이에서 논란이 되었다.

제12장

독점적 경쟁시장
(Monopolistic Competition)

불완전경쟁(imperfect competition) 시장중의 하나인 독점적 경쟁시장에 대한 이론은 거의 비슷한 시기에 하버드 대학교 교수였던 챔버린(Edward Chamberlin)과 로빈슨(Joan Robinson) 여사에 의하여 전개되었다. 챔버린은 1933년에 독점적 경쟁이론(The Theory of Monopolistic Competition) 이라는 책을 발간하였고 로빈슨 여사도 1933년에 불완전경쟁의 경제학(The Economic of Imperfect Competition) 이라는 책을 발간하였는데 이 두 책에서는 모두 독점적 경쟁 시장에 대한 기본적인 개념들이 전개되었다.

12.1 독점적 경쟁시장의 특징

첫째, 독점적 경쟁시장은 많은 수의 판매자로 구성되어 있다고 가정한다.

둘째, 시장의 각 판매자들은 서로 차이점이 있는 다른 생산품들을 생산하는데 이 생산품들은 아주 많은 수의 대체재를 갖고 있다. 생산품들의 서로 다른 차이점이란 여러 가지 형태로 나타날 수 있는데 그것은 판매자들이 고객에게 특별히 친절하다든가 또는 생산품의 포장이 매우 아름답다든가 또는 신용구매의 조건이 더 좋다든가 또는 배달이 더 빠르다든가 또는 같은 종류의 생산품이라도 질이 더 우수하다든가 하는 것들이다. 중요한 점은 이와 같은 생산품들의 차이점에 대한 판단은 소비자들이 주관적으로 한다는 것이다. 예를 들면 약사들이나 화학자들은 아스피린은 아스피린일 뿐이라고 생각한다. 즉 아스피린은 질이나 효능에 있어서 차이가 없이 똑 같다는 것이다. 그러나 만약에 소비자들이 어느 특정회사의 아스피린을 특별히 선호한다면 그렇다면 그 특정회사의 아스피린은 다른 회사들의 아스피린과 차이가 있다는 것이다.

셋째, 독점적 경쟁시장의 또 하나의 중요한 가정은 이 시장으로도 새로운 기업들의 진입이 비교적 쉽다는 것이다. 새로이 산업에 진입한 기업들도 이미 산업내에서 생산을 하고 있던 기업들이 생산하는 생산품들과 매우 비슷한 생산품들을 진입과 동시에 바로 쉽게 생산을 시작할 수 있다는 것이다.

챔버린은 생산품들의 차이점은 각양각색으로 서로 다르나 생산품들은 서로가 대체재(substitutes)로서 이와 같은 비슷한 생산품들을 생산하는 다수의 생산자들을 생산자집단(product group)이라고 불렀다. 우리가 보통 현실에서 친숙하게 느끼고 있는 많은 기업들의 시장적 구조는 이러한 독점적 경쟁 구조일 것이다. 사람들이 경쟁이라고 생각을 할 때에는 대개의 사람들은 일반적으로 독점적 경쟁을 떠올릴 것이다. 완전한 동질적인 생산품을 가정하고 있는 완전경쟁시장은 틈만 나면 서로 다른 차이점을 부각시켜서 다른 경쟁기업보다도 시장을 더 장악하려고 노력하는 경쟁의 일반적인 개념과는 맞지 않기 때문이다.

12.2 독점적 경쟁의 단기조정(Short-run Adjustment)

독점적 경쟁 기업의 단기분석은 독점기업의 단기분석과 매우 비슷하다. 우리가 완전경쟁시장을 설명할 때에는 시장과 그로부터 결정된 시장의 균형가격에 의하여 형성된 기업이 직면한 수요곡선에 대하여 설명하였다. 독점적 경쟁 기업의 분석에 있어서 우리는 시장보다는 한 대표기업의 예로부터 시작을 하려고 한다. 왜냐하면 기업들의 생산품들이 서로 다른 차이를 나타내고 있기 때문에 각 기업들이 처한 그들의 수요곡선은 서로 다르기 때문이다. 따라서 독점적 경쟁 기업들이 처한 수요곡선은 독점기업의 경우와 마찬가지로 왼쪽으로 기울어져 있다. 이러한 좌상향의 기울기는 독점적 경쟁 기업이 생산하는 생산품의 차별적 성향 때문에 야기된 것이다. 따라서 만약에 생산품의 가격이 상승하더라도 독점적 경쟁 기업은 그의 모든 고객을 잃어버리지는 않을 것이다. 왜냐하면 적어도 몇몇의 소비사는 대체성이 좀 있기는 하나 그렇다고 완벽한 대체재도 아닌 다른 생산품보다는 원래부터 사용하고 있던 이 생산품을 더 선호할 수 있기 때문이다. 마찬가지로 가격이 하락하면 더 많은 소비자들을 끌어 들일 수 있으나 그래도 또한 몇몇의 소비자들은 다시 돌아오지 않고 다른 기업이 생산한 제품의 특성에 길들여져서 그대로 다른 기업이 생산한 생산품의 소비에 남아 있을 수도 있기 때문이다.

독점적 경쟁 기업이 처한 수요곡선의 탄력성은 시장 내에서 생산품들의 차별의 정도나 또는 특화의 정도를 나타내는 척도이다. 만약에 생산품들의 차별의 정도가 미약하고 따라서 서로 관계의 대체성이 높다면 독점적 경쟁 기업들의 수요곡선은 매우 탄력적이다. 만약에 기업들 사이에 있어서 생산품들의 차별성이 아주 뚜렷하다면 기업들이 처한 수요곡선은 비탄력적이 될 것이며 따라서 기업들이 생산품의 가격을 올린다 할지라도 그렇게 많은 고객을 잃어버리지는 않은 것이다.

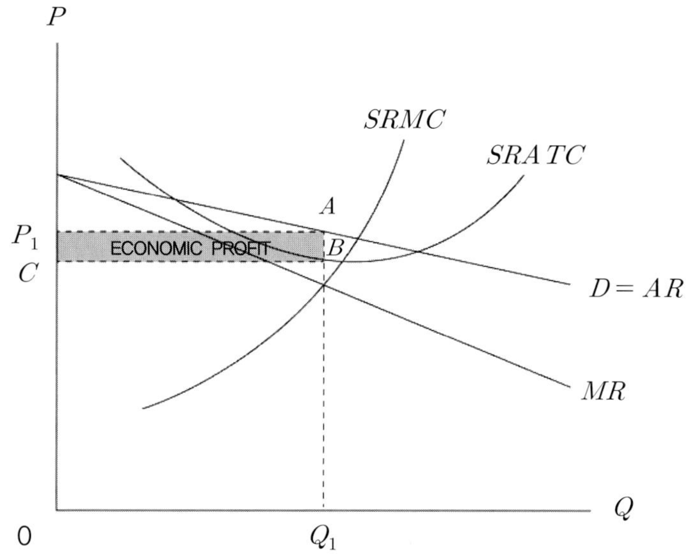

[Fig. 12-1] 독점적 경쟁 기업의 단기이윤

[Fig. 12-1]에는 단기에 있어서 독점적 경쟁 기업의 경제적이윤(economic profit)이 나타나있으며 상품의 자별화를 나타내는 좌상향의 수요곡선이 그려져 있다. 이 대표적인 기업이 직면하고 있는 수요곡선은 시장 내의 많은 대체재의 존재로 인하여 매우 탄력적이다. 수요곡선이 왼쪽으로 기울어져 있으므로 한계수입(MR) 곡선은 독점시장의 경우에 있어서와 마찬가지로 수요곡선의 아래에 놓여져 있다. 이 대표적 기업도 이윤극대화의 조건인 $MR = MC$에서 Q_1의 생산물을 생산하고 P_1의 가격을 받을 것이다. 이 기업의 총수입(TR)은 사각형 OP_1AQ_1이고 기회비용은 $OCBQ_1$이다. 따라서 이 기업의 경제적 이윤은 사각형 CP_1AB이다. 이러한 분석은 단기의 독점시장 분석과 매우 흡사한 면이 있다. 독점기업과 독점적 경쟁 기업과의 가장 큰 차이점은 독점적 경쟁 기업이 처한 수요곡선이 독점기업이 처한 수요곡선보다 더 탄력적이라는데 있다.

독점적 경쟁 기업은 어느 의미에 있어서는 대체재가 존재하고 있는 생산품을 생산하며 이윤극대화를 추구하는 하나의 작은 독점자라고 할 수가 있다. 이러한 독점적 경쟁 기업이 성질상 완전경쟁 기업의 특성에 더 가까운가 아니면 독점기업의 특성에 더 근접한 것인가 하는 판단은 기업에 발생된 경제적이윤이 앞으로 어떻게 처리가 되는가에 따라서 결정이 된다 할 것이다.

(독점적 경쟁 기업의 단기손실)

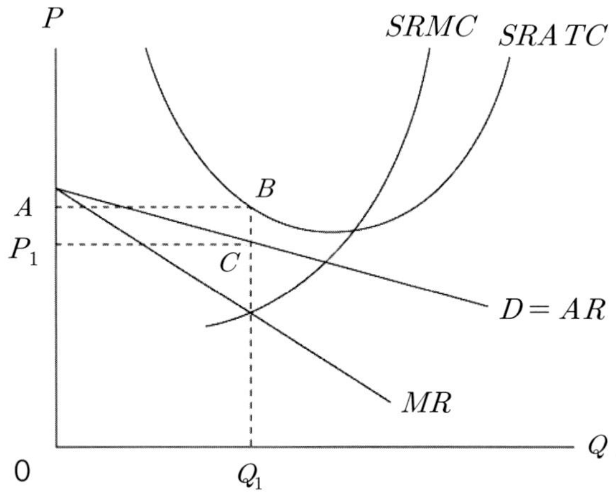

[Fig. 12-2] 독점적 경쟁기업의 단기손실

[Fig. 12-2]에는 독점적 경쟁기업의 단기손실이 나타나 있다. 시장 내의 이 대표적인 기업도 이윤극대화의 조건인 $MR = MC$에서 Q_1의 생산량을 생산하여 P_1의 가격을 받을 것이다. 총수입(TR)은 사각형 OP_1CQ_1이고 총비용(TC)은 사각형 $OABQ_1$이므로 사각형 P_1ABC만큼의 손실을 입고 있다. 이와 같은 손실의 발생은 그래프에서 보는 바와 같이 수요가 워낙 미약할 경우에 발생하기 쉽다.

(독점적 경쟁 기업의 정상이윤)

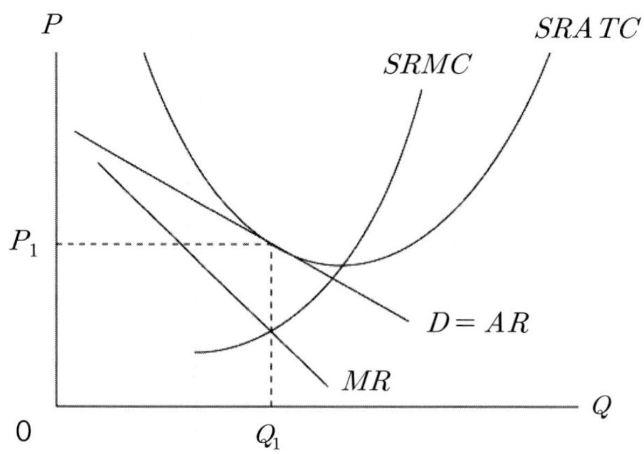

[Fig. 12-3] 독점적 경쟁기업의 단기정상이윤

12.3 독점적 경쟁의 장기조정(Long-run Adjustment)

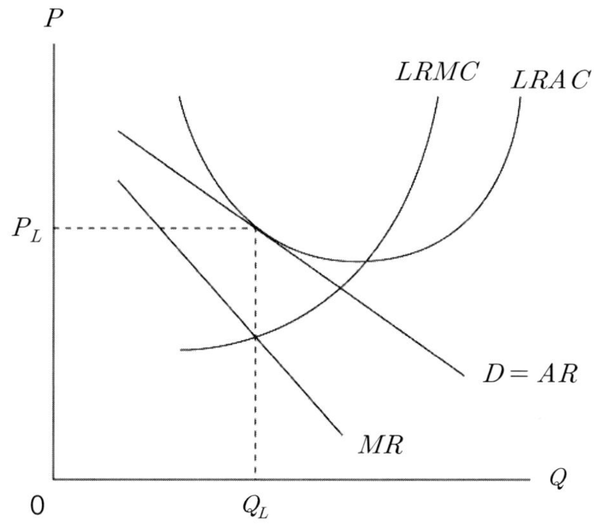

[Fig. 12-4] 독점적 경쟁기업의 장기균형

우리는 독점적 경쟁산업으로의 새로운 기업의 진입이 비교적 쉽다고 가정하였으므로 만약에 산업 내에 경제적이윤이 발생하고 있다는 정보가 산업 밖으로 알려진다면 독점적 경쟁산업으로의 새로운 기업의 진입은 확대될 것이고 따라서 [Fig. 12-1]의 산업내의 대표적인 기업이 처하고 있는 수요곡선($D = AR$)은 시계바늘이 도는 방향과 같은 방향인 왼쪽 아래로 이동(shift)할 것이다. 왜냐하면 새로이 산업내로 진입한 기업들이 산업 내에 이미 존재하고 있던 기업들로부터 고객을 얼마만큼은 빼앗아 가기 때문이다. 경제적이윤이 존재하는 한 새로운 기업의 진입은 계속될 것이고 시장의 수요곡선도 계속하여 왼쪽 아래로 이동할 것이다. 따라서 독점적 경쟁시장내의 장기균형(long-run eguilibrium)은 시장 내의 모든 기업들의 경제적이윤이 0(zero)일 때에 발생한다. 즉, 시장 내의 모든 기업들이 오직 정상이윤(normal profit)만을 얻을 때에 독점적 경쟁시장의 장기균형 현상이 발생한다. 이러한 결과는 [Fig. 12-4]에 그래프로 나타나 있다.

위와 같이 독점적 경쟁 시장 내에서 경제적 이윤이 발생할 때에는 다른 연관 산업 등으로부터 새로운 기업이 이 시장 내로 진입을 할 수가 있는데 이때에 기업들의 잘못된 기대판단 등으로 인해서 너무 많은 새로운 기업들이 이 시장 내로 진입을 하게 된다면 기업들이 처한 수요곡선이 왼쪽 아래로 과다하게 이동을 하는 경우가 발생할 수도 있다. 이럴 경우 기존에 시장 내에 있던 기업들을 포함해서 새로이 이 시장에 진입한 기업들은 손해를 입을 수가 있다. 이러한 내용이 [Fig. 12-2]에 나타나 있다. 만약에 이와 같이 새로운 기업들의 과다한 시장진입으로 인해서 시장 내의 기업들이 손해를 입는 상황이 발생할 경우 몇몇 기업들은 시장을 떠나기 시작할 것이며 시장 내의 기업들이 처한 수요곡선은 시계의 바늘 방향과는 반대방향인 오른쪽 위로 이동하기 시작하여 종국에는 [Fig. 12-4]에서 보는바와 같이 장기균형 상태로 회복이 될 것이다. 따라서 이와 같은 장기조정의 과정을 통하여 독점적 경쟁 기업들의 장기균형은 경제적이윤이 0(zero)일 때 이루어진다.

이와 같이 독점적 경쟁시장의 이론은 독점시장의 이론과 완전경쟁 시장의 이론으로부터 많은 부분을 차용해온 이론들이다. 즉, 단기에 있어서 독점적 경쟁기업들은 유사한 대체재들이 존재하는 상황에서 이윤을 극대화 시키려는 하나의 작은 독점자(mini-monopolist)들인 동시에 장기에 있어서는 새로운 기업들의 시장진입으로 인하여 시장 내 기업들의 시장점유율이 감소함으로써 경제적이윤이 사라져 버리는 완전경쟁 시장 내의 기업들의 장기균형과 같은 결과를 나타내기 때문이다.

12.4 독점적 경쟁기업의 초과생산능력(Excess Capacity)

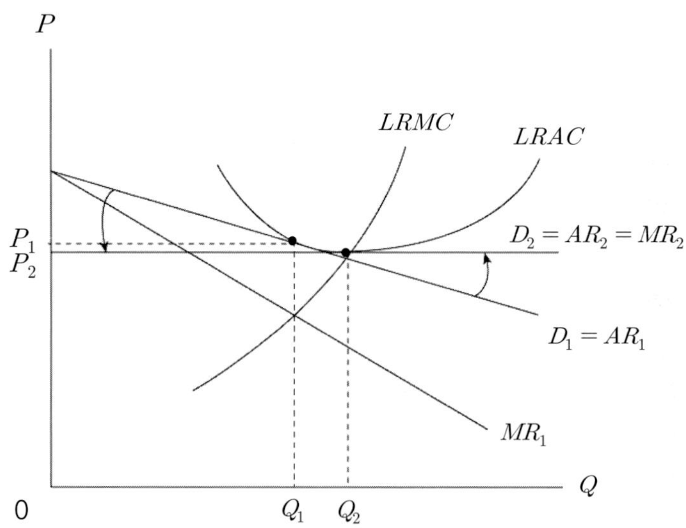

[Fig. 12-5] 초과생산능력

장기균형에 있어서 독점적 경쟁기업은 기존의 시설규모의 활용수준이 미달상태(underutilization)에서 생산량을 결정하고 있는데 이러한 시설규모의 미달 활용 상태를 초과생산능력(excess capacity)이라고 한다.

[Fig. 12-5]에서 독점적 경쟁기업의 이윤을 극대화 시키는 장기균형은 $MR_1 = LRMC$에서 생산량은 Q_1을 생산하고 시장가격은 P_1이다. 그러나 이것은 완전경쟁 시장 하에서 이야기하는 소위 이상적 생산량(ideal output)이 아니다. 왜냐하면 완전경쟁 하에서 이상적 생산량이란 생산요소들을 생산에 투입할 때에 가장 최저의 생산비(least-cost)를 사용하여 생산하는 양을 말하는 것이기 때문이다. 그러한 점은 [Fig. 12-5]에서 장기평균 생산비($LRAC$)곡선의 극소점이다. 이 점은 달성할 수 있는 최대의 효율성을 나타내고 있기 때문에 사회적으로도 최적의 이상적 생산량(Q_2)이 된다. 가격도 생산량 Q_2에서는 P_1에서 P_2로 하락하였다. 따라서 장기균형에 있어서 독점적 경쟁기업은 기업의 효율적인 시설규모 이하에서 생산을 하고 있는데 이것을 경제학자들은 초과생산능력($Q_1 \sim Q_2$)이라고 부른다. 즉, 이상적 생산량(Q_2)과 실제의 장기균형 생산량(Q_1)과의 차이를 초과생산능력 또는 초과용량이라고 한다.

[Fig. 12-5]에서 알 수 있듯이 초과생산능력은 수요곡선이 좌상향으로 기울어져 있기 때문에 발생하고 있다. 즉, 수요곡선 D_1을 시계의 바늘이 움직이는 반대방향으로 회전을 시키면 수요곡선은 점점 탄력적으로 변하며 초과생산능력은 점점 사라지게 됨을 알 수가 있다. 이와 같이 좌상향으로 기울어진 수요곡선은 시장의 제품사이에 있어서 차별화 때문에 발생한다. 따라서 초과생산능력의 원인도 생산품 사이에 있어서의 차별화(differentiation) 때문인 것이다.

이러한 초과생산능력을 반드시 나쁘다고만 말할 수는 없다. 왜냐하면 소비자들은 이러한 제품들의 차별화를 즐길 수도 있으며 또한 제품의 차별화로부터 얻을 수 있는 만족이나 효용에 대하여 기꺼이 비용을 지불할 의지가 있기 때문이다. 같은 종류의 생산품들에 있어서 차별화가 이루어지지 않고 있다면 우리의 세상은 매우 지루해 질 것이다. 예를 들어 우리가 똑같은 색깔에 똑같은 모양의 옷을 입고 있다고 생각해 보라!

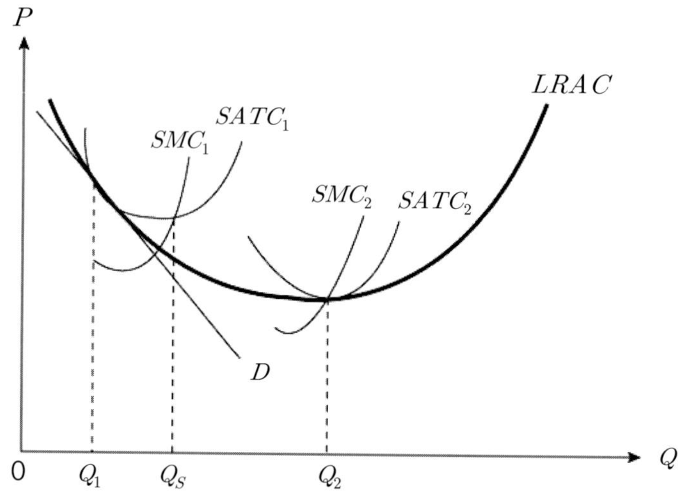

[Fig. 12-6] 초과생산능력의 구분

[Fig. 12-6]은 초과생산능력($Q_1 \sim Q_2$)을 두 부분으로 나누고 있다. 즉, ($Q_1 \sim Q_S$)와 ($Q_S \sim Q_2$)의 두 부분이다. ($Q_1 \sim Q_S$)부분은 단기적으로 현재의 설비의 가동도 효율적으로 운영하지 못하고 있어서 최저생산비 수준에 못 미치는 부분이다. 즉, 현재에 최저생산비 수준으로 생산을 한다면 Q_S의 생산량을 생산할 수 있기 때문이다. 또한 장기에 있어서 이 기업이 완전경쟁기업 이라면 최적의 설비를 갖추고 최저의 생산비로 Q_2의 생산량을 생산할 것이다. 따라서 ($Q_S \sim Q_2$)부분은 독점적 경쟁기업이 최적의 설비를 갖추지 못했기 때문에 발생한 생산능력의 차이이다.

12.5 독점적 경쟁기업과 광고(Advertising)

독점적 경쟁기업들은 제품의 모양이나 색상 또는 서비스 또는 디자인이나 포장 내지는 상표 등의 수단을 통하여 제품의 차별화를 시도한다. 광고도 이들 중의 한 수단인데 이들 수단들을 우리는 비가격경쟁(non-price competition)이라고 한다. 같은 종류의 생산품이라도 소비자가 제품의 차이를 인정하면 제품의 차별화는 이루어진 것이다. 그리고 이러한 비가격경쟁을 통하여 독점적 경쟁기업은 수요를 증대시켜 시장에서 어느 정도의 독점력을 더 확보할 수 있을 것이다. 광고를 통하여 소비자에게 자기 기업의 생산품이 우수한 제품이라는 이미지를 심어주면 그 기업은 제품의 차별화에 성공했다 할 수 있을 것이다. 그러므로 광고를 통한 이미지 차별화도 비가격경쟁의 중요한 한 요소이다.

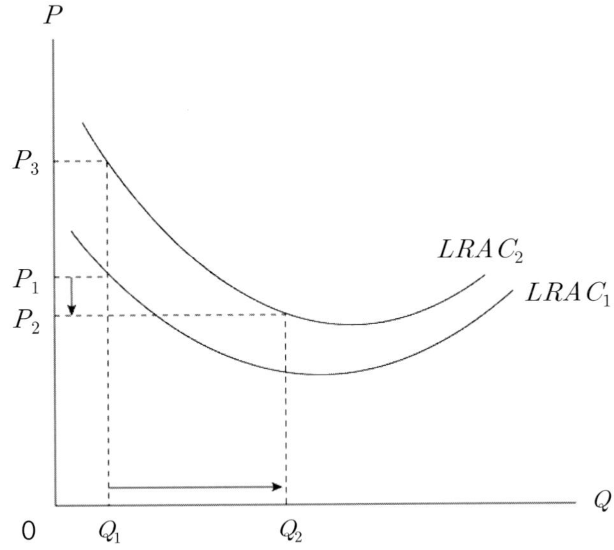

[Fig. 12-7] 독점적 경쟁기업과 광고

광고는 반드시 생산품의 시장가격을 상승시키지는 않는다. 비록 광고로 인해서 생산비가 증가할지라도 규모의 경제 때문에 광고가 유발할 수 있는 증대된 판매량은 시장가격을 낮추는 결과를 가지고 올 수 있기 때문이다.

[Fig. 12-7]에서 $LRAC_1$은 광고를 하기전의 독점적 경쟁기업의 장기평균 생산비곡선이다. 기업은 Q_1의 생산량을 생산하고 소비자들은 Q_1에서 기꺼이 P_1의 시장가격을 지불할 것이다. 만약에 기업이 광고를 시행하면 생산비는 증가할 것인데 그것이 바로 장기 평균생산비 곡선 $LRAC_2$이다. 광고를 시행한 이후에 그 효과로 인하여 판매량이 늘어난다면 기업은 생산량을 규모의 경제를 따라서 Q_2까지 늘릴 수 있을 것이며 시장가격도 P_2로 떨어진다. 반대로 판매량이 늘지 않고 광고전의 생산량 Q_1을 계속 유지한다면 가격과 생산비는 P_3로 상승할 것이다.

만약에 독점적 경쟁기업이 비가격경쟁의 방법을 효율적으로 사용하여 다른 기업들의 경쟁상품들이 만족할만한 대체재가 되지 못하도록 자기 제품의 차별화에 성공을 할 수가 있다면 그 기업은 장기에 있어서 경제적이윤을 얻을 수 있을 것이다. 이러한 기업들은 실질적으로 독점적 경쟁시장 내에서 장기적으로 어느 만큼의 판매량을 확보한 작은 독점기업이라고 할 수가 있다. 이러한 기업들의 이윤은 장기적으로 지속될 수 있을 것이며 새로운 시장 진입자들에 의하여서도 이들의 경제적이윤은 0(zero)이 되지 않을 것이다.

독점적 경쟁시장의 이론은 순수경쟁시장에서 개발된 사회 관습적인 이상과는 다른 생산요소의 분배에 대한 의미를 갖고 있다. 첫째, 경제적이윤이 없는 장기균형 상태에서도 초과생산능력이 존재한다는 것이다. 이것은 시장가격이 한계생산비(MC)보다 높다는 의미이다. 또한 소비자들이 지불하는 시장가격은 평균생산비인데 이것은 기업이 가장 효율적으로 제품을 생산할 때의 생산비보다도 높다. 둘째, 생산비가 독점적 경쟁 하에서나 완전경쟁 하에서나 서로 같다고 할지라도 시장가격은 독점적 경쟁 하에서가 완전경쟁 하에서 보다도 더 높다. 셋째, 독점적 경쟁기업들은 제품의 질에 있어서나 색상에 있어서나 또는 디자인과 상표 등에 있어서 수많은 변화를 주는데 이러한 변화는 제품의 차별화를 이끌어 내기 위한 것으로서 초과생산능력의 원인이 되며 평균생산비를 상승시키는 요인이 된다. 넷째, 독점적 경쟁 기업들은 광고 등의 비가격경쟁을 시행하는데 이러한 기업들의 행위는 소비자의 만족감을 높이거나 또는 제품들이 소비자들의 자발적인 결정에 의하여 구매되는 한 반드시 나쁘다고만 말할 수는 없는 것이다. 어떤 사회적인 비평은 광고가 그 제품이 갖고 있는 정보이상을 광고하면 나쁘다고 판단한다. 그러나 광고가 소비자들이 다른 재화를 소비할 선택권조차 빼앗아 가버린다면 그러한 광고는 바람직하지 않겠다.

요약

1. 독점적 경쟁은 다수의 생산자가 서로 이질적인 생산품을 생산하는 특징을 갖고 있는 시장상황이다.

2. 독점적경쟁의 모델이 갖고 있는 가정들은 많은 수의 생산자와 생산품의 차별화, 상대적으로 쉬운 시장진입 등이다. 이런 가정들이 의미하는 것은 단기에 있어서는 경제적이윤이 존재하지만 장기에 있어서는 새로운 기업들의 시장진입과 더불어 경제적이윤이 사라진다는 것이다.

3. 생산품의 차별화 때문에 독점적 경쟁기업의 균형점에서의 생산량이 사회적으로 최적생산량 보다도 적게 생산된다. 이와 같이 최적생산량보다 적게 생산되는 현상을 초과생산능력(excess capacity)이라고 한다.

4. 독점적 경쟁기업들은 완전경쟁 기업들보다도 같은 생산비를 지불하고도 더 적은 생산량을 생산하고 더 높은 가격을 요구한다.

5. 독점적 경쟁에 있어서는 한계생산비와 장기균형의 평균생산비가 동일하지 않다.

6. 어떤 경제학자들은 순수경쟁 모델로부터 도출되지 않은 독점적 경쟁모델은 어느 의미도 갖고 있지 않다고 주장한다. 그럼에도 불구하고 일반적으로 경제학자들은 독점적 경쟁 모델이 기업에 관한 이론들을 더욱 풍성하게 만들었다고 생각한다.

7. 독점적 경쟁기업이 직면하는 수요곡선은 독점적인 요소로 인하여 좌상향하는 수요곡선이 되지만 경쟁적인 요소로 인해서 비교적 탄력적인 수요곡선이 된다.

8. 독점적 경쟁기업의 단기균형은 $MR=SRMC$에서의 생산량과 가격이다.

9. 독점적 경쟁기업의 장기균형은 $MR=LRMC$에서의 생산량과 가격을 말하며 정상이윤만이 존재한다.

10. 독점적 경쟁시장의 장기균형점 에서는 $P>MC$이므로 요소배분의 비효율이 존재하고 광고나 서비스 등의 비가격경쟁이 많이 일어난다.

중요 용어

상품차별화
생산자집단(producer group)
초과생산능력(excess capacity)
비가격 경쟁
불완전 경쟁
독점적 경쟁
소독점자(mini-monopolist)
이상적 생산량

연습문제

1. 독점적 경쟁기업들은 그들이 생산하는 제품들이 다른 경쟁관계에 있는 제품들과 실제로 차별화되어 있다는 사실을 성공적으로 소비자들에게 확신시키지 않는다면 그들은 오직 정상이윤만을 획득한다. 상품차별화의 예를 들고 그러한 차별화가 현실적인 것인지 상상적인 것인지 또는 새로이 발명된 것인지에 대하여 설명하시오. 또한 그러한 상품차별화는 어떤 경제적인 차이를 가지고 오는지 설명하시오.

2. 독점적 경쟁의 모델과 완전경쟁의 모델과의 주된 차이점을 설명하고 어떤 점에 있어서 가정이 서로 다른지 설명하시오.

3. 초과생산능력이란 무엇이며 그것이 좋은 현상인지 또는 나쁜 현상인지 설명하시오.

4. 독점적 경쟁하의 대표적 기업이 처한 수요곡선은 제품의 차별성이 커질수록 어떻게 변화하는지 설명하시오.

5. 소비자들의 취향이 다양할수록 독점적 경쟁기업의 최적기업수는 어떻게 변하는지 설명하시오.

6. 소비자들의 소득이 증가할 경우 독점적 경쟁기업의 단기조정과정을 설명하시오.

읽어보기 12-1

Joan Robinson(1903~1983)　Edward Chamberlin(1899~1967)

Joan Robinson and Edward Chamberlin are given joint credit for developing the theory of monopolistic competition. Chamberlin published his Theory of Monopolistic Competition(1933) six months before Robinson published The Economics of imperfect Competition(1933). Chamberlin, in later years, was preoccupied with trying to differentiate his ideas from Robinson's. Robinson is reported to have commented on Chamberlin's anguish over her receiving joint credit by saying at one point. "I'm sorry I ruined his life."

Chamberlin was born in the state of Washington, but attended high school in lowa, where he attended high school in lowa, where he was an all-around student and a successful athlete. He later attended the University of lowa, then went to the University of Michigan to study, and ultimately received his Ph.D. at Harvard. He taught at Harvard until his death.

Joan Robinson developed her ideas quite independently of Chamberlin(they did not know each other) while a junior faculty member at Chambridge University. After the appearance of her pathbreaking book. Robinson expanded her interests and research over a wide range of economic policy issues. She remained a very active economist and social critic until her death in 1983. Robinson was an outspoken critic of the market system. Her more recent antimarket pubiications include An Essay on Marxian Economics(1956), Economic philosophy(1962), and Freedom and Necessity(1970). Both Professor Robinson and Professor Chamberlin have had a significant impact on economics, but their careers was strikingly different. Chamberlin's career was characterized by a single pursuit: the development of the theory of monopolistic competition. Few economists have applied themselves to so singular a purpose and yet achieved fame. Perhaps this singleness of purpose in part explains Chamberlin's pain at having to share his fame with Robinson. Unlike Chamberin's. Robinson's interests were wide ranging. After contributing to micro theory, she worked with Keynes and helped to develop macroeconomics. Subsequently, she became a fiery social critic with varied interests. Robinson thought that economic analysis should begin with monopoly and that pure competition should be studied only as a special case. Her account of monopolistic competition was different than that of Chamberlin's and what we examined in this chapter. Robinson thought it natural for profits to exist in the long run. Joan Robinson was one of the first economists to draw marginal cost curves the way we do now.

(자료 : Principle of Economics, Amacher·Ulbrich, South-Western Publishing Co. 3rd Ed. 1986)

12-1 요약해설

로빈슨여사와 챔버린 교수는 두 사람 모두 독점적경쟁이론을 발전시킨 공로자이다. 챔버린은 로빈슨이 1933년에 "불완전 경쟁의 경제학"을 발간하기 6개월전에 같은 해인 1933년에 "독점적경쟁 이론"을 발간하였다. 챔버린은 후에 그의 이론에 대하여 로빈슨의 이론과의 차별화를 두려고 노력하였다. 챔버린은 이론의 개발에 같은 공로를 인정받은 로빈슨에 대하여 화가 났었던 것 같다. 챔버린은 워싱턴주에서 태어나 여러 학교를 거쳐서 하버드대학교에서 박사학위를 받고 그곳에서 사망할 때까지 재직하였다. 로빈슨은 영국의 캠브리지 대학교 교수로서 챔버린과는 서로 모르는 사이로서 그녀의 생각은 챔버린과는 아주 다른 독립적인 이론을 개발하였다. 그녀의 학문의 길을 넓히는 위의 책이 발간된 이후 그녀는 그녀의 관심과 연구를 경제정책의 논점들에 대하여 폭 넓게 넓혀 나갔다. 그녀는 1983년 사망시까지 아주 활동적인 경제전문가로서 또한 사외비평가로서의 삶을 살았다. 그녀는 시장체제에 대하여 숨김없는 비평가였다. 그녀의 저서로는 "마르크스 경제학에 대한 평론(1956)"과 "경제철학(1962)" 등이 있다. 로빈슨교수와 챔버린 교수는 경제학에 크나큰 영향을 미쳤으나 그들의 경력은 사뭇 달랐다. 챔버린의 경력은 독점적경쟁이론에서 보듯이 한 우물만 파는 식이었다. 이와 같이 한 목표에만 집중하고 명성을 얻은 경제학자는 거의 없었다. 그러나 로빈슨의 관심 범위는 달랐다. 그는 미시경제학이론에 공헌을 한 후에는 케인즈와 함께 거시경제학 발전에도 도움을 주었고 사회적인 비평가이기도 하였다. 로빈슨은 우리가 사용하는 한계생산비곡선을 처음 도출한 경제학자들 중의 한 사람이었다.

제13장

과점시장
(Oligopoly Market)

과점(oligopoly)은 시장 내에 몇몇의 기업들만이 존재하는 시장구조를 말한다. 시장 내에 몇 안 되는 기업들만이 존재하고 있는 까닭에 이 기업들의 행동은 확실히 서로 의존적이다. 이러한 상호의존성 때문에 어떤 경제학자는 과점이나 독점이나 같은 종류라고 생각하는 경우도 있다. 갈브레이스(John Kenneth Galbraith)는 한 산업 내에 두 세 개의 거대기업만이 존재할 경우에 각개의 기업은 그들 모두의 복지와 후생만을 위하여 행동할 것이 틀림없다고 주장한다. 따라서 그는 과점을 할당된 독점(shared monopoly)이라고 간주한다. 그러나 이러한 견해는 경제학자들 사이에서 멀리 받아들여지는 주장은 아니다. 많은 경제학자들은 과점기업의 행동은 독점기업의 행동보다 분석하기가 더 복잡하고 어렵다고 생각한다. 이러한 분석의 복잡함과 어려움은 과점기업들의 특성이 상호의존성(mutual interdependence)에 있다는 점에서 발생한다. 이러한 서로간의 상호의존성 때문에 과점기업들의 생산량과 가격을 결정하는 행동에 대하여 예상을 할 수 있는 모델을 개발하기가 매우 어렵다. 따라서 우리는 과점의 경제적 분석을 시도할 때에 서술적인 표현을 많이 사용할 것이며 또한 그에 합당한 실예를 찾아보도록 노력할 것이다.

13.1 순수과점(Pure Oligopoly)과 차별적과점(Differentiated Oligopoly)

과점산업은 그들이 생산하는 제품의 형태에 따라 분류를 할 수가 있는데 순수과점산업은 산업내의 기업들이 동질의 제품을 생산하는 경우를 일컫는 것으로서 동질과점(homogeneous oligopoly)이라고도 한다. 따라서 순수과점산업내의 기업들은 그들이 생산해낸 제품들에 대하여 동일한 한 가지 가격만이 형성되는 특징을 갖는다. 순수과점산업의 예로서 시멘트산업을 들 수가 있다. 소비자들은 그들이 구매하는 시멘트부대를 어느 기업이 생산했는지에 대해서는 거의 무관심하기 때문이다. 이와는 반대로 차별적 과점산업내의 기업들은 이질적인 제품을 생산하는 경우로서 이질적과점(heterogeneous oligopoly)이라고도 한다. 자동차산업이 좋은 예라고 할 수가 있다. 이와 같은 이질적인 과점내에서는 생산되는 제품들의 가격이 제품의 특성상 동질적은 아니지만 약간씩 차별이 있기 때문에 매우 비슷한 가격대를 형성하는 소위 가격집단(price cluster)을 형성하게 된다. 이러한 가격 집단 내에서의 가격의 차이는 제품의 차별의 정도차이에 따라서 달라진다. 제품들에 있어서 차별화가 심할 경우에는 제품들 사이에 있어서 가격차이가 커질 것이며 제품들의 가격차이가 적을 경우에는 제품들의 차별화가 거의 없음을 의미한다.

13.2 과점과 담합(Collusion)

뉴욕대학교의 매츄럽(Fritg Machlup) 교수는 과점기업의 행위를 3가지 부류로 나누었는데 그것은 통신(communication)과 조정(coordination)과 담합(collusion)이다. 그가 말한 통신이란 기업 간에 있어서 서로 의사를 교환하려는 능력을 말하며 조정이란 과점산업내의 기업들에게 생산에 대한 결정사항을 연계시키려는 능력을 말하며 담합이란 산업내의 기업들 간에 있어서 어떤 특정가격을 정한다든지 또는 어떤 시장의 할당 점유율 등을 정하는데 동의하는 것을 말한다. 과점기업들의 이러한 통신과 조정과 담합을 하려는 능력은 산업내의 기업의 숫자에 연관되어 있다. 왜냐하면 산업내의 기업의 수가 증가하면 증가할수록 비용이 증가하기 때문이다. 본질적으로 우리는 과점기업들을 3가지 범주로 나눌 수가 있다. 첫째는 공식적 시장통합(formal market coordination)이고 둘째는 비공식적 시장통합(informal market coordination)이며 셋째는 시장의 무통합(no market coordination)상태인 것이다.

13.2.1 공식적 담합(Formal Market Collusion)

공식적으로 조직되고 담합된 과점조직으로서 카르텔(Cartel)을 예로 들 수가 있다. 카르텔이란 과점시장 내에서 기업들 간에 서로 경쟁하지 않기로 동의한 독립기업들의 집단이다. 완벽한 카르텔은 하나의 독점기업과 같이 행동할 수 있을 것이다. 이러한 현상은 갈브레이스 교수가 지적한 할당된 독점의 개념에 해당할 것이다. 카르텔은 서로 공동의 이윤극대화를 얻기 위하여 노력하기 때문에 카르텔이 가격과 생산량과 영업지역 등을 정하는 것은 필연적이다. 그러나 카르텔내의 각 기업들은 그들 자신의 이윤극대화를 도모하고 있으므로 카르텔이 항상 이러한 변수들을 결정하는 것은 아니다.

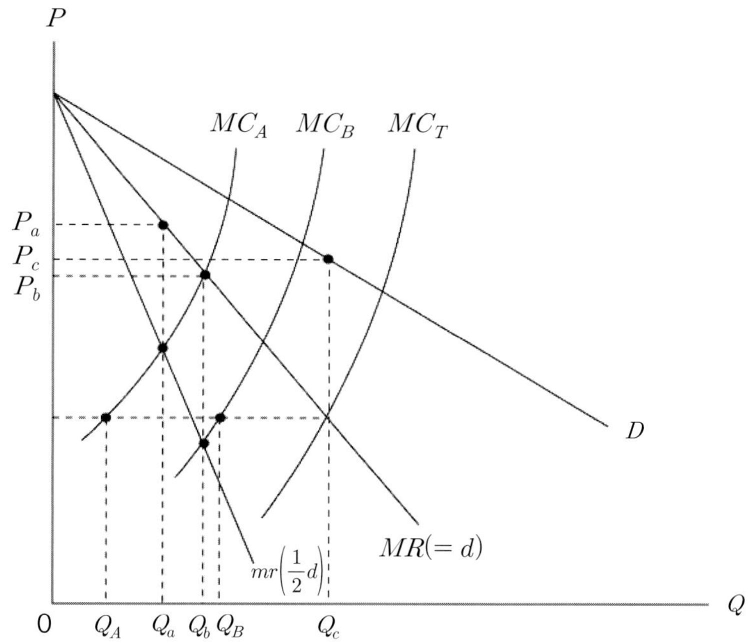

[Fig. 13-1] 카르텔 이윤극대(MR=$\frac{1}{2}$D & mr=$\frac{1}{2}$d)

[Fig. 13-1]에는 동질한 생산품을 생산하는 카르텔내의 두 기업 A와 B가 나타나 있다. 두 기업의 한계생산비곡선은 각각 MC_A와 MC_B이다. MC_T는 MC_A와 MC_B를 수평적으로 합계한 것이다. 카르텔은 $MR(=d)=MC_T$에서 마치 독점기업이 그랬듯이 이윤극대화를 추구하며 Q_C의 생산량을 생산하고 P_C의 가격을 추구할 것이다. 따라서 카르텔 집행부는 이러한 결과에 따라서 즉 $MC_T=MC_A=MC_B$에서 기업A와 기업B에게 각각 Q_A와 Q_B의 생산량을 생산하도록 강요할 것이다. 그러나 문제는 Q_A와 Q_B의 생산량은 모두 기업A와 기업B의 이윤극대화를 위한 생산량이 아니라는 데에 있다. 만약에 기업A와 기업B가 수요곡선 $d(=MR)$로 대표되는 시장을 각각 반씩 나누어 차지하고 있다면 기업A와 기업B의 각각의 한계수입곡선은 동일하게 $mr\left(=\frac{1}{2}d\right)$이 된다. 또 두 기업A와 B를 합친 카르텔의 한계수입곡선 $2mr=d=MR$이 된다. 따라서 카르텔이 직면한 시장수요곡선은 $2MR=D$이며 $MR=\frac{1}{2}D$가 되는 것이다. [Fig. 13-1]에서 기업A의 이윤극대화조건은 $MC_A=mr$이고 기업B의 이윤극대화조건은 $MC_B=mr$이다. 따라서 기업A와 기업B의 이윤을 극대화시키는 생산량은 각각

Q_a와 Q_b이다. 간단히 말해서 카르텔 전체에 대한 이윤극대화조건이 카르텔 내에 있는 각 기업들의 이윤극대화 조건과 반드시 일치하지는 않는다는 것이다. [Fig.13-1]에서 보듯이 기업A는 카르텔이 요구하는 생산량(Q_A)보다 더 많은 생산량(Q_a)을 생산하고 카르텔이 요구하는 가격(P_c)보다 더 높은 가격(P_a)을 받기를 원하고 있으며 기업B는 카르텔이 요구하는 생산량(Q_B)보다 더 적은 생산량(Q_b)을 생산하고 카르텔이 요구하는 가격(P_c)보다 더 낮은 가격(P_b)을 받기를 원한다. 여기서 카르텔이 직면한 가장 중요한 문제점은 통합된 카르텔의 이윤극대화조건과 카르텔내의 각 기업들의 이윤극대화조건이 서로 불일치함에 따라서 카르텔의 존립이 불안정해진다는 데에 있다.

아마도 카르텔이 처한 가장 큰 위험은 카르텔내의 한 기업이 그 기업의 이익만을 위하여 카르텔을 속이는 행위(chiseling)이다. 즉, 카르텔내의 한 기업이 시장을 장악하기 위하여 카르텔 몰래 카르텔이 정한 가격보다 가격을 낮추어서 판매를 시도하고 따라서 기업간의 불신이 증폭되게 되면 기업간에 서로를 속이려는 동기가 싹트게 마련이다. 이런 경우 카르텔내의 기업의 수가 많으면 많을수록 서로를 의심하는 빈도도 증가할 것이다.

현실에 있어서 카르텔의 지속기간은 그리 길지가 않다. 시작은 좋았지만 주로 서로를 속이려는 행위 때문에 현실의 카르텔의 지속기간은 일반적으로 짧은 편이었다. 카르텔의 지속기간이 조금 길었던 경우는 정부의 참여가 카르텔에 있었던 경우인데 정부가 카르텔에 관계를 하게 되면 기업들이 서로를 속이려는 행위는 그만큼 어려워진다. 왜냐하면 부정행위에 대한 정부의 감시나 감독내지는 처벌이 뒤따르기 때문이다. 따라서 카르텔 내에 속하는 기업의 숫자의 크기가 카르텔의 결속을 측정하는 기준이 될 수도 있다. 기업의 숫자가 적으면 적을수록 기업들의 부정행위를 감시할 수 있는 기능이 높아져서 카르텔의 결속과 지속기간을 향상시킬 수 있기 때문이다.

카르텔내의 기업들의 부정행위를 조정할 수 있는 또 다른 요소는 구매자의 숫자와 가격이다. 만약에 구매자의 숫자가 매우 적고 제품의 가격이 이미 널리 공개된 경우에는 카르텔 회원기업들은 또 다른 회원기업의 부정행위를 그다지 많이 걱정할 필요가 없다 하겠다. 만약에 이 경우에 회원기업들의 수가 적으면 적을수록 하나의 독점기업처럼 행동하면서 카르텔이 성공할 수 있는 확률은 더욱 높아 질 수 있다. 따라서 정상이윤 이상의 이윤도 획득할 수 있으며 새로운 기업들의 시장진입에도 쉽게 장벽을 쌓아서 막아낼 수 있다 하겠다. 미국의 실 예를 들어보자 보통 미국 내에서 카르텔과 같은 조직적인 담합행위는 법에 의하여 무효화 된다. 그러나 우리도 잘 아는 미국 내 전기계통의 대기업인 General Electric과 Westinghouse의 두 기업은 서로 공모하여 연방정부의 입찰계약을 장기간 얻어낸 경험이 있다. 물론 이 경우 구매자는 연방정부 하나이고 카르텔 회원기업은 위의 두 대기업들이었으며 입찰가는 공개적이었다. 이 경우 정부는 우연하게도 두 대기업들로 조직된 카르텔이 부정행위를 저지르는 것을 극복하도록 도와준 결과가 되었다.

카르텔내의 기업의 숫자의 크기에 대한 또 다른 실예로서 1960년대 말 미국의 국가농장조직(NFO: National Farm Organization)을 들 수가 있는데 많은 조직원들이 NFO 본부에 대하여 속임수를 쓰는 부당행위(chiseling) 때문에 결국은 실패하고 말았다.

카르텔은 미국보다는 유럽 국가들에 있어서 더 일상적이다. 유럽에서는 카르텔이 법적으로 허용되며 종종 정부로부터 지원을 받기도 한다. 실제로 서유럽에 있어서는 철강이나 섬유 또는 선박건조 빌딩의 산업에 있어서는 활발하게 카르텔이 촉진되고 있다. 미국 내에 있어서 카르텔은 일 예를 제외하고는 불법이다. 그 예외란 1921년에 제정된 Web-Pomerene법에 기초한 것인데 이법에 의하면 국제무역에 관계될 때에만 카르텔을 조직하는 것이 허용된다. 그러나 이 법의 허가에 의하여 조직된 카르텔조차도 성공적이지 못하다고 한다. 실패의 주된 이유는 카르텔에 가입한 기업의 숫자가 너무 많은 까닭이라고 한다.

무엇보다도 최근에 국제적으로 가장 성공한 카르텔은 석유수출국기구(OPEC: Organization Of Petroleum Exporting Countries)일 것이다. OPEC은 1960년 아랍 국가들과 몇몇의 비아랍 국가들이 결성하였다. 처음에 OPEC은 그다지 성공적이지 못하였다. 그러나 1973년에 상황은 바뀌었다. 1973년에 중동전쟁이 일어나자 아랍 국가들은 서로 결속하기 시작하였다. 1972년 배럴당 2.12 달러였던 석유가격이 1982년에는 배럴당 35.00 달러로 치솟았다. 석유가격은 15배 이상 상승하였으며 OPEC은 성공적이었다. 그러나 1984년에 이르러서 석유가격은 배럴당 29.00달러로 하락하였고 OPEC의 결속력은 약화되었으며 회원가입국 중에서 부당행위를 하는 국가가 발생하기 시작하였다. 우리가 이미 논의하였듯이 모든 카르텔은 두 가지 문제를 않고 있는데 그 중에서 첫 번째가 카르텔에 가입한 회원기업이나 또는 회원국가가 다른 회원기업이나 회원 국가를 속이면서까지 제품의 가격을 낮추어서 판매하는 부당행위이다. 이러한 부당행위(chiseling)가 1984년 이후부터 OPEC내에서도 발생하기 시작하였다. 성공적인 카르텔이 처할 수 있는 두 번째 문제는 시장으로의 새로운 산업의 진입이다. 이와 같이 석유가격의 상승이 가파르게 치솟자 OPEC이외의 국가들로부터도 많은 양의 석유가 생산되기 시작하였으며 이것과 더불어 석유의 대체재라고 할 수 있는 새로운 에너지 자원인 태양열이나 원자력 등의 개발과 사용도 늘어나게 되었다. 이러한 태양열이나 원자력 등의 자원은 석유의 가격이 배럴당 2.00달러이었을 때에는 비경제적인 자원이었으나 석유가격이 치솟자 경제적인 에너지의 대체재로 바뀐 것이다. 이와 같이 석유를 생산하는 non-OPEC 국가들의 새로운 석유시장으로의 진입이나 또는 새로운 에너지원의 대체재로서의 발굴이나 개발은 앞으로도 OPEC의 결집력을 약화시킬 수 있는 원인이 될 것이다. 이와 더불어 급격히 상승하는 석유가격은 자동차의 연료 효율성을 상승시키는 연구의 결과를 초래하여 산유국들의 석유시장 장악력을 그만큼 약화시키는 결과도 초래할 것이다.

13.2.2 비공식적 담합(Informal Market Collusion)

비공식적으로 통합된 과점기업들은 조직화되지 않은 담합행위를 나타낸다. 이러한 무언의 담합은 공식적으로 조직된 과점기업이나 카르텔보다는 더 미약한 담합행위이다. 더 미약한 담합이라고 하는 이유는 이러한 경우에는 다른 기업들을 속일 수 있는 부당행위가 여전히 실존하고 있는 상황에서 이러한 부당행위를 인도하거나 억제할 수 있는 조직된 기술이 아무것도 없다는 것이다. 이와 같이 조직화되지 않고 담합적인 과점기업과 같은 행위를 하는 형태의 기업들은 세계적으로 미국에서 많이 발견되는데 이는 미국의 반트러스(antitrust)법에 의하여 카르텔을 금지하고 있기 때문이다. 비공식적인 과점기업들의 담합행위는 보통 어떤 면에 있어서 신사협정과 같은 형태를 띄게 된다. 이러한 협정은 보통 자동적인 동의하에 발생하게 된다. 가장 평범하고 무언의 비공식적인 동의 형태는 어떠한 가격선도적인 형태에 기초하고 있다. 가격선도(price leadership)란 산업 내에서 한 기업이 가격을 결정하면 이를 가격선도자(price leader)라고 하고 산업내의 다른 기업들은 선도가격을 그대로 따라가는데 이를 가격추종자(price follower)라고 한다. 일반적으로 가격선도자는 아주 대기업인 경우인데 이를 지배적 기업(dominant firm)이라고 한다. 지배적 기업은 대기업이 아니라도 산업 내에서 최저 생산비로 제품을 생산하는 기업일 수도 있다. 가격선도는 산업 내에 기업의 수가 얼마 없고 제품들이 아주 비슷한 경우에 효과적이다(예; 자동차산업, 철강산업, 담배산업 등). 또한 제품의 시장수요곡선이 비탄력적일 경우에도 가격선도는 효과적이다. 왜냐하면 가격의 하락이 총수입의 증가에 별로 도움이 되지 않아서 다른 기업에 대하여 은밀히 부당행위를 할 필요가 없어지기 때문이다. 만약에 시장의 수요곡선이 완전 비탄력적인 경우에 한 기업이 부당행위로써 제품의 판매가격을 은밀히 낮춰서 판매할 경우 이로 인한 손해는 전적으로 모두 다른 기업들의 수입의 감소로 나타날 것이다. 따라서 이러한 경우 기업들 사의의 충돌은 시장의 수요곡선이 탄력적일 때보다 더 심하게 나타날 것이다. 지배적 기업에 의한 가격선도는 지배적 기업이 그 자신의 이윤극대화를 위한 가격을 설정하면 나머지 기업들은 그 가격을 그대로 수용하면서 시장을 나누어서 장악하는 상황을 일컫는다. 이때의 나머지 기업들의 행위는 마치 완전경쟁하의 기업들이 하는 행위와 매우 흡사하다.

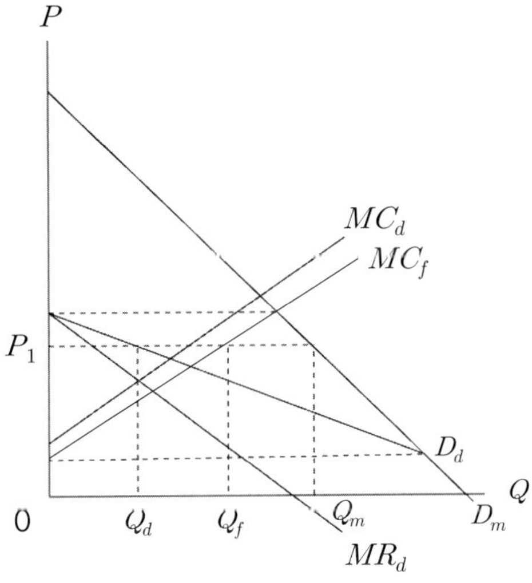

[Fig. 13-2] 가격선도

[Fig. 13-2]에는 주도기업(지배기업)의 가격선도에 대한 내용이 나타나 있다. 제품에 대한 시장수요곡선은 D_m이다. 주도기업의 한계생산비곡선은 MC_d이다. 주도기업 이외의 나머지 기업들의 한계생산비곡선을 수평적으로 합계한 것이 MC_f이다. 나머지 기업들은 마치 완전경쟁하의 가격수용자(price taker)처럼 행동을 하기 때문에 $MC = MR = P_1$에서 생산을 결정할 것이다. 따라서 MC_f는 나머지 기업들의 공급곡선이 될 것이며 주도기업이 처한 수요곡선은 시장수요곡선(D_m)에서 나머지 기업들이 시장에 공급한 공급량(MC_f)을 수평적으로 차감한 것이 될 것이다. 주도기업의 수요곡선은 D_d가 될 것이고 한계수

입곡선은 MR_d가 될 것이다. 따라서 주도기업의 이윤이 극대화되는 생산량과 가격은 $MR_d=MC_d$의 조건하에서 각각 Q_d와 P_1이다. 한번 시장가격(P_1)이 선도 기업에 의하여 결정이 되면 나머지 기업들은 P_1을 마치 완전경쟁하의 시장가격처럼 받아들인다. 따라서 P_1은 나머지 기업들에게 있어서는 한계수입(MR)인 동시에 평균수입(AR)이 되는 것이다. 나머지 기업들도 그들의 이윤을 극대화시키는 조건인 $MR=P_1=MC_f$ 하에서 Q_f의 생산량을 생산할 것이다. 따라서 주도기업의 생산량 Q_d와 나머지 기업들의 생산량 Q_f가 시장의 수요량 Q_m을 충족시킨다. 위와 같은 가격선도의 모델은 지배적기업의 수가 아주 적고 중소기업들의 숫자가 매우 많은 경우에 적용될 수 있는 모델일 것이다. 지배적 기업의 가격선도 현상은 석유산업이나 자동차산업 또는 담배산업이나 철강산업 내지는 알루미늄산업에서 가끔씩 한번 나타났다가는 사라지는 경향이 있다. 일반적으로 가격을 선도하는 기업은 역사적으로 오랜 전통을 지니고 성숙한 대기업들인 경우가 많다. 왜냐하면 다른 기업들이 이러한 가격선도 기업을 따르고 또한 서로의 믿음을 기업들 간에 확보하기 위해서는 시간이 필요하기 때문이다. 이와 같이 비공식적인 암묵의 담합을 시행하는 산업들의 특징은 가격이 경직적이라는 것이다. 즉 가격의 변화가 발생을 해도 그 폭이 그리 크지 않고 작다고 한다.

13.2.3 무담합 시장(No Market Collusion)

조직화되지 않고 담합화되지 않은 과점기업들은 보통 독립적인 행동을 취하는 특색을 가지고 있다. 이러한 과점기업들은 독자적으로 이윤극대화를 추구하나 그들 기업과 경쟁관계에 있는 기업들의 행동과 반응에 의하여 영향을 받는다. 각 기업은 그 기업의 경쟁자(rival)들의 반응을 예측하려고 노력을 하며 그리고 의사결정을 할 때에는 그 기업이 예측한 반응을 감안하여 의사결정을 한다. 경제학자들은 19세기 초에 이러한 행동에 대한 모델을 개발하려고 노력하였다. 1838년에 쿠르노(A. Augustin Cournot, 1801-1877)는 시장 내에 2개의 기업만이 존재하는 소위복점(duopoly)에 대한 이론을 전개하였다. 쿠르노는 수리경제학의 창안자들 중 한명으로 여겨지는 학자이다. 쿠르노의 이론과 그의 추종자의 이론들은 재미있기는 하지만 세계 제2차 대전 이후까지도 학계에서 그다지 환영을 받지는 못하였었다. 세계 제2차 대전 이후의 과점시장에 대한 전개는 주로 수리적 게임이론(game theory)에 무게의 비중을 두고 있다. 게임이론이란 과점적 행동에 대하여 통찰력을 제공해 줄 수 있는 비교적 수학의 새로운 분야이다. 게임이론에서 경기자들은 다른 경기자들의 예상된 움직임을 염두에 두고 자기의 전략적인 행동을 통하여 가장 최적의 위치에 도달하려고 노력을 한다. 게임이론은 과점기업들이 어떻게 행동을 하는지 아주 정확하게 설명을 하여 준다.

1) 쿠르노(Cournot)모형

과점이론의 쿠르노 모형은 과점의 고전적 모형으로서 프랑스의 수학자 쿠르노에 의하여 개발된 모형이다. 쿠르노 모형은 판매자가 2기업만이 존재하는 복점(duopoly)모형이다. 쿠르노 모형의 가정들은 첫째 시장에는 A와 B의 두 기업만이 있다. 둘째 두 기업은 동질한 생산품을 생산한다고 가정한다. 셋째 생산하는데 들어가는 비용조건은 똑 같고 각 기업의 생산비는 O(zero)으로 보았다. 넷째 각 기업은 자신이 직면하는 수요곡선을 정확히 알고 있다. 다섯째 각 기업은 자기가 예상한 상대방 기업의 생산량을 주어진 것으로 보고 이것을 기준으로 해서 자기의 생산량을 결정한다. 이때에 상대방 기업은 이러한 결정에 대하여 다시 어떠한 대응조치를 취하지 않을 것으로 가정한다. 즉 이러한 가정들은 상대방 기업의 생산량은 주어진 것으로 보고 각 기업은 자신의 이익을 극대화하는 생산량을 선택한다는 것이다.

쿠르노 모형은 동질적인 제품만을 생산하는 순수과점 모형으로서 과점의 모든 복잡한 상황들을 수용하여 설명하지는 못하지만 아직까지도 관심을 끌고 인용되는 이론이다.

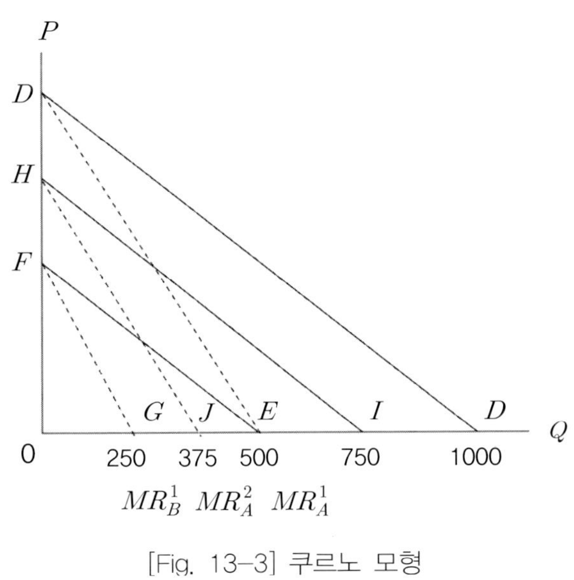

[Fig. 13-3] 쿠르노 모형

[Fig. 13-3]에는 쿠르노 모형의 과정이 설명되어 있다. 우선 기업B는 아무것도 생산하지 않는다는 가정 하에 기업A가 먼저 행동을 취한다고 가정하자. 시장수요곡선이 DD로 주어져 있으므로 DE는 기업A의 한계수입곡선이 될 것이며 기업A는 생산비는 0이라고 가정했으므로 이윤극대를 위하여서는 총수입이 극대가 되는 E점에서 생산량(500)을 결정할 것이다. E점에서 기업A의 한계수입(MR_A)은 0이다. 이제 기업B의 반응을 보자 기업B는 기업A가 500단위의 생산량을 생산하고 있으므로 시장전체의 수요곡선에서 500단위를 제외한 나머지가 자기의 시장수요곡선(FE)이라고 판단하고 G점에서 생산량(250)을 결정할 것이다. FG는 기업B의 한계수입곡선이다. DE는 기업A의 한계수입곡선이고 기업B가 처음 접한 시장수요곡선은 FE이다. 기업B의 생산량(250)이 결정되었으므로 이제 기업A의 반응을 보자. 기업A는 기업B가 시장에서 250단위의 생산량을 이미 생산하고 있으므로 자기가 처한 시장수요곡선은 전체수요곡선에서 250단위를 차감한 수요곡선(HI)을 자기의 시장수요곡선이라고 판단하고 J점에서 375단위의 생산량을 생산하기로 결정할 것이다. 이와 같은 추측적인 변환은 계속될 것이다. 즉, 시장의 총수요가 C라고 하고 기업A와 기업B의 상대적인 예측행위가 계속된다면 기업A의 생산량은 $\frac{1}{2}c$, $\frac{3}{8}c$, $\frac{11}{32}c$, $\frac{85}{256}c$....로 점점 감소하고 기업B의 생산량은 $\frac{1}{4}c$, $\frac{5}{16}c$, $\frac{21}{64}c$, $\frac{85}{256}c$....로 점점 증가하면서 결국은 기업A와 기업B가 같은 생산량을 생산하게 되는 균형점에 이르게 된다. 이와 같은 과정을 다음의 수식으로 살펴보자.

기업A의 생산량 : q_a 기업B의 생산량 : q_b

시장수요량 : Q_d

$Q_d = q_a + q_b$

$P = f(Q_d) = f(q_a + q_b) = \alpha - \beta(q_a + q_b)$: 직선의 수요곡선

$q_a = f(q_b)$

$q_b = f(q_a)$이다.

즉, 기업A는 기업B의 생산량이나 또는 기업A가 예측하는 기업B의 생산량에 따라 자기의 생산량을 결정하며 또한 기업B도 기업A의 생산량이나 또는 기업B가 예측하는 기업A의 생산량에 따라 자기의 생산량을 결정할 것인데 이와 같은 관계를 반응함수(reaction function)라고 한다. 우리는 각 기업의 생산비가 0이라고 가정하였으므로 기업들의 이윤은 아래와 같다.

기업A의 이윤(π_a) = $P \cdot q_a - 0 = \{\alpha - \beta(q_a + q_b)\}q_a$

기업B의 이윤(π_b) = $P \cdot q_b - 0 = \{\alpha - \beta(q_a + q_b)\}q_b$

각 기업의 이윤극대화를 위한 1차 필요조건 :

기업A : $\dfrac{\partial \pi_a}{\partial q_a} = \{\alpha - \beta(q_a + q_b)\}' \cdot q_a + \{\alpha - \beta(q_a + q_b)\} \cdot q'_a$

$$= \alpha - 2\beta \cdot q_a - \beta \cdot q_b = 0$$

기업B : $\dfrac{\partial \pi_b}{\partial q_b} = \{\alpha - \beta(q_a + q_b)\}' \cdot q_a + \{\alpha - \beta(q_a + q_b)\} \cdot q'_b$

$$= \alpha - 2\beta \cdot q_b - \beta \cdot q_a = 0$$

위의 두식으로부터

기업A : $q_a = \dfrac{\alpha - \beta \cdot q_b}{2\beta}$ or $q_b = \dfrac{\alpha}{\beta} - 2 \cdot q_a$

기업B : $q_b = \dfrac{\alpha - \beta \cdot q_a}{2\beta}$ or $q_b = \dfrac{\alpha}{2\beta} - \dfrac{1}{2} \cdot q_a$

위의 각 반응함수의 식을 그래프로 그리면 아래와 같다.

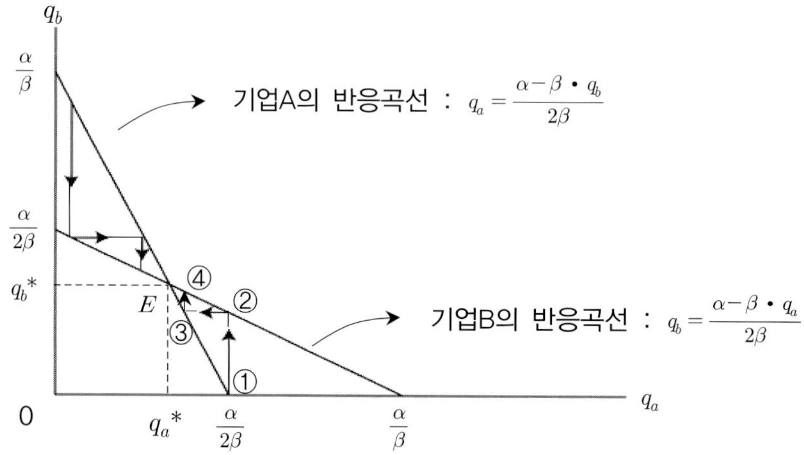

[Fig. 13-4] 반응곡선(reaction curve)

[Fig. 13-4]에는 기업A와 기업B의 이윤극대화 조건의 결과인 두 기업의 반응곡선이 나타나 있으며 E점이 균형점이다. 만약에 기업A가 ①에서 자기의 생산량 q_a를 정하면 기업B는 이에 반응하여 ②에서 자기의 생산량 q_b를 정할 것이고 기업A는 다시 이에 반응하여 ③에서 자기의 생산량을 정할 것이고 기업B는 다시 이에 반응하여 ④에서 자기의 생산량을 정할 것이다. 이러한 반응은 균형점 E에 도달할 때까지 계속 될 것이며 어느 방향으로부터 접근하든 균형점 E에 도달하면 어느 기업도 더 이상 반응할 수가 없다. 즉, $q_a = q_a^*$ & $q_b = q_b^*$인 상태이다. 우리는 위의 두 반응식으로부터 q_a^*와 q_b^*의 값이 아래와 같음을 알 수가 있다.

$$q_a^* = \frac{1}{3}\left(\frac{\alpha}{\beta}\right) \text{ : 기업A의 균형생산량}$$

$$q_b^* = \frac{1}{3}\left(\frac{\alpha}{\beta}\right) \text{ : 기업B의 균형생산량}$$

위의 기업A와 기업B의 균형생산량 q_a^*와 q_b^*를 시장의 수요함수에 대입을 하면 우리는 아래와 같은 시장의 균형가격 P^*를 얻을 수 있다.

$$P^* = \frac{1}{3}\alpha$$

위의 결과들을 수요평면에 그래프로 그리면 아래와 같다.

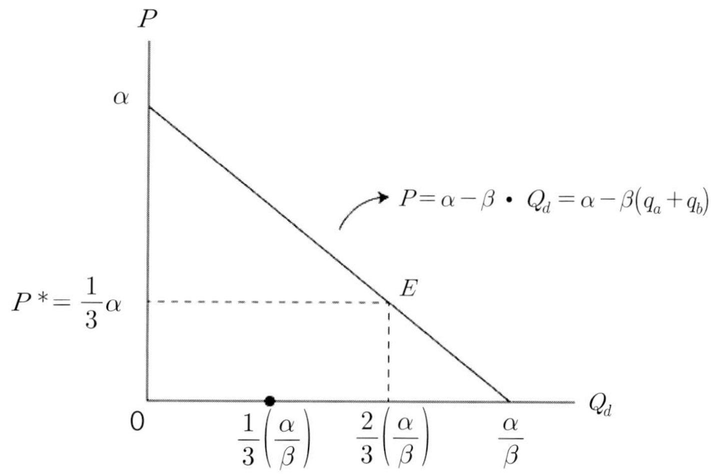

[Fig. 13–5] 쿠르노 모형의 균형점(E)

[Fig. 13-5]에서 보듯이 시장의 총 공급량은 기업A와 기업B의 균형생산량을 더한 $\frac{2}{3}(\frac{\alpha}{\beta})$이고 균형가격($P^*$)은 $\frac{1}{3}\alpha$이다. [Fig. 13-5]에서 완전경쟁시장 아래에서의 상황을 가정해 보면 균형점은 공급과 수요가 일치하는 곳인데 우리는 이미 생산비(TC or MC)는 0으로 가정하였으므로 공급곡선(MC선)과 수요곡선이 교차하는 점에서의 생산량은 $(\frac{\alpha}{\beta})$이다. 따라서 쿠르노 균형점의 생산량은 완전경쟁하의 균형점에서의 생산량의 $\frac{2}{3}$가 된다. 또한 [Fig. 13-5]에서 독점 하에서의 상황을 가정해보면 균형점은 한계수입곡선과 Q축이 교차하는 점이므로(MR선은 원점과 $\frac{\alpha}{\beta}$점과의 중간점을 교차함) 독점 하에서의 생산량은 $\frac{1}{2}\left(\frac{\alpha}{\beta}\right)$이다. 따라서 쿠르노 균형점에서의 생산량은 독점 하에서의 생산량의 $\frac{4}{3}$배가 된다.

2) 베르트랑(Bertrand) 모형

쿠르노(Cournot) 모형은 베르트랑(Joseph Bertrand)과 에지워스(F. Y. Edgeworth) 등에 의하여 비판을 받았는데 현실에서의 기업들은 생산량이 아니라 가격을 통해서 경쟁을 벌일 가능성이 더 많다는 것이다. 베르트랑은 바로 이러한 실제의 현상을 가지고 쿠르노의 모형이 적절치 않다고 비판하였다. 그들은 각 기업이 상대방 기업의 생산량을 일정한 것으로 본다는 가정보다는 상대방 기업의 가격을 일정한 것으로 보는 가정이 보다 현실적이라고 주장한다. 베르트랑과 에지워스도 쿠르노와 마찬가지로 그의 모형에서 산업내의 기업은 두 개 뿐이라고 가정하고 있으며 기업들은 동질적인 생산품을 생산하고 있고 생산비는 0(zero)으로 가정하고 있다. 또한 각 기업은 상대방이 이미 정한 가격을 그대로 유지할 것이라는 예측 하에서 자신의 행동을 결정한다는 가정을 한다. 쿠르노 모형에서는 각 기업이 균형점에서 자기의 생산량을 생산하고 이러한 각 기업의 생산량의 합계인 총시장공급량에 의하여 시장가격이 정해지는 구조였다. 그러나 베르트랑의 모형에서는 이와는 반대로 기업들이 가격을 정하고 이렇게 정해진 가격에서 시장수요량이 정해진다는 주장이다. 각 기업들은 그들의 판매가격을 결정할 때에는 상대방 기업들의 반응을 독자적으로 예측할 수가 있다. 베르트랑 모형에서는 각 기업은 상대방이 이미 정한 가격을 그대로 유지할 것이라는 예측적 변화의 가정을 하고 있다. 이러한 예측적 변화의 가정은 쿠르노 모형에 있어서는 생산량을 기준으로 설정이 되었는데 베르트랑 모형에서는 가격을 기준으로 설정이 되어 있다.

이런 가정 하에서 우선 기업A가 한계비용(MC)보다 높은 가격에서 판매가격을 결정했다고 하자 ($P > MC$). 이러한 상황에서 기업A는 이윤을 얻을 수 있을 것이다. 기업B는 기업A가 정한 판매가격보다 더 낮은 가격을 결정함으로써 소비자들을 기업A로부터 빼앗으려 할 것이다. 두 기업이 생산하는 생산품은 동질적이므로 소비자들은 더 낮은 가격의 생산품을 수요하려 들 것이다. 그런데 기업B가 제시한 가격이 아직도 한계비용보다 더 높다면 이번에는 기업A가 이보다 더 낮은 가격을 제시해서 소비자들을 자기 쪽으로 끌어들이려고 할 것이다. 따라서 시장의 판매가격이 한계비용보다 더 높은 수준에 있는 한 이러한 경쟁적인 가격인하의 연쇄반응은 계속될 것이다. 결국 이러한 가격인하의 경쟁은 $P = MC$의 상황이 벌어지고 나서야 멈출 것이다. 왜냐하면 시장의 판매가격(P)이 한계생산비보다 낮을 경우($P < MC$)에는 두 기업이 모두 손실을 입게 되기 때문이다. 따라서 시장에서의 판매가격은 더 이상 낮아지지 않는다. 이러한 가격인하 경쟁이 더 이상 진행될 수 없는 상황이 베르트랑 모형의 균형상태이며 균형은 바로 $P = MC$인 점이다. 따라서 베르트랑 균형상태에서의 두 기업의 경제적 이윤은 0(zero)이다. 이와 같은 베르트랑의 균형은 완전경쟁시장에서의 균형과 매우 비슷해서 자원배분이 효율

적으로 이루어질 수 있다. 우리는 이미 생산비는 0(zero)이라고 가정하였으므로 실제로 베르트랑 모형의 균형은 $P=MC=0$이 성립되는 점이다.

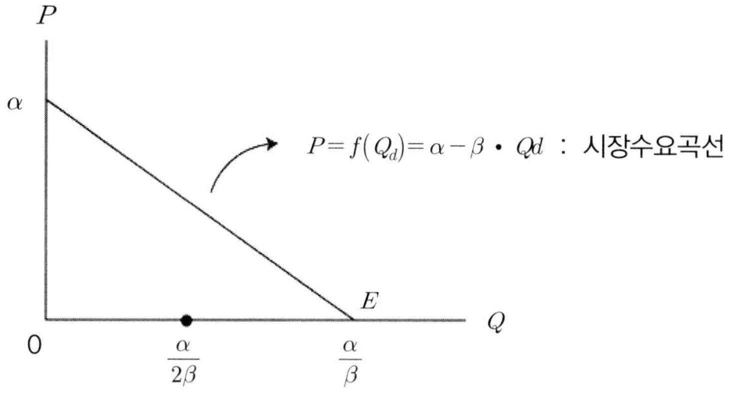

[Fig. 13-6] 베르트랑 모형의 균형점(E)

[Fig. 13-6]에서 E점은 베르트랑 모형의 균형점이다. 즉, E점에서는 $P=MC=0$이고 각 기업의 생산량은 $\frac{\alpha}{2\beta}$이며 시장의 균형수급량은 $\frac{\alpha}{\beta}$이다. 이 경우 MC는 완전경쟁시장의 공급곡선과 같다. 가격을 기준으로 과점시장의 의사결정이 이루어지는 베르트랑 모형은 어느 기업도 자기가 정한 시장의 판매가격이 한계비용보다 더 클 때에는 가격을 낮추는 것이 이윤을 증대시킬 수도 있다는 점에서 완전경쟁시장과 매우 흡사하다 하겠다.

3) 체임벌린(Chamberlin) 모형

체임벌린(Edward Chamberlin)에 의하여 개발된 과점모형은 쿠르노 모형과 마찬가지로 다음과 같은 기본가정들을 택하고 있다. 즉, 산업 내에는 두 개의 기업A와 기업B가 있고 두 기업들은 동질한 생산품을 생산하고 있다. 또한 두 기업의 생산비는 0(zero)이며 투입되는 생산비조건도 똑같다고 가정한다.

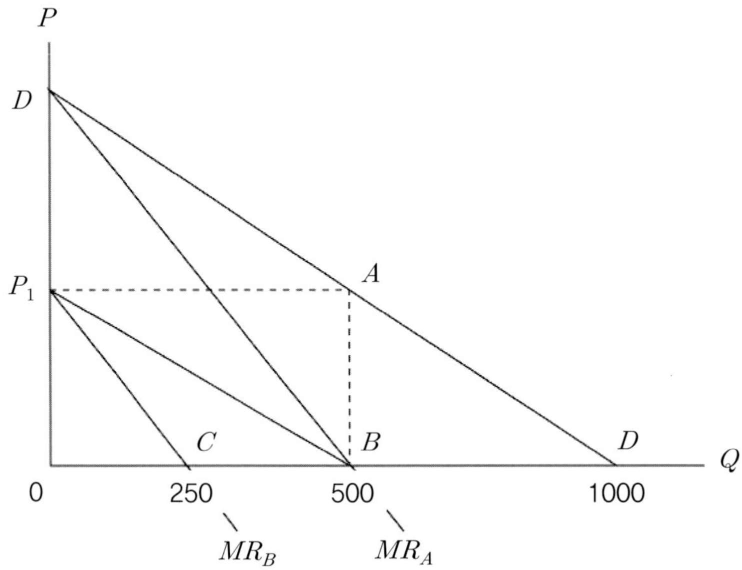

[Fig. 13-7] 체임벌린 모형

[Fig. 13-7]은 체임벌린 모형의 시작 전개과정을 그래프로 나타낸 것이다. 우선 기업A가 먼저 행동을 취하여 500단위의 생산품을 생산한다고 가정하자. 시장의 최대수요량은 1000단위이다. 따라서 500단위는 독점생산량이고 B점에서의 한계수입(MR_A)은 0(zero)을 나타내며 생산비(TC & MC)는 0(zero)으로 가정하였으므로 기업A는 B점에서 이윤극대와 총수입 극대를 얻을 것이다. DD는 시장수요곡선이다. 기업B는 시장의 수요곡선에서 500단위를 뺀 나머지 P_1B가 자신이 처한 수요곡선으로 보고 250단위만큼을 생산하기로 결정한다. P_1C는 기업B의 한계수입(MR_B) 곡선이다. 여기까지는 우리가 [Fig. 13-3]에서 보았던 쿠르노 모형과 같은 과정이다. 그러나 체임벌린은 그 다음 과정에서부터는 쿠르노와는 다른 과정의 전개를 하고 있다. 즉 다음 단계부터는 기업A가 취하는 행동에 기업B가 전과 동일한 방식으로 반응을 하지 않으리라 인식하고 기업A가 취할 수 있는 최선의 방법은 독점이윤인 OP_1AB를 기업B와 나누어 갖는 것이라는 판단을 하고 기업B도 같은 결론에 도달하게 된다면 기업A는 생산량을 250단위로 줄이게 되고 기업B는 250단위의 생산량을 그대로 유지한다는 주장이다. 따라서 시장 전체의 총생산량은 500단위가 되고, 가격은 OP_1이 되며 두 기업이 독점이윤 OP_1AB를 똑같이 나누

어 갖게 된다. [Fig. 13-7]은 지금까지 우리의 설명에서도 나타나 있듯이 시장가격 P_1에 대한 변동은 없었다. 이러한 현상은 과점시장의 모형 중에서 체임벌린 모형의 특징이라고 할 수 있는데 실제로 어떤 현실의 과점시장에서는 제품의 가격이 매우 오랫동안 안정적인 경향을 보이고 있다. 체임벌린 모형은 공식적인 담합에 의하지 않고도 과점기업들이 어떻게 같은 가격을 설정하고 또한 결합이윤(joint profit)을 극대화하고 있는지를 보여준다. 체임벌린에 의하면 두 기업 간에 서로 협약이 없이도 그렇게 될 수 있다고 주장한다. 또한 적어도 일부 과점시장에서는 충분히 그렇게 될 가능성이 있다 하겠다. 이와 같은 체임벌린 모형을 수리적으로 전개해 보자.

기업A의 생산량 : q_a　　　기업B의 생산량 : q_b

$q = q_a + q_b$

시장수요량 : Q_d　　　$Q_d = q_a + q_b$

$P = f(Q_d) = f(q_a + q_b) = \alpha - \beta(q_a + q_b)$: 직선의 수요곡선

체임벌린 무형은 과점기업들이 무언의 담합(tacit collusion)을 통하여 두 기업의 공동이윤을 극대화 시킨 후 극대화된 공동이윤을 서로 나누어 가질 수 있는 산업 전체의 생산량과 각 기업의 생산량을 정하는 것이 두 기업 모두에게 유리하다고 판단하는 것이다.

산업 전체의 이윤함수(π)는 아래와 같다. 생산비는 0으로 이미 가정하였다.

$$\pi = TR - TC = P \cdot q - 0 = (\alpha - \beta \cdot q) \cdot q$$

이윤(π) 극대화를 위한 1차 필요조건 :

$$\frac{d\pi}{dq} = (\alpha - \beta \cdot q)' \cdot q + (\alpha - \beta \cdot q) \cdot q' = \alpha - 2\beta q = 0$$

$$\therefore\ q = \frac{\alpha}{2\beta}$$

따라서 이윤극대화가 되는 산업의 생산량은 $\frac{\alpha}{2\beta}$이다. 또한 이때의 시장가격은 $q = \frac{\alpha}{2\beta}$를 수요곡선에 대입하면

$$P=\alpha-\beta\left(\frac{\alpha}{2\beta}\right)=\frac{\alpha}{2}$$

따라서 두 기업의 이윤극대화를 이루는 시장가격은 $\frac{\alpha}{2}$이다. 또한 두 기업은 똑같은 생산비 조건을 갖고 있고 똑같은 조건의 수요곡선에 처하고 있으므로 각 기업의 생산량은 아래와 같이 산업의 생산량의 1/2 이다.

$$q_a=q_b=\frac{q}{2}=\frac{\alpha}{4\beta}$$

위의 결과들을 그래프로 나타내면 아래와 같다.

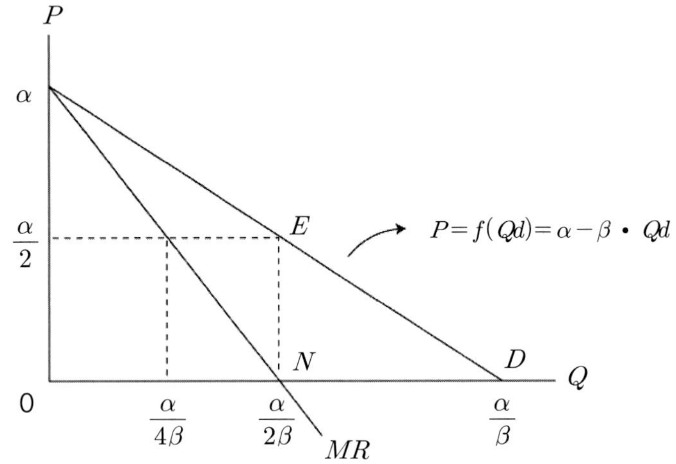

[Fig. 13-8] 체임벌린 모형의 균형점(E)

[Fig. 13-8]에서 αD는 시장의 수요곡선이고 αN은 이에 대한 한계수입곡선(MR)이며 E는 체임벌린 모형의 균형점이다.

4) 슈타켈버그(Stackelberg) 모형

독일의 경제학자 슈타켈버그(H. von Stackelberg)는 과점 내에 있는 기업 중에서 한 기업이나 또는 두 기업 모두가 생산량에 대하여 추종자가 아닌 선도자의 역할을 하려고 노력하는 모형을 개발하였다. 쿠르노 모형에서는 각 기업이 모두 상대방이 결정한 생산량을 주어진 것으로 받아들이는 추종자로서의 행동을 하려는 것과 슈타켈버그의 모형은 상당히 상반된 상황에 처해 있다 하겠다. 쿠르노 모형의 산출량에 대한 추측적 변화(conjectural variation)가

0(zero)이라는 가정은 현실에서는 소박한 기대라 할 수도 있다.

슈타켈버그 모형에서는 두 기업 모두가 선도 기업이 되려는 현실적인 경우도 있다고 주장한다. 이 경우에 각 기업은 자신의 이익을 극대화 하려는 생산량과 가격이 상대방 기업의 기대와 빈번히 상충함으로서 균형을 이룰 수 없는 상황이 자주 발생할 수 있다. 이와 같이 복점상태에 있는 두 기업이 불균형상태에 빈번히 처해 있다면 두 기업은 경제적으로 전쟁상태에 놓여 있다 하겠다. 따라서 이러한 불균형상태의 분석은 차치하기로 하고 하나의 기업만이 선도자인 경우에 대하여 논의해 보기로 한다. 즉, 어느 한 지배적 기업이 먼저 의사결정을 내리면 다른 추종기업은 이 결정을 염두에 두고 자기의 의사결정을 한다는 것이다. 슈타켈버그 모형에서의 가정도 두 개의 기업A와 기업B가 존재하고 있으며 두 기업이 생산하는 생산품은 동질적인 것이고 생산비는 0(zero)으로 가정한다.

q_a : 선도기업A의 생산량 q_b : 추종기업B의 생산량

Q_d : 시장수요량 $Q_d = q_a + q_b$ $q = q_a + q_b$

$P = f(Q_d) = \alpha - \beta(q_a + q_b)$: 식선의 수요곡선

두 기업의 이윤(π)함수는 아래와 같다.

$$\pi_a = TR_a - TC_a = P \cdot q_a - 0 = \{\alpha - \beta(q_a + q_b)\} \cdot q_a$$

$$\pi_b = TR_b - TC_b = P \cdot q_b - 0 = \{\alpha - \beta(q_a + q_b)\} \cdot q_b$$

기업B의 이윤극대화 1차 필요조건 :

$$\frac{\partial \pi_b}{\partial q_b} = \{\alpha - \beta(q_a + q_b)\}' \cdot q_b + \{\alpha - \beta(q_a + q_b)\} \cdot q'_b$$

$$= \alpha - \beta \cdot q_a - 2\beta \cdot q_b = 0$$

$$\therefore q_b = \frac{\alpha - \beta \cdot q_a}{2\beta}$$: 추종기업B의 반응함수

위의 결과를 선도기업 A의 이윤함수(π_a)에 내입하변

$$\pi_a = \left\{\alpha - \beta\left(q_a + \frac{\alpha - \beta \cdot q_a}{2\beta}\right)\right\} \cdot q_a$$: 선도기업A의 이윤함수

기업A의 이윤극대화 1차 필요조건 :

$$\frac{\partial \pi_a}{\partial q_a} = \left\{\alpha - \beta\left(q_a + \frac{\alpha - \beta \cdot q_a}{2\beta}\right)\right\}' \cdot q_a + \left\{\alpha - \beta\left(q_a + \frac{\alpha - \beta \cdot q_a}{2\beta}\right)\right\} \cdot q'_a$$

$$= -\frac{\beta}{2} \cdot q_a + \alpha - \beta\left(q_a + \frac{\alpha - \beta \cdot q_a}{2\beta}\right) = 0$$

$\therefore q_a{}^* = \dfrac{\alpha}{2\beta}$: 선도기업A의 생산량

위의 선도기업A의 생산량을 추종기업B의 반응함수에 대입하면

$q_b^* = \dfrac{\alpha}{4\beta}$: 추종기업B의 생산량

그러므로 시장의 총공급량(q^*)은 아래와 같다.

$q^* = q_a^* + q_b^* = \dfrac{\alpha}{2\beta} + \dfrac{\alpha}{4\beta} = \dfrac{3\alpha}{4\beta}$: 총시장공급량

위의 시장의 총공급량을 시장이 수요곡선에 대입하면 시장의 가격(P^*) :

$P^* = \alpha - \beta \cdot q = \alpha - \beta \cdot \dfrac{3\alpha}{4\beta} = \dfrac{1}{4}\alpha$: 시장가격

(*는 균형수치를 나타낸다)

위의 결과들을 그래프로 나타내면 아래와 같다.

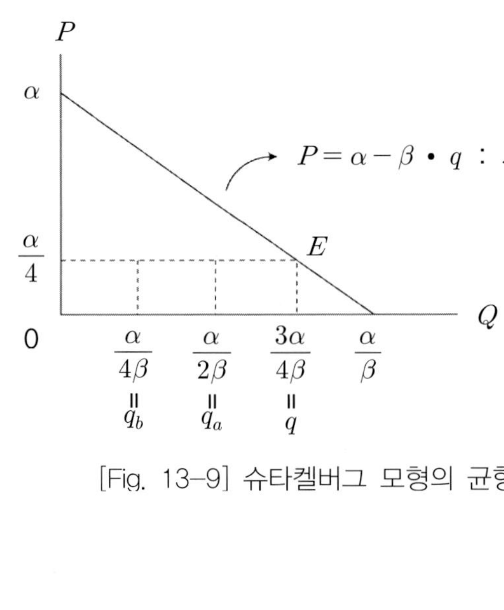

[Fig. 13-9] 슈타켈버그 모형의 균형점(E)

13.3 굴절수요곡선(Kinked Demand Curve)

굴절수요곡선의 모형은 1939년의 비슷한 시기에 영국의 홀과 히치(R. L. Hall & C. J. Hitch) 및 미국의 스위지(Paul M. Sweegy)에 의해서 거의 동시에 제시된 이론이다. 실제로 과점시장의 가격은 다른 시장의 가격보다도 안정적인 경향을 나타낸다고 보고되고 있다. 만약에 과점시장에서 시장의 가격이 안정적인 것으로 관찰되었다면 이것은 기업들 사이의 담합 때문에 나타난 현상이라고 이해할 수도 있다. 그러나 스위지는 과점시장내의 기업들 사이에 있어서 담합이나 조정이 이루어지지 않아도 가격의 안정성이 나타날 수 있다고 주장한다.

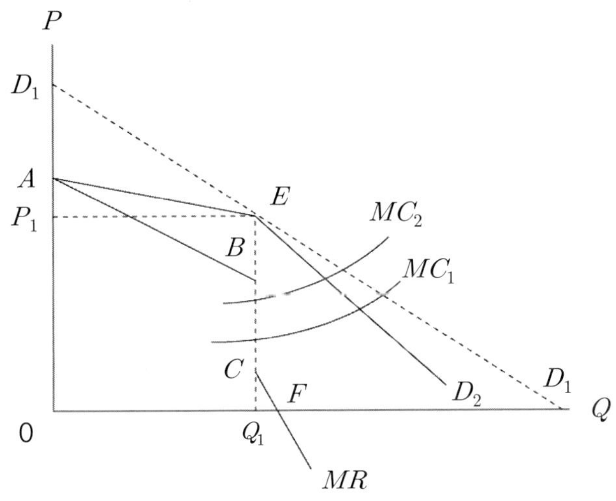

[Fig. 13-10] 과점내 한 기업의 굴절수요곡선

[Fig. 13-10]에서는 과점내의 한 기업이 처한 굴절수요곡선에 대한 내용이 나타나 있다. 처음에 이 기업은 시장 내의 E점에서 균형상태에 머무르고 있다. 즉 P_1의 가격에서 Q_1의 생산량을 생산하고 있다. 그러나 스위지는 어떻게 그리고 왜 이러한 균형가격과 균형생산량이 처음에 형성되었는지에 대하여는 설명하지 않고 있다. 이러한 애초의 생산량과 가격이 결정된 이유를 제시해야만 모델이 더 의미를 가질 수 있는데 그에 대한 설명을 제시하지 못하고 있는 한계가 있다 하겠다. [Fig. 13-10]에서 D_1D_1은 이 기업이 처한 애초의 수요곡선이다. 만약에 이 기업이 균형점인 E점에서 가격을 낮춘다고 하자 가격을 낮추는 이유는 더 많은 소비자를 확보하기 위해서일 것이다. 그러나 이 경우 다른 기업들도 자기의 소비자들을 빼앗기지 않으려고 이 기업과 같이 따라서 가격을 낮춘다면 이 기업은 자

기가 예상했던 것만큼의 수요를 확보하지 못하게 될 것이다. 따라서 가격을 내린 이후에 이 기업이 처한 수요곡선은 원래의 수요곡선인 D_1D_1보다 더 비탄력적으로 변할 것이다. 그러한 수요곡선이 ED_2이다. 이번에는 반대로 이 기업이 균형점인 E점에서 가격을 올린다고 가정해 보자. 가격을 올리는 이유는 더 많은 수입이나 이윤을 얻기 위해서 일 것이다. 그러나 이 경우 다른 경쟁기업들이 더 많은 시장을 차지하기 위해서 가격을 올리지 않는다면 이 기업은 가격을 상승시킴으로 인해서 그의 소비자들을 현격히 잃어버릴 것이며 따라서 가격을 올린 이후에 이 기업이 처한 수요곡선은 원래의 수요곡선인 D_1D_1보다 더 탄력적으로 변할 것이다. 그러한 수요곡선이 AE이다. 즉 이 기업이 애초의 균형가격인 P_1보다 가격을 상승시키면 이 기업은 원래의 주어진 수요곡선보다 더욱 탄력적인 수요곡선에 접하게 되고 P_1보다 가격을 하락시키면 원래의 주어진 수요곡선인 D_1D_1보다 더욱 비탄력적인 수요곡선에 접하게 되는 2개의 부분으로 나누어진 직선의 수요곡선을 접하게 되는데 이와 같이 구부러진 수요곡선을 굴절수요곡선(kinked demand curve : 그래프의 AED_2)이라고 한다. 수요곡선 AE부분에 해당되는 한계수입(MR)곡선은 AB이고 수요곡선ED_2 부분에 해당되는 한계수입곡선은 CF이다. 따라서 굴절수요곡선 AED_2에 해당되는 한계수입곡선은 $ABCF$이다. [Fig. 13-10]에서 보듯이 생산비가 증가하여 MC곡선이 MC_1에서 MC_2로 상방이동하여도 균형가격과 균형생산량은 여전히 P_1과 Q_1이다. 이의 역도 성립할 것이다(vice versa). 즉, 한계생산비곡선이 BC구간사이에서 이동하는 한 균형가격과 균형산출량에는 영향을 미칠 수 없을 것이다. 또한 수요의 변화도 변화폭이 아주 크지 않는 한 균형가격의 변화를 일으키지는 않을 것이다. MC_1을 고정시켜 놓고 굴절수요곡선을 왼쪽이나 오른쪽으로 약간 이동시켜 보면 그 결과를 확인할 수 있을 것이다. 이와 같이 과점시장의 가격 안정성은 굴절수요곡선의 모형이 많이 설명해 주고 있다. 그러나 이 모형이 상정하고 있는 바와 같이 현실에서는 한 기업이 가격을 올리면 다른 기업도 따라서 가격을 올리는 경우가 많다는 것은 문제점이 될 수 있다 하겠다. 또한 독점시장에서도 가격의 경직적인 사실이 발견되는데 과점시장에서의 가격이 다른 시장에서의 가격보다 안정적이라는 증거를 실제로 현실에서 찾기 어렵다는 주장도 있는데 이러한 주장은 굴절수요곡선 모형에 한계가 있음을 제시하고 있다 하겠다.

13.4 게임이론(Game Theory)

게임이론은 불확실한 조건하에서 합리적인 결정을 하는 이론으로서 노이만(John von Neumann)과 몰겐스턴(Oskar Morgenstern)에 의하여 "게임이론과 경제적 행위"(The Theory of Games and Economic Behavior)이라는 책에서 처음으로 소개 되었다. 게임이론은 결과가 불확실할 때 합리적인 해결책을 알려준다. 게임은 보통 영합게임(zero-sum game)과 비영합게임(nonzero-sum game)으로 기술되어 질 수 있다. 영합게임은 한 참가자가 얻는 것은 다른 참가자가 잃는 것을 말한다. 즉, 게임에 참가하는 참가자의 따는 양(+)과 잃는 양(-)의 합이 0(zero)인 게임이라는 의미다. 비영합게임은 행위의 어떤 과정을 통하여 모든 참가자가 모두 다 딸 수도 있고 또는 모두 다 잃을 수도 있으므로 담합이나 협동행위의 분석에 대한 기초입문이라 하겠다. 게임이론의 이러한 면은 상대 경쟁자의 반응을 고려해야 하는 과점기업의 연구에 유용하다는 점이 증명되었다. 또 어떤 게임의 경우에는 참가자들이 얻는 보수의 합이 항상 정해진 숫자와 일치하는데 이와 같은 게임은 정합게임(constant-sum game)이라고 부른다.

과점시장의 중요한 특징은 기업들끼리 서로 상호의존성이 매우 높다는 것이다. 즉 과점시장에서는 어떤 한 기업의 시장행동이 다른 기업의 의사결정에 민감한 영향을 준다. 따라서 각 기업은 이러한 전략적 상황에 적절히 대처하려고 한다. 게임이론은 이러한 전략적 상황에 처해 있는 기업들의 행위를 체계적으로 분석하려는 이론이다. 과점기업들은 서로를 상대로 하여 게임을 하는 듯 한 상황을 보이고 있기 때문에 게인이론은 과점시장에서 기업들이 나타내는 행위를 분석하는데 유용하다 하겠다.

이러한 게임에 참여하는 당사자들을 참가자 또는 경기자(player)라고 한다. 또한 게임에서 사용할 수 있는 수단을 전략(strategy)이라고 한다. 경기자의 수와 전략의 수가 제한되어 있는 게임은 유한게임이라고 하고 제한되어 있지 않은 게임은 무한게임이라고 한다. 게임의 각 경기자에게 결과적으로 지급되는 것을 보수(payoff) 또는 보상이라고 하며 이러한 보수를 행렬식으로 나타낸 것을 보수행렬(payoff matrix) 또는 보상행렬이라고 한다. 가장 적은 수로 이루어진 게임은 2경기자가 2가지의 전략을 가지고 있는 게임으로서 이것이 가장 간단한 게임이다.

13.4.1 영합게임(Zero-sum Game)

〈표 13-1〉 영합게임

기업B 단위: 원

기업A		b_1	b_2	b_3	행의 최소치
	a_1	30	20	40	20
	a_2	10	15	30	10
	열의 최대치	30	20	40	

(기업A의 이익=기업B의 손실)

위의 〈표 13-1〉에는 과점시장내의 두 기업인 기업A와 기업B가 그들의 판매촉진을 위하여 광고전을 펼친 결과 기업A의 이윤이 보수행렬로서 나타나있다. 기업A는 a_1과 a_2의 전략을 가지고 있고 기업B는 b_1, b_2, b_3의 전략을 가지고 있다. 기업A가 먼저 전략 a_2를 택했다고 가정해보자 이때 기업B는 자기의 손실을 최소화하기 위하여 전략 b_1을 택하는 반응을 보일 것이다. 두 기업이 모두 보수행렬을 알고 있었다는 가정 하에서는 기업A가 선택한 이러한 결과는 어리석은 선택이라고 할 수 있을 것이다. 왜냐하면 기업A에게는 최소의 이윤이기 때문이다.

그렇다면 두 기업은 어떠한 전략을 택할 것인가 하는 것이 문제일 것이다. 우선 기업A는 자신이 어떠한 전략을 취하든 기업B가 그 자신의 손실을 최소화하기 위한 전략을 택하리라는 것을 안다. 이것은 기업A의 이윤을 극소화 시키려는 전략과 같다. 따라서 기업A는 〈표 13-1〉의 행의 최소치 열을 주목하고 그 결과 전략 a_1을 선택하게 될 것인데 그 이유는 위에서 설명한 상황 하에서는 전략a_1을 택함으로써 가장 큰 이익을 얻을 수 있기 때문이다. 마찬가지로 기업B는 열의 최대치 행을 주목하고 그 결과 b_2의 전략을 선택하게 될 것인데 그 이유는 전략 b_2를 선택함으로써 자신의 손실을 극소화할 수 있기 때문이다.

결과적으로 기업A는 전략 a_1을 선택하고 기업B는 전략 b_2를 선택하게 되는 것이다. 따라서 기업A는 행의 최소값들 중에서 최대값을 선택하는 최대최소전략(maximin strategy)을 택하는 것이 있고 기업B는 열의 최대값들 중에서 최소값을 선택하는 최소최대전략(minimax strategy)을 택한 것으로 볼 수가 있다. 따라서 이 경우의 해는 광고 선전의 결과 기업A는 20원의 이익을 보고 기업B는 20원의 손실을 입게 된 영합게임(zero-sum game)이 이루어진 것이다.

13.4.2 우월전략게임(Dominant Strategy Game)

〈표 13-2〉 우월전략 게임

기업B의 전략 / 기업A의 전략	b_1	b_2
a_1	(10, 20)	(0, 10)
a_2	(20, 10)	(10, 0)

〈표 13-2〉는 2경쟁자(기업A & 기업B)와 2가지 전략(a_1, a_2 & b_1, b_2)의 가장 간단한 게임모형이다. 여기서 a_1은 가격의 상승을 a_2는 가격의 하락을 의미하는 전략일 수도 있고 a_1과 a_2는 비가격경쟁의 어떠한 방법(전략)일 수도 있다. 이때 기업A와 기업B는 구사하는 전략에 따라서 보수가 달라질 수가 있는데 〈표 13-2〉에서 보수행렬로 표시된 숫자는 기업A와 기업B가 사용한 전략에 따라서 두 기업이 얻게 되는 보수들이다. 괄호 안의 왼쪽 숫자는 기업A가 얻게 되는 보수이고 오른쪽 숫자는 기업B가 얻게 되는 보수이다. 만약에 기업A가 a_1의 전략을 선택하고 기업B가 b_1의 전략을 선택한다면 기업A는 10의 보수를 얻고 기업B는 20의 보수를 얻게 된다. 〈표 13-2〉와 같은 보수행렬을 갖는 게임에서는 게임의 해, 즉 게임의 균형이 쉽게 이루어질 수 있다. 즉, 기업A는 기업B가 어떠한 전략을 선택하든 상관없이 전략 a_2를 선택하는 것이 유리하다. 또한 기업B는 기업A가 어떠한 전략을 선택하든 상관없이 전략 b_1을 선택하는 것이 유리하다. 따라서 이러한 게임에서는 기업A와 기업B의 전략 구상이 (a_2, b_1)으로 결정될 것이 틀림없다. 이때 기업A의 보수는 20이고 기업B의 보수는 10이 될 것이다. 이와 같이 경쟁자의 전략에 관계없이 자기에게 유리한 전략이 분명하게 존재할 때 우리는 이것을 우월한 전략(dominant strategy)이라고 한다. 이러한 우월한 전략은 게임의 해 또는 균형(dominant strategy eguilibrium)이 된다. 우월한 전략이 존재하는 게임을 우월전략게임이라고 한다.

〈표 13-2〉에서 각 기업들은 자기의 전략을 어떤 사건과도 연관이 없이 단순하게 선택하였는데 이를 순수전략(pure strategy)이라고 한나. 기업A와 기업B는 각각 한번에 a_2와 b_1의 전략을 우리는 순수전략이라고 부른다. 그러나 모든 게임들이 이와 같은 순수전략만으로 결정되는 것은 아니다. 예를 들어 기업A와

기업B는 둘 다 모두 동전을 던져서 앞면이 나오면 각각 a_2와 b_1의 전략을 택한다고 하자. 이런 경우 각 전략은 어떤 확률을 가지고 채택되어진다. 우리가 예를 들은 위의 동전던지기에 있어서의 전략들은 모두 채택되어 질 수 있는 확률이 $\frac{1}{2}$이다. 이와 같이 각 경기자의 전략이 확률등과 연관되어 결정될 때 이를 우리는 혼합전략(mixed strategy)이라고 한다.

경쟁자들이 벌이는 게임의 형태는 협조적 게임(cooperative game)과 비협조적 게임(noncooperative game)의 두 가지 유형으로도 나눌 수 있다. 협조적 게임은 경기자들이 공통으로 추구할 전략과 관련하여 서로의 행동을 규제할 조건이나 계약에 대하여 협상하는 것을 의미한다. 만약에 어느 두 기업이 공동투자를 하고 이 공동투자로부터 발생할 투자이윤에 대하여 두 기업 모두에게 유리하게 나눌 수 있도록 합의하고 공식적인 계약을 맺을 수 있는 조건들이 존재하여 해결책을 찾을 수 있다면 이러한 게임은 협조적 게임이 된다. 비협조적 게임은 이 유형의 게임들이 일상에서 일반적으로 압도적인 비중을 차지한다. 즉 두 경기자가 서로 협상이나 어떤 조건 등을 내세워 합의가 불가능할 때의 게임이다. 우리는 이전에 두 기업 사이에서 서로 담합하지 않고 상대방의 행위에 대하여 추측된 변화에 입각해서 자기에게만 유리하도록 독자적으로 의사결정을 하는 과점기업들의 행위를 보았는데 이러한 게임은 비협조적 게임이다. 이뿐만이 아니라 가격이나 산출량 혹은 광고 등의 경쟁을 통해 상대방과 치열한 경쟁을 벌이고 있는 현실의 기업들이 모두 비협조적 게임을 하고 있다고 할 수 있다.

13.4.3 내쉬균형(Nash Equilibrium)

위의 우월전략게임에서는 균형의 개념이 비교적 간단하였다.

그러나 모든 게임이 그렇게 간단한 균형만을 갖는 것은 아니다. 아래의 표를 보고 논의해 보자.

〈표 13-3〉 내쉬균형

기업B의 전략 / 기업A의 전략	b_1	b_2
a_1	(20, 10)	(0, 0)
a_2	(0, 0)	(10, 20)

〈표 13-3〉에서 기업A의 입장에서는 기업B가 어느 전략을 택하느냐에 따라 자기의 선택이 달라질 수 있다. 즉, 기업B가 b_1의 전략을 선택하면 기업A는 전략 a_1을 선택할 것이고 기업B가 b_2의 전략을 선택하면 기업A는 a_2의 전략을 선택할 것이다. 기업B의 입장에서도 마찬가지이다. 즉, 기업A가 a_1의 전략을 선택하면 기업B는 b_1의 전략을 선택할 것이고 기업A가 a_2의 전략을 선택하면 기업B는 b_2의 전략을 선택할 것이다. 위의 예에서 보는 바와 같이 〈표 13-3〉에서는 우월전략균형은 나타나지 않는다. 우월전략균형의 개념은 매우 단순하고 명백하였다. 그러나 이러한 현실의 예는 그리 흔하지 않다고 한다. 왜냐하면 우월전략균형은 상대방의 모든 전략에 대하여 최적대응이 되는 전략이 존재해야 하기 때문이다. 현실의 게임이 이와 같이 강한 요구를 충족시키기는 매우 어렵다 하겠다. 그러나 내쉬균형은 우월전략균형의 요구조건보다는 조금 약화된 요구조건으로서 상대방이 선택한 전략에 대해서만 최적의 전략을 가질 것을 요구할 때 내쉬균형이 성립한다.

기업A의 전략 a^*와 기업B의 전략 b^*가 있다고 하자. 기업B가 b^*의 전략을 선택했을 때 이것을 주어진 사실로 보고 기업A가 a^*의 전략을 선택하였을 때 이것이 기업A의 최적의 대응이었고 이와 동시에 기업B의 경우에도 이와 동일한 현상이 발생한다면 이 두 전략의 짝(a^*, b^*)는 내쉬균형이 된다. 즉 각 경기자가 상대방의 전략을 주어진 것으로 보고 자신에게 최적의 전략을 선택할 때 이 최적전략의 짝을 내쉬균형이라고 한다. 즉, 내쉬균형은 상대방의 최적 전략에 대해서만 최적대응의 전략이 존재할 경우이 상황을 말한다.

〈표 13-3〉에서는 (a_1, b_1)의 전략구성이 내쉬균형이 될 수가 있다. 만약 기업A가 a_1의 전략을 선택했다면 기업B는 당연히 b_1을 선택하는 것이 유리하다. 왜냐하면 이 때에 기업B가 b_2의 전략을 선택하면 0을 얻고 b_1의 전략을 선택하면 10을 얻기 때문이다. 마찬가지고 기업B가 b_1의 전략을 선택하면 기업A는 당연히 a_1의 전략을 선택할 것이다. 이와 같이 상대방이 선택한 전략을 최적의 선택이라고 믿고 이러한 주어진 상대방의 선택(전략)하에서 자신의 최적의 전략을 선택한 두 기업 A와 B의 선택결과가 위와 같이 하나의 균형인 (a_1, b_1)과 같이 존재할 때에 이것을 내쉬균형이라 한다. 예측이라는 상황을 가정하여 말하자면 만약에 기업A는 기업B가 b_1의 전략을 선택할 것이라고 예측하고 동시에 기업B는 기업A가 a_1을 선택할 것이라고 예측한다면 위의 예에서와 같이

(a_1, b_1)의 내쉬균형이 존재할 수 있다. 그런데 내쉬균형은 항상 하나만 존재하는 것은 아니다. 〈표 13-3〉에서는 위에서 설명한 바와 같이 (a_2, b_2)라는 기업A와 기업B의 전략구성도 내쉬균형이다. 또한 내쉬균형은 존재하지 않을 수도 있다.

〈표 13-4〉 내쉬균형의 부존재

기업B의 전략 / 기업A의 전략	b_1	b_2
a_1	(0, 0)	(0, −10)
a_2	(10, 0)	(−10, 30)

위의 〈표 13-4〉에서는 기업A가 a_1의 전략을 선택하면 기업B는 b_1의 전략을 선택할 것이다. 그러나 기업B가 b_1의 전략을 선택하면 기업A는 a_2의 전략을 선택할 것이다. 기업A가 a_2의 전략을 선택하면 기업B는 b_2의 전략을 선택할 것이다. 기업B가 b_2의 전략을 선택하면 기업A는 a_1의 전략을 선택할 것이다. 그러므로 이 게임에서는 내쉬균형이 존재할 수 없다. 쿠르노 균형도 내쉬균형에 속한다. 쿠르노 모형에서는 이윤극대화의 생산량을 결정하는 것이 전략이었다. 즉 경기자인 각 기업은 상대방이 결정한 현재의 생산량을 그대로 유지할 것이라는 예측 하에서 그 수준을 기준으로 자기의 이윤을 극대화시키는 생산량을 결정한다고 가정하고 있다. 즉, 기업B의 생산량이 b^*이라면 기업A는 기업B가 이 생산량을 수준을 그대로 유지할 것이라고 예측하면서 자기의 이윤극대화를 위한 최적의 생산량 a^*을 결정했다고 하자. 그런데 기업B도 기업A의 이러한 생산량 a^*에 대하여 기업A가 이 생산량을 그대로 유지할 것이라고 예측하면서 자기의 이윤극대화를 위한 최적의 생산량을 정했는데 이것이 b^*였다면 기업A와 기업B의 생산량 a^*와b^*는 쿠르노 균형이었는데 이것은 다름이 아닌 바로 내쉬균형인 것이다. 그런데 내쉬균형은 우리가 이야기하는 파레토(Vilfredo Pareto) 효율의 결과를 의미하는 것은 아니라는 것이다. 이것은 비영합게임의 예로써 유명한 죄수들의 궁지게임(prisoner's dilemma game)으로 논의해 보자.

〈표 13-5〉 죄수들의 궁지게임

죄수A의 전략 \ 죄수B의 전략	b_1 (자백)	b_2 (비자백)
a_1 (자백)	(−2, −2)	(0, −5)
a_2 (비자백)	(−5, 0)	(−1, −1)

〈표 13-5〉에는 범죄 혐의로 구속된 범인 A와 범인 B가 범죄사실을 자백하는 여부에 따라서 이들에게 부과되는 형량이 나타나 있다. 이 범인들은 서로 다른 감방에 격리수용 되어 있어서 연락이 완전히 단절된 상태에서 수사관들의 심문을 받고 있다. 보수행렬은 이들이 받게 될 형량을 나타낸다. 예를 들어 범인A와 B가 둘 다 자백을 하지 않으면 이들은 모두 1년형의 선고를 받는다. 만약에 두 사람 중 한사람은 자백을 하고 자백한 사람이 다른 자백을 하지 않은 사람에게 죄를 뒤집어씌울 경우에 자백한 사람은 석방이 되고 자백을 하지 않은 사람은 5년 형의 선고를 받는다. 자기의 이익을 쫓는(self-interested) 일반적인 사람(또는 기업)의 이성적인 행동양식은 보통 이러한 양상이므로 두 범인 A와 B는 둘 다 모두 자백을 하고 죄를 상대방에게 뒤집어 씌울 가능성이 높다. 그러나 그 결과는 만일에 담합을 할 수 있는 상황이었다면 서로 담합(collusion)을 해서 둘 다 모두 자백을 하지 않았을 경우보다는 못한 결과인 것이다.

〈표 13-5〉에서 범인 B가 자백을 하지 않는다면 범인A는 자백을 하는 것이 유리하다. 만약에 범인B가 자백을 한다면 범인A도 자백을 하는 것이 유리하다. 따라서 범인A는 범인B가 어떠한 행동을 취하든지 자백을 하는 것이 최선의 전략일 것이다. 범인B의 경우에 있어서도 범인A가 어떠한 행동을 취하든지간에 자백을 하는 것이 최선의 전략일 것이다. 따라서 둘 다 자백하는 $(a_1,\ b_1)$의 조합이 내쉬균형이 된다. 그리고 이 내쉬균형은 상대방이 어떤 행동을 선택하였는지에 관계없이 자기에게 가장 유리한 행동전략을 선택한 것이므로 우월전략균형이기도 하다. 위의 경우에 있어서 만약에 두 범인 A와 B가 모두 서로 상대방은 자백을 하지 않으리라고 속으로 굳건히 믿고 있어서 실제로 두 범인 모두가 자백을 하지 않았다면 이들은 둘 다 모두 1년 형을 선고 받았을 것이다. 이와 같은 $(a_2,\ b_2)$의 전략은 파레토 효율적(pareto efficient)전략이 된다. 왜냐하면 두 범인 A와 B에게 동시에 더 유리한 다른 전략은 없기 때문이다. 따라

서 두 범인A와 B가 모두 자백을 하는 $(a_1,\ b_1)$의 전략은 내쉬균형이기는 하지만 파레토 효율적 균형은 아니다.

13.4.4 반복게임

위에서 본 죄수들의 궁지게임은 한 번의 선택으로 그 게임이 끝난다. 그러나 과점시장내의 기업들은 경쟁(게임)을 반복해서 해야 하는 경우가 일반적이다.

〈표 13-6〉 반복게임

기업B의 전략 / 기업A의 전략	b_1 (저가격)	b_2 (고가격)
a_1 (저가격)	(10, 10)	(50, -30)
a_2 (고가격)	(-30, 50)	(30, 30)

〈표 13-6〉은 동질의 상품을 시장에서 판매하고 있는 과점기업 A와 B의 가격경쟁을 니다내는 것인데 보수행렬은 각 가격전략에 따른 기업이 이윤을 나타내고 있다. 〈표 13-6〉의 게임내용은 본질적으로 죄수들의 궁지게임과 같은 게임이다. 이 게임에서 기업A나 기업B 모두에게 가격의 선택을 단 한번만 하고 경쟁하라면 두 기업 모두 곤혹스러울 것이다. 만약 기업A와 B가 모두 고가격 전략을 선택하면 두 기업 모두 30의 이윤을 얻을 수 있지만 만약에 이 경우 어느 한 상대기업이 저가격 전략을 선택한다면 자기는 30의 손실을 입고 상대기업은 50의 이윤을 얻음으로써 시장을 모두 빼앗아 갈 것이다. 따라서 기업들은 서로 상대방의 전략을 모르면서 무조건 고가격의 전략을 택하는 것을 주저할 것이다. 따라서 두 기업들은 서로 저가격으로 갈 가능성도 매우 높다 하겠다.

그런데 이 경우 만약에 두 기업의 가격선택이 한번으로 끝나지 않고 매월 한번씩 새로운 가격을 정할 수 있도록 되어 있다면 이것은 두 기업이 매월 한 번씩 반복해서 전략을 선택하는 게임을 하는 것이 되는데 이러한 게임을 반복게임(repeated game)이라고 한다. 이 게임에서의 특징은 한 기업이 상대방 기업에게 보복을 할 수 있다는 것이다. 예를 들어 이번에 기업A가 고가격 전략을 선택했는데 후에 기업B가 저가격 전략을 선택했다면 다음 달 게임에서는 기업A가 전략을 바꿔서 기업B에게 보복을 할 수가 있다는 점이다. 이러한 상황은 기업A나 기업B 모두에게 서로 마찬가지이다.

이런 게임에서는 지난번에 경쟁자가 선택한 전략을 보고 현재의 자기 전략을 결정할 것이다. 이와 같은 반복게임에서는 이에는 이 눈에는 눈이라는 보복 전략이 효과적이라는 연구보고가 있다. 즉 경쟁자가 지난번에 고가격을 정책을 선택했으면 이번에는 나도 고가격 정책을 취하고 지난번에 저가격 정책을 선택했다면 이번에는 나도 저가격 정책을 취하는 것이 효율적이라는 것이다. 만약에 어느 한 기업이 저가격 전략으로 높은 이윤을 얻었다면 그 다음 게임부터는 경쟁자도 저가격 전략으로 방향을 바꿀 것이기 때문에 높은 이윤의 획득이 지속되기는 어렵다. 따라서 한 번의 아주 높은 이윤보다는 적절히 높은 이윤을 지속적으로 얻는 것이 중요한 것이기 때문에 어느 기업도 계속해서 저가격 전략을 고집하지는 않을 것이다. 따라서 이 경우에는 보복 전략에 기초하되 상호협조에 의한 고가격 정책을 지향하는 것이 두 기업 모두에게 유리하다 하겠다.

보복 전략이 효율적일 수 있는 점은 상대방의 비협조에 대하여는 어김없이 보복을 하면서도 일단은 단 한번만 보복하는 너그러움이 있다고 한다. 카르텔은 담합이 와해 될 수 있는 불안정한 요인들을 그 안에 갖고 있는데 우리는 현실에서 꽤 오랫동안 성공적으로 카르텔을 유지해 온 예들을 볼 수가 있나. 카르텔에 가입한 기업들은 단 한번만 게임을 하는 것이 아니고 무한히 계속되는 게임을 하고 있는 것과 같은 상황인 것이다. 따라서 카르텔 내에서도 보복 전략의 사용이 가능하고 이에 따른 협조적인 분위기가 조성될 수 있는데 이러한 상황이 카르텔의 장기적인 유지에 도움을 주었을 것이라는 실증적 연구도 보고된 바가 있다.

13.4.5 순차게임(Seguential Game)

지금까지 우리가 논의해 온 게임들은 두 경쟁자가 동시에 전략을 선택하는 것들이었지만 현실에서는 한 경기자가 먼저 선택의 행동을 취하고 그 다음으로 다른 경쟁자가 시차를 두고 선택행위를 하는 경우가 있다. 이런 게임에서 각 경기자들은 순서를 염두에 두고 전략을 선택해야 하는데 이런 게임을 순차적 게임이라고 한다. 하나의 예로서 우리는 선도기업의 모형을 이미 논의한 바가 있다.

〈표 13-7〉 순차게임

기업B의 전략 / 기업A의 전략	K_1	K_2
K_1	(−2, −2)	(5, 10)
K_2	(10, 5)	(−2, −2)

〈표 13-7〉은 순차게임의 해에 대한 내용이다. 여기서는 두 기업 A와 B 모두가 동일한 전략 K_1과 K_2를 선택할 수가 있다. 만약에 두 기업 A와 B가 동일한 전략을 선택할 경우에는 경쟁이 심해져서 두 기업 모두 손실을 입을 것이다. 그러나 두 기업이 서로 다른 전략을 동시에 선택할 경우에 두 기업은 모두 이윤을 얻을 수 있다. 그런데 주목할 일은 K_2의 전략이 K_1의 전략보다는 두 기업 모두에게 더 높은 이윤을 가져다 줄 수 있다는 것이다. 즉, 기업A가 K_2의 전략을 선택하고 그리고 기업B가 K_1의 전략을 선택한다면 기업A는 10의 이윤을 얻고 기업B는 5의 이윤을 얻을 것이다. 반대로 기업A가 K_1의 전략을 선택하고 기업B가 K_2의 전략을 선택한다면 이번에는 기업A는 5의 이윤을 얻고 기업B는 10의 이윤을 얻을 것이다. 따라서 두 기업A와 B 모두에게 K_2 전략은 훨씬 높은 수익을 가져다주는 전략인 것이다. 그런데 두 기업이 순차적으로 의사를 결정하여 전략을 선택한다면 어떤 결과가 벌어질까? 만약 기업 A가 먼저 선택을 하고 그 다음에 기업B가 선택을 한다면 기업A는 K_2 전략을 선택하고 기업B는 K_1 전략을 선택할 것이다. 〈표 13-7〉을 순차적인 게임으로 인해서 나뭇가지 모양으로 나타내면 아래와 같을 것이다. 우리는 이것을 소위 게임나무라고 부를 수도 있을 것이다.

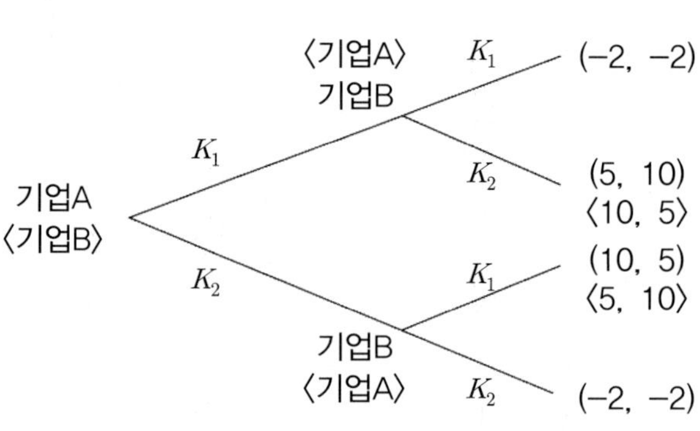

[그림 13-1] 게임나무

순차게임에서는 먼저 전략을 선택하는 경기자가 절대적으로 유리하다. 〈표 13-7〉에서도 살펴 본 것처럼 먼저 선택하는 기업은 10을 얻고 뒤에 선택을 결정하는 기업은 5를 얻는다. 슈타켈버그 모형의 선도기업 모형에서도 보았듯이 먼저 행동하는 선도자는 뒤의 추종자보다도 높은 이윤을 얻을 수 있는 것이다. 쿠르노 모형에서는 두 기업이 동시에 전략을 선택하여 결정했으므로 두 기업 모두 똑같은 이윤을 얻었다. 그런데 문제는 더 많은 이윤이나 수입을 얻기 위해서 어떻게 먼저 전략을 취할 수 있는 입장에 설 수 있느냐 하는 것이다. 따라서 과점기업들은 이러한 기득권을 먼저 획득하기 위해서 여러 가지 수단을 동원하고 있다. 그러한 수단으로서는 선제 광고 홍보, 선제 기술 확보 및 홍보, 대리점들의 선점, 공장부지의 선제 확보 등이 있다. 이러한 수단들을 동원해서 수익성이 높은 상품이나 업종에서 기득권을 먼저 확보하는 것은 순차게임에서 중요한 전략이다.

13.5 과점의 담합에 영향을 미치는 요소

우리는 공식적이건 비공식적이건 간에 생산량과 가격을 결정하는데 있어서 담합을 할 수 있는 과점기업들은 이익을 얻을 수 있다는 것을 보았다. 과점의 담합에 긍정적인 영향을 미치는 요소와 반대적으로 억제를 하는 원인들에 대하여 논의해 보자.

13.5.1 기업의 수

과점산업 내의 기업의 수는 형식적인 통합이나 비형식적인 통합이나 또는 담합이건 간에 이 모든 것들에 가장 확실한 영향을 미치는 요소이다. 과점산업 내의 기업들의 수가 증가함에 따라 어떤 개인기업의 행위가 시장에 미치는 영향은 줄어들게 되고 기업들끼리 통합을 하려는 동기도 감소하게 된다. 또한 기업의 수가 증가하면 기업의 통합에 들어가는 비용도 증가하고 기업들의 행동을 감시하거나 감독하는데 들어가는 비용도 증가한다. 산업 내의 기업들의 수가 증가하면 통합된 조직으로부터 이탈하려는 이단자의 숫자가 늘어날 확률이 높아지는 것도 분명한 사실이다. 따라서 산업 내의 기업의 수가 증가하면 효과적인 기업통합의 가능성은 그 만큼 감소하는 경향이 있다. 어떤 경제학자는 과점 내의 기업들의 수가 10개만 되어도 기업들은 다른 기업들의 행동에 대하여 무관심해지며 따라서 통합을 성사시킬 가능성이 낮아진다고 보고한 바가 있다.

13.5.2 진입장벽(Entry Barriers)

진입장벽은 과점산업내의 기업들의 수와 연관되어 있어서 매우 중요한 역할을 한다. 과점은 그 자체가 시장으로의 새로운 기업들의 진입을 억제하지 못한다면 과점의 효율적인 통합을 유지하기는 어려울 것이다. 시장으로의 새로운 기업들의 진입은 과점의 통합을 파괴할 것이며 통합으로 인해서 발생된 경제적 이윤을 잠식할 것이다. 따라서 정부가 만들었건 과점기업들이 만들었든 간에 시장으로의 진입장벽이 높으면 높을수록 통합이 지속될 확률은 높아지며 만약에 진입장벽이 낮다면 통합조직의 유지가능성은 낮아진다 하겠다.

13.5.3 기업들의 크기

만약에 과점산업이 한 기업에 의해서 지배되거나 또는 나머지의 중소기업들에 비해서 두 서너 개의 대기업에 의해서 지배된다면 과점기업들의 통합 가능성은 높아진다. 왜냐하면 실제로 과점조직의 통합은 시장의 지배기업들의 동의를 필요로 하기 때문이다. 이것은 우리가 논의했던 지배기업과 주위의 중소기업들에 관한 모델과 같은 것이다.

13.5.4 비밀주의(Secrecy)

과점통합은 조직기업의 비협조적인 행위는 처벌을 받을 수 있도록 비밀의 베일은 벗기는 것을 요구하고 있다. 조직 내의 기업들의 부당행위를 감독하는 작업은-비밀거래는 오랫동안 비밀로 유지될 수 없다는 분위기 속에서는 좀 더 쉬워질 수도 있을 것이다. 우리는 종종 과점기업들이 그들이 협조적으로 동의한 계약서의 명세를 완전히 공개할 경우에는 정부로부터도 도움을 받는 경우를 볼 수 있다.

13.5.5 시장의 불안정한 수요

만약에 시장의 수요가 불안정하거나 요동을 친다면 과점기업들은 이러한 그들의 수요에 대한 변화가 시장의 영향으로 인한 결과인지 아니면 시장 내의 다른 기업들의 경쟁적인 행위에 의한 것인지 판단하기 어려워질 것이다. 따라서 불안정하거나 요동치는 수요는 과점기업들의 통합을 방해하는 요소이다.

13.5.6 상품의 동질성

과점기업내의 생산품들의 질이 동일하면 동일할수록 생산품들의 판매를 조정하기가 쉬워진다. 생산품들의 차이가 늘어나면 늘어날수록 과점산업내의 기업들은 만약에 경쟁기업이 가격을 낮추면 이것이 다른 기업들을 속이려는 의도인지 아니면 제품의 특성상 실제로 차이가 나서 가격을 낮추는 것인지를 판단하기가 어려워진다. 따라서 과점기업들이 생산하는 생산품들이 동질하면 동질할수록 과점의 결속을 유지하기는 쉬워진다.

13.5.7 산업의 사회적 구성

산업자체의 성숙도도 과점기업의 통합에 영향을 미친다. 산업의 사회적인 조직도 과점기업의 통합에 중요한 요소이다. 즉 기업의 총수들은 서로 알고 지내며 서로를 신뢰하고 있는지? 또는 기업의 총수들은 회의에서 서로 잘 어울리는지? 그들은 어울려서 함께 골프를 치든가 또는 어떤 다른 취미생활 등을 같이 즐기는지? 등과 같은 질문에 대한 대답들도 과점기업의 통합에 영향을 미칠 것이다. 만약에 위의 질문들에 대한 기업총수들의 대답이 긍정적이라면 기업의 통합은 그만큼 더 쉬워질 수가 있다. 주의할 일은 이와 같은 기업총수들의 사회성이 기업가들이 비경쟁적이라는 것을 뜻하는 것은 아니다. 협조적인듯 하면서도 실제로는 통합의 노력에 있어서 미래에 부당행위를 저지르려는 속임수도 있을 수 있다. 다른 모든 기업들은 통합에 동의하게 해 놓고 자기만 동의에 반하는 사기행위를 저지르면 큰 돈을 버는 경우를 우리는 보아왔다.

13.5.8 반 트러스트 법률

미국 같은 나라는 과점기업의 통합은 반 트러스트 법률(antitrust laws)에 의하여 불법이다. 이러한 법이 존재하는 한 기업의 통합에 들어가는 비용은 증가할 것이고 따라서 기업을 통합하려는 노력에 제약을 가할 것이다.

요약

1. 과점시장이란 몇몇의 기업들이 동질적인 생산품이나 또는 이질적인 생산품을 생산하는 시장의 구조를 말한다.

2. 과점시장에는 몇 개의 기업들이 없기 때문에 그들은 상호의존적이고 그 과점기업들이 어떠한 경제적인 결정을 내릴 때에는 그들은 이러한 상호의존성을 고려한다.

3. 과점기업들은 크게 3가지로 분류 될 수 있는데 카르텔과 불완전하게 조직된 행위를 보이는 기업통합과 완전히 독립된 행위를 하는 기업들로 이루어진 과점집단으로 나눌 수 있다.

4. 카르텔은 조직 내의 일부 기업들이 조직 내의 다른 기업들을 속이려는 부당행위에 의하여 항상 와해 당할 위험에 직면하고 있다.

5. 역사적으로 볼 때 성공적인 카르텔들은 종종 정부가 그 카르텔을 단속한 것들이었다.

6. 가격선도는 기업들의 결속된 행동이 불완전할 때에는 과점산업 내에서 종종 발생할 수 있는데 이러한 가격선도는 주로 지배적 기업이나 역사적으로 오랜 경험이 있는 성숙한 기업들에 의하여 주도 된다.

7. 과점기업들의 특징 중 하나는 과도한 비가격경쟁 정책들을 사용한다는 것이다.

8. 독점시장에 있어서도 그러한 것처럼 과점시장에 있어서도 시장진입의 장벽은 중요한 역할을 한다.

9. 과점시장에는 과점기업들의 통합을 촉진하는 요소들과 이들의 통합을 억제하는 요소들이 있는데 과점시장에는 이와 같이 서로 상반된 작용을 하는 힘이 있다.

중요 용어

이질생산품
생산집단
초과생산능력
과점
할당독점
순수과점
가격집단(price cluster)
굴절수요곡선
OPEC
복점(duopoly)
추측적 변화
비영합게임
경기자
우월전략
반복게임
담합
카르텔(Cartel)
무언의 담합(tacit collusion)
가격선도
지배적 기업
차별적 과점
게임이론
죄수들의 궁지게임
반트러스트(anti-trust)
반응함수
영합게임(zero-sum game)
정합게임
보수(행렬)
내쉬(Nash)균형
순차게임

연습문제

1. 초과생산능력이란 무엇인지 설명하시오. 또한 초과생산능력은 경제적으로 좋은지 나쁜지 설명하시오.

2. 과점시장으로의 새로운 기업들의 진입이 어떻게 카르텔의 형성을 방해하는지 설명하시오.

3. 카르텔내의 기업의 수가 어떻게 카르텔의 존속에 영향을 미치는지 설명하시오. 산업내의 기업의 수에 대한 모델의 변화에 대하여 설명하시오.

4. 광고비가 어떻게 진입장벽으로 이용될 수 있는지 설명하시오.

5. 연구개발비가 어떻게 진입장벽으로 이용될 수 있는지 설명하시오.

6. 과점기업들은 효율적인 생산량 수준을 확보할 수 있는지 설명하시오.

7. 우월적 전략균형은 항상 내쉬균형이 되는지 또한 내쉬균형은 항상 우월적 전략균형이 되는지 설명하시오.

8. 상대방이 내쉬균형 전략을 사용하지 않는 경우에도 당신은 내쉬균형 전략을 택하겠는지 설명하시오.

9. 선도기업이 얻는 이윤은 쿠르노 균형으로 전환했을 때 얻을 수 있는 이윤보다 큰지 또는 작은지 설명하시오.

10. 베르트랑 모형의 균형은 내쉬균형인지 설명하시오.

시장구조의 요약

시장형태	기업의 수	생산품질 차이	가격통제	비가격경쟁	예
완전경쟁 시장	무수히 많음	동질품	없음	없음	농업
독점적 경쟁시장	많음	근소차이	약간	광고 및 생산품 차별	소매무역업 용역산업
과점시장	약간	동질품 또는 이질품	약간 심함	광고 및 생산품 차별	자동차 산업 철강산업
독점시장	하나	유일제품 (대체제없음)	매우 심함	공공관계	전력산업

읽어보기 13-2

George Stigler (1911~)

Paul Sweezy (1910~)

George Stigler and Paul Sweezy represent polar extremes in economic analysis. Both have written extensively in the field of industrial organization, but the similarities end there. George Stigler the personification of the "Chicago School" of free enterprise capitalism. He received a B. B. A. degree from the University of Washington, an M. B. A. degree from Northwestern University, and a Ph. D. from the University of Chicago. In 1982, Stigler was awarded the Nobel Prize in Economics. Paul Sweezy is an American Marxist. He was awarded a B. A. degree and, in 1937, a Ph. D. in economics from Harvard University. Both economists are coeditors of prestigious journals that are at opposite ends of the ideological spectrum. Stigler is coeditor of the Journal of Political Economy and Sweezy is coeditor of the Monthly Review. Stigler's views are best delineated in The Theory of Price(1966) and Organization of Industry (1968). Sweezy's views can be found in The Dynamics of U. S. Capitalism(1972), Introduction to Socialism(1968), and Modern Capitalism and Other Essays(1972). Modern Capitalism and Other Essays(1972). Stigler and Sweezy have clashed over Sweezy's development of the kinked demand curve. Sweezy formulated a model which explained the "fact" that prices in oligopolistic industries are more stable than prices in other market structures. This model has been devastatingly attacked by Stigler, who argues that Sweezy's theory is wrong and that his observation that prices in an oligopoly are more stable than in other market structures does not stand up to empirical investigation.

(자료 : Principle of Economics, Amacher·Ulbrich, South-Western Publishing Co. 3rd Ed. 1986)

13-1 요약해설

슈티글러와 스위지는 경제분석에 있어서 두 극단의 위치를 대표하는 학자들이다. 두 사람 모두 산업조직 분야에 있어서는 폭 넓은 저술활동을 하였다. 그러나 그들의 친밀관계는 거기서 끝이 났다. 슈티클러 교수는 시카고학파의 대표적인 학자이며 그는 워싱턴 주립대학과 노스웨스턴 대학교, 시카고 대학 등에서 수학하였으며 노벨상을 수상한 바가 있다. 스위지 교수는 하버드 대학교 등에서 수학하였다. 두 사람은 모두 유명한 경제학 관련 잡지들의 편집인을 역임하였다. 슈티글러와 스위지(미국산 마르크스주의자)는 스위지의 굴절수요곡선에 대하여 많은 논쟁을 벌였다. 스위지는 과점산업내의 시장가격은 다른 시장구조내의 시장가격들 보다 더 안정적이라는 사실을 설명하는 모델을 개발하였다. 그런데 이 모델은 슈티글러에 의해서 맹렬하게 공격을 받았다. 즉, 슈티글러는 스위지가 주장하는 과점기업내의 시장가격이 다른 시장구조내의 시장가격보다 더 안정적이라는 관찰은 실증적 연구와는 맞지가 않아서 틀렸다고 주장하는 것이다.

제6부

생산요소시장

제14장

완전경쟁하의 생산요소시장

시장경제에 있어서 소득의 분배는 생산요소의 수요와 공급의 작용에 의하여 발생된 결과이다. 그러한 소득의 분배는 생산요소의 가격에 따라 변화하기도 하고 각종 생산요소의 소유자들의 분포에 따라서도 변한다. 어떻게 소득이 분배되었는가를 설명하기 위하여 경제학자들은 소득의 기능적인 분배와 소득의 개인적인 분배와의 차이점에 대하여 설명한다. 소득의 기능적 분배란 4가지 생산요소인 토지와 노동, 자본, 경영 기술에 대한 소득의 배분에 관한 것이다. 소득의 개인적 분배란 개인들이나 가족들 사이에서 이루어지는 소득의 배분에 관한 것이다.

14.1 생산요소시장과 한계생산성

한계생산성 이론은 클라크(John Bates Clark)가 집필한 "부의 분배"(The Distribution of Wealth)라는 책에서 처음으로 소개 되었다. 실제로 한계생산성에 대한 개념들은 그 이전에도 많은 경제학자들에 의하여 거론되어 왔었다. 그러나 분명하고도 조직적인 방법에 의하여 책으로 소개한 것은 클라크가 처음이라는 의미이다.

14.1.1 생산요소의 공급

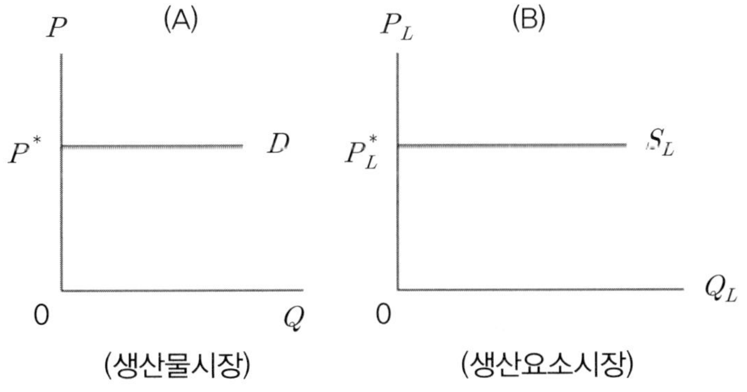

[Fig. 14-1] 완전경쟁하의 생산물시장과 생산요소시장

위의 그래프에서 그림(A)는 우리가 이미 논의 했던 완전경쟁 하에서의 생산물시장(product market)을 나타내고 있다. P^*는 시장에서 정해진 균형가격이므로 다수의 공급자들이나 수요자들은 P^*를 그대로 받아 들여야 하는 가격수용자(price-taker)들이었다. 왜냐하면 그들은 모두 시장에 어떠한 영향을 행사할 수 있는 힘(market power)이 없기 때문이다. 수요자는 P^*의 가격에서 얼

마든지 자기가 원하는 양만큼을 살 수가 있다. 따라서 공급자의 입장에서 보면 D선은 공급자가 직면한 수요곡선으로서 공급자는 P^*의 가격에서만 얼마든지 공급할 수가 있다. 따라서 D선은 공급자가 직면한 수요곡선인 동시에 공급자의 생산물 공급곡선이다. 우리는 생산요소 중에서 노동을 대표적인 예로 들 것이다. 그림(B)에는 수많은 노동의 공급자(개인들)들과 수많은 노동의 수요자(기업들)들 사이의 노동시장에서 정해진 노동의 균형가격(P_L^*: 시장균형임금)이 나타나 있다. 즉 노동의 수요자(기업)들은 P_L^*의 임금수준에서만 얼마든지 노동을 수요할 수가 있다. 따라서 S_L선은 노동자들이 직면한 수요곡선이다. 또한 노동자들은 P_L^*의 가격으로만 얼마든지 노동을 공급할 수가 있다. 따라서 그림(B)의 S_L선은 완전경쟁시장 하에서 노동(생산요소)의 공급곡선이기도 하다.

14.1.2 생산요소의 수요

생산요소에 대한 수요는 생산물에 대한 수요와는 다른 세 가지의 특성을 가지고 있다. 첫째, 생산요소에 대한 수요는 파생적 수요(derived demand)라는 점이다. 한 기업의 노동에 대한 수요는 소비자들이 요구하는 생산물을 생산하는 데에 노동이 투입되기 때문에 발생한다. 따라서 노동에 대한 수요는 노동이 생산하는 생산물들에 대한 수요로부터 파생한다. 둘째, 생산요소들에 대한 수요는 그 수요가 상호의존적이라 것이다. 즉 노동에 대한 수요량은 기업이 생산에 함께 투입하려고 하는 다른 생산요소들의 양에 의존한다는 것이다. 즉, 기업이 수요하는 노동의 양은 노동과 함께 투입되는 자본이나 토지의 양에 따라 달라질 수 있다는 것이다. 셋째, 생산요소에 대한 수요는 어느 정도는 기술적인 결정요인에 의존한다는 것이다. 즉 생산요소에 대한 수요는 생산의 기술수준이나 생산과정의 기술적 보급 등에 의하여 달라질 수 있다는 것이다. 생산물에 대한 생산함수는 어느 주어진 기술수준과 주어진 다른 생산요소들의 양 아래에서 어떤 특정량의 생산물을 생산하는 데에 얼마만큼의 특정한 생산요소가 필요한지를 나타내고 있기 때문이다.

우리가 노동시장에 대한 수요이론을 전개하기 위하여서는 우선 한 기업이 서로 다른 임금률(wage rate)에서 얼마만큼의 노동을 고용하려고 하는지에 대하여 알아야 할 것이다. 그런 후에 개인 기업들의 노동에 대한 각 수요곡선을 기하학상 수평적으로 합계를 하면 그것이 노동에 대한 시장의 수요곡선이 될 것이다. 완전경쟁시장을 가정하고 있는 만큼 한 기업은 생산물시장에서 생산물에 대한 가격이나 노동시장(생산요소시장)에 있어서의 임금률에 어떤 영향을 미칠 수는 없다. 우리가 이전에 생산함수에 대하여 논의 할 때에 한계생산물 체감의 원리에 대하여 설명한 바가 있다. 즉 다른 여타의 조건이 변하지 않는 한 (ceteris paribus) 노동의 투입량이 증가함에 따라서 총생산물의 증가는 처음에는 증가율로 증가하다가 종국에 가서는 감소율로 증가한다는 내용이었다. 이 원리에 따라서 작성된 아래의 표를 보고 논의해 보자.

〈표 14-1〉 완전경쟁시장(생산물)하의 기업의 노동수요

노동 투입량	총생산물	한계 생산물	생산물 가격	총수입	한계생산 물가치	한계수입 생산물
(Q_L)	(TP_L)	(MP_L)	(P)	(TR)	(VMP_L)	(MRP_L)
1	10	10	2원	20원	20원	20원
2	18	8	2원	36원	16원	16원
3	24	6	2원	48원	12원	12원
4	28	4	2원	56원	8원	8원
5	30	2	2원	60원	4원	4원

위의 〈표 14-1〉에서 노동의 투입량(Q_L)이나 총생산물(TP_L), 한계생산물(MP_L), 생산물가격(P), 총수입(TR) 등은 우리가 이미 논의하였던 개념들이다. 위의 〈표 14-1〉은 완전경쟁의 생산물시장이므로 $P = MR$(Marginal Revenue : 한계수입)의 관계가 설립됨은 주지의 사실이다. 또한 한계수입도 총수입(TR)들의 차감수치임은 이미 논의한 바가 있다. 새로운 개념의 용어들인 VMP_L (Value of Marginal Product of Labor : 노동의 한계생산물 가치)과 MRP_L (Marginal Revenue Product of Labor: 노동의 한계수입생산물)은 다음과 같이 정의된다.

$$VMP_L = P \times MP_L \qquad P\text{: 생산물 가격}$$

$$MRP_L = \frac{\Delta TR}{\Delta L} = \frac{\Delta Q}{\Delta L} \cdot \frac{\Delta TR}{\Delta Q} = MR \times MP_L$$

〈표 14-1〉은 완전경쟁의 생산물시장을 가정하고 있으므로

$P = MR$ 이다.

따라서

$VMP_L = MRP_L$이다.

즉, 마지막으로 추가된 노동의 한 단위가 생산해 내는 한계생산물의 화폐적 가치(VMP_L)가 마지막으로 추가된 노동의 한 단위가 기업의 총수입에 추가하는 화폐적 가치(MRP_L)와 같은 것이다. 위의 〈표 14-1〉은 주어진 기술수준 하에서 작성된 표이다.

여기서 $MRP_L(= VMP_L)$은 한 기업의 노동에 대한 수요곡선이다. 왜냐하면 한 기업의 노동을 고용하는 조건은 아래와 같기 때문이다.

$MRP_L = VMP_L = P \times MP_L \geq W \qquad W$: 명목 임금율

위의 결과를 그래프로 나타내면 아래와 같다.

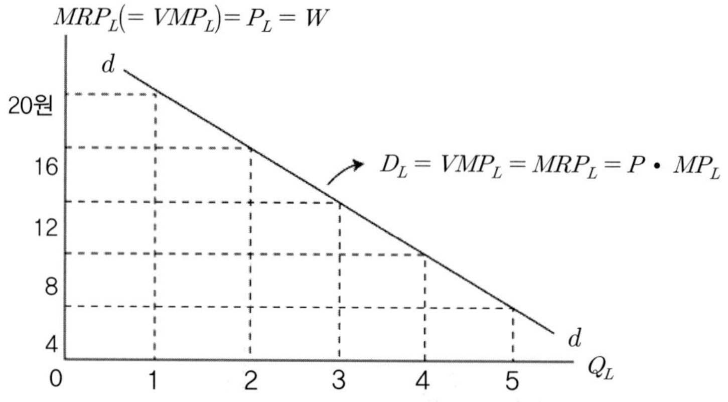

[Fig. 14-2] 완전경쟁의 생산물시장하에서 한 기업의 노동에 대한 수요곡선

[Fig. 14-2]에는 생산물시장이 완전경쟁 하에 있을 때 한 기업의 노동에 대한 수요곡선을 나타내고 있다. 따라서 MRP_L 축은 노동의 명목임금율($P_L = W$)을 나타내고 있으며 $(d-d)$선은 한 기업의 노동에 대한 수요곡선을 나타내고 있다. 즉, MRP_L(또는 명목임금율인 P_L)이 12원이면 이 기업은 노동을 3단위까지는 고용할 의사와 능력이 있음을 나타내고 MRP_L이 8원이면 노동을 4단위까지는 수요하려 할 것이다. 이러한 이유는 이전의 식에서 기업이 노동을 고용

하려는 조건이 아래와 같기 때문이다.

$$P \times MP_L \geq W \qquad W: \text{명목임금율}$$

위의 관계는 아래와도 같다.

$$MP_L \geq \frac{W}{P} \qquad \frac{W}{P}: \text{실질임금율}$$

따라서 위의 [Fig. 14-2]에서 종축(MRP_L축)이 실질임금율($\frac{W}{P}$)을 나타낸다면 노동의 수요곡선인 D_L은 노동의 한계생산물(MP_L)곡선이 될 것이다.

[Fig. 14-2]에서 보는 것과 같은 수많은 기업들의 노동에 대한 수요곡선을 기하학상 수평적으로 합계를 하면 그것이 다름 아닌 노동시장에 있어서 기업들의 노동에 대한 시장수요곡선이 될 것이다.

우리는 본장을 시작할 때에 완전경쟁하의 생산요소시장을 가정하였다. 즉 완전경쟁 생산물시장내에 있는 한 기업이 완전경쟁하의 요소시장에서 노동(생산요소)을 구입하는 것을 가정하였다. 즉 완전경쟁하의 요소시장에서 요소의 균형가격(우리의 이전 예는 균형임금율인 P_L*)이 정해지면 요소의 공급자들(개인들)은 이 주어진 균형요소가격에서 공급량을 얼마든지 공급할 수 있었다. 따라서 균형요소가격이 개인 공급자들(예를 들면 노동자들)의 공급곡선이었다. 그러나 요소의 균형가격이 상승하면 개인 공급자들은 더 높은 소득을 위하여, 예를 들면 레저를 반납하고, 더 많은 생산요소를 요소시장에 공급할 것이다. 따라서 일반적으로 개인의 생산요소 공급곡선은 우상향할 것이며 이러한 개인들의 우상향하는 공급곡선을 기하학상 수평적으로 합계한 것이 생산요소 시장에서의 시장공급곡선이 될 것이다.

따라서 완전경쟁 하에 있는 생산요소시장의 생산요소 균형가격은 위에서 설명한 생산요소의 시장수요곡선과 시장공급곡선에 의하여 결정될 것이며 이 결정에 대한 한 기업의 생산요소에 대한 수요량은 아래의 그래프와 같다.

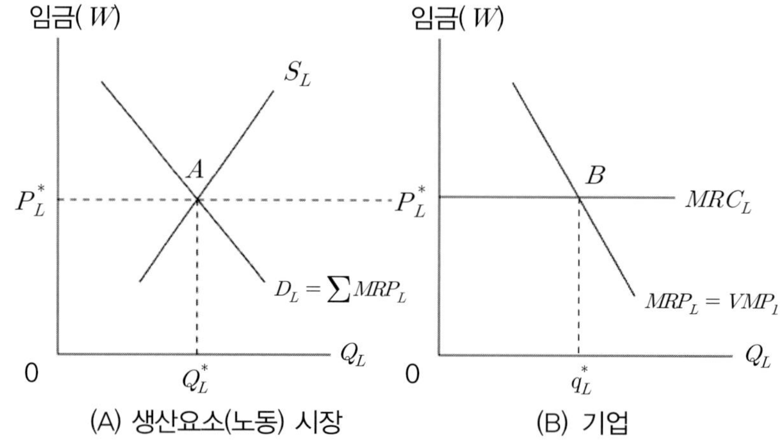

[Fig. 14-3] 완전경쟁(생산물)시장하의 완전경쟁 요소시장

[Fig. 14-3]에는 완전경쟁하의 생산요소시장과 그 시장 내에 있는 한 기업의 생산요소에 대한 수요와 공급의 계획선이 나타나 있다. 그림(A)에는 생산요소시장이 나타나 있는데 시장의 수요곡선(D_L)과 시장의 공급곡선(S_L)에 의하여 시장의 생산요소(노동)에 대한 균형가격(P_L*)이 결정되어진다. 시장의 수요곡선(D_L)은 생산요소시장 안에 있는 각 기업들의 생산요소에 대한 수요곡선($VMP_L = MRP_L$)들을 기하학상 수평적으로 합계($\sum MRP_L$)한 것이다. 생산요소시장의 균형가격 P_L*에 대한 생산요소시장의 총균형 거래량은 Q_L*이다. 생산요소 시장에서 정해진 균형가격 P_L*는 이 시장 내의 한 기업에 대하여는 이 기업이 받아 들여야 하는 노동자들이 공급하는 공급곡선이다. 따라서 이 생산요소 시장 내의 한 기업은 요소의 공급곡선인 P_L*와 그 기업의 수요곡선인 MRP_L이 만나는 그림(B)의 B점에서 q_L^*만큼의 생산요소를 수요하게 될 것이다. P_L*는 이 기업이 생산요소 한 단위당 지불해야 되는 비용이므로 한계비용(MC)이 된다. 이 비용은 생산요소에 들어가는 비용이므로 혹자는 MRC(Marginal Resource Cost: 한계요소비용)라고 부르기도 하고 또는 MFC(Marginal Factor Cost)라고 부르기도 하나 일상의 MC(Marginal Cost)와는 차이가 없다 하겠다. 우리의 〈표 14-1〉에서 보면 만약에 시장의 임금율이 단위당 8원일 경우에는 기업은 4단위의 노동을 고용할 것이고 임금율이 단위당 4원으로 떨어지면 5단위의 노동을 고용할 것이다. [Fig. 14-3]에서 그림(B)의 MRC_L은 다름 아닌 기업이 직면한 공급곡선으로서 이윤을 극대화 하려는 기업의 균형조건인 $MRP_L = MRC_L$이 B점에서 나타나고 있다. 또한 [Fig. 14-3]에서 결정된 P_L*(균형임금

율)는 기업에게는 임금으로 지출되는 비용이 되지만 노동자에게는 소득이라는 중요한 의미를 갖는다. [Fig. 14-3]에서 또 하나의 중요한 사항은 그림(B)에서 $VMP_L(=MRP_L)$이 우하향하고 있다는 사실인데 이것은 한계생산물체감의 법칙(The Low of Diminishing Marginal Product) 때문에 일어난다는 사실이다.

14.2 가변생산요소가 다수일 때에 생산요소의 수요곡선

우리는 지금까지 생산요소가 하나(노동)일 경우에 대해서만 기업과 시장에 대한 생산요소의 수요곡선을 분석하였다. 그러나 노동만이 가변생산요소가 아니고 노동과 더불어 자본이나 토지도 함께 생산에 투입될 수도 있다. 이럴 경우의 생산요소의 수요곡선은 이전과는 다른 움직임을 나타낸다. 〈표 14-1〉과 [Fig. 14-2]로 돌아가서 예를 들어보자.

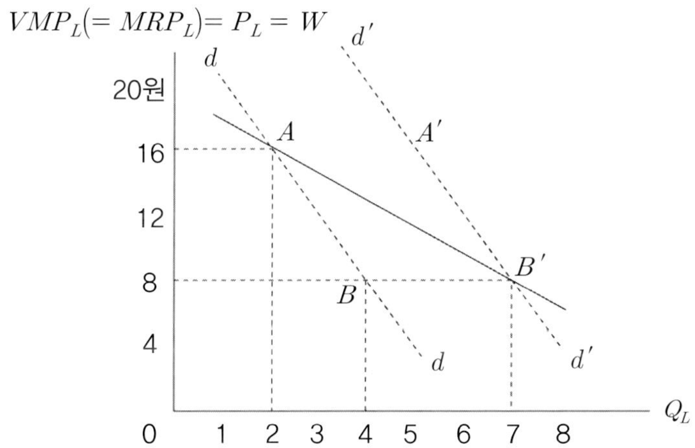

[Fig. 14-4] 가변생산요소가 다수일때 생산요소의 수요곡선

[Fig. 14-4]는 [Fig. 14-2]를 기본으로 하여서 그려진 그래프이다. [Fig. 14-4]에서 임금이 16원일 때 노동수용량은 2단위로서 수요점은 A점이다. 그런데 만약 이 기업이 노동과 더불어 자본을 가변생산요소로 사용한다면 노동의 임금이 8원으로 하락할 경우에 노동의 수요량은 B점으로 이동하지 않는다. 만약에 이전처럼 자본을 사용해도 사용량이 고정되어 있다면 이전의 노동의 수요곡선을 따라서 B점으로 이동할 것이다. 그러나 자본이 가변생산요소로서 노동과 함께 생산에 투입된다면 ($dd=VMP_L$)선은 더 이상 이 기업의 노동에 대한 수요곡선이 될 수가 없음은

자명한 일이다. 노동의 임금이 16원에서 8원으로 하락하면 이 기업의 입장에서는 생산비 부담이 감소하기 때문에 생산요소 중에서 노동을 더 사용하든지 또는 자본을 더 사용하든지 아니면 노동과 자본을 함께 더 사용하든지 하여 생산량을 증대시킬 수 있을 것이다. 만약에 노동사용량과 자본사용량을 함께 증가시키거나 또는 자본의 사용량만을 증가시키나 또는 노동의 사용량만을 증가시키건 간에 노동의 생산성(MP_L)은 증가할 것이다. 따라서 VMP_L도 증가할 것이다. 왜냐하면 자본설비가 많아지면 노동의 생산성(MP_L)이 증가하기도 하고 또한 투입되는 노동의 양이 증가하여도 노동의 생산성이 늘어날 수 있기 때문이다. 이러한 결과는 원래의 주어진 노동의 수요곡선($dd= VMP_L$)을 $d'd'$로 우상향 이동(shift)시키게 된다. 그 결과 노동의 임금이 16원에서 8원으로 하락하면 노동의 수요량은 4단위가 아니라 7단위로 증가하며 새로운 노동의 수요점은 B'가 된다. 따라서 다수의 가변생산요소가 투입되는 기업의 노동에 대한 수요곡선은 AB'선이 될 것이다.

이와 같이 다수의 가변생산요소를 사용하는 기업의 노동에 대한 수요곡선(AB')은 가변생산요소를 하나만 사용하는 기업의 노동에 대한 수요곡선(AB)과 같이 우하향하지만 기울기가 완만하기 때문에 더 탄력적이다. 따라서 다수의 가변생산요소를 사용하는 기업들의 노동에 대한 시장수요곡선은 가변생산요소를 하나만 사용하는 기업들의 노동에 대한 시장수요곡선보다도 기울기가 더 완만할 것이다.

우리는 가변적 생산요소가 둘일 때에 노동의 임금이 하락하면 노동의 사용량과 자본의 사용량이 증가한다고 설명한 바가 있는데 이러한 결과는 아래와 같이 분석할 수가 있다.

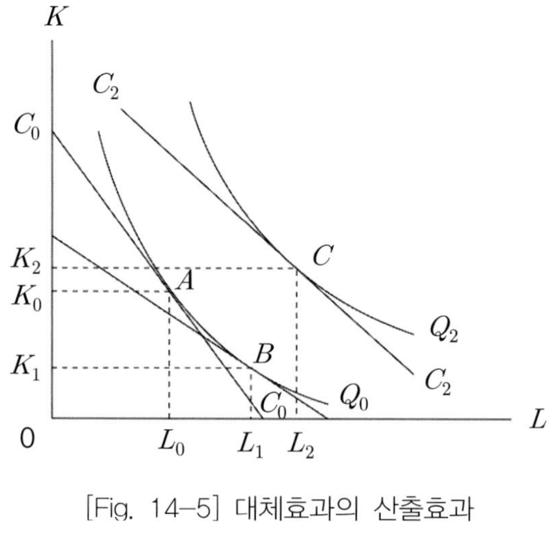

[Fig. 14–5] 대체효과와 산출효과

[Fig. 14-5]에서 최초의 주어진 임금 하에서 그려진 등생산비(iso-cost)곡선은 $(C_0 - C_0)$이고 등량생산(isoquant)곡선은 Q_0로 주어져 있다. 따라서 최초의 생산자균형점은 A점으로서 사용된 노동량은 L_0이고 사용된 자본량은 K_0이었다. 만약에 노동의 임금이 하락하면 새로운 등생산비곡선은 $(C_2 - C_2)$이고 새로운 등량생산곡선은 Q_2로서 새로운 생산자균형점은 C점으로 이동할 것이다. C점에서의 자본의 수요량은 K_2이고 노동의 수요량은 L_2가 될 것이다. 즉, 노동의 사용량은 L_0에서 L_2로 증가하였다. [Fig. 14-5]에서 A점과 B점은 동일한 생산비 수준을 나타내는 점이며 또한 동일한 생산량 Q_o의 수준을 나타낸다. 따라서 이때의 노동의 수요량이 L_0에서 L_1으로 증가한 것은 생산량이 변하지 않아도 노동이 자본에 비해 상대적으로 싸졌기 때문에 자본을 노동으로 대체한 대체효과(substitution) 때문이다. 생산점이 B점에서 C점으로 이동하면서 노동의 수요량은 L_1에서 L_2로 증가하였는데 이것은 생산량이 Q_0에서 Q_2로 증가했기 때문에 노동을 더 사용하게 된 것인데 이와 같은 노동의 증가분은 산출효과(output effect)때문인 것이다. 이와 같이 노동에 대한 임금의 하락은 대체효과와 산출효과로 나눌 수 있다.

14.3 생산요소의 수요탄력성

생산요소의 가격이 상대적으로 변화할 때에 생산요소의 수요량이 상대적으로 얼마만큼이나 민감하게 변화하느냐를 나타내는 것이 생산요소 수요량의 생산요소 가격에 대한 탄력성(간단히 요소수요의 가격탄력성)이다. 요소수요의 가격탄력성은 여러 가지 원인에 의하여 영향을 받게 된다.

첫째, 어떤 생산요소이든 요소수요의 가격탄력성은 그 생산요소를 대체할 수 있는 다른 생산요소들의 수가 많으면 많을수록 가격탄력성은 높아지고 또한 다른 생산요소들의 대체성이 높으면 높을수록 가격의 탄력성은 높아진다. 요소수요의 가격탄력성이 높다는 것은 생산요소의 수요곡선이 보다 완만하게 우하향한다는 뜻이다.

둘째, 생산요소의 수요는 그 생산요소를 필요로 하는 생산품의 수요에 의해서 파생되는 파생수요이다. 따라서 어떤 생산요소를 투입하여 생산된 생산품의 수요곡선이 탄력적이면 탄력적일수록 생산요소의 수요곡선도 더 탄력적이다. 즉 생산품의 일정한 상대적 가격변화에 대하여 생산품의 상대적인 수요량의 변화가 커지면 커질수록 생산요소의 상대적인 수요량의 변화도 더 커지게 마련이다.

셋째, 서로 대체관계에 있는 두 생산요소 중에서 한 생산요소의 공급곡선이 더 탄력적이면 탄력적일수록 다른 생산요소의 수요곡선은 더 탄력적이다. 예를 들어서 석유와 등유는 동력 원료로서 서로 대체성이 있는 생산요소들이다. 만일에 석유의 가격이 하락하면 등유를 원료로 사용하던 기업들은 상대적으로 가격이 싸진 석유를 등유대신에 대체품으로 사용하려 할 것이다. 따라서 등유의 수요는 감소할 것이다. 그러나 아래의 [Fig. 14-6]에서 보듯이 등유의 공급곡선이 등유시장에서 매우 탄력적이라면 등유의 수요 감소에 따른 등유가격의 하락은 미미할 것이다. 이와 같은 등유시장의 현상은 석유에 대한 수요를 상대적으로 더 많이 증가하게 할 것이다. 따라서 석유의 가격하락에 따른 석유의 수요를 더욱 증가시켜서 석유의 수요탄력성은 더욱 증가할 것이다.

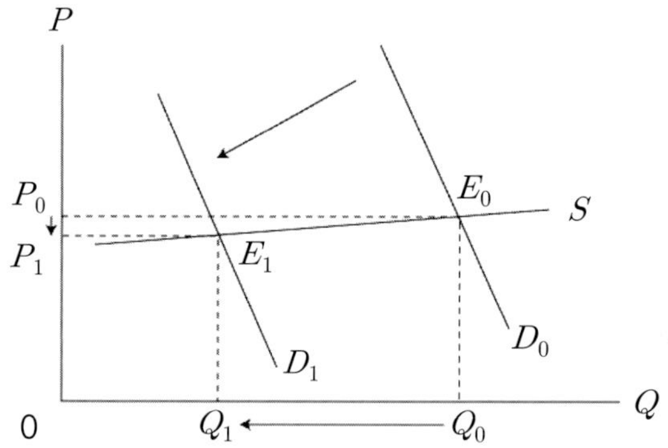

[Fig. 14-6] 등유시장의 수요와 공급곡선

[Fig. 14-6]에 등유시장의 수요곡선들(D_0 & D_1)과 공급곡선(S)이 나타나 있다. E_0점은 등유시장에 있어서 최초의 균형점이며 E_1점은 석유의 가격이 하락한 이후의 균형점이다.

넷째, 생산자의 총생산비(TC) 중에서 차지하는 한 생산요소의 비중이 작으면 작을수록 그 생산요소의 수요에 대한 가격탄력성은 작다. 왜냐하면 그 생산요소의 가격이 상승한다 할지라도 그 생산요소에 들어가는 생산비가 총생산비에서 차지하는 비중이 작기 때문에 생산자는 그 생산요소를 절약하려고 하지 않을 것이기 때문이다.

다섯째, 기간에 있어서 단기보다는 장기에 있어서 요소수요의 가격탄력성은 더 커진다. 똑같은 상대적인 가격의 변화(가격의 증가)에 대하여도 단기적으로는 수요량의 변화를 이루기는 어려워도 장기적으로는 가능성이 높아지기 때문이다. 예컨대 노동의 임금이 급격히 상승한다고 해도 단기적으로 노동의 양을 줄이고 기계나 설비 등의 자본의 양을 증가시키기는 어려운 일이다. 그러나 장기에 있어서는 생산시설의 규모나 설비 등을 늘릴 가능성이 높아져서 노동을 자본 등으로 교체해 나갈 수 있는 기회가 늘어난다. 이것은 생산물 시장에 있어서 기간이 탄력성에 미치는 영향과 비슷하다. 즉 장기의 탄력성은 단기의 탄력성보다 더 탄력적이라는 원리이다. 마찬가지로 생산요소 시장의 수요곡선도 장기에 있어서가 단기에 있어서 보다도 더 탄력적이다.

14.4 노동의 공급곡선

생산요소를 공급하는 주체는 개인 소비자들이다. 어떠한 생산요소를 공급하든 공급자는 개개의 개인들이다. 우리는 한 개인이 공급하는 생산요소 중에서 노동의 경우에 대하여 살펴보고자 한다.

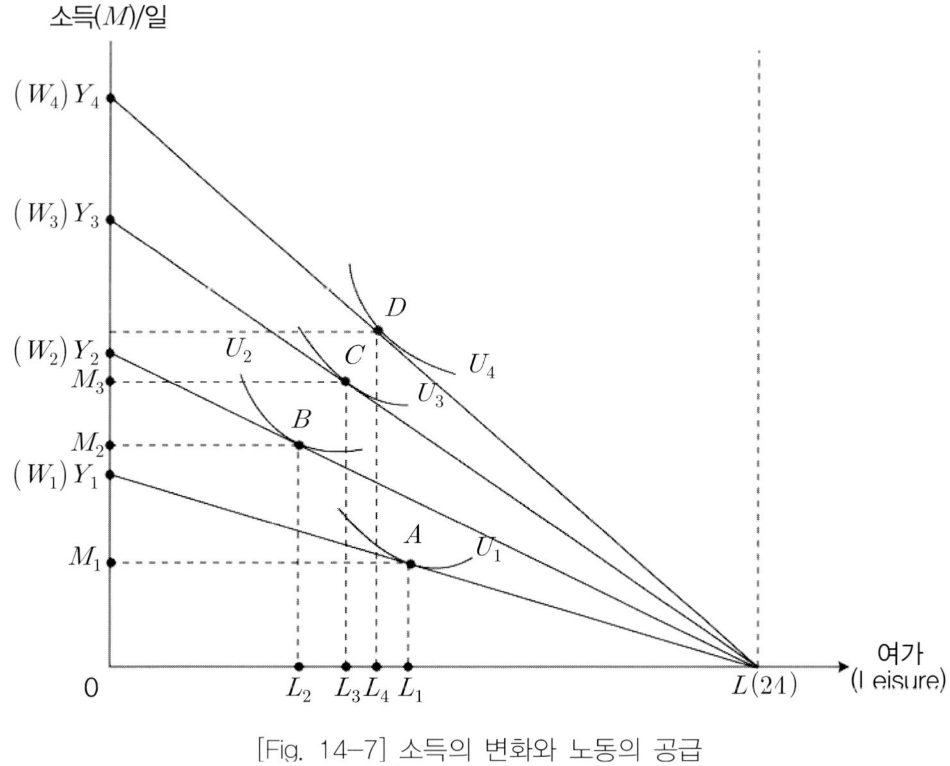

[Fig. 14-7] 소득의 변화와 노동의 공급

[Fig. 14-7]에는 소득의 변화와 노동의 공급과의 관계가 나타나 있다. 종축에는 어느 한 개인이 하루에 벌수 있는 소득의 양이 Y로 표시되어 있다. 시간당 임금율이 W_1에서 W_4로 점점 상승함에 따라 소득의 크기도 Y_1에서 Y_4로 증가하고 있음을 나타낸다. 횡축은 오른쪽으로 갈수록 여가시간이 늘어나는 것을 나타내고 따라서 왼쪽으로 갈수록 노동시간이 늘어나는 것을 나타낸다. 또한 하루가 24시간임을 나타내고도 있다. U_1부터 U_4까지는 이 개인의 효용수준을 나타내는 무차별곡선들이다. 물론 상위의 무차별곡선은 더 큰 만족감(효용)을 타나낸다. 따라서 $(Y_1 - L)$부터 $(Y_4 - L)$까지는 각 소득수준에 따른 이 개인의 예산선이다. 즉 이 개인은 시간당 임금율이 W_1일 때에 24시간 동안 내내 여가를 즐긴다면 이 개인의 소득은 0(zero)이 될 것이고 이 개인의 선택한 점은 L점이 될 것이다. 그러나 이 개인이 시간당 임금율이 W_1일 때에 24시간 노동을 한다면 이 개인의 하루 소득은 Y_1이 될 것이다. 만약에 시간당 임금율이 W_1에서 W_2로 상승할 때에 이 개인이 24시간을 노동을 한다면 이 개인의 하루 소득은 Y_2가 될 것이다. A, B, C, D점은 예산선과 무차별곡선의 접점으로서 이 개인에게 주어진 각 소득수준에서 가장 큰 효용(만족감)을 주는 소비자균형점이다. 현실의 경험적인 조사결과는 소득과 여가와의 관계에 있어서 소비자균형점은 [Fig. 14-7]의 A점부터 D점까지와 같다고 한다. 즉, 처음에 임금율이 상승하여 소득이 늘어나면 개인들은 여가를 즐기는 시간을 줄이고 노동을 더 많이 공급하여 더 높은 소득을 얻으려고 노력한다(A점에서 B점으로) 그러나 소득수준이 어느 한계에 도달하면 이것보다 더 높은 소득수준에서는 정상재인 여가(L)를 더 택하려고 한다는 것이다(B점 이후부터 C점 & D점). 따라서 균형점 B이후부터는 개인의 노동공급량은 점점 감소하게 된다(여가는 L_2에서 L_3 & L_4로 늘어난다). 이와 같은 현상도 대체효과와 소득효과로 설명될 수가 있는데 보통 사람들은 일단 임금율이 인상이 되면 더 높은 수준의 소득을 위하여 여가를 포기하고 노동하는 시간을 늘린다. 즉 여가시간을 노동시간으로 대체하는 효과가 나타나는데 이것을 임금율 인상으로 인한 대체효과라 한다. 따라서 대체효과는 임금율이 증가하면 노동의 공급량도 증가하는 방향으로 나타난다. 이의 역도 성립한다. 이와는 반대로 소득효과란 임금율이 증가하면 개인의 소득도 증가하게 되는데 이때에 개인들은 증가된 소득 때문에 정상재인 여가를 이전보다 더 많이 즐기려고 한다는 것이다. 따라서 이 결과 노동의 공급량은 줄어들게 된다. 이와 같이 소득효과는 임금율이 증가하면 노동의 공급량은 감소하는 방향으로 나타난다. 임금율이 증가할 때에는 위에서 설명한 대체효과와 소득효과가 동시에 나타나는데 만약에 대체효과가 소득효과보다 클 경

우에는 노동의 공급량은 증가하면서 개인의 노동공급곡선은 우상향하는 기울기를 갖는 것이고 만약에 소득효과가 대체효과보다 클 경우에는 노동의 공급량은 감소하면서 개인의 노동공급곡선은 좌상향하는 기울기를 가질 것이다. 따라서 위의 설명내용과 [Fig. 14-7]의 그래프로부터 우리는 아래 같은 개인의 노동공급곡선을 도출할 수 있다.

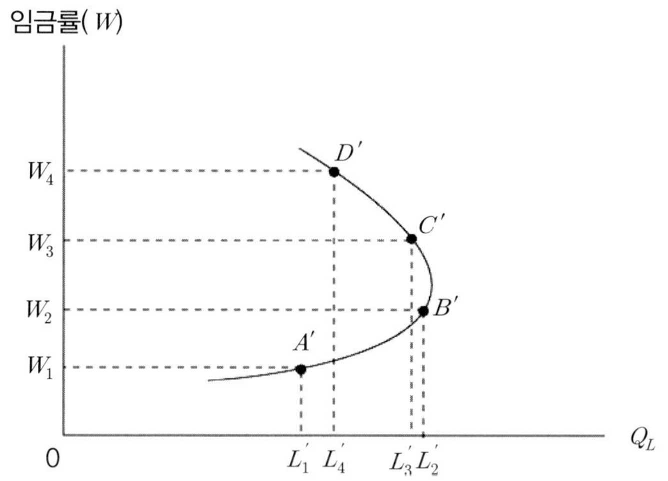

[Fig. 14-8] 개인의 노동공급곡선

[Fig. 14-8]에서 W_1부터 W_4까지는 노동자의 시간당 임금율이며 Q_L은 하루의 노동공급시간이다. $(A' \sim D')$과 $(L_1' \sim L_4')$은 [Fig. 14-7]의 $(A \sim D)$와 $(L_1 \sim 4_4)$의 대응점들이다. 우리가 이미 대체효과와 소득효과로 논의하였듯이 개인의 노동공급곡선은 뒤로 휘어지는 후방굴절형 공급곡선(backward bending labor supply curve)이다.

노동시장은 수많은 개인노동자들로 구성되어 있다. 그러므로 시장의 노동공급곡선은 개인노동자의 공급곡선을 기하학상 수평적으로 합계한 것이다. 일반적으로 노동의 시장공급곡선은 우상향하는 기울기를 갖는다. 그러나 임금율이 아주 높아지면 좌상향하는 후방굴절형의 공급곡선이 될 수도 있다.

14.5 경제적 지대(Economic Rent)와 준지대(Quasi-Rent)

우리가 보통 상식적으로 알고 있는 지대란 임대료와 같이 전통적으로 토지를 이용하는 대가로 이해하고 있다. 그러나 경제학자들이 논의하는 지대는 이와는 의미가 사뭇 다르다. 사실 농업이 주된 산업이었던 시대의 고전파 경제학자들은 지대가 결정되는 원리를 밝히는 것이 주된 연구 중의 하나였다. 이러한 지대에 대하여 최초로 이론적 기본을 확립한 경제학자는 리카르도(David Ricardo)로서 그의 차액지대론이 지대에 대한 최초의 체계적 설명이었다. 그 이후에 지대란 토지와 같이 공급량이 고정된 생산요소에 지불되는 비용으로 간주되어 왔다. 그러나 생산요소 중에는 토지만큼은 아니지만 상대적으로 공급이 비교적 비탄력적인 것도 있기 때문에 지대의 개념은 이러한 생산요소들의 공급탄력성에 비추어 다른 생산요소에게도 적용될 수 있다고 생각하게 되었다. 경제적 지대란 바로 이러한 의미에서 지대를 일반화한 것이다.

14.5.1 경제적 지대

경제적 지대란 어떤 생산요소를 현재의 용도에 사용하기 위해서 지불해야 하는 최소한의 비용과 실제로 지불하는 비용과의 차이를 경제적 지대라고 한다.

그러면 전통적으로 많이 논의되어온 토지에 대해서 먼저 알아보자.

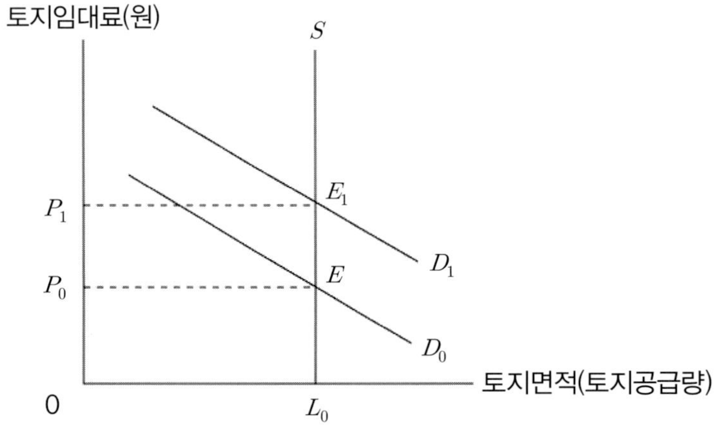

[Fig. 14-9] 경제적 지대(토지)

[Fig. 14-9]에서는 토지의 공급량은 L_0로 고정되어 있기 때문에 토지의 공

급곡선은 수직선(S)이다. 이때에 이 토지에 대한 수요곡선이 D_0이면 균형점은 E가 되고 임대료는 P_0가 될 것이다. 따라서 토지 소유자에게 지불되는 비용은 사각형 $0P_0EL_0$이다.

그런데 이 경우에 토지 소유자는 토지 임대료가 0원이 되어도 L_0의 토지를 그대로 공급하게 된다. 따라서 이 경우에 L_0의 토지를 공급하는데 필요한 최소한의 비용은 0원이다. 즉, L_0의 토지를 임대하지 않을 경우에 이 토지에 지불해야 하는 최소한의 비용은 0원인 것이다. 그러므로 사각형 $0P_0EL_0$가 이 경우의 경제적 지대가 되는 것이다. 만약 이 토지에 대한 수요가 증가되어 수요곡선이 D_0에서 D_1으로 이동하게 되면 토지 임대료는 P_0에서 P_1으로 상승하게 되는데 이때의 경제적 지대는 사각형 $0P_1E_1L_0$로 증가하게 된다. 따라서 위의 경우와 같이 공급량이 고정되어 있어서 공급곡선이 수직선이면 경제적 지대의 크기는 수요곡선의 위치에 따라 달라진다 하겠다.

다음으로는 노동(생산요소)의 경제적 지대에 대하여 논의해 보자.

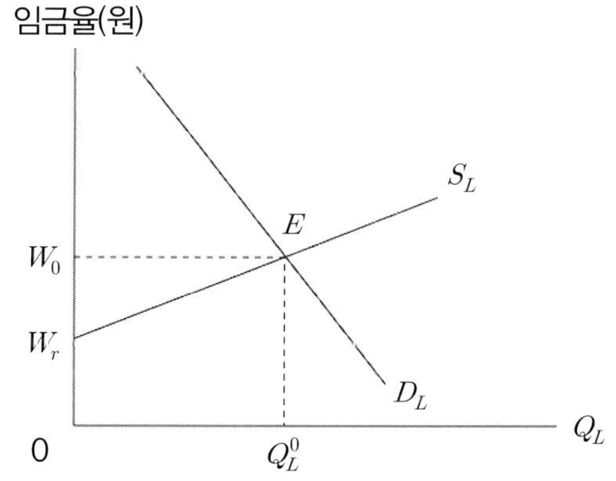

[Fig. 14-10] 노동의 경제적 지대

[Fig. 14-10]에는 노동시장에 있어서 노동의 공급곡선(S_L)과 노동의 수요곡선($D_L = \sum MRP_L$)이 나타나 있다. Q_L은 노동의 양을 나타내고 W_r은 노동의 유보임금율을 나타내는데 이것은 노동자가 노동을 공급하도록 하기 위해서 지불해야 하는 최소한의 임금이다. 위의 노동시장에서의 균형점은 E점이고 균형임금율은 W_0이며 균형노동거래량은 Q_L^0이다. 위의 그래프에서 노동자에게 실제로 지불한 비용은 사각형 $0W_0EQ_L^o$이다. 한편 노동을 맨 처음에 1단위 공급

하려는 공급자는 W_r의 임금율에서도 공급을 하나 Q_L^0의 마지막 1단위를 공급하려는 공급자는 W_0의 임금율에서 노동을 공급하게 된다. 노동의 공급곡선이 우상향하는 한 추가적인 노동의 공급을 위해서는 점점 더 높은 임금을 노동자에게 지불해야 하는데 이것은 노동공급에 대한 기회비용이 증가한다는 것을 의미한다. 즉 경쟁적인 요소시장에서의 생산요소 가격은 마지막 1단위의 생산요소를 공급하는 사람의 기회비용을 반영하고 있다. 이와 같이 기회비용으로 나타낸 면적 $0W_rEQ_L^o$을 우리는 노동자들의 전용수입(transfer earning)이라고 하는데 이 전용수입은 다름 아닌 노동(생산요소)을 현재의 용도에 사용하기 위해서 노동에 기업들이 지불해야 하는 최소한의 비용이다. 따라서 삼각형 W_0EW_r이 다름 아닌 경제적 지대이다. 이러한 경제적 지대는 아래의 그래프에서 보는 바와 같이 노동의 공급곡선이 탄력적이면 탄력적 일수록 그 크기가 더 작아진다. 따라서 노동의 공급곡선이 완전탄력적이면 오직 기회비용만을 지불해 주면 되기 때문에 경제적 지대는 0(zero)이 된다.

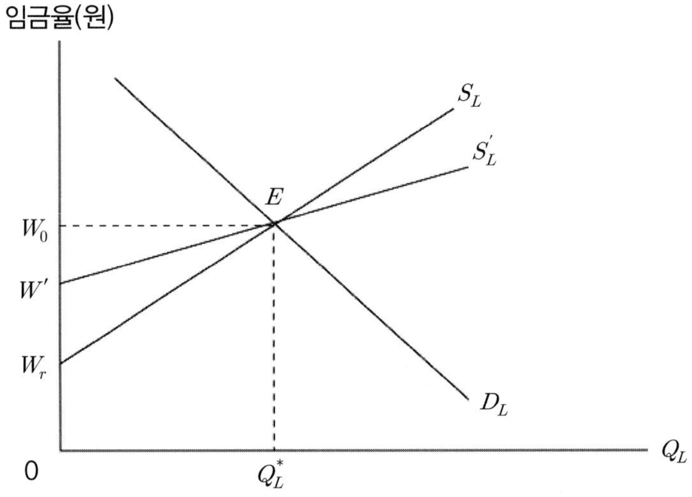

[Fig. 14-11] 탄력적인 노동의 공급곡선과 경제적 지대

[Fig. 14-11]에서 노동의 공급곡선이 S_L에서 S_L'로 탄력적으로 변하면 경제적 지대는 삼각형 W_0EW_r에서 삼각형 W_0EW'으로 그 크기가 줄었다. 생산요소 시장에서의 경제적 지대는 생산물 시장에서의 생산자 잉여와 같은 개념이다. 경제적 지대는 생산요소의 소유자가 생산요소의 공급비용을 초과해서 받아가는 금액이고 생산자잉여는 기업이 상품의 생산비를 초과해서 받아가는 금액이다.

14.5.2 준지대(Quasi-Rent)

단기적으로 고정생산요소에 지불되는 금액을 준지대라 한다. 즉, 단기에 적용되는 경제적 지대의 개념이다.

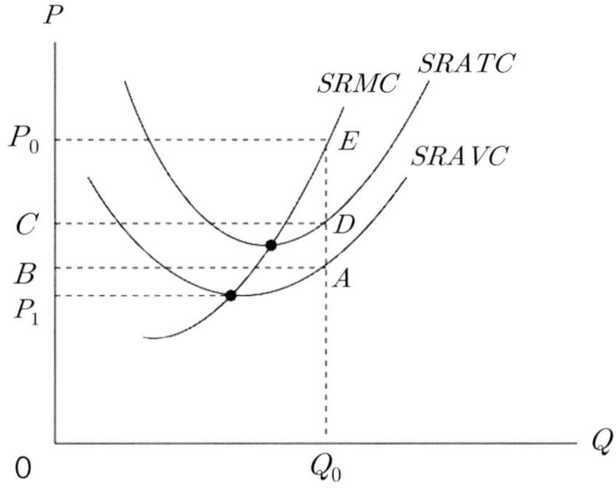

[Fig. 14-12] 준지대

[Fig. 14-12]에는 단기에 있어서 어느 한 기업의 생산비곡선들이 나타나 있다. 시장가격이 P_0로 주어졌다면 이 기업은 Q_0만큼 생산할 것이다. 이때에 경제적 이윤(economic profit)은 사각형 CP_0ED가 될 것이다. 총수입(TR)은 사각형 OP_0EQ_0가 될 것이며 총가변비용은 사각형 $0BAQ_0$이다. 따라서 이때의 준지대(quasi-rent)는 총수입에서 총가변비용을 차감한 사각형 BP_0EA이다. 즉 준지대는 단기에 있어서 고정되어 있는 생산요소(기계나 설비 등의 자본장비)가 벌어들이는 수입이다. 즉 단기적으로 고정생산요소에 소비자들이 지불하는 금액을 준지대라고 한다. 경제적 지대와 준지대는 총수입에서 어떤 요소에 지불되는 기회비용을 뺀 나머지 수입이라는 점에서는 같으나 경제적 지대란 생산요소 시장에서 어떤 생산요소에 돌아가는 총수입에서 기회비용을 뺀 나머지의 수입을 말하고 준지대는 단기적으로 한 기업의 총수입에서 가변요소에 대한 기회비용을 뺀 나머지 수입을 의미한다는 점에서 차이가 있다. 그러므로 경제적 지대란 생산요소 공급자의 수입의 일부인 반면에 준지대는 이 생산요소를 수요하는 기업의 수입의 일부로서 생산자 잉여에 관계된다는 점에서도 차이가 있다. 또한 경제적 지대는 앞에서 논의한 바와 같이 생산요소의 공급곡선의 탄력성과 밀접히 연관되어 있는 반면에 준지대는 생산물의 가격이나 기업의 생산

비와 밀접히 연관되어 있다. [Fig. 14-12]에서 생산물의 가격이 P_1으로 하락한다면 이 기업의 총수입과 총가변비용은 같게 되어 준지대는 0(zero)이 된다. 그런데 어느 기업도 생산물의 가격이 P_1이하이면 생산을 하지 않을 것이다. (P_1의 가격은 조업중단점의 가격임). 즉, 어느 기업도 준지대가 0이하로 내려갈 때까지 생산활동을 하지 않을 것이므로 일반적으로 준지대는 0보다 크다 할 것이다.

요약

1. 소득의 기능적인 분배는 소득이 4가지의 생산요소 즉, 노동이나 자본, 토지, 전문 경영 기술 등에 어떻게 배분되는지를 기술하며 소득의 개인적 분배는 소득이 개인이나 가정들 사이에서 어떻게 배분이 되는지를 말해준다.

2. 기업은 생산물시장에서는 공급자이나 생산요소시장에서는 수요자이다.

3. 생산요소의 수요는 파생적 수요이다. 생산요소의 수요는 기술수준과 더불어 함께 투입되는 다른 생산요소들의 양에 의하여도 결정이 된다.

4. 기업이 노동을 수요하는 것은 노동이 생산성이 있기 때문인데 기업의 한계수입생산물(MRP_L)곡선은 기업의 노동에 대한 수요곡선이다.

5. 완전경쟁적인 노동시장에 있어서 기업이 직면한 노동의 공급곡선은 완전탄력적인 노동의 공급곡선이다. 이때에 노동의 공급곡선이 완전탄력적이면 한계요소비용(MRC_L)곡선은 노동의 공급곡선과 동일하다.

6. 생산요소에 대한 수요의 탄력성은 첫째, 그 생산요소가 투입되어 생산되는 생산물의 수요의 가격탄력성이 크면 클수록 더욱 크다. 둘째, 그 생산요소가 투입되어 생산되는 생산물의 생산비 구조에 있어서 그 생산요소가 차지하는 중요도가 크면 클수록 더욱 크다. 셋째, 그 생산요소에 대한 대체재의 수가 많으면 많을수록 더욱 크다. 넷째, 그 생산요소의 한계생산물(MP) 곡선의 기울기가 완만하면 완만할수록 더욱 크다.

7. 토지는 공급량이 고정된 생산요소이다. 지대란 이 고정된 생산요소에 대한 보상(보수)이다. 경제적 지대란 이 생산요소가 주어진 생산물에 투입될 때에 필요로 하는 최소한도의 지불금액 이상의 금액을 말한다.

8. 기업은 이윤이 극대화되는 점에서 고용량을 정하는데 그 점은 $MRP = MRC$인 점이다. 모든 시장이 완전경쟁시장이면 $VMP = MRP$이고 $MRC = W$이기 때문에 생산요소의 이윤극대화 고용량은 $VMP = W$가 충족되는 점이다.

9. 생산요소시장의 수요곡선은 개별기업의 노동수요곡선을 수평적으로 합계하면 도출된다. 그러나 단순히 수평적으로 합계하는 것이 아니라 임금변화와 더불어 노동수요곡선이 이동하는 점을 고려하여 도출한다.

중요 용어

기능적 소득분배
개별적 소득분배
파생수요
상호수요
한계생산물가치(VMP)
한계수입생산물(MRP)
한계요소비용(MRC)
명목임금율
실질임금율
산출효과
후방굴절 공급곡선
경제적 지대(economic rent)
준지대(quasi-rent)
전용수입(transfer earning)

연습문제

1. 경제적 지대란 무엇이며 경제적 지대에 세금을 부과하면 어떤 결과가 발생하는지 설명하시오.

2. 회계사들의 수요는 매우 높은 편이며 따라서 그들의 임금수준은 상당히 높다. 회계사들의 수요도 파생수요인지 설명하고 왜 그들의 임금수준이 높은지 설명하시오.

3. 경제적 지대와 경제적 이윤의 차이점을 설명하시오.

4. 연봉 100억원을 받는 연예인들이나 전문 운동선수들의 소득 구성에 대하여 설명하시오.

5. 노동의 수요가 임금에 대하여 비탄력적 일수록 노동조합이 더 강력해지는 이유를 설명하시오.

6. 가변생산요소가 다수일 경우 한 가변생산요소의 수요곡선은 왜 이 가변생산요소의 VMP곡선과 일치하지 않는지 설명하시오.

7. 개별 기업의 생산요소에 대한 수요곡선을 수평적으로 합계하면 생산요소시장의 수요곡선이 도출되는지 설명하시오.

8. 어떤 생산요소에 대한 수요가 기업의 이윤극대화와 어떻게 연관되어 있는지 설명하시오.

9. 기업의 생산요소에 대한 수요가 기업의 이윤극대화와 어떻게 연관되어 있는지 설명하시오.

10. 생산요소에 대한 수요의 가격탄력성에 영향을 미치는 요인들에 대하여 설명하시오.

읽어보기 14-1

John Bates Clark(1847−1938)

John Bates Clark was the first U. S. born economist to achieve an international reputation as an economic theorist. He was a reformer and an acitivist who helped from the American Economic Association, later becoming its third president.

Clark was born and raised in Providence, Rhode island. He gave up the idea of divinity school and instead studied economics from 1872 to 1875 at the University of Heidelberg and the University of Zurich.

Upon his return to the United States, Clark taught political economy at Carleton College and then moved to smith College, Amherst, Johns Hopkins, and finally to Columbia, where he taught political science from 1985 to 1923. After 1911, he become very active in pacifist causes and was the first director of the Carnegie Endowment for International Peace.

Clark's interests in economic theory reflect the times in which he lived. The American Industrial Revolution caused Clark to examine problems of production and distribution. Clark overcame his normative reformist tendencies and instead concentrated on developing a positive theory based on the competiton of rational, self−interested people, as illustrated in his book The Distribution of Wealth (1899). This was a radical change from Clark's earlier work, The Philosophy of Wealth (1887), in which he attacked the "hedonistic" assumptions of the classical economists. His influence on later economists in large part due to the analytical tools he developed. John Bates Clark's status in the U. S. economics profession is recognized in the awarding of a John Bates Clark Prize by the American Economics Association. Every two years this prize is awarded to an economist under the age of 40 who has made a significant contribution to economic theory. The list of winners reads like a Who's Who of the U. S. economics profession.

(자료 : Principle of Economics, Amacher·Ulbrich, South−Western Publishing Co. 3rd Ed. 1986)

14-1 요약해설

클라크(John Bates Clark)는 경제이론가로서 국제적 명성을 얻은 경제학자 중에서는 최초로 미국 땅에서 태어난 사람이다. 그는 개혁가 이었으며 미국경제학회를 결성하는 데에 적극적이었다. 그는 나중에 미국경제학회(AEA)의 3대 회장이 되었다. 그는 로드아일랜드주의 프로비던스시에서 태어났다. 그는 처음에는 신학을 공부하려고 하다가 경제학으로 바꾸었다. 그는 독일과 스위스 등에서 수학하였으며 미국으로 돌아온 후에는 존스홉킨스나 컬럼비아 등 여러 학교에서 정치경제학을 가르쳤다. 클라크의 경제학에 대한 흥미는 그가 살던 시대를 반영한다. 미국의 산업혁명은 그를 생산과 분배에 대한 문제에 몰두하게 했으며 그가 1899년에 발간한 "부의 분배"에서도 나타나 있듯이 그는 규범경제학자로부터 실증경제학자로 탈바꿈하였다. 이런 탈바꿈은 그의 큰 변신이었다. 그는 그의 책에서 고전파 경제학자들의 쾌락적인 가정을 신랄히 비난하였다. 미국 경제학계에 있어서 클라크의 위상은 미국경제학회가 매 2년마다 40세 이하의 젊고 유능한 경제학자에게 John Bates Clark 상을 수여하는 것만 보아도 우리는 그의 위상을 짐작할 수가 있다.

제15장

불완전경쟁하의 생산요소시장

기업은 생산요소를 구매하여 생산물을 만들어 낸다. 즉, 생산요소시장에서는 수요자이고 생산물시장에서는 공급자이다. 이때에 생산물을 공급하는 생산물시장과 생산요소를 수요하는 생산요소시장의 구조에 따라서 생산요소시장의 분석이 달라진다.

15.1 독점적 생산물시장과 완전경쟁적 생산요소시장

한 기업이 생산물시장에서 독점력을 가지고 있으면 노동의 한계생산물가치(VMP_L)와 노동의 한계수입생산물(MRP_L)의 가치는 아래의 관계를 갖게 된다.

$$VMP_L > MRP_L$$

왜냐하면 생산물의 독점시장에서는 P〉MR 이기 때문이다.

따라서

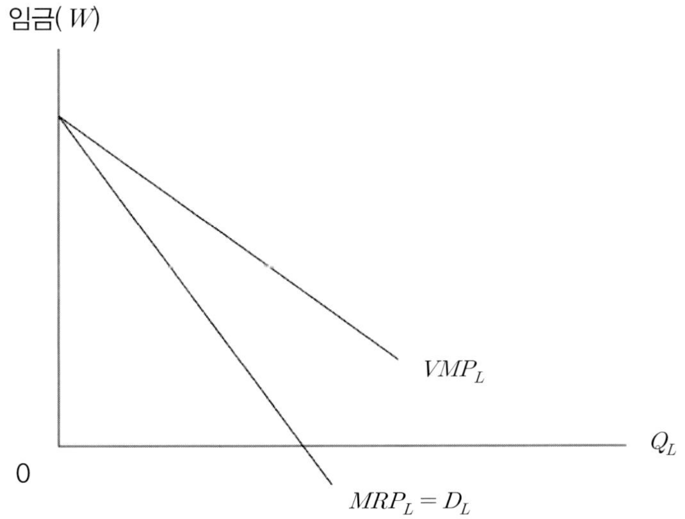

[Fig. 15-1] 독점시장(생산물)에 있는 기업의 노동에 대한 수요

우리는 독점적 생산물시장 내에 있는 한 기업의 생산요소(노동)에 대한 수요계획표를 아래와 같이 작성할 수 있는데 이는 위의 [Fig. 15-1]에 대응한 것이다.

〈표 15-1〉 독점시장(생산물)하의 기업의 노동수요

노 동 투입량 (Q_L)	총 생산물 (TP_L)	한 계 생산물 (MP_L)	생산물 가 격 (P)	총수입 (TR)	한계생산물 가 치 (VMP_L)	한계수입 생산물 (MRP_L)
1	10	10	10원	100원	100원	100원
2	18	8	9원	162원	72원	62원
3	24	6	8원	192원	48원	30원
4	28	4	7원	196원	28원	4원
5	30	2	6원	180원	12원	−16원

〈표 15-1〉에는 생산물시장 내에서는 독점력을 소유한 기업이 생산요소시장이 완전경쟁적일 때의 상황을 나타내고 있다. 생산물시장이 독점적인 시장이므로 생산물의 가격(P)은 하락하고 있는 것이 완전경쟁하의 생산물 가격의 움직임과 차이가 있다. 위의 표에서 한계수입생산물(MRP_L)이 이 기업의 노동에 대한 수요곡선임은 전과 동일하다. 위의 내용들을 그래프로 나타내면 아래와 같다.

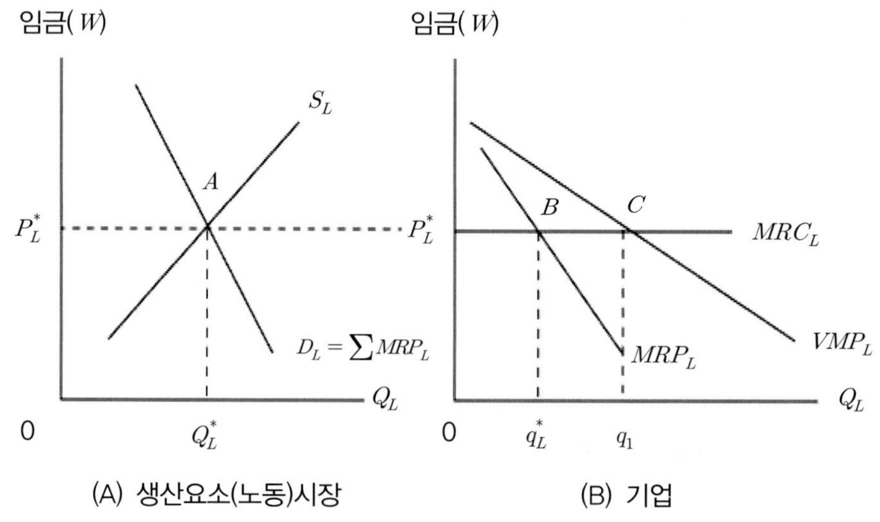

[Fig. 15-2] 독점적 생산물시장 하의 완전경쟁 요소시장

[Fig. 15-2]의 (A) 그림에서 S_L(공급곡선)은 우리가 논의한 노동의 공급곡선이고 D_L(수요곡선)은 시장 내의 각 기업의 수요곡선을 수평적으로 합계한 것이다. 따라서 시장에서의 노동의 균형가격(균형임금)과 거래량은 A점에서 각각 P_L^*와 Q_L^*이다. 그림(B)에서 노동의 한계수입생산물(MRP_L)곡선은 이 기업의 노동에 대한 수요곡선이며 이미 논의한 바와 같이 노동의 한계생산물가치(VMP_L)곡선의 아래에 놓여 있다. 생산요소시장에서 정해진 균형가격 P_L^*는 이 기업이 직면한 노동의 공급곡선으로서 이 기업은 P_L^*의 임금으로 노동을 얼마든지 수요할 수가 있다. 따라서 P_L^*의 임금은 이 기업의 노동에 대한 한계요소생산비(MRC_L)이다. 그러므로 이 기업은 B점에서 q_L^*의 노동량을 구입할 것이다. 우리는 생산물시장에서 독점기업이 생산물의 시장가격을 높게 유지하기 위하여 생산물의 공급량을 제한하고 있다는 사실을 기억하고 있다. 이러한 결과로 생산물시장에서 독점기업은 이번에는 생산요소시장에서 생산물시장의 공급량을 제약할 목적으로 생산요소의 사용에 있어서까지도 제약을 하고 있다는 사실이다. 그렇다고 이러한 현상은 생산물시장의 독점기업이 노동에 임금을 적게 지불함으로써 노동을 착취하고 있다는 의미는 아니다. 이 독점기업도 요소시장내의 다른 기업들과 마찬가지로 시장에서 정해진 균형 임금율(P_L^*)을 지불하고 있기 때문이다. 단지 노동의 수요량을 완전경쟁기업보다 줄이고 있다는 것으로서 이러한 상황은 그림(B)의 점 B와 점C의 q_L^*와 q_1을 비교해 보면 알 수가 있을 것이다.

15.2 가변생산요소가 다수일 때에 생산요소의 수요곡선

우리는 지금가지 생산요소가 하나(노동)인 경우에 대해서 기업과 요소시장에 대한 생산요소의 수요곡선을 분석하였다. 그러나 노동과 더불어 자본이나 토지도 노동과 함께 생산에 투입될 수가 있다. 이러한 경우에 생산요소에 대한 수요곡선의 움직임은 아래의 그래프와 같다. 이 그래프는 기본적으로 위의 〈표 15-1〉과 [Fig. 15-1]에 기초하여 그려진 것이다.

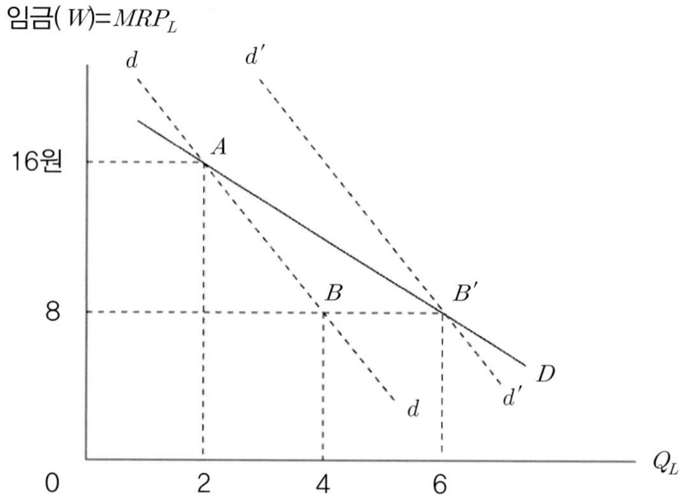

[Fig. 15-3] 가변생산요소가 다수일 때 생산요소의 수요곡선

[Fig. 15-3]에서 임금이 16원 일 때 노동의 수요량은 2단위로서 수요점은 A점이다. 그런데 만약에 이 기업이 노동과 더불어 자본이나 토지 등의 가변생산요소를 함께 사용하여 생산을 한다면 노동의 임금이 8원으로 하락할 경우에 노동의 수요량은 B점의 4단위로 증가하지 않는다. 따라서 자본이 가변생산요소로서 노동과 함께 생산에 투입된다면 $(d-d)$선은 더 이상 이 기업의 노동에 대한 수요곡선(MRP_L)이 아니다. 왜냐하면 임금이 하락하면 이 기업의 입장에서는 생산비 부담이 줄어들기 때문에 다른 생산요소들의 수요를 증가시켜서 생산량을 증대시키려 할 것이다. 이와 같이 노동과 함께 다른 가변생산요소들의 투입을 증가시키면 노동의 생산력(MP_L)은 증가하게 될 것이다. 따라서 임금이 16원에서 8원으로 하락할 때에 이 기업의 노동수요량은 4단위가 아니라 예를 들어 4단위 보다 많은 6단위로 늘어 날 것이다. 따라서 임금이 하락할 경우에 A점에서 B점으로 이동

하는 것이 아니라 A점에서 B'점으로 이동할 것이다. 결과적으로 가변생산요소가 여럿이 함께 투입될 때에는 기업의 생산요소에 대한 수요곡선은 가변생산요소가 하나만 투입될 때보다도 더 탄력적인 수요곡선이 될 것이다. 그러한 기업의 요소수요곡선이 AB'이다. 여기까지의 설명은 생산품시장이 완전경쟁적일 때와 동일하다.

그러나 문제는 시장의 수요곡선에 있다. 생산품시장이 완전경쟁적일 때에는 개별기업의 요소수요곡선을 단순하게 수평적으로 합계해서 요소시장의 수요곡선을 도출할 수가 없었다. 왜냐하면 임금이 하락하면 많은 기업들이 노동의 고용량을 늘리면서 생산품의 가격(P)이 하락하기 때문이다. 이 경우에 가격이 하락하면 $VMP_L(=MRP_L)$이 왼쪽으로 이동하기 때문에 기업의 노동에 대한 수요곡선도 더 비탄력적으로 변한다. 따라서 임금이 하락할 경우에는 기업의 요소수요곡선이 이전보다 더 비탄력적으로 변하므로 요소시장의 수요곡선도 임금이 하락하기 전보다는 더 비탄력적으로 변할 것이다. 그러므로 임금이 하락할 때에는 완전경쟁하의 생산물시장에 있는 기업들의 요소시장에 대한 시장수요곡선은 단순하게 개별기업들의 요소수요곡선을 얼마나 오른쪽 위로 위치하느냐는 노동의 한계생산력(MP_L)에 달려 있다. 따라서 시장의 균형임금수준도 노동의 한계생산력에 의해서 결정된다 하겠다.

그러나 생산물시장이 공급독점일 때에는 임금이 하락하여 기업의 생산량이 증가하고 따라서 가격이 하락한다면 저절로 한계수입(MR)도 하락하는데 이러한 결과가 이미 기업의 요소수요곡선인 $MRP_L(=MR \cdot MP_L)$에 반영되어 있기 때문이다. 따라서 생산물시장이 공급독점일 경우에는 생산요소시장의 수요곡선은 개별 기업들의 요소수요곡선을 수평적으로 합계한 것과 같다. 이와 같이하여 도출된 노동시장의 수요곡선은 개개 노동자의 공급곡선을 단순히 수평적으로 합계한 노동시장의 공급곡선과 결합하여 시장의 균형임금(P_L^*)과 균형고용량(Q_L^*)을 결정한다. 이와 같이 정해진 균형임금은 각 기업이 그들의 한계생산물수입(MRP_L)과 같아지도록 기업의 고용량(q_L^*)을 결정할 것이다. 이러한 결과는 임금이란 결국은 한계생산력의 영향에 의하여 결정된다는 한계생산력이론(marginal productivity theory)을 말해 주고 있다. 이와 같은 내용이 [Fig. 15-2]에 나타나 있다.

15.3 생산요소시장의 수요독점(Monopsony)

만약에 생산요소시장에서 생산요소를 수요하려고 하는 기업이 오직 하나 밖에 없는 경우가 있다면 우리는 이러한 시장을 수요독점(monopsony)시장이라고 부른다. 노동시장에서 수요독점의 위치에 있는 한 기업의 아래와 같은 비용 등에 관한 관계를 논의해 보자.

〈표 15-2〉 수요독점기업(생산요소)의 요소공급계획과 생산비용

노동의 투입량 (Q_L)	임금율 ($P_L = W$)	총생산요소 비용 (TRC_L)	한계생산요소 비용 (MRC_L)
1	5원	5원	5원
2	6원	12원	7원
3	7원	21원	9원
4	8원	32원	11원
5	9원	45원	13원
6	10원	60원	15원
7	11원	77원	17원
8	12원	96원	19원
9	13원	117원	21원
10	14원	140원	23원

〈표 15-2〉에는 생산요소시장에서 생산요소의 수요를 독점하고 있는 기업이 직면하고 있는 생산요소의 공급계획이 나타나 있다. 생산요소의 공급곡선은 노동의 수요량(Q_L)과 임금율(P_L)과의 관계이다. 생산요소의 가격은 생산요소의 수요독점인 이 기업이 정할 수 있는데 더 많은 생산요소를 공급 받기 위하여서는 더 높은 임금을 지불해야 되는 것을 나타내고 있다. TRC_L은 Total Resource Cost의 약자이다. 주목할 사항은 한계생산요소비용(MRC_L)이 임금율(P_L)보다 높다는 것이다. 즉, 한계생산요소비용의 곡선이 아래와 같이 노동의 공급곡선 보다 위에 있다는 사실이다.

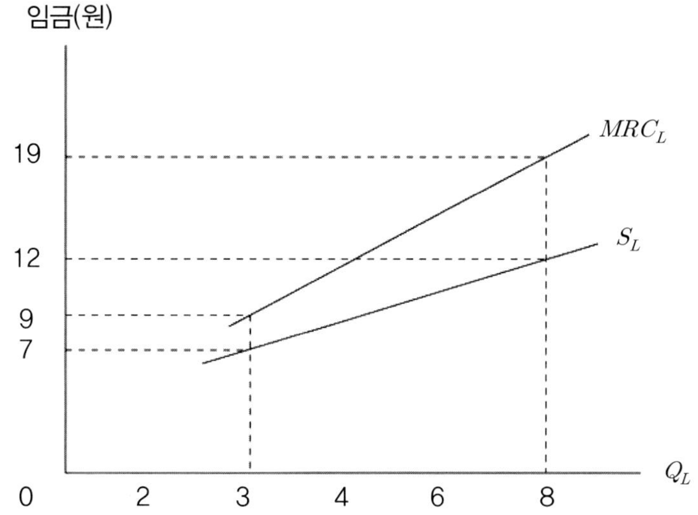

[Fig. 15-4] 노동의 공급곡선과 한계생산요소비용 곡선

[Fig. 15-4]에는 생산요소시장에서 생산요소의 수요를 독점하고 있는 기업의 공급곡선(S_L)과 한계생산요소비용곡선(MRC_L)이 나타나 있는데 〈표 15-2〉의 내용과 같이 MRC_L이 S_L보다 상위에 있음을 보여준다. 이와 같이 한계생산요소비용곡선이 공급곡선보다 상위에 위치하게 되는 이유는 첫째, 더 많은 노동의 공급을 유도하기 위해서는 임금을 올려야만 한다는 것과 둘째, 임금이 상승함에 따라서 더 많은 노동자가 고용되게 되는데 이 때에 증가된 고용자와 더불어 모든 노동자가 상승된 임금을 받게 되기 때문이다.

생산요소시장에서 생산요소를 독점으로 수요하는 기업은 노동의 고용량과 임금수준을 동시에 결정할 수가 있다. 만약에 이 기업이 생산물시장에서 독점력을 가지고 있다면 분석내용은 아래와 같다.

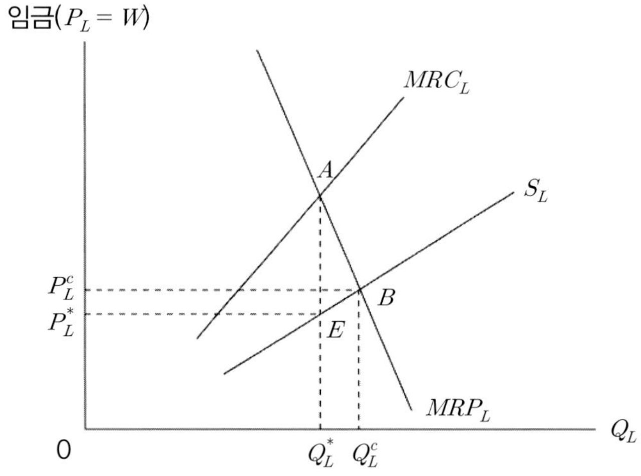

[Fig. 15-5] 수요독점(생산요소) 기업의 균형고용량과 임금

[Fig. 15-5]에 생산요소시장에서 요소수요독점(monopsony)인 기업이 생산물시장에서 독점력(monopoly)을 지니고 있는 경우를 나타낸 것이다. MRP_L은 이 기업의 요소수요곡선이며 MRC_L은 한계요소생산비곡선이고 S_L은 노동의 공급곡선이다. 이 기업의 이윤극대화 조건은 $MRP_L = MRC_L$이므로 A점에서 이윤이 극대화 된다. 따라서 이 기업의 균형고용량은 Q_L^*이고 임금수준은 P_L^*가 된다. 만약에 이 생산요소시장이 완전경쟁 상태에 있었다면 균형점은 B점으로서 균형고용량은 Q_L^c이고 임금수준은 P_L^c가 될 것이다.

따라서 수요독점자(monopsonist)는 완전경쟁시장 하에서 보다는 더 낮은 임금을 노동자에게 지불하고 있는데 이러한 상황을 수요독점적 착취(monopsonistic exploitation)라고 일컫는다. 이러한 현상은 노동자들이 그들이 받기를 바랐던 임금수준이하에서 노동하기를 강요당했기 때문에 발생한 것이 아니라 이것은 마치 생산물시장에서 독점자(monopolist)들이 생산품의 가격을 높이기 위하여 생산량을 제약했던 것처럼 생산요소시장에서 수요독점자(monopsonist)들이 생산요소의 투입을 제약했기 때문에 발생한 것이다.

현실에 있어서 수요독점(예, 노동독점)의 예를 찾아보기란 매우 어렵다. 특히 노동의 경우에 있어서 노동은 어느 한 곳에만 쓰일 수 있는 것이 아니라 여러 곳에 다각도로 고용이 되어 질 수 있기 때문에 수요독점에 얽매이기는 어렵다 하겠다. 생산요소시장에서의 순수한 수요독점은 생산물시장에서의 독점처럼 이론적인 극단의 입장에 처해 있다 하겠다. 그러나 현실의 세계에는 수요독점력

(monopsony power)은 존재한다 하겠다. 예를 들어서 지방의 작은 도시에 있는 제법 큰 대학교들은 그들이 학교직원들을 채용함에 있어서 대도시에 있는 큰 대학들 보다 수요독점력이 훨씬 크다고 한다. 이러한 현상은 그 두 지역에서 근무하는 학교직원들의 임금을 비교해 보면 그 이유를 알 수가 있다고 한다. 즉 지방대학교의 직원들의 봉급이 대도시 지역에 있는 대학교 직원들의 봉급에 비해서 훨씬 낮다는 사실이다. 특히 오늘날에 있어서 수요독점력의 예를 현실에서 찾아보기 쉬운 곳이 스포츠계이다. 이러한 현상은 직업적인 스포츠계에서 나타나는 현상인데 특히 미국에서 많이 나타나는 현상이다. 미국 의회는 미국의 스포츠 단체(NBA, ABA, NFA, AFA 등)들이 반트러스법(antitrust law)에서 면책이 되도록 승인한 바가 있다. 따라서 이러한 면책을 허락한 법적 유보조항 때문에 미국의 경기단체들은 선수들을 뽑고 관리 등을 유지하는데 있어서 마치 수요독점자들처럼 행동하게 된다는 것이다. 따라서 모든 것이 좀 더 열려 있고 자유스러운 스포츠시장 분위기에서 선수들이 받는 임금보다는 더 낮은 임금을 선수들은 받게 된다는 것이다.

그러나 이러한 수요독점력도 교통이나 통신이 발달하게 되면 노동의 이동성(mobility)이 높아져서 점점 낮아지는 경향이 있다.

15.4 가변생산요소가 다수일 때에 생산요소시장의 균형

투입되는 가변생산요소가 노동과 자본이며 이것을 구매하는 기업이 수요독점자라고 하면 이 기업의 이윤극대화 조건은 두 가지 생산요소 모두에 대하여 아래와 같다.

$$MRP_L = MRC_L \quad \& \quad MRP_K = MRC_K$$

$$MR \cdot MP_L = MRC_L \quad \& \quad MR \cdot MP_K = MRC_K$$

$$MR = MRC_L \,/\, MP_L \quad \& \quad MR = MRC_K \,/\, MP_K$$

따라서

$$MR = \frac{MRC_L}{MP_L} = \frac{MRC_K}{MP_K} = MC$$

위의 식에서 $MRC_L \,/\, MP_L$과 $MRC_K \,/\, MP_K$는 모두 이윤극대화 조건에서 한계

생산비(MC)임을 나타낸다.

위의 식은 아래와 같이도 바꿀 수 있다.

$$\frac{MP_L}{MP_K} = \frac{MRC_L}{MRC_K}$$

위의 식에서 왼쪽변의 MP_L/MP_K는 다름이 아닌 한계기술대체율($MRTS = dK/dL$: Marginal Rate of Technical Substitution)이다. 따라서 두 가지의 가변생산요소를 사용하는 생산요소시장의 수요독점자(monopsonist)는 그의 이윤을 극대화하기 위해서는 한계기술대체율과 한계생산요소비용의 비율을 갖게 해야 한다.

15.5 수요독점력과 최저임금

우리는 이전에 시장의 균형임금보다 높게 책정되는 최저임금(minimum wage)은 노동시장에서 노동의 공급잉여나 또는 실업을 발생하게 하는 원인임을 보았다. 그러나 최저임금의 효과가 항상 그런 것은 아니다. 왜냐하면 수요독점적인 요소시장에 책정된 최저임금은 실업을 줄이고 고용을 늘릴 수 있기 때문이다.

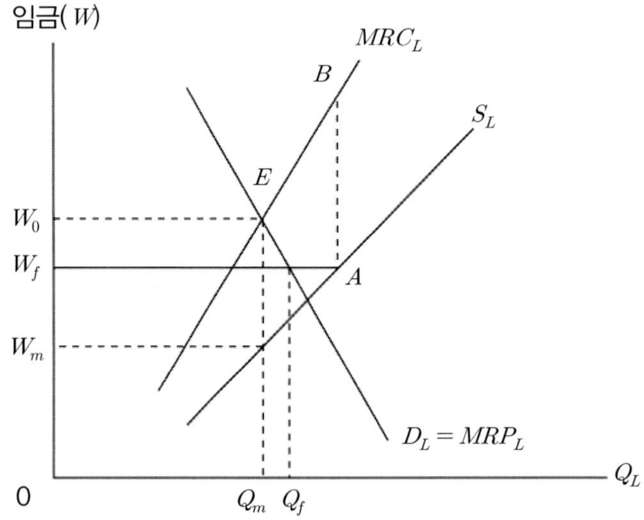

[Fig. 15-6] 수요독점(생산요소)과 최저임금

[Fig. 15-6]에서 생산요소시장의 수요독점자는 이윤의 극대화 조건인 $MRP_L =$

MRC_L을 만족시키는 E점에서 Q_m양의 노동을 고용하고 W_m의 임금을 지불하려고 할 것이다. 만약에 정부가 W_f의 최저임금을 부과하면 노동의 공급곡선은 $W_f A S_L$로 바뀌고 한계요소비용곡선은 $W_f ABMRC_L$로 바뀌게 된다. 따라서 최저임금제도가 시행되면 이 기업은 극대이윤을 위하여 Q_f의 노동을 고용하고 W_f의 임금을 지불하려고 할 것이다. 그러므로 이 경우에 최저임금제가 시행되면 고용량은 증가하고 임금은 상승하는 결과를 갖고 오게 된다. 만약에 최저임금이 W_0 수준으로 상승하면 Q_m 만큼의 노동이 고용될 것이다. 따라서 만약에 최저임금이 W_m과 W_0사이에서 부과가 되면 고용량과 임금은 최저임금제도가 시행되기 이전보다 더 증가할 것이다. 그러나 이러한 수요독점력을 가지고 있는 현실의 예를 찾아보기는 어렵다고 한다.

15.6 독점의 착취와 노동조합

만약에 한 기업이 생산물시장에서는 공급독점자(monopoly)이고 동시에 생산요소시장에서는 수요독점자일 경우에는 2중의 착취가 발생하게 되는데 아래의 그래프에서 분석해 보자.

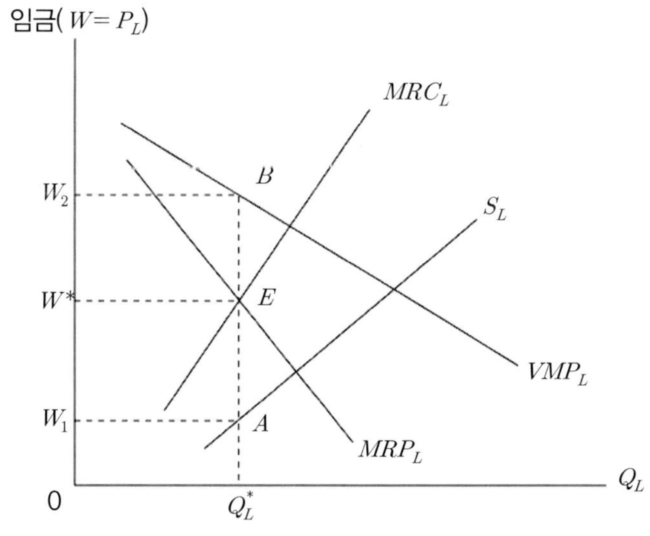

[Fig. 15-7] 공급독점 착취와 수요독점 착취

[Fig. 15-7]에서 한계수입생산물곡선(MRP_L)과 한계생산물가치곡선(VMP_L)은 이 기업이 생산물시장에서 공급독점자인 것을 나타내고 있고 한계요소비용곡선

(MRC_L)과 공급곡선(S_L)은 이 기업이 생산요소시장에서 수요독점자인 것을 나타내고 있다. B점은 E점에 비해서 $VMP_L > MRP_L$이 되어서 완전경쟁의 생산물시장보다 임금이 ($W_2 - W^*$)만큼 높은데 이것을 공급독점적 착취(monopolistic exploitation)라고 한다. E점은 A점에 비해서 $MRC_L > S_L$이 되어서 완전경쟁의 생산요소시장보다($W^* - W_1$)만큼 임금이 높은데 이것을 수요독점적 착취(monopsonistic exploitation)라고 한다. 즉, 이 기업은 이윤 극대화를 위하여 $MRP_L = MRC_L$이 충족되는 E점에서 생산을 결정하여 Q_L^*의 노동을 고용하고 W_1의 임금을 지불하려 할 것이다. 그런데 만약에 생산물시장이 완전 경쟁적이라면 $VMP_L = MRP_L$이 되어 ($W_2 - W^*$)만큼의 임금격차는 없어질 것이다. 이 격차는 생산물시장이 공급독점이라는 이유 때문에 발생한 것이므로 공급독점적 착취라고 한다. 우리는 생산물시장이건 생산요소시장이건 간에 이윤을 극대화하려는 이 기업의 균형점은 E라는 사실을 안다. 한편 생산요소시장이 완전 경쟁적이라면 $S_L = MRC_L$이 되어 ($W^* - W_1$)만큼의 임금격차는 발생하지 않을 것이다. 이 격차는($W^* - W_1$)만큼 이 기업이 노동자에게 임금을 낮게 지불하는 것인데 원인은 생산요소시장이 수요독점적 이라는 이유 때문에 발생하는 임금격차이기 때문에 이를 수요독점적 착취라고 한다.

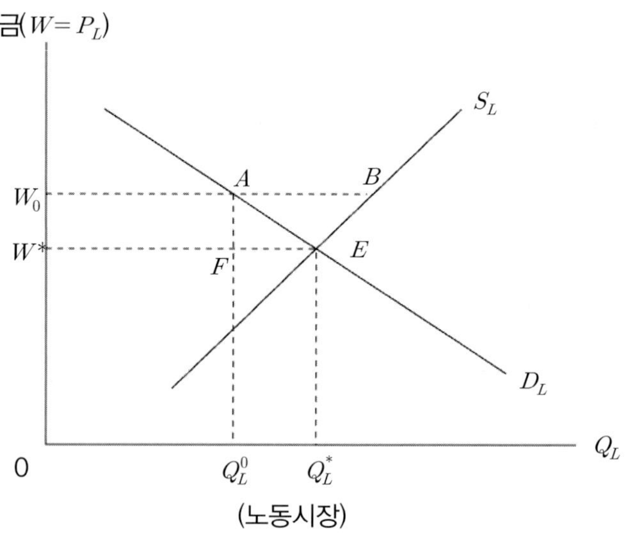

[Fig. 15-8] 완전경쟁시장(생산요소)과 노동조합

[Fig. 15-8]에서 노동시장이 완전경쟁적 이라면 균형고용량과 균형임금은 노동

의 수요곡선과 공급곡선이 교차하는 E점에서 결정이 될 것이다. 따라서 균형고용량은 Q_L^*가 될 것이고 균형임금은 W^*가 될 것이다. 그러나 노동조합이 단체교섭 등을 통하여 W_0에서 임금수준이 결정이 되면 새로운 노동공급곡선은 W_0ABS_L이 된다. 따라서 새로운 균형노동량은 Q_L^o가 될 것이다. 이와 같이 노동조합의 단체교섭은 임금수준을 W^*에서 W_0 수준으로 끌어 올릴지는 몰라도 고용량은 Q_L^*에서 Q_L^o 수준으로 끌어내려서 실업을 야기시킬 수도 있다. 만약에 이때에 노동시장의 수요곡선(D_L)이 매우 비탄력적이라면 일자리를 유지하고 있는 노동자들(O Q_L^o)의 늘어난 소득인 사각형 W_0AFW^*가 일자리를 잃은 노동자들의 잃어버린 소득인 사각형 $Q_L^0FEQ_L^*$보다도 커서 실업자로 전락한 노동자들(Q_L^o ~ Q_L^*)의 소득을 보전해 주고도 남을 수 있다. 그러나 노동시장의 수요곡선이 탄력적이라면 일자리를 그대로 유지하고 있는 노동자들의 늘어난 소득으로 일자리를 잃어버린 실업자들에게 그 전만큼의 소득을 보상해 줄 수는 없을 것이다.

15.7 쌍방독점(Bilateral Monopoly)

어느 상품은 판매자도 하나이고 그 상품을 구매하는 수요자도 하나일 경우가 있다. 이러한 경우를 쌍방독점이라고 한다. 쌍방독점일 경우 판매자는 판매독점력(monopoly power)을 통해 판매가격을 높이려고 하고 구매자는 구매독점력(monopsony power)을 통해 구매가격을 낮추려고 한다.

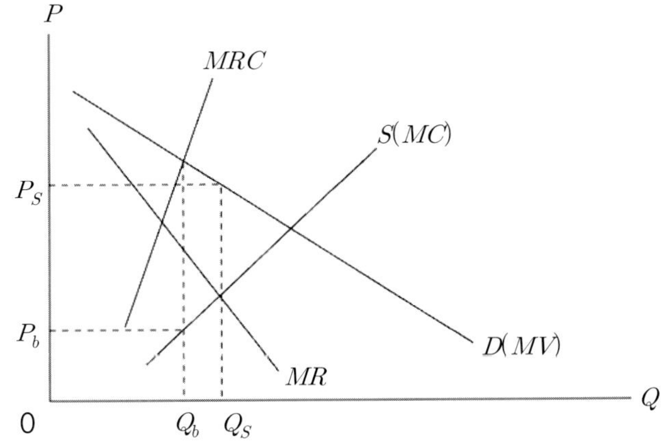

[Fig. 15-9] 쌍방독점시장

[Fig. 15-9]에서 독점판매자는 D(MV : Marginal Value, 한계가치)와 같은 수요곡선과 MR과 같은 한계수입곡선을 갖는다. 또한 독점수요자는 $S(MC)$와 같은 공급곡선과 MRC와 같은 한계요소비용곡선을 갖는다. $D(MV)$는 구매자 입장에서는 구매상품의 한계가치이다. 판매자는 $MR = S(MC)$에서 판매하려 할 것이다. 따라서 Q_S의 양을 P_S의 가격에 팔려고 할 것이고 구매자는 $D(MV) = MRC$의 조건에서 구매하려 할 것이다. 따라서 Q_b의 양을 P_b가격에 수요하려 할 것이다. 따라서 쌍방독점시장의 정보만으로는 균형가격이나 균형거래량을 알아 낼 수가 없다. 균형가격은 P_b와 P_S 사이에서 결정되고 균형거래량은 Q_b와 Q_S 사이에서 판매자와 구매자의 거래수완이나 거래전략에 따라 결정이 된다.

15.8 생산요소에 대한 수요탄력성의 결정 요인

15.8.1 생산품시장의 수요탄력성

만약에 생산품시장에 있어서 수요의 가격탄력성이 크면 클수록 생산요소시장에 있어서의 수요의 가격탄력성도 크다. 생산요소시장의 수요곡선은 우리가 이미 논의한 대로 파생적수요이다. 만약에 생산품의 가격하락으로 인하여 생산품의 수요가 증가하면 생산품의 공급도 증가하게 되는데 이 때에 기업에 의한 생산요소의 수요도 따라서 증가하게 된다. 따라서 생산품시장에서 수요곡선이 탄력적 일수록 가격하락에 의한 수요량의 증가도 커질 것이며 이에 따른 공급량의 증가도 커질 것이다. 생산물시장에서 공급량이 커지면 커질수록 이에 투입되는 기업의 생산요소에 대한 수요도 커질 것이기 때문이다.

15.8.2 생산요소비용의 중요도

생산품의 총생산비에서 차지하는 생산요소비용의 비중이 크면 클수록 생산요소에 대한 수요의 가격탄력성은 커진다. 만약에 생산품시장에서 생산품의 가격이 하락하면 생산품의 수요가 증가하고 따라서 생산품의 공급량도 증가하게 된다. 생산품의 공급량이 증가하게 되면 총생산비도 증가한다. 이 때에 생산품의 총생산비에서 차지하는 생산요소의 비용이 커지면 커질수록 생산요소에 대한 수요도 커지기 때문이다.

15.8.3 생산품의 생산에 투입되는 생산요소의 대체재들이 많이 존재하면 존재 할수록 그 생산요소에 대한 수요의 가격탄력성은 커진다.

만약에 투입되는 생산요소의 가격이 상승하면 생산자는 상대적으로 싼 다른 생산요소를 수월하게 대체하여 생산에 투입할 수가 있다. 이럴 경우에 가격하락으로 인하여 처음에 투입되던 생산요소의 수요는 더욱 크게 하락할 수가 있기 때문이다.

15.8.4 한계생산물(MP)곡선의 기울기

한계생산물 곡선의 기울기가 가파르면 가파를수록 생산요소에 대한 수요의 가격탄력성도 더 탄력적이다. 이것은 수요곡선이 $MRP = MR \times MP$라는 사실에서도 자명한 일이다.

15.9 생산요소의 수요변화에 영향을 미치는 요인

15.9.1 생산품 수요곡선의 이동(Shift)

만약에 완전경쟁의 생산물시장에서 수요곡선이 상방으로 이동하면 생산품의 가격이 상승할 것이다. 이것은 이 시장 내의 기업들의 $VMP_L(= MRP_L)$을 상승시켜서 주어진 임금율 아래에서도 기업들은 생산요소(노동)를 더 고용하려 할 것이다. 즉, 생산요소시장 내에서 시장의 수요곡선($D_L = \sum MRP_L$)은 상승이동 할 것이고 이로 인하여 노동의 고용량과 임금은 상승할 것이다.

15.9.2 다른 생산요소

노동과 자본이 서로 보완적인 생산요소일 경우에 만약에 자본의 투입량을 증가시키면 노동의 생산성(labor productivity)은 증가할 것이다. 이러한 노동의 생산성 증가는 $MRP_L(= MR \times MP_L)$을 증가시키고 MRP_L의 증가는 노동시장의 수요곡선($D_L = \sum MRP_L$)을 이동시킬 것이다. 만약에 산업 내의 모든 기업들이 이와 같이 자본량을 증가 시킨다면 노동시장내의 임금은 상승할 것이다.

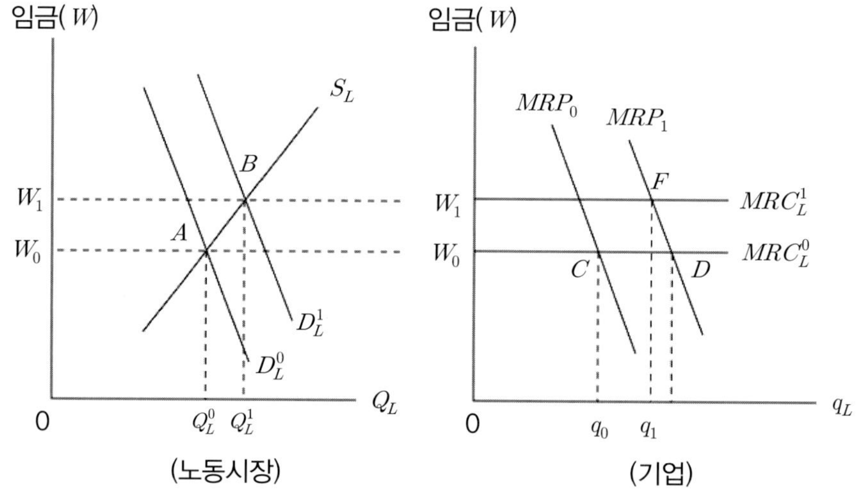

[Fig. 15-10] 노동시장 수요곡선의 이동

[Fig. 15-10]에는 완전경쟁적인 노동시장과 시장 내의 한 기업에 대한 수요곡선들과 공급곡선들이 나타나 있다. 시장은 애초에 A점에서 Q_L^o의 고용량과 W_0의 임금수준에서 균형을 이루고 있었다. 기업들도 애초에 C점에서 q_0의 고용량과 W_0의 임금수준에서 균형을 이루고 있었다. 만약에 시장 내의 기업들이 자본의 투입량(capital stock)을 증가시키면 노동의 생산성이 증가하여 MRP_0가 MRP_1으로 상승이동(Shift)할 것이며 따라서 시장의 수요곡선($D_L = \sum MRP_L$)도 상승 이동하여 시장의 균형점은 B점으로 이동할 것이다. 시장의 새로운 균형고용량은 Q_L^1이 될 것이고 새로운 균형임금은 W_1이 될 것이다. 이 새로운 시장의 균형임금인 W_1은 기업들에 의하여 새로운 공급곡선으로 받아들여 질 것이다. 이 때에 기업들의 새로운 균형점은 F점이 될 것이다. 이와 같이 보완적으로 투입되는 다른 생산요소 투입량이 증가하면 생산성의 향상으로 인하여 시장과 기업 모두에 있어서 고용량과 임금수준은 증가한다. 위의 분석은 생산요소시장이 완전경쟁적인 경우에 해당한다.

15.10 소득분배와 로렌츠곡선(Lorenz Curve)

우리는 지금까지 생산요소시장에 대하여 분석해 왔다. 이러한 생산요소들을 생산에 제공하고 반대급부로 얻는 것이 소득이다. 그런데 이러한 전체의 국가소득 중 일부의 소수 국민들이 대부분의 소득을 차지하고 많은 국민들은 나머지의 얼마 안 되는 소득을 나누어 가지고 있다면 우리는 이러한 소득의 분배는 불평등하다고 말한다. 소득분배의 불평등도를 재는 방법으로 로렌츠곡선과 지니계수(Gini coefficient)가 있다. 로렌츠곡선이란 한 국가의 국민들 모두를 소득이 가장 낮은 빈자로부터 소득이 가장 높은 부자까지 차례로 서열을 세운다고 할 때에 빈자로부터 시작하여 전체 국민들 중의 일정 비율의 사람들이 차지하는 전체소득 중의 비율을 나타내는 점들을 연결해 놓은 것이 로렌츠 곡선이다.

〈표 15-3〉 소득분위별 소득분포

저소득층 국민 누적비율(%)	총소득의 누적비율(%)
20	8
40	20
60	30
80	60
100	100

〈표 15-3〉은 전체국민 중 저소득층 국민 20%가 받는 소득이 전체국민소득에서 차지하는 비율이 8%임을 나타내고 있으며 전체국민 중 저소득층 국민 80%가 얻는 소득은 전체국민소득에서 차지하는 비율이 60%임을 나타내고 있다. 〈표 15-3〉을 그래프로 나타낸 것이 아래의 [Fig. 15-11]이다. [Fig. 15-11]의 횡축에는 저소득층 국민들의 누적비율이 나타나 있으며 종축에는 저소득층 국민들의 소득이 전체국민소득에서 차지하는 누적비율이 나타나 있다.

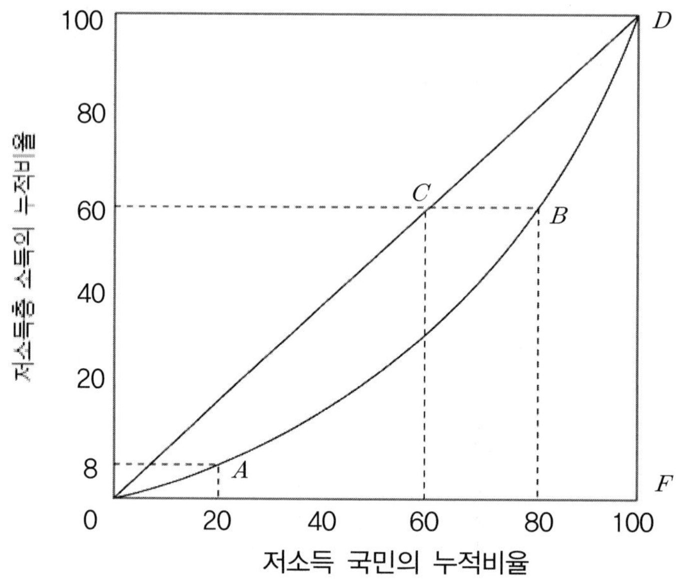

[Fig. 15–11] 로렌츠 곡선

[Fig. 15-11]에서 위의 〈표 15-3〉에 나타난 자료를 그린 로렌츠곡선은 $0ABD$이다. 만약에 소득이 국민들 사이에 균등하게 분배되어 있다면 로렌츠곡선은 $0CD$가 될 것이다. 왜냐하면 60%의 저소득층 국민들이 차지하는 누적소득의 비율이 60%이기 때문이다. 만약에 전체국민소득을 한 사람만이 모두 소유하고 다른 사람들은 소득이 없다면 로렌츠 곡선은 $0FD$가 될 것이다. 따라서 소득분배의 불평도가 커질수록 [Fig. 15-11]에서 반달형의 $0ABD0$의 면적이 넓어질 것이다.

삼각형 $0FD$의 면적 중에서 반달형의 면적이 차지하는 비율을 지니계수(Gini coefficient)라고 한다. 따라서 소득이 완전히 균등하게 분배되었을 때의 지니계수는 0이고 만약에 한 사람이 국민전체의 소득을 혼자서 모두 소유하고 있다면 지니계수는 1이다. 따라서 정부가 소득의 재분배 정책을 사용한 이후에 빈부의 격차가 줄어들면서 소득분배의 불균형도가 줄어들면 $0ABD$와 같은 곡선의 로렌츠곡선은 $0CD$와 같은 직선의 로렌츠곡선에 접근하게 될 것이다.

로렌츠곡선은 어느 한 국가나 사회의 소득분배 상태가 더 평등한지 아닌지에 대한 것만을 알려줄 뿐이지 얼마나 더 평등한지는 알려주지 못한다. 즉 로렌츠곡선은 평가의 방법이 서수적(ordinal) 평가방법이지 기수적(cardinal) 평가방법이 아니라 보편성은 갖고 있으나 지니계수와 같이 구체적이고도 기수적인 명백한 평가를 하기에는 어려움이 있다 하겠다.

요약

1. 생산물시장에 있어서 독점기업은 완전경쟁하의 기업보다도 생산요소(노동)를 적게 사용한다. 이러한 현상은 독점기업이 높은 가격을 받기 위해서 생산품의 공급량을 줄이는 과정에 있어서 생산요소의 투입을 자연적으로 감소시키기 때문이다.

2. 생산요소시장에 있어서 수요독점자(monopsonist)는 생산요소의 구입자가 하나일 경우를 말하는데 수요독점자는 생산요소(노동)의 구입량(고용량)이나 생산요소의 가격(임금)을 완전경쟁하의 생산요소 수요자보다 더 적은 양을 더 낮은 가격에 구입한다. 이러한 결과는 MRC(Marginal Resource Cost : 한계요소비용)가 생산요소의 공급곡선보다 위에 있기 때문이다. 이와 같이 수요독점적 시장에서의 임금은 완전경쟁적시장에서의 임금수준보다 낮은데 우리는 이러한 차이를 수요독점적착취(monopsonistic exploitation)라고 부른다. 시장에서의 정보나 산업사이에 있어서 노동의 이동성 등이 개선되거나 활발해지면 이러한 수요에 대한 독점력은 줄어들 것이다.

3. 한계생산력이론은 시장경제에 있어서 소득의 분배가 어떻게 결정되는가를 설명해 준다. 이 이론은 분배의 규범적인 정당성을 지적하는 것에 지나지 않는다.

4. 한계수입생사물(MRP)은 생산물시장에서 기업이 생산요소의 한계생산문로부터 벌어들이는 수입을 말한다.

$$MRP_L = \frac{\Delta TR}{\Delta L} = \frac{MR \cdot \Delta Q}{\Delta L} = MR \cdot \frac{\Delta Q}{\Delta L} = MR \cdot MP_L$$

5. 생산요소시장의 수요곡선은 생산요소시장내의 개별기업의 요소수요곡선을 수평적으로 합계한 것이다. 그러나 가변생산요소가 하나일 경우는 개별기업의 요소수요곡선을 단순히 수평적으로 합계하나 가변생산요소가 다수일 경우에는 기업의 MRP곡선이 이동하는 것을 고려하여 시장의 수요곡선을 도출한다.

6. 생산물시장은 판매독점이고 생산요소시장은 수요독점인 경우에 생산요소에 대한 균형거래량은 $MRP = MRC$에서 결정된다.

7. 완전경쟁적인 노동시장에서 노동조합이 균형임금이상에서 최저임금을 결정하면 노동의 고용량은 줄어들어 실업이 발생할 수가 있다. 수요독점적인 노동시장에서 최저임금제를 적용하면 최저임금을 설정하는 범위에 따라 임금과 고용량을 증가시킬 수가 있다.

중요 용어

한계생산력설(marginal productivity theory)
수요독점(monopsony)
수요독점적 착취
공급 독점적 착취
수요독점력
수요독점자
로렌츠곡선(Lorenz curve)
지니계수(Gini coefficient)

연습문제

1. 수요독점적 착취의 원인에 대하여 설명하시오.

2. 왜 미국의 프로선수들은 반트러스트법의 유보조항에 대하여 반대하는지 설명하시오.

3. 어느 생산요소의 시장공급곡선이 완전탄력적일 때 그 생산요소에 대한 한계요소비용(MRC)곡선은 시장공급곡선과 다른지 설명하시오.

4. 수요독점적 노동시장에서 노동조합 때문에 실업이 발생할 수 있는지 설명하시오.

5. 노동시장이 완전경쟁적일 때 생산물시장의 구조가 완전경쟁적일 때와 독점적일 때의 기업의 노동에 대한 수요곡선을 도출하시오

6. 생산요소시장이 완전경쟁적일 때 생산물시장의 구조가 완전경쟁적일 때와 독점적일 때의 생산요소시장의 수요곡선을 도출하시오.

7. 생산요소에 대한 수요의 가격탄력성을 결정하는 요인들에 대하여 설명하시오.

8. 노동의 임금이 하락할 경우에 노동의 수요에 대한 변화를 대체효과와 산출효과로 나누어 설명하시오.

9. 생산요소시장의 수요독점(monopsony)이 발생할 수 있는 이유나 원인에 대하여 설명하시오.

읽어보기 15-1

Henry George(1839−1897)

Henry George may have been the most widely read economist of all time. George's book, Progress and Poverty(1879), was a best seller−it sold millions of copies. If measured by sales as a percentage of the population, George's book would be the most popular economics book of all time.

Henry George was born in Philadelphia in a lower middle−class environment. He had almost no formal education and went to sea at age 14. He ended up in San Francisco and became a journalist. His interests in political economy were fueled by his experience as a journalist. In California, George ran for the legislature but was defeated, in large part because of his strong opposition to state subsidies for railroads.

During this period, George was a devoted reader, and he turned his hand to writing books that combined economics and social commentary. Between 1870 and 1886, he published numerous books and articles, but Progress and Poverty brought him international fame. In it George argued for a single tax on land because landowners contributed nothing to the productivity of the land. Rising land values were explained by general economic growth and westward expansion George's single tax rested on the proposition that such a tax would not change the allocation of the land and, furthermore, that it was inequitable for landowners to get rich while people who did not own land remained poor. George argued that there was no reason that landowners should get rich by the simple economics of increased demand brought about by the westward expansion of the U.S. population. The increasing value of the land, George argued, was in no way determined or affected by the owners of the land in this sense, George was arguing that the rising value of land was a "windfall" profit, much in the same way that President Carter argued that deregulation of oil creates "windfall" profits for holders of oil reserves.

George's book and his idea of a single tax made him immensely popular. In 1886 he reentered politics. This time he ran as the Labor and Socialist parties' candidate for mayor of New York City. George was so popular that it took a major coalition of other parties to defeat him. He ran again in 1897, but died during the campaign.

(자료 : Principle of Economics, Amacher · Ulbrich, South-Western Publishing Co. 3rd Ed. 1986)

15-1 요약해설

조오지(Henry George)는 역사상 그의 저서가 가장 많이 팔린 경제학자였다. 그가 1879년에 발간한 "진보와 가난"이라는 책은 베스트셀러였다. 조오지는 필라델피아의 가난한 환경에서 태어났다. 그는 거의 정규교육은 받지 못했으며 14살에 선원이 되었다. 그는 샌프란시스코로 돌아와서 선원생활을 마치고 정치경제에 흥미를 느껴 주 의회 의원이 되려고 하였으나 실패로 돌아갔다. 이유는 철도산업에 보조금을 보조하려는 그의 반대파들의 벽에 부닥쳤기 때문이었다. 이 기간 동안 그는 독서에 심취했고 경제와 사회문제에 대한 책들을 저술하였다. 1870년부터 1886년 사이에 그는 많은 저서를 남겼는데 이 중에서 "신보와 가난"이라는 저서는 그가 국제적인 명성을 얻게 하는 계기가 되었다. 그는 토지에 대하여 단일과세를 하는 것을 주장하였는데 그의 이러한 주장은 서부개척으로 인하여 치솟아 오르는 토지가격에 비하여 토지주인들은 토지의 생산성에 아무런 기여도 하지 않는다는 것과 아무리 토지에 중과세를 하여도 토지의 공급량은 줄지 않는다는 것에 기인한 것이다. 조오시는 토시가지의 상승은 지주들에게는 마치 횡재와 같은 이윤이라고 주장하였다. 이것은 미국의 카터대통령이 석유에 대한 규제 해제는 석유재산의 소유자에게는 횡재와 같은 이윤이라고 주장한 것과 같다. 조오지의 토지에 대한 이러한 과세 주장은 그를 유명하게 만들었으며 드디어 노동사회당의 뉴욕시장 후보로 출마하기까지에 이르렀으나 1897년 그는 유세 도중에 사망하였다.

제16장

자본시장
(Capital Market)

16.1 자본의 수요와 공급

16.2 정부와 대부자금

16.3 투자(Investment)

16.4 시장이자율

16.5 자본비용

16.6 자본과 소득의 배분

- 요약
- 중요용어
- 연습문제

자본시장이란 생산요소로서의 자본이 거래되는 시장을 말한다. 그러나 자본시장이라는 용어는 여러 가지 뜻으로 사용된다. 경제학에 있어서 자본의 정의는 기계나 도구 공장건물 등과 같은 인간이 만든 내구적이고도 감가상각적인 생산요소로서 다른 생산물을 생산하는데 들어가는 투입물을 말한다. 그러나 우리는 일반적으로 자본시장이라 함은 위에서 정의한 물질적인 자본을 구입하기 위해서 화폐를 빌려주거나(대부) 또는 빌리는(차입) 시장을 말한다. 위에서 정의한 자본(재)의 생산은 생산물의 생산성을 향상시킴으로서 종종 간접생산 또는 우회생산(roundabout production)이라고도 불린다.

16.1 자본의 수요와 공급

기업들은 자본(재)이 생산적이기 때문에 수요한다. 우리는 자본에 대한 MRP_K(Marginal Revenue Product of Capital : 자본의 한계수입생산물)를 MRP_L을 도출했을 때와 같은 방법으로 도출해 낼 수가 있다.

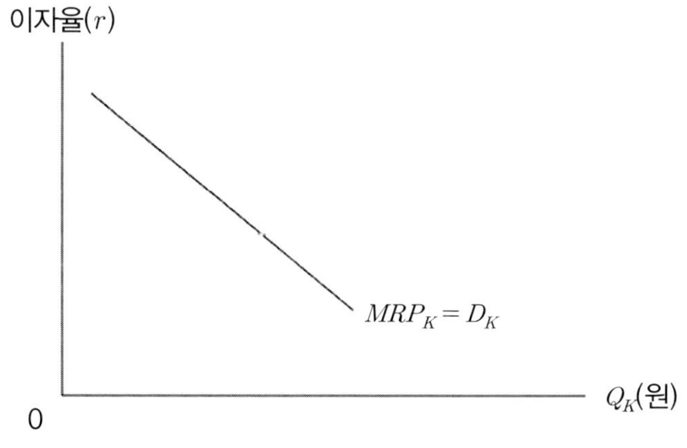

[Fig. 16-1] 자본의 수요곡선(기업)

[Fig. 16-1]에는 자본시장 내에 있는 한 기업의 자본에 대한 수요곡선(D_K)인 MRP_K가 나타나 있다. 자본에 대한 보수(return)는 종축에 이자율(r)로 표시되어 있다. 주목할 것은 횡축에 자본에 대한 수요가 자본을 구입할 수 있는 자금(화폐)에 대한 수요로서 단위가 화폐로 표시 될 수 있다는 것이다. 그러나 주의할 것은 자본에 대한 수요가 화폐 그 자체에 대한 수요가 아니고 물질적인 자본에 대한

수요라는 것이다. 화폐를 빌리는 가격이 다름 아닌 이자율이다. 자본의 한계수입생산물(MRP_K)곡선이 기업의 수요곡선(D_K)인 이유는 아래의 조건과 같다.

$$MRP_K \geq r$$

즉, 기업은 자본의 한계수입생산물이 이자율과 같을 때까지 자본을 수요하기 때문이다. 우리가 종종 자본시장이라고 말하는 시장은 자금(화폐)을 빌려줄 수 있는 시장을 말한다. 즉, 대부자금(loanable fund)이 거래되는 시장을 일컫는다. 아래의 그래프를 보고 논의를 계속하자.

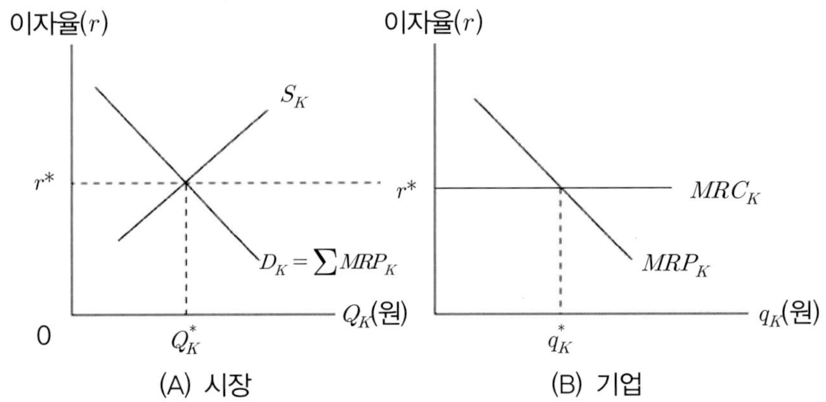

[Fig. 16-2] 자본시장과 기업

[Fig. 16-2)에는 완전경쟁하의 자본시장의 이자율 결정 과정과 이 시장 내에 있는 한 기업의 자본수요량이 나타나 있다. 즉, 그림(A)의 시장수요곡선(D_K)은 위에서 설명한 시장 내의 기업들의 수요곡선(MRP_K)을 수평적으로 합계한 것이다. 시장의 대부자금 공급곡선(S_K)은 기업들이나 개인들의 저축으로부터 발생한 것이다. 기업들은 미래의 투자를 위해서 이윤을 자금으로 축적할 수도 있으며 개인들은 미래에 더 많은 소비를 위하여 저축을 할 수도 있다. 더 높은 이자율에서 사람들은 더 많은 저축을 할 것인데 이는 현재의 유보된 소비는 미래에 더욱 더 많은 소비를 보장해 줄 수 있기 때문이다. 따라서 자본시장에서의 공급곡선은 보통 우상향하는 형태를 지닌다. 이와 같은 자본시장의 수요곡선과 공급곡선에 의하여 결정된 균형이자율(r^*)은 완전경쟁적인 자본시장내의 기업들에게 공급곡선(MRC_K)이 될 것이며 이에 따라 기업들의 자본고용량은 q_K^*가 될 것이고 시장의 자본에 대한 총수요량은 Q_K^*가 될 것이다. 이와 같은 방법으로 균형이자율은 서

로 경쟁적인 시장 내의 기업들에게 대부자금을 나누어 줄 것이다.

우리는 위의 개념들을 조금 더 넓혀 나아간다면 왜 경제학자들이 정부의 재정적자 상태에 대하여 관심을 갖고 있는지 이해할 것이다.

16.2 정부와 대부자금

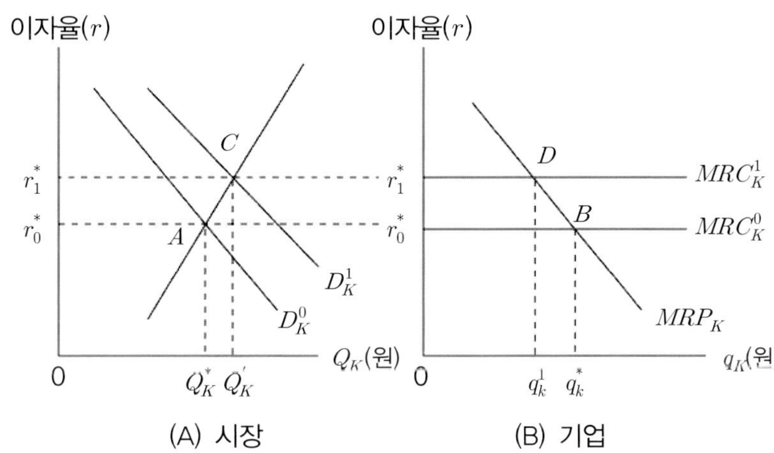

[Fig. 16-3] 기업의 대부자금 축소효과

[Fig. 16-3]에는 [Fig. 16-2]의 그래프를 기본구조로 하여 그려져 있다. 즉 최초에 시장의 균형점은 그림(A)의 A점으로서 Q_K^*의 대부금이 r_o^*의 시장균형이자율에서 거래되었다. 따라서 그림(B)의 기업들에 있어서는 r_0^*의 이자율에서 q_k^*의 대부금을 대여 받고 있었다.

그러나 현실의 경제상황에 있어서는 대부금을 대여 받고자 하는 집단은 기업부문만이 아니고 민간부문이나 정부부문도 있을 수 있다. 즉 소비자들은 그들의 신용을 담보로 그들의 여러 가지 종류의 소비를 위하여 대부자금을 대여 받으려고 할 수도 있으며 정부도 중앙정부나 지방정부를 막론하고 그들의 재정적자 상태를 해결하기 위하여 자본시장으로부터 대부자금을 빌리려고 할 수가 있다. 즉 현실에 있어서 대부시장의 수요구성원은 이와 같이 민간부문과 기업부문과 정부부문의 세 집단으로 구성이 되어 있다. 만약에 정부가 재정적자 상태의 해소를 위해서 대부자금의 수요를 증가시키면 그림(A)에서 D_K^o는 D_K^1으로 이동할 것이고 시장의 균형이자율은 r_1^*로 상승할 것이다. 따라서 기업들의 새로운 대부금 수요량은 q_k^*에서 q_k^1으로 감소할 것이다. 이와 같이 정부부문이 그들의 재정적자 상태를 해소하기 위하여 자본시장에서 대부금의 수요를 증가시키면 민간부문이나 기업부문들의 대부금은 수요량이 감소하게 되는데 이러한 민간부문이나 기업부문들의 자본시장에서의 대부금 밀림현상(crowding out)은 민간부문의 소비를 감소시키고 기업부문의 투자를 축소시키는 결과를 초래할 수가 있을 것이다. 많은 정치인이나 기업인들은 이와 같은 crowding out 현상에 대하여 매우 우려하고 있는 실정이다. 그들은 이러한 crowding out 현상이 정부의 빚이라고 믿고 있다. 그들은 정부의 이와 같은 많은 양의 대부금 밀림현상은 시장의 이자율을 상승시키고 기업의 투자를 위축시킨다고 주장한다. 따라서 이와 같은 일이 발생하면 기업의 성장은 둔화되고 경제의 생산성도 약화된다. 우리는 우리가 이미 논의한 자본량(capital stock)의 증가가 어떻게 노동에 대한 전반적인 수요의 증가를 불러오고 있는지 알고 있다. crowding out 현상은 노동의 수요 증가율을 억제하고 그 결과 임금율을 하락시키며 따라서 고용율의 감소와 경제의 성장부진을 초래한다.

우리는 종종 사람을 인간자본(human capital)이라고 한다. 여러분들이 대학에 진학하기로 결정한 것은 기업이 생산과정에서 자본을 사용하기로 결정한 것과 같은 이치이다. 대학진학은 실제로 우회생산(roundabout production)인 것이다. 교육에 투자함으로써 여러분들은 미래에 여러분 자신들을 위한 더 높은 수준의 생산을 확보하는데 쓰일 인간자본의 능력에 투자하고 있는 것이다. 교육이나 숙련 등을 통한 인간자본의 형성은 개인들 사이에 있어서 소득의 격차를 설명해 줄 수 있는 중요한 기준이다.

16.3 투자(Investment)

정확하게 말해서 생산과정에 직접 투입되는 것은 자본(재) 그 자체가 아니라 자본으로부터 나오는 자본서비스(capital service)라고 할 수 있다. 자본재는 일정 시점에 있어서의 양(stock)의 개념인데 비하여 자본서비스는 일정한 기간 동안의 양(flow)의 개념이기 때문이다. 그러나 우리는 이 두 개념을 분리하지 않고 이 두 개념을 하나로 묶어서 사용하고자 한다. 자본의 양을 늘리는 행위를 투자라고 한다. 기업이 투자를 결정할 때에는 투자사업으로 인하여 장래에 얻을 수 있는 투자수입과 들어가는 투자비용을 비교하여 결정하게 된다. 즉, 미래에 얻을 수 있는 수입이 들어가는 비용보다도 더 크다는 판단이 서야 투자할 것을 결정할 것이다. 즉 투자로부터 얻을 수 있는 모든 미래의 수입을 현재의 가치로 환산한 이후에 이 값에서 현재에 들어가는 투자비용을 뺀 값이 0(zero)보다 클 때에만 투자를 할 것이다. 이 관계는 현재가치법(present value criterion)에 의하여 설명될 수 있다. 일반적으로 자본(재)을 구입함으로써 예상되는 수입은 한 번에 그치는 것이 아니라 내구재로서의 자본재가 그 기능을 지속하는 한 계속해서 발생한다. 따라서 우리는 미래의 일정한 기간에 걸친 수입의 흐름을 감안해서 투자를 할 것인지 말 것인지를 결정해야 한다.

한 대의 가격이 C원인 기계가 있다고 하자. 기업은 현재 이 기계 한 대를 구입하려고 한다면 이 기업의 투자에 사용되는 현재의 투자비용은 C원이 될 것이다. 그런데 이 기계에 투자한 1년 후에는 R_1 만큼의 수입을 얻고 2년 후에는 R_2 만큼의 수입을 얻고 따라서 n년 후에는 R_n 만큼의 수입을 얻을 수 있다고 하자. 연이자율은 i이다. 이 때 이 기업의 투자로부터 벌어들이는 미래수입들의 현재가치는 아래와 같이 나타낼 수가 있다.

$$PDV = \frac{R_1}{1+i} + \frac{R_2}{(1+i)^2} + \cdots\cdots + \frac{R_n}{(1+i)^n}$$

위의 식에서 이자율은 복리방식으로 계산되었으며 PDV는 이자율로 할인된 현재의 가치(Present Discounted Value)를 의미한다. $R_1/1+i$는 1년 후에, $R_2/(1+i)^2$은 2년 후에, … $R_n/(1+i)^n$은 n년 후에 얻을 수 있는 수입을 현재의 가치로 환산한 값이다. 예를 들어 이 기업이 한 대의 기계를 사는데 100만원이 들어가고 이 기계는 매년 80만원씩의 수입을 벌어들인 후에 2년 만에 못쓰게 된다면 연 이자율이 10%일 때 이 기업이 이 기계로부터 벌어들일 수 있는 미래의 수입들의 현재가치는 아래와 같이 계산할 수가 있다.

$$PDV = \frac{80}{1+0.1} + \frac{80}{(1+0.1)^2} = 138.84$$

따라서 100만원의 기계를 산 2년 후에 이 기업은 PDV(138.84 만원)에서 C(100만원)를 뺀 388,400원을 순 이익으로 벌어들인 셈이다. R_1, R_2, ……R_n은 모두 기계의 김가싱긱비를 제외한 금액이다. 이와 같이 PDV에서 C를 제외한 값이 양의 값을 가지면 기업은 투자하는 것이 유리할 것이다. 즉 기업이 투자결정을 할 때에는 그 투자로부터 얻을 수 있는 모든 미래의 수입을 현재의 가치로 환산한 이후에 여기에서 그 투자에 들어가는 모든 현재와 미래의 비용을 현재가치로 환산한 값을 뺐을 때 그 값이 양의 값이면 투자하는 것이 바람직하다 할 것이다. 그러나 현실세계에서는 현재가치법에 의한 투자로 문제가 있을 수 있다. 즉 어느 사업이든 앞날의 사업을 정확히 예측한다는 것은 현실적으로 불가능한 일인 것이며 또한 여러 산업에 동시에 투자할 때에는 한 사업의 수입이 다른 사업의 수입과 관련되는 복잡성이 발생할 수도 있어서 모든 사업의 미래수입을 현재가치로 환산하는데 어려움이 나타날 수도 잇다. 또한 자금이 넉넉지 못할 경우에는 PDV에서 C를 뺀 값이 큰 것부터 먼저 투자를 해야 할 것이다.

16.4 시장이자율

현실에서 이자율에 영향을 미치는 요인은 여럿이 있다. 따라서 이자율(interest rate)은 항상 변한다. 이자율은 시간과 장소와 여건과 상황 등에 따라 변화한다. 즉 대출기간이나 대출금액 또는 대출위험의 정도나 세금의 부과형태, 대출자금의 관리비용등에 따라서 이자율의 적용크기는 달라질 수 있다. 즉 대출기간도 이자율을 다르게 하는 주요 원인 중 하나인데 대출기간이 길면 대출기간이 짧을 때보다 이자율이 높아진다. 그 이유는 대출기간이 길면 길수록 그 자금에 대한 유동성을 오랫동안 포기해야만 하기 때문이다. 예를 들면 1년 정기예금율이 보통의 예금이자율보다 높은 것은 이런 이유 때문이다. 대출 위험의 크기도 이자율의 변화를 일으키는 주요 원인 중의 하나이다. 대출위험의 정도가 커지면 커질수록 이자율은 더 높아진다. 만약에 채무불이행(default) 등으로 인하여 대출자금의 회수가 어려울 것 같아 보일 경우에는 더 높은 이자율이 적용된다. 예를 들어 국채는 회수 가능성이 높은 채무인 반면에 회사채는 채무불이행의 가능성이 높은 채무이다. 그러므로 회사채 이자율이 국채이자율 보다 높은 것이다. 또한 투자자금에 대한 수익률의 변동성도 이자율에 영향을 미치는 요인 중에 하나다. 즉 수익률이 변하는 투자 사업에 대출할 경우에는 미래의 수익이 불확실하면 불확실 할수록 대출자는 더 높은 이자율을 받기를 원한다. 대출자금의 관리비용도 이자율에 영향을 미친다. 예를 들어 소액대출이나 할부로 상환을 약속한 대출자금 등은 장부관리비용이나 서비스비용 등이 상대적으로 더 높기 때문에 이자율은 더 높다. 세금의 부과형태도 이자율에 영향을 미치는데 만약에 이자소득에 대하여 세금을 면제해 주는 것과 같은 금융상품에 대하여 대출자는 세금을 공제한 후에 이

자소득을 기준으로 대출하기 때문에 이자율을 낮추어서 대출을 해 줄 수 있다.

이자율은 명목이자율(nominal interest rate)과 실질이자율(real interest rate)로 나눌 수가 있는데 명목이자율은 현재의 화폐구매력과 미래의 화폐구매력이 동일하게 유지되도록 하면서 대출자금에 일정한 이자를 붙이는 이자율이다. 현재 10원 하는 물건이 미래에 12원이 된다면 현재의 10원은 가치에 있어서 미래에 12원이 되어야 현재와 미래에 똑같은 구매력을 유지할 수가 있다. 그런데 대출자는 이와 같은 흐름 위에 자기가 원하는 이자율을 붙여서 대출을 하려고 한다. 이 경우에 대출자가 원하는 이자율이 10%라고 하면 이것이 바로 실질이자율이다. 따라서 명목이자율은 실질이자율(10%)과 물가상승률(20%)을 합한 30%가 될 것이다. 자금의 대출과 예금 및 투자 등에 영향을 미치는 이자율은 명목이자율이 아니고 실질이자율이다.

16.5 자본비용

자본비용이란 말 그대로 자본을 조달하는데 들어가는 비용이다. 그런데 자본비용은 자본을 조달하는 방법에 따라서 달라질 수가 있다. 기업은 투자자금을 자체적으로 조달할 수도 있고 밖으로부터 조달할 수도 있다. 자체적으로 조달하는 방법은 기업이 남은 이윤을 배당하지 않고 재투자하는 방법이고 밖으로부터 조달하는 방법은 대부금을 빌리는 것과 주식을 발행하여 자금을 조달하는 방법이 있다. 빌리는 방법으로 조달한 투자자금은 부채(debt)이고 주식을 발행하여 조달된 자금은 자기자본(equity)이다. 이러한 방법 중 어떠한 방법을 택하느냐에 따라서 자본비용은 달라질 수가 있다. 자체적으로 자금을 조달할 때의 자본비용은 이 자금을 다른 곳에 투자했을 때에 얻을 수 있는 수입을 포기한 것과 같은 기회비용으로 생각할 수가 있다. 그러나 외부로부터 자금을 충당할 때의 자본비용은 부채일 경우와 자기자본일 경우의 자본비용 계산법이 다르다. 부채에 대한 자본비용은 부채에 지불하는 이자이다. 이 이자에 대하여서는 정부로부터 조세감면의 혜택을 받기 때문에 이러한 혜택을 염두에 두고 자본비용을 계산해야 한다. 부채금액을 A라하고 자본비용을 B, 이자율을 i, 세율을 t라 하면

$B = A \cdot i - A \cdot i \cdot t = A \cdot i(1-t)$가 된다.

$A \cdot i$ 만큼 부채액에 대한 이자를 지불했으나 $A \cdot i \cdot t$만큼의 세금을 감면 받았으므로 이 만큼의 세금감면을 뺀 것이 실제의 자본비용이다. 예를 들어 이자율

이 10%이고 세율이 30%일 때에 1억원을 빌려서 투자를 하면 자본비용은 700만원이 되는 셈이다.

자기자본에 대한 자본비용 계산방법은 매우 복잡하고 또한 여러 가지가 있는 것으로 알려져 있으나 가장 단순한 방법을 소개해 보자. 자기자본은 내부유보자금과 주식공모자금으로 이루어져있고 내부유보자금에 대한 자본비용은 보통 주식공모자금에 대한 자본비용보다 낮다는 게 일반적이다. 그러나 두 종류에 대한 자본비용이 똑같다고 가정하자. 자기자본 1단위에 대한 자본비용(C_e)은 무위험이자율(i_f)과 위험할증률(i_p)을 합한 것이고 위험할증률은 국채 대신에 회사채에 투자했을 때에 발생할 수 있는 위험할증률(R_1)과 회사채 대신에 보통주식에 투자했을 때에 발생할 수 있는 위험할증률(R_2)로 나누어질 수가 있다고 한다. 그러므로 자기자본에 대한 자본비용은 아래와 같다.

$$C_e = i_f + R_1 + R_2$$

주식에 대한 배당은 회사채등에 대한 이자들을 모두 지불한 후에 지불이 될 뿐만이 아니라 회사의 수익성 또한 그 크기에 있어서 변동이 심하므로 보통주식은 일반적으로 회사채보다 위험도가 더 크다. 따라서 $R_2 > R_1$ 그리고 $R_1 > 0$다고 한다.

기업들은 기업의 선호도나 특성에 따라서 기업 나름대로의 부채비율과 자기자본의 비율이 다르다. 총기업의 자산 중에서 부채가 차지하는 비율을 K_1이라하고 자기자본이 차지하는 비율이 K_2라고 한다면 기업의 전체적인 자본비용은 아래와 같다.

$$M = K_1 \cdot \frac{B}{A} + K_2 \cdot C_e \qquad K_1 + K_2 = 1$$

위의 식에서 M은 외부로부터 조달된 투자금의 화폐 1단위에 대한 총자본비용을 나타내고 있다.

16. 6 자본과 소득의 배분

자본은 여러 가지 종류의 다양하고도 이질적인 것들로 구성되어 있다. 자본은 그 경제에서 생산된 것 중에서 미래의 확대생산을 위하여 현재의 소비로 쓰이지 않고 축적된 것이다. 즉 미래에 예상되는 더 큰 수입을 위해서 현재의 소비를 유보한다는 것이 자본축적의 본질일 것이다. 자본축적의 본질을 이와 같은 관점에서 본다면 자본은 현재의 소비와 미래의 소비를 연결시켜 주는 가교역할을 하고 있다고도 볼 수가 있다. 따라서 우리는 우리의 삶에 걸쳐서 소득 배분을 통하여 현재의 소비와 미래의 소비에 대한 크기를 조정하고 선택을 할 때에 자본축적에 대한 결정도 같이 내리고 있는 것이다. 따라서 자본에 대한 이론은 시간차 소득 배분의 문제와 깊은 관계를 갖고 있다 하겠다.

현재의 소비를 C_1으로 나타내고 미래의 소비를 C_2로 나타낸다고 하자. 만약에 현재의 소비를 ΔC_1만큼 줄여서 자본축적으로써 미래의 소비에 투입하여 미래의 소비가 ΔC_2만큼 늘어날 수 있다면 우리는 이와 같이 유보된 소비의 수익률(i)를 다음과 같이 나타낼 수가 있다.

$$i = \frac{\Delta C_2}{\Delta C_1} - 1$$

우리는 위의 설명에서 소비의 시차를 현재와 미래의 두 시점만 제한하여 가정하고 있다. 위의 식은 아래와 같이 바꾸어 쓸 수도 있다.

$$\frac{\Delta C_2}{\Delta C_1} = 1 + i \quad \& \quad \frac{\Delta C_1}{\Delta C_2} = \frac{1}{1+i} = P_2$$

위의 오른쪽 식에서는 현재의 소비(C_1) 1단위를 유보하여 자본축적으로써 미래의 소비(C_2)에 투입하면 얼마만큼의 미래소비를 얻을 수 있는가를 나타내고 있다. 즉, 현재의 소비를 9단위 줄여서 자본축적에 사용하고 다시 이 축적된 자본을 더 큰 미래의 소비를 위하여 투입할 때에 미래소비가 10단위 더 늘어난다면 위의 오른쪽 식의 값(P_2)은 0.9가 될 것이다. 따라서 P_2는 현재소비와 미래소비의 감소나 증가에 대한 상대비율이다. 즉, 미래의 소비 1단위를 더 얻기 위해서 현재의 소비 몇 단위를 포기해야만 하는가 하는 수치이다.

지금까지 우리가 논의한 소비자가 현재의 소비를 포기하고 그 포기한 지분을 미래의 소비에 투자하려고 하는 근본 목적은 그의 효용(만족)을 좀 더 극대화 하려고 하는데 있다. 우리는 이미 논의한 바가 있는 예산선과 무차별곡선의 이론을 가지고 이 문제를 설명해 보자. 우리는 우리의 대표적인 소비자의 효용함수와 예산선이 아래와 같다고 하자.

$U = f(C_1, C_2)$ $\quad\quad\quad\quad$ U: 효용함수

위의 효용함수 U는 우리가 소비자 선택이론에서 논의한 전형적인 효용함수로서 원점에 대하여 볼록하고 기울기가 음(-)의 값을 갖는 무차별곡선을 나타낸다. 예산선은 만약에 이 소비자의 현재소득이 M_1이라면 아래와 같이 나타낼 수가 있다.

$M_1 = C_1 + C_2 \cdot P_2$ $\quad\quad\quad\quad$ M_1: 현재의 소득

M_1은 현재의 소비와 미래의 소비로 나뉘어 쓰여진다. 위의 식은 또한 아래와 같이 전환 될 수 있다.

$$C_2 = -\frac{1}{P_2} \cdot C_1 + \frac{M_1}{P_2}$$

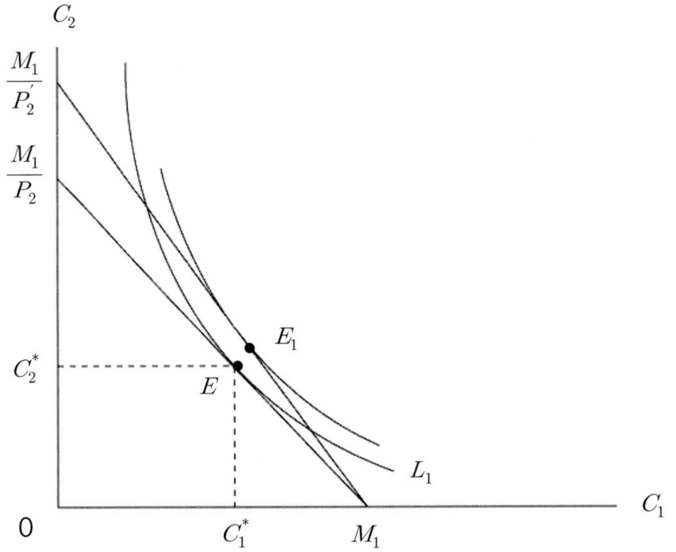

[Fig. 16-4] 소득 배분에 의한 효용극대화

[Fig. 16-4]에서 C_1은 현재의 소비를 나타내고 C_2는 미래의 소비를 나타낸다. $(M_1/P_2 \sim M_1)$은 현재와 미래의 소비배분의 조합점들을 나타내는 예산선이다. 즉,

현재의 소비를 현시점에서 모두 소진할 경우 횡축의 M_1(현재소득)만큼 소비할 것이며 현재의 소비를 모두 미래에 소진할 경우 미래의 소비는 M_1/P_2가 될 것이다. 예산선의 기울기는 $-\frac{1}{P_2}$이다. [Fig. 16-4]의 E점에서 이 소비자의 효용이 극대가 됨을 알 수 있다. 즉, 현재의 소득 M_1에서 C_1^*만큼을 현재에 소비하고 $(M_1 - C_1^*)$는 저축을 하여 미래에 투자함으로써 미래에 C_2^*만큼의 소비를 할 수가 있는데 이와 같은 소득의 소비로의 배분이 소비자의 만족을 극대화시킬 수 있는 것이다. 이상의 분석은 현재의 소비유보(자본축적)의 동기가 미래의 소비를 증대시켜서 수요하려고 한다는 사실을 나타낸다. 또한 미래소비에 대한 수요량은 $P_2(=\Delta C_1/\Delta C_2)$의 영향을 받는다. 만약에 P_2의 값이 하락하여 P_2'으로 변한다면, 즉 $(\Delta C_1/\Delta C_2)$가 하락한다는 의미는 예를 들어 $(\Delta C_1/\Delta C_2)$의 값이 10에서 5로 떨어진다는 것으로 이는 미래의 소비가 현재의 소비에 비해 상대적으로 싸졌다는 의미인데, 상황이 이렇게 된다면 [Fig. 16-4]에서 새로운 예산선은 M_1을 축으로 하여 오른쪽으로 회전 이동할 것이며 이때에 새로운 소비자균형점은 E_1점이 될 것이다. P_2가 하락하면 상대적으로 미래의 소비가 싸졌으므로 미래의 소비에 대한 수요를 늘릴 것이다. 우리는 이러한 현상을 대체효과라 부른다. 또한 $P_2\left(=\frac{1}{1+i}\right)$가 하락하면 i(유보된 소비의 수익률)는 상승하게 되어 실질소득이 상승함과 동시에 미래의 소비에 대한 수요(선호)도 높아질 것이다. 우리는 이러한 현상을 소득효과라고 한다. 따라서 우리는 P_2와 미래의 소비에 대한 수요가 역의 관계에 있다 하겠다.

요약

1. 자본은 우회생산(roundabout production)을 의미하고 있다.

2. 다른 생산요소와 마찬가지로 자본도 생산적이기 때문에 기업에 의하여 수요가 된다. 자본에 대한 보수는 이자인데 이자율이 오르면 기업들의 자본에 대한 수요는 감소한다.

3. 정부의 대부수요 증가로 인하여 이자율이 상승하면 자본시장에 crowding out 현상이 발생한다.

4. 인간자본(human capital)이란 사람들이 교육을 받거나 훈련 등을 통하여 숙련도등을 높이는 것인데 이것은 투자를 통하여 이루어지므로 우회생산의 형태를 나타내는 것이다.

5. 이윤은 전문경영인들이 얻는 잉여인 것이다. 시장경제에 있어서 이윤이란 기업들이 한 산업에 진입하거나 또는 한 산업으로부터 이탈하는 징후가 될 수 있다.

6. 한계생산력설은 시장경제에 있어서 소득의 분배가 어떻게 결정되는가를 설명해 준다. 한계생산력설은 소득분배의 규범적 정당성에 대하여서는 언급하지 않고 있다.

7. 이자율은 빌려주는 금액과 빌리는 금액과를 일치시켜주는 화폐 1단위의 비용이다.

8. 자본을 구입하여 생산활동에 투입하는 것은 투자인데 투자한 금액이 벌어들이는 미래의 모든 소득을 현재의 화폐가치로 환산한 것이 투자의 현재가치이다.

9. 명목이자율에서 물가상승률을 뺀 것이 실질이자율이다.

10. 자본비용이란 투자자금의 조달비용으로서 내부자금이나 부채(debt), 자기자본(주식발행)등에 따라 계산 방법이 다르다.

중요 용어

우회생산(roundabout production)
이자율
자본시장
stock
현재가치(PDV)
자본비용
부채(debt)
명목이자율
crowding out
대부자금
인간자본(human capital)
flow
채무불이행(default)
내부자금
자기자본(equity)
실질이자율

연습문제

1. 전문기업경영인에 대한 이윤이 잉여(나머지: residual)라는 것은 무슨 의미인지 설명하시오.

2. 왜 이자율을 돈을 빌려주고 빌리는 가격이라고 하는지 설명하시오.

3. 연 이자율이 10%일 때 매년 100만원씩 영원히 소득으로 받는다면, 이 미래소득들의 현재가치는 얼마인가?

4. 이자율이 올라가면 저축은 어떻게 되는지 설명하시오.

5. 일반적으로 부채에 대한 자본비용이 자기자본에 대한 자본비용보다 적은 이유를 설명하시오.

6. 이자율이 5%일 때 500만원은 1년 후에 얼마와 같은 가치인가? 또한 2년 후에 3000만원을 받기로 되어 있다면 이것의 현재가치는 얼마인가?

7. 두 가지의 투자계획이 있다. 첫 번째는 구입 즉시 20억원의 수익을 주고 일 년 있다가 또 20억원을 수익으로 준다고 하고 두 번째는 일 년 있다가 43억원의 수익을 준다고 한다. 연간 이자율이 20%일 때 어느 것인지 더 유리한 투자인지 설명하시오.

읽어보기 16-1

John Kenneth Galbraith

John Kenneth Galbraith is perhaps the best known contemporary social critic who happens to be an economist. His fame results, in part, from his attempt to write economics in clear English and from his generally entertaining and witty writing style. However, many economists are not sympathetic to his economic analysis. Their reservations stem from the fact that Galbraith criticizes in sweeping generalities. His arguments are almost never stated as precise, testable hypotheses. As a result, it is almost impossible for Galbraith to present scientific evidence for his arguments or for his critics to refute them. In a stinging review of Galbraith, Professor Robert Solow of M.I.T. argues that economists are "little thinkers" while Galbraith is a "big thinker." Solow went on to illustrate his criticism of Galbraith by referring to the old story of the couple that had achieved an agreeable division of labor. she made the unimportant decisions: what job he should take, where they should live, how to bring up the children. He made the important decisions: what to do about Jerusalem, who should be admitted to the United Nations, how to deal with crime on the streets.

John Kenneth Galbraith was born in Canada and received a B.S. degree from the University of Toronto. He received a Ph.D. in agricultural economics at the University of California, Berkeley, in 1934. Galbraith went immediately to Harvard as an instructor. where he remained until his recent retirement. Galbraith, unlike many economists, is very politically active. He has been chairperson of the Americans for Democratic Action and was an early and outspoken critic of the Vietnam War. President John Kennedy, who knew Galbraith from his days at Harvard, appointed him ambassador to India.

Galbraith has written a large number of books on both economic and noneconomic matters. The most important economic books are American Capitalism: The Concept of the Countervailing Power (1956), The Affluent Society(1958), The New Industrial State(1967), and Economics and the Public Purpose(1973). These books and

Galbraith's other works on economics all have a common theme, which has come to be referred to as Galbraithian economics. This theme is that monopoly power is the dominant force in the U.S. economy, and these powerful firms control and manipulate input prices, demand, and governmental policy. The control of the economy is now in the hands of a technostructure, (scientists, engineers, and trained managers) rather than the entrepreneur of conventional economic theory. Galbraith's government to control this unrestricted power.

(자료 : Principle of Economics, Amacher · Ulbrich, South-Western Publishing Co. 3rd Ed. 1986)

16-1 요약해설

갈브레이스(John Kenneth Galbraith)는 우연히 경제학자가 된 가장 잘 알려진 사회비평가일 것이다. 그의 명성은 경제학을 명확하게 영어로 쓸려고(표현하려고) 노력한 면에서 온 것도 있지만 그의 재미있고 유머 있게 글을 쓰는 문체로부터도 얻어 진 것이다. 그러나 많은 경제학자들은 그의 분석에 호의적인 것은 아니었다. 그들의 생각은 갈브레이스는 일반적 원칙이 없다고 한다. 그의 주장은 정확하고 검증 받을 만한 가정이 결여되어 있다고 한다. 그 결과 갈브레이스는 주장과 비평에 대하여 다른 사람들을 논박할 만한 과학적인 증거를 거의 제시하지 못했다. M.I.T의 솔로우 교수가 날카롭게 지적했던 것처럼 보통의 경제학자는 작은 머리인데 그는 큰 머리라고 지적했다. 그는 캐나다에서 태어나 U.C.Berkeley에서 박사학위를 받고 곧바로 하버드 대학교로 가서 은퇴할 때까지 거기서 지냈다. 그는 케네디 대통령과 학창시절서부터 알고 지냈으며 인도 주재 대사로도 일한 바 있다. 갈브레이스는 경제에 관계되거나 또 관계가 되지 않는 많은 것에 대하여 저서를 남겼다. 그가 쓴 많은 책들 속에 많이 나오는 보통의 주제가 있는데 그 것은 독점(monopoly)에 대한 것이었다. 그는 미국사회는 독점이 만연하고 있으며 이러한 독점력을 조정하기 위하여 강한 큰 정부가 필요하다고 주장하였다. 그는 독점 기업들이 생산요소의 가격이나 수요 그리고 심지어 정부정책까지도 조종하고 있다고 생각했다.

제7부

일반균형과 후생경제학

제17장

일반균형

경제변수들의 변화는 그 효과가 실제로 경제의 어느 한 부문에만 영향을 미치는 것이 아니라 연관된 다른 부문에도 그 여파를 끼친다. 현실 경제의 각 부문들은 서로 상호 의존적이거나 또는 서로 맞물려서 돌아가기 때문에 어떤 한 부문의 변화는 그 부문뿐만이 아니라 다른 부문에도 영향을 미치며 끝내는 자신에게로 되돌아와 영향을 미치기도 한다. 우리가 지금까지 논의한 분석은 각 개별시장에서의 균형가격과 균형 수량은 그 시장의 수요와 공급의 힘에 의하여 결정되고 이러한 수요와 공급은 다른 시장의 변수들이 변하지 않는다는 가정 하에서 이루어졌다. 따라서 각 시장은 서로 독립적이었고 자기 완결적이었으며 한 시장에서 발생한 가격의 변화는 다른 시장에 영향을 주지 않는다고 가정하였다. 이와 같은 가정 하에서 제한된 한 시장부문만의 균형에 대하여 분석을 행하는 것을 우리는 부분균형분석(partial eguilibrium analysis)이라고 한다. 우리가 앞에서 논의한 분석들은 부분균형분석이었다. 그러나 경제변수의 변화가 서로 상호 연관성을 갖는 모든 다른 부문과의 상호작용을 통하여 경제 전체의 균형에 어떤 변화를 초래하는지를 종합적으로 분석하는 것을 일반균형분석(general eguilibrium analysis)이라고 한다. 두 가지 분석방법은 모두가 그 나름대로의 가치가 있고 유용하다. 우리가 이미 논의한 소비자 선택이론에서 주어진 소득 하에서 소비자가 소비자균형에 도달하기 위해서 어떻게 효용극대화를 추구하는지에 대한 분석은 부분균형분석이나 사회 내에 있는 모든 소비자가 어떻게 동시에 소비자균형에 도달하는지를 일시에 분석하는 것은 일반균형분석이다.

17.1 에지워스의 상자그림(Edgeworth Box Diagram)

에지워스의 상자그림은 소비재의 양이나 또는 생산요소의 양이 고정되어 있는 상황에서 두 경제행위 사이의 상호작용을 나타낸다. 에지워스의 상자그림이 어떻게 그려지고 어떻게 해석되는지부터 알아보자. 우리는 앞으로 두 가지 상품 X와 Y만이 존재하고 소비자는 A와 B 두 사람뿐이라고 하는 가장 간단한 형태의 일반균형의 원리를 알아보려고 한다.

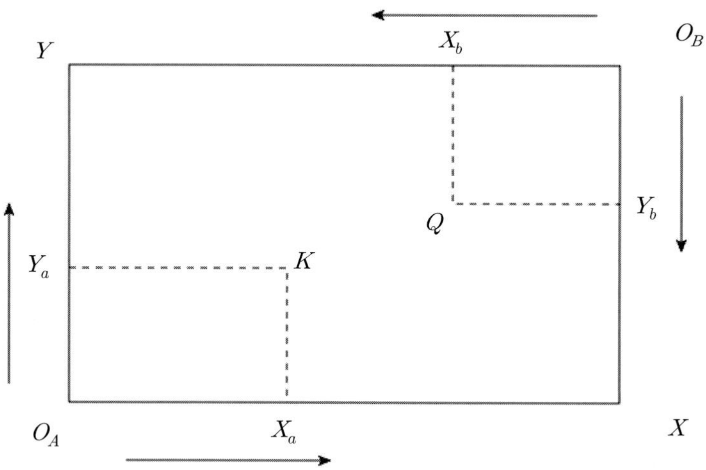

[Fig. 17-1] 에지워스 상자그림

[Fig. 17-1]에서 A의 X재의 보유량은 O_A를 원점으로 화살표 방향과 같이 횡축의 수평거리로 나타내고 Y재의 보유량은 O_A를 원점으로 종축의 수직거리로 나타낸다. B의 X재의 보유량은 O_B를 원점으로 그림에서 보는 바와 같이 횡축의 수평거리로 나타내고 Y재의 보유량은 O_B를 원점으로 화살표 방향과 같이 종축의 수직거리로 나타낸다. 예를 들어 K점은 A가 X재를 X_a만큼 소유하고 있고 Y재는 Y_a만큼을 소유하고 있음을 나타낸다. Q점은 B가 X재를 X_b만큼 소유하고 Y재를 Y_b만큼 소유하고 있음을 나타낸다.

에지워스 상자그림에서 주목할 것은 가로의 길이와 세로의 길이는 두 소비자가 소유하게 되는 두 상품의 총량을 나타낸다는 것과 상자내의 각점은 두 상품의 총공급량이 두 소비자에게 어떻게 배분되고 있는가를 나타낸다는 것이다.

에지워스 상자그림은 소비자의 문제뿐만이 아니라 생산자 문제에 대하여서도 사용될 수 있다. 여기서도 각각 X재와 Y재의 두 가지 상품만을 생산하는 두 기업과 두 가지의 생산요소인 K(자본)와 L(노동)이 존재하는 가장 간단한 형태의 일반균형 모델을 알아보려고 한다. 생산의 경우에 있어서의 에지워스 상자그림은 아래와 같다.

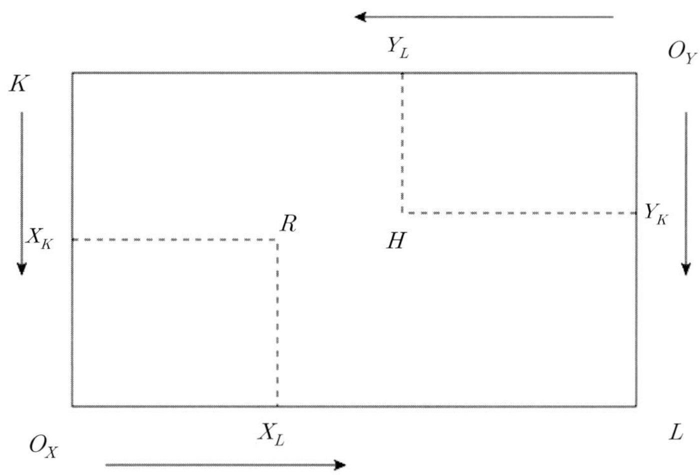

[Fig. 17-2] 에지워스 상자그림(생산)

[Fig. 17-2]는 생산의 경우에 있어서 에지워스 상자그림을 나타낸 것이다. [Fig. 17-2]의 기본적인 구성내용이나 설명은 [Fig. 17-1]과 동일하나 단지 그림의 내용을 생산적인 면으로 가지고 온 것뿐이다. 즉, [Fig. 17-2]에서 R점은 X재를 생산하는 한 기업(산업)이 R수준의 상품을 생산할 경우에 노동은 X_L만큼을 사용하고 자본은 X_K만큼을 사용하고 있음을 나타낸다. Y재를 생산하는 기업의 H점도 내용은 마찬가지라 하겠다.

17. 2 교환의 일반균형

앞의 절에서 논의한 내용을 가지고 교환의 일반균형에 대하여 알아보자. 우리는 우리가 이미 논의한 소비자 선택이론 중에서 무차별곡선에 대한 이론을 여기에 접목시킬 수 있다. 즉, 우리는 아래와 같이 무차별 지도를 에지워스 상자 안에 그려 넣을 수 있다.

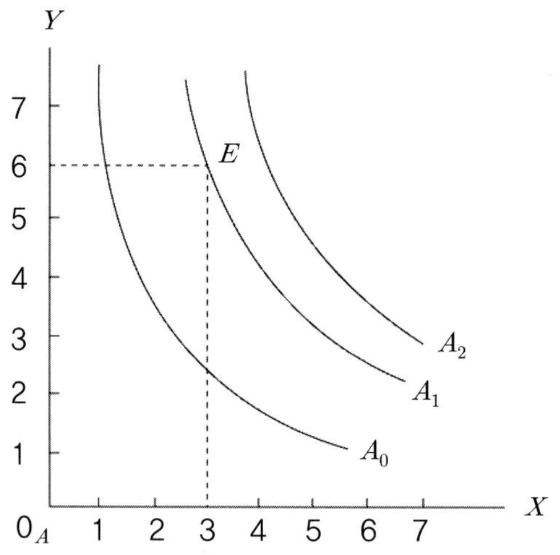

[Fig. 17-3] 소비자 A의 상품 소유량

[Fig. 17-3]에서 A_0, A_1, A_2는 소비자 A의 무차별 곡선이다. E점은 소비자 A의 상품 소유량을 나타내는 점인데 소비자 A는 X재 3단위와 Y재 6단위를 가지고 있다. A가 어떠한 교환도 하지 않고 가지고 있는 것을 그대로 소비하면 E점은 소비자 A의 소비점이 되고 이 소비로부터 소비자 A는 A_1만큼의 효용을 얻게 된다.

다음은 소비자 B에 대하여 알아보자. 소비자 B에 대하여서도 위와 같은 그래프가 필요하다.

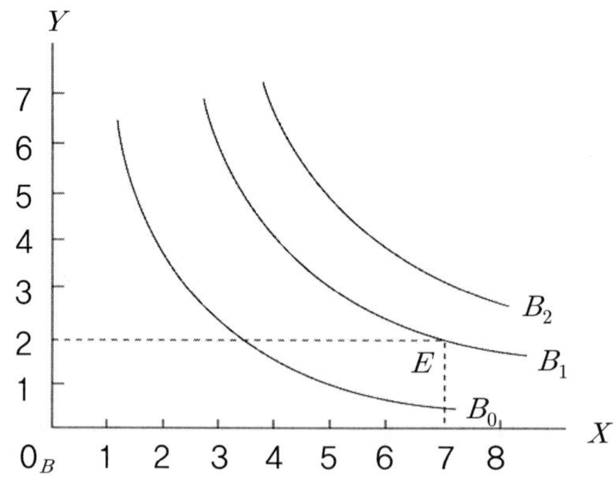

[Fig. 17-4] 소비자 B의 상품 소유량

[Fig. 17-3]에서 B_0, B_1, B_2는 소비자 B의 무차별 곡선이다. E점은 소비자 B의 상품 소유량을 나타내는 점으로서 소비자 B는 X재 7단위와 Y재 2단위를

소유하고 있다. 소비자 B가 어떠한 교환도 하지 아니하고 가지고 있는 것을 그대로 소비한다면 점 E는 소비자 B의 소비점이 되고 소비자 B는 이 소비로부터 B_1 수준의 효용을 얻을 것이다.

위에서 논의한 [Fig. 17-3]과 [Fig. 17-4]를 에지워스 상자에 함께 넣으면 우리는 소비자A와 소비자B가 X재와 Y재를 서로 교환하여 어떻게 소비자균형에 도달하는지에 대한 교환의 일반균형분석을 논의할 수 있을 것이다.

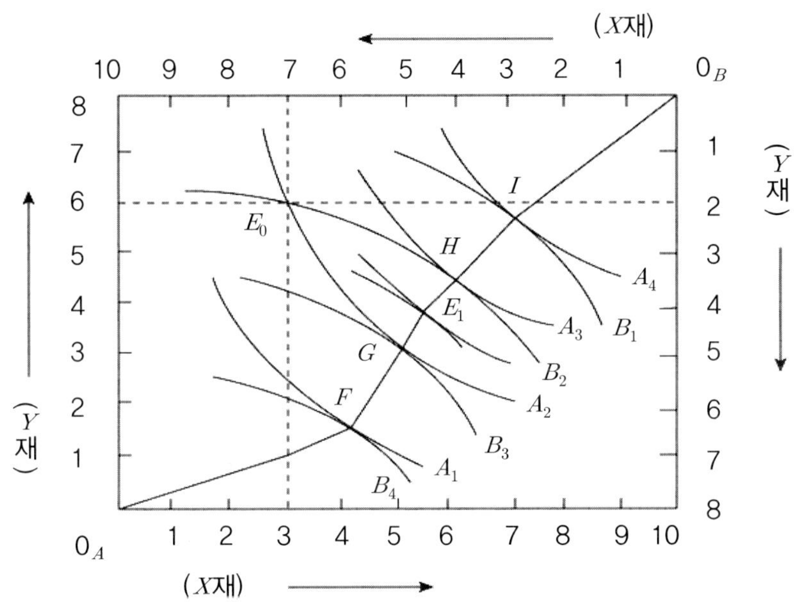

[Fig. 17-5] 에지워스 상자그림(교환)

[Fig. 17-5]에는 X재의 총량 10단위(A소유 3단위, B소유 7단위)와 Y재의 총량 8단위 (A소유 6단위, B소유 2단위)가 나타나 있다. [Fig. 17-5]의 E_0점은 [Fig. 17-3]과 [Fig. 17-4]의 E점과 완전히 일치한다. 이와 같이 도출된 그림을 교환의 에지워스 상자그림이라고 한다.

소비자 A와 B가 각자가 본래 가진 대로 E_0점에서 소비한다면 소비자 A는 A_2 수준의 효용을 얻을 것이고 소비자 B는 B_2 수준의 효용을 얻을 것이다. 그런데 소비자 A와 B가 소유하고 있는 X재와 Y재를 서로 교환하여 소비점을 이동시킨다면 A와 B 모두가 이익을 얻거나 또는 A와 B중에서 적어도 한 사람은 이익을 얻을 수가 있다. 즉, 소비자 A와 B가 합의하여 소비점이 E_0점에서 G점으로 이동하였다면 소비자 A의 효용수준에는 아무런 변화가 없어도 소비자 B의 효용수준은 B_2에서 B_3로 증가하였으므로 소비자 B에게는 이익이 된다. 만약에 소비자 A와 B가 합의하여 소비점이 E_0점에서 H점으로 이동되었다면 이번에는 소비자 B의 효용수준에는 변화가 없으나 소비자 A의 효용수준은 A_2에서 A_3로 증가하였으므로 소비자 A에게는 이익이 된다. 만약에 소비자 A와 B가 합의하여 소비점이 E_0점에서 E_1점으로 이동하였다면 소비자 A와 B 모두가 이익을 얻게 된다. 왜냐하면 E_1점에서는 소비자 A는 A_2보다 더 높은 수준의 효용을 얻게 되고 소비자 B도 B_2보다는 더 높은 수준의 효용을 얻을 수 있기 때문이다. E_1점에 있어서는 소비자 A와 소비자 B의 무차별곡선이 서로 접하고 있다. [Fig.17-5]에서 F, G, E_1, H, I 점들은 소비자 A와 소비자 B의 무차별곡선들이 서로 접하고 있는 점들인데 이런 점들을 모두 연결한 선을 우리는 교환의 계약곡선(contract curve)이라고 한다. 즉, 교환의 계약곡선은 두 소비자 A와 B가 가지고 있는 상품의 소유량을 서로 교환에 의하여 두 사람 모두에게 가장 큰 효용을 줄 수 있는 조합의 궤적이라 할 수 있다. 따라서 이러한 계약선상에 있어서의 특징은 소비자 A와 소비자 B의 X재와 Y재에 대한 한계대체율(MRS)이 같다는 것이다.

즉, $MRS_{xy}^A = MRS_{xy}^B$ 이다.

[Fig. 17-5]의 E_0점에서는 그래프에서 보는 것과 같이 소비자 A와 소비자 B의 무차별곡선의 접선의 기울기가 다르기 때문에 두 소비자의 한계대체율은 다르다($MRS_{xy}^A \neq MRS_{xy}^B$). 따라서 두 소비자 사이에 한계대체율이 다르면 교환이 이루어질 가능성이 발생한다. 계약곡선상 이외의 점에서 계약곡선상으로 이동을 하면 더 이상 두 소비자들 사이에서 자발적인 교환은 일어나지 않는다. 이 곡선상에 있어서는 두 소비자 사이에 교환의 균형이 달성되어 있기 때문이다. 따라서 교환의 계약곡선상에서는 경제가 교환의 일반균형에 도달해 있다고 말한다. 경제내에는 다수의 소비자와 다수의 상품이 존재한다. 따라서 경제전체에서 본 교환의 일반균형은 어떤 두 상품의 조합에 대해서도 한계대체율이 그 상품의 조합을 소비하는 모든 소비자에게 동일해야 한다.

위의 예에서 실제로 교환비율이 어떻게 정해질지는 두 사람의 교섭력이나 거래수완에 달려 있다. 그러나 경제가 일단 계약곡선상에 도달하면 그 때부터는 어느 누구도 상대방의 효용을 감소시키지 않고서는 자기의 효용(만족)을 증가시킬 수가 없다.

이런 상황을 우리는 파레토최적(Pareto optimum)이라고 한다. 따라서 어떤 한 파레토최적 상황에서 다른 곳으로 이동하면 적어도 한 소비자는 손해를 보게 된다.

우리는[Fig. 17-5]에서 O_A로부터 계약선을 따라 O_B로 이동하면 소비자 A의 효용은 점점 더 증가하고 소비자 B의 효용은 점점 더 감소하였다. 이러한 관계를 그래프로 그리면 아래와 같다.

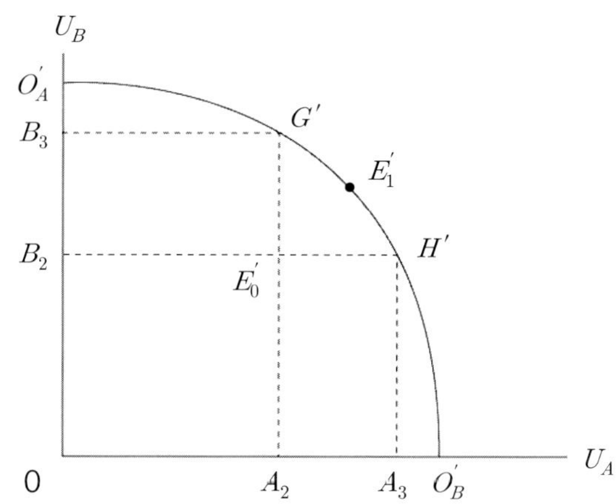

[Fig.17-6] 효용가능곡선

[Fig.17-6]에는 효용가능곡선(Utility Possibility Curve)이 나타나 있다. O_A'과 O_B', E_o', E_1', G', H' 점들은 각각 [Fig. 17-5]의 O_A와 O_B, E_o, E_1, G, H 점들에 대응하는 점들이다. 즉, [Fig.17-5]에서 O_A점에서는 소비자 A의 효용은 O(Zero)이지만 소비자 B의 효용은 최대이다. 이 점은 [Fig. 17-6]의 O_A'점이다. [Fig. 17-5]에서 O_B점에서는 소비자 A의 효용은 최대이지만 소비자 B의 효용은 O(Zero)이다. 이 점은 [Fig. 17-6]의 O_B'점이다. [Fig. 17-5]에서 G점은 소비자 A의 효용수준이 A_2이고 소비자 B의 효용수준은 B_3이다. 이 점은 [Fig. 17-6]의 G'점이다. 즉 효용가능곡선은 교환의 일반균형이 이루어졌을 때 두 소비자가 얻는 효용의 조합을 나타낸 궤적이다. [Fig. 17-5]의 E_0점처럼 균형이 달성되지 못한 점은 [Fig. 17-6]의 E_0'점처럼 효용가능곡선의 내부에 위치하고 있다.

17.3 생산의 일반균형

앞에서 우리는 한 생산품만을 가지고 생산자균형점이 어떻게 결정되는지 논의하였었다. 그러나 일반균형에서는 다수의 생산품이 동시에 생산균형에 이르는 것을 논의한다. 여기서도 우리는 그래프상의 분석이 가능하도록 두 기업 A와 B가 각각 생산하는 두 가지의 상품 X, Y와 두 가지의 생산요소 K(자본)와 L(노동)이 있다고 가정하자. 우리는 생산자이론의 등량생산곡선(isoquant)을 여기에 접목시킬 수 있다. 즉, 우리는 등량생산곡선을 아래와 같이 에지워스 상자 안에 그려 넣을 수 있다.

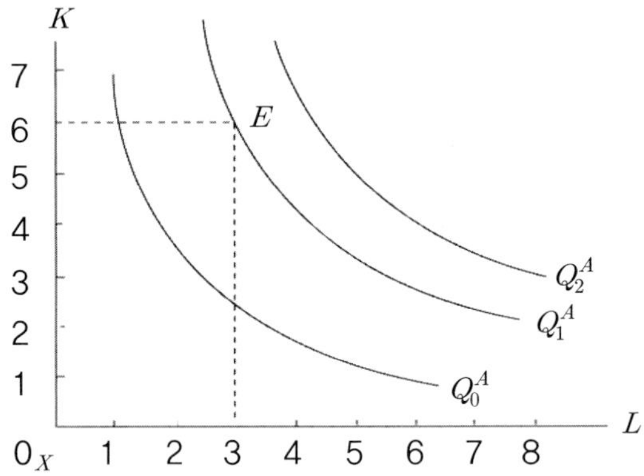

[Fig. 17-7] X재의 생산점

생산의 일반균형에 대한 분석은 그 분석의 방법이 실제로 교환의 일반균형분석 방법과 동일하다. 차이점이 있다면 소비측면을 생산측면으로 끌고 왔다는 것이다. [Fig. 17-7]에서 Q_o^A, Q_1^A, Q_2^A는 기업 A가 생산하는 X재의 등량생산곡선들이다. E점은 기업 A가 X재를 Q_1^A수준으로 생산하는데 노동 3단위와 자본 6단위를 투입하고 있음을 나타낸다. 즉, E점은 기업 A의 X재 생산점이다.

다음은 기업 B의 Y재 생산에 대하여 알아보자. 기업 B의 Y재 생산에 대하여서도 위와 같은 그래프를 그릴 수 있다.

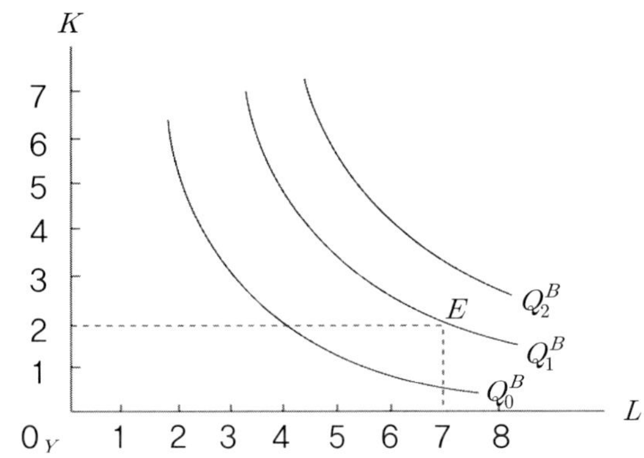

[Fig. 17-8] Y재의 생산점

[Fig. 17-8]에서 Q_o^B, Q_1^B, Q_2^B는 기업 B가 생산하는 Y재의 등량생산곡선이다. E점은 기업 B가 Y재를 Q_1^B수준으로 생산하는데 노동 7단위와 자본 2단위를 투입하고 있음을 나타낸다. 즉, E점은 기업 B의 Y재 생산점이다.

위에서 논의한 [Fig. 17-7]과 [Fig. 17-8]을 함께 에지워스 상자에 넣으면 아래와 같다.

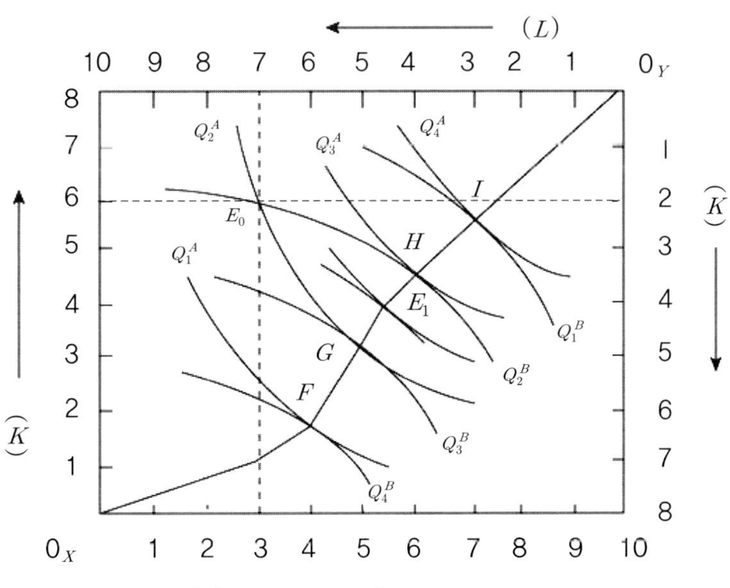

[Fig. 17-9] 에지워스 상자 그림 (생산)

[Fig. 17-9]에서 L(노동)의 총량은 10단위(X재에 3단위투입, Y재에 7단위 투입)이고 K(자본)의 총량은 8단위(X재에 6단위투입, Y재에 2단위투입)이다. [Fig. 17-9]의 E_0점은 [Fig. 17-7]과 [Fig. 17-8]의 E점과 일치한다. 이렇게 도출된 그림을 생산의 에지워스 상자그림이라고 한다.

E_0점에서의 생산요소 배분은 X, Y재의 상품을 최대로 생산할 수 있는 생산요소의 배분이 아니다. 만약에 기업 A와 기업 B가 합의하여 생산점을 E_0점에서 G점으로 이동시켰다면 기업 A의 X재 생산수준에는 아무런 변화가 없으나 기업 B의 Y재 생산수준은 Q_2^B에서 Q_3^B로 증가할 수 있다. 만약에 생산점을 E_0에서 H점으로 이동하면 기업 B의 Y재 생산수준에는 아무런 변화가 없으나 기업 A의 X재 생산수준은 Q_2^A에서 Q_3^A로 증가할 것이다. 만약에 기업 A와 B가 합의하여 생산점을 E_0에서 E_1으로 이동시켰다면 X재와 Y재의 생산량은 모두 증가할 것이다. E_1점에 있어서는 X재와 Y재의 등량생산곡선이 접하고 있다. [Fig. 17-9]에서 F, G, E_1, H, I 점들은 X재의 등량생산곡선과 Y재의 등량생산곡선들이 접하는 점들이다. 이런 점들을 모두 연결한 선을 우리는 생산의 계약곡선(contract curve for production)이라고 부른다. 따라서 생산의 계약곡선은 두 기업 A와 B가 두 재화 X와 Y를 생산할 때에 주어진 두 생산요소양하에서 가장 극대의 생산량을 생산하는 생산점들의 조합에 의한 궤적이다. 그런데 계약곡선상에 있어서는 두 재화 X와 Y의 등량생산곡선이 접하므로 두 재화의 한계기술대체율($MRTS$)이 같아야 한다.

즉, $MRTS_{KL}^X = MRTS_{KL}^Y$ 이다.

[Fig. 17-9]의 E_0점에서는 그래프에서 보듯이 X재와 Y재의 무차별곡선이 교차하고 있어서 한계대체율이 서로 다르다. 생산의 계약곡선상에서는 경제가 생산의 일반균형에 도달해 있다. 생산의 계약곡선상이 아닌 점에서 생산의 계약곡선상으로 이동하면 한 상품 또는 모든 상품의 생산량은 늘어난다. 그러나 일단 생산의 계약곡선상에 들어서면 그때부터는 어떤 상품도 다른 상품의 생산량을 줄이지 않고서는 그 상품의 생산량을 늘릴 수 없다. 우리는 이러한 상황을 파레토최적(Pareto optimum)이라고 부른다. 한 경제 내에서는 다수의 생산요소로 다수의 생산품이 생산되므로 경제전체에 대한 생산의 일반균형은 어떤 한 쌍의 생산요소 사이의 기술적 한계대체율이 그 생산요소들로 생산되는 모든 생산품에 대해서 동일해야 한다.

우리는 [Fig,17-9]에서 O_X점으로부터 생산계약곡선상을 따라서 O_Y점으로 이동하면 X재의 생산량은 점점 증가하고 Y재의 생산량은 점점 감소하였다. 이러한 관계를 그래프로 그리면 아래와 같다. 우리는 이 곡선을 생산가능성곡선(production possibility curve)이라고 한다.

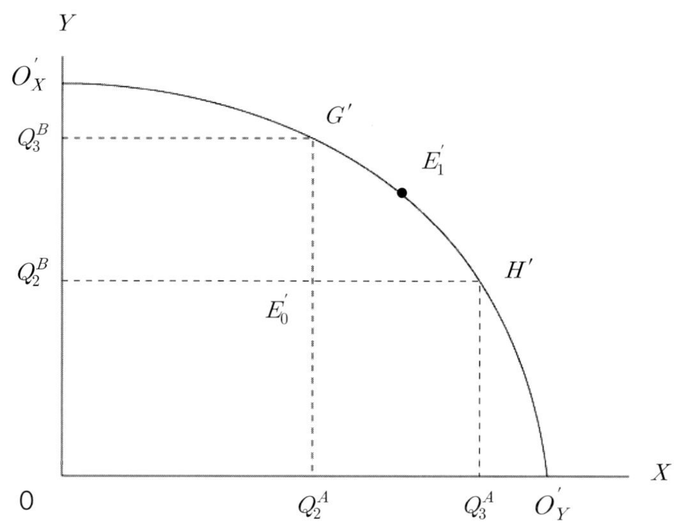

[Fig. 17-10] 생산가능성곡선

[Fig. 17-10]에는 생산가능성곡선(production possibility curve)이 나타나 있다. [Fig. 17-9]의 O_X점에서는 X재의 생산량은 0(Zero)이지만 Y재의 생산량은 최대이고 또한 O_Y점에서는 X재의 생산량은 최대이고 Y재의 생산량은 0(Zero)이다. [Fig. 17-9]의 O_X와 O_Y, E_0, E_1, G, H 점들은 각각 [Fig. 17-10]의 O_X'와 O_Y', E_o', E_1', G', H'점들에 대응하는 점들이다.

생산가능성곡선은 전환곡선(transformation curve)이라고도 한다. 이 곡선을 따라 이동하면 생산요소를 한 재화의 생산에서 다른 재화의 생산으로 전환하기 때문이다. 생산가능성곡선은 주어진 생산기술 하에서 주어진 생산요소들(K와 L)을 가장 효율적으로 사용했을 때에 생산 가능한 X재와 Y재의 최대생산량을 나타내는 곡선이다. 생산가능성곡선은 생산의 계약곡선을 따라 도출되기 때문에 생산가능성곡선도 생산의 일반균형을 나타낸다. 생산가능성곡선의 안쪽은 주어진 생산요소를 다 사용하지 않았거나 또는 주어진 생산요소를 모두 다 사용하였다 할지라도 효율적으로 사용하지 못한 경우에 해당한다. 생산이 일단 생산가능성곡선상에서 이루어질 경우 한 상품의 생산을 증가시키려면 반드시 다른 상품의 생산을 감소시켜야 한다. 생산가능성곡선상에서 X재를 1단위 더 생산하기 위해서 포기해야만 하는 Y재의 양을 Y재에 대한 X재의 한계전환율(marginal rate of transformation : MRT_{XY})이라고 한다. 한계전환율은 생산가능성곡선상의 한 점에 있어서 접선의 기울기이다. $MRT_{XY}=2$라는 의미는 X재를 1단위 더 생산하기 위해서는 Y재 2단위의 생산을 포기함과 동시에 Y재 2단위 생산에 필요한 자본과 노동량을 Y재의 생산에서 X재의 생산으로 전환시켜야 된다는 것이다. 또한 Y재에 대한 X재의 한계전환율은 Y재의 한계생산비에 대한 X재의 한계생산비율과도 일치한다.

즉, $MRT_{XY}=\left|\frac{\Delta Y}{\Delta X}\right|=\frac{MC_X}{MC_Y}$이다.

다시 말해서

$MRT_{XY}=2$의 의미는 $MRT_{XY}=\left|\frac{\Delta Y}{\Delta X}\right|=\left|\frac{-2}{+1}\right|$ 이다.

즉, X재를 1단위 추가 생산하기 위해서는 Y재를 2단위 포기해야만 한다는 뜻이다. 그러므로 Y재를 1단위 추가 생산하는데 들어가는 한계비용(MC_Y)이 1원이라면 X재를 1단위 추가 생산하는데 들어가는 한계비용(MC_X)은 2원 이라는 뜻이다.

즉, $\frac{MC_X}{MC_Y}=\frac{2}{1}=MRT_{XY}$ 이다.

따라서 생산가능성곡선을 따라서 오른쪽 아래로 이동하면 절대값으로 표시된 MRT_{XY}는 점점 증가하게 되는데 이것은 Y재의 한계생산비(MC_Y)는 점점 감소하고 X재의 한계생산비(MC_X)는 점점 증가하기 때문이다. 이것은 생산가능성곡선이 원점에 대하여 오목하게 된다는 것을 의미하는데 한계생산물체감의 법칙(the law of diminishing marginal product)이나 한계생산비체증의 법칙과 일맥상통한다 하겠다.

17.4 교환과 생산의 일반균형

현실의 경제에서는 교환과 생산이 동시에 이루어진다. 그러므로 교환과 생산이 동시에 일반균형에 이르는 모습을 보기 위하여서는 교환의 일반균형과 생산의 일반균형을 결합시켜야 한다. 우리가 지금까지 논의해 온 교환과 생산의 일반균형 분석을 그래프로 합치면 아래와 같다.

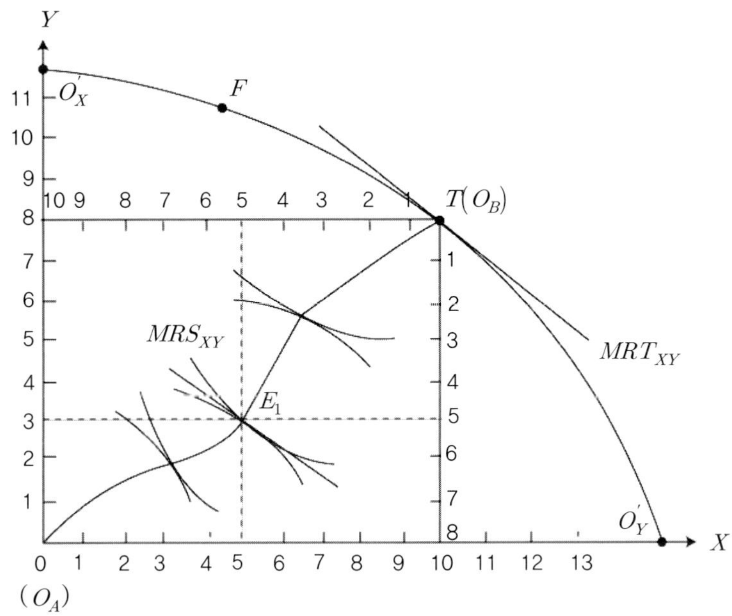

[Fig. 17-11] 교환과 생산의 일반균형

[Fig. 17-11]에서 이 가상의 경제사회는 T점에서 생산을 하고 있다고 가정한다. T점은 생산가능성곡선상에 있으므로 생산의 일반균형이 이루어지고 있는 상태이다. 교환의 일반균형은 E_1점에서 이루어지고 있다고 가정하자. 더구나 T점에서의 기울기와 E_1점에서의 기울기와 같다고 가정한다. 따라서 $(O_A \sim O_B)$의 선은 교환의 계약곡선이고 $(O_X' \sim O_Y')$은 생산가능성곡선이다. 따라서 생산과 교환이 동시에 일반균형에 도달하기 위해서는 위에서 우리가 가정한 바와 같이 T점에서이 한계전환율이 E_1점에서의 한계대체율과 같아야 한다.

즉, $MRT_{XY} = MRS_{XY}^{A} = MRS_{XY}^{B}$이 되어야 한다.

[Fig. 17-11]에서 경제 내에 있는 두 기업이 T점에서 각각 X재 10단위와 Y재

8단위를 생산하고 E_1점에서 소비자 A가 X재 5단위와 Y재 3단위를 소비하고 소비자 B가 X재 5단위와 Y재 5단위를 소비하면 이 경제는 생산과 교환의 일반균형 상태에 도달해 있는 것이다. 물론 $MRT_{XY} = MRS^A_{XY} = MRS^B_{XY}$의 조건이 충족된 상태 하에서의 예인 것이다.

[Fig. 17-11]의 T점에서는 $MRTS^X_{KL} = MRTS^Y_{KL}$의 조건이 충족되고 있다. T점에서의 접선의 기울기 (MRT_{XY})와 E_1점에서의 접선의 기울기($MRS^A_{XY} = MRS^B_{XY}$)가 일치하도록 생산과 소비가 이루어지면 생산과 교환의 일반균형이 달성된다. 이와 같은 상태에서는 경제가 X를 1단위 더 생산하기 위해서 포기하고자 하는 Y재의 양(MRT_{XY})이 각 소비자가 X재를 1단위 더 소비하기 위해서 포기하고자 하는 Y재의 양($MRS^A_{XY}=MRS^B_{XY}$)과 일치한다.

17.5 투입 - 산출분석

완전경쟁적인 경제하에서 일반균형모형을 최초로 구성한 사람은 19세기 프랑스 경제학자 왈라스(Leon Warlas)였다. 파레토(Vilfredo Pareto)도 우리가 지금까지 논의해 온 것처럼 이 분야의 큰 발전에 공헌한 위대한 학자이다. 그러나 일반균형분석에 커다란 공헌을 한 또 다른 학자는 레온티에프(Wassily Leontief)로서 그는 투입-산출분석에 있어서 큰 업적을 남겼다. 투입-산출분석의 특색은 경제의 상호의존성을 강조한 것이다. 즉, 각 산업들은 다른 산업들의 생산물을 자신의 생산요소로 사용하고 또한 자신이 생산한 생산물들은 다른 각 산업들의 생산요소로 쓰인다는 것이다. 이와 같은 상호의존성하에서 투입-산출분석은 각 최종생산물이 일정 수량만큼 소비될 수 있게 하기 위해서 각 산업은 얼마만큼을 생산해야 하는가를 결정하는데 목적이 있다. 이 분석은 추정된 수요를 충족시키기 위해 요구되는 생산량을 예측하는 데에 이용되어 왔다.

투입-산출분석에서는 몇 가지 가정들을 택하고 있다. 투입-산출분석에서는 각 재화들에 대한 총수요량이나 총공급량을 변수로 삼는 것이지 개별소비자들이나 개별기업의 수요량이나 공급량을 변수로 삼는 것은 아니다. 또한 이 분석에서는 각 재화에 대한 소비자의 수요는 주어진 것으로 가정한다. 또한 투입-산출분석에서는 각 재화의 생산에 투입되는 생산요소들의 투입비율이 고정적이라는 것과 규모에 대한 보수불변을 가정하고 있다. 즉 생산물 한 단위를 생산하는데 필요한 각 생산요소의 투입량이 생산량 수준에 관계없이 일정하다고 가정한다.

투입-산출모형의 간단한 예를 살펴보자. 예를 들어 경제 내에 철강산업과 석유산업, 전력산업의 세 산업만이 존재한다고 가정해 보자. 각 산업은 다른 산업들의 생산물을 아래의 〈표 17-1〉에 나타난 비율로 사용한다고 한다.

〈표 17-1〉 생산물(1원어치)에 투입되는 생산요소비율

〈1원어치의 생산물을 만들기 위해서 사용되는 각 투입물의 양〉

(단위 : 원)

산출물종류 / 투입물종류	전 력	철 강	석 유
전 력	0.3	0.2	0.1
철 강	0.2	0.2	0.2
석 유	0.3	0.1	0.1
노 동	0.2	0.5	0.6
계	1.0	1.0	1.0

〈표 17-1〉에서 첫째 열은 전력 1원어치를 생산하는데 30%의 전력과 20%의 철강과 30%의 석유와 20%의 노동이 필요함을 나타낸다. 이 경제의 최종소비목표가 10,000원 어치의 전력과 3000원 어치의 철강과 4000원 어치의 석유라고 하자. 문제는 이러한 목표치를 달성하기 위해서 각 산업에서 얼마만큼씩 생산해야 할 것인가에 있다. 전력생산량을 E, 철강생산량을 S, 석유생산량을 P라고 하자. 최종소비 목표가 충족되기 위해서는 〈표 17-1〉로부터 아래의 관계가 성립해야 한다.

$$E = (0.3)E+(0.2)S+(0.1)P+10,000 \quad \cdots\cdots\cdots (1)$$

$$S = (0.2)E+(0.2)S+(0.2)P+3,000 \quad \cdots\cdots\cdots (2)$$

$$P = (0.3)E+(0.1)S+(0.1)P+4,000 \quad \cdots\cdots\cdots (3)$$

위의 식(1)의 의미는 전력산업 자체에서 요구되는 전력량을 충족시키기 위해서 $(0.3)E$ 원어치의 전력생산이 필요하고 철강산업에서 요구되는 전력량을 충족시키기 위해서는 $(0.2)S$ 원어치의 전력생산이 필요하고 석유산업에서 요구되는 전력량을 충족시키기 위해서는 $(0.1)P$원 어치의 전력생산이 필요하며 또한 전력에

대한 최종소비를 충족시키기 위해서는 10.000원 어치의 전력생산이 필요하다는 뜻이다.

위의 식 (1), (2), (3)에 의하여 최종소비목표가 달성되기 위해서는 전력은 약 11,635원 어치가 생산되어야 하며 철강은 19,351원 어치, 석유는 약 12,188원 어치가 생산되어야 한다는 것이다. 또한 이 목표를 달성하기 위해 필요한 노동량도 구할 수가 있다. 즉 아래의 식에서 노동량을 L이라 하면

$$L = (0.2)E+(0.5)S+(0.6)P \quad \cdots\cdots\cdots (4)$$

식(4)에 위에서 얻은 결과를 대입하면 L=17000이다. 따라서 최종소비목표를 달성하기 위하여서는 17,000원 어치의 노동도 필요한 것이다. 노동공급이 충분하여 필요한 노동량을 다 채울 수 있으면 최종목표는 달성될 것이나 그렇지 못할 경우에는 목표치를 하향 조정해야 될 것이다.

이와 같이 투입-산출분석은 국가나 산업의 미래에 대한 경제 계획 등의 목표치나 추정치의 분석에 이용할 수가 있다. 우리의 위와 같은 간단한 예는 투입-산출의 기본적인 것들을 보여주고 있으며 또한 생산요소의 투입비율이 고정되어 있다고 가정하는 것이 왜 편리한지도 보여주고 있다.

요약

1. 경제의 한 부문에서 이루어지는 균형에 대하여 분석하는 것은 부분균형분석(partial equilibrium analysis)이고 모든 부문에서 동시에 균형이 이루어지면서 경제 전체가 균형에 도달하는 현상을 분석하는 것은 일반균형분석(general equilibrium analysis)이다.

2. 에지워스 상자그림(Edgeworth box diagram)은 교환과 생산에 있어서의 균형을 동시에 분석하기 위해 두 부문의 그래프를 합쳐서 사각형을 만든 그림이다.

3. 모든 소비자가 두 상품 X와 Y에 대하여 한계대체율(MRS)이 같으면 교환의 일반균형이 이루어진다. $MRS_{XY}^{A} = MRS_{XY}^{B} = \cdots\cdots$

4. 교환의 일반균형으로부터 도출한 두 소비자가 달성할 수 있는 최대의 효용조합을 효용가능곡선(utility possibility curve)이라고 한다.

5. 모든 생산품에 있어서 두 생산요소(K & L)의 한계기술대체율($MRTS$)이 같으면 생산의 일반균형이 이루어진다.

6. 생산의 일반균형으로부터 도출된 두 생산품이 생산될 수 있는 최대생산량의 조합점들의 궤적을 생산가능성곡선이라고 한다.

7. 에지워스 상자그림에서 교환의 일반균형점들이나 생산의 일반균형점들을 연결한 선을 계약곡선(contract curve)이라고 부른다.

8. 어느 한쪽의 불이익이 없이는 다른 한쪽의 이익이 발생할 수 없는 상황으로서 계약곡상에 있는 점들은 모두 파레토 최적 상태에 있다.

9. 생산가능성곡선의 기울기이며 생산가능성곡선을 따라 증가한 생산품의 생산량과 감소한 생산품의 생산량의 비율을 한계전환율(MRT)이라고 한다.

10. 생산과 교환의 일반균형 조건은 $MRT_{XY} = MRS_{XY}^{A} = MRS_{XY}^{B}$이다.

중요 용어

부분균형분석
에지워스 상자그림
생산의 계약곡선
효용가능곡선
전환곡선
투입-산출분석
일반균형분석
교환의 계약곡선
파레토최적
생산가능성곡선
한계전환율

연습문제

1. 두 소비자의 한계대체율(MRS)이 다르면 두 소비자는 교환을 하려고 하는데 그 이유가 무엇인지 설명하시오.

2. 교환의 계약곡선과 효용가능곡선과의 관계를 설명하시오.

3. 생산의 계약곡선과 생산가능성곡선과의 관계를 설명하시오.

4. 생산가능성곡선은 원점에 대하여 항상 오목한 형태를 갖고 있는지 설명하시오.

5. 두 명의 소비자 가운데 한 사람은 위험기피적이고 다른 한 사람은 위험중립적일 경우 두 사람 간에 최적의 위험분담은 어떻게 이루어지는지 설명하시오.

6. 노동력이 증가하면 생산의 계약곡선과 생산가능성곡선은 어떻게 변하는지 설명하시오

제18장

후생경제학

18.1 분석의 기본모형

18.2 대효용가능곡선(효용가능경계선)

18.3 사회후생함수와 사회후생극대화

18.4 보상의 기준

  18.4.1 파레토 기준(Pareto Criterion)

  18.4.2 칼도아-힉스 기준(Kardor-Hicks Criterion)

  18.4.3 스키토프스키 기준(Scitovsky Criterion)

  18.4.4 베르그송 기준(Bergsong Criterion)

18.5 애로우 불가능성정리(Arrow's Impossibility Theorem)

18.6 차선의 이론(Theory of The Second Best)

- 요약
- 중요 용어
- 연습문제

경제학의 궁극적인 관심은 경제내의 모든 자원을 효율적으로 배분하여 수많은 구성원들의 다양한 욕망을 채워줌으로써 개별 경제주체들의 활동을 가장 효율적으로 지원해 주고 개별 경제주체들의 후생(welfare)과 사회의 후생을 극대화 하는데 있다. 우리가 이 장에서 논의하려고 하는 후생경제학의 이론은 경제의 상태가 사회적 관점에서 볼 때 얼마나 바람직한 것인지 알아내는데 관심의 초점이 맞춰져 있다. 그러므로 지금까지의 실증적 분석과는 달리 이 장에 있어서는 규범적 분석의 범주 내에서 논의를 하게 될 것이다. 이장의 주된 내용은 경제적 효율성이 달성되면서 사회후생의 극대화라는 상황에 도달하려면 어떠한 조건들이 필요한지를 논의하는 것이다. 또한 이러한 조건들이 충족되는 때의 여러 가지 특성에 대해서도 논의할 것이다. 우리가 후생경제학을 논의할 때 반드시 어떤 특정한 경제체제를 전제로 할 필요는 없다. 그 것이 시장경제체재이든 또는 계획경제체재이든 또는 혼합경제체재이든가는 우리의 첫 번째 관심사가 아니기 때문이다. 물론 우리는 사회후생을 극대화하기 위해서는 궁극적으로 어떤 경제체재가 가장 적절한가 하는 문제를 다루지 않으면 안 된다. 그러나 이것은 결코 그리 간단한 문제가 아닐 뿐더러 우리는 우선적으로 개인과 사회의 후생을 논의할 때에 필요한 기본적인 이론측면에 대하여 먼서 논의의 조점을 맞추고자 한다. 우리가 후생경제학을 논의할 때에 효용이라는 개념을 사용하게 되는데 효용은 사람들끼리 비교할 수 없는 주관적인 것이기 때문에 사회후생을 논의하는 경우에 불가피하게 주관적인 가치판단이 개입하게 되므로 후생경제학은 규범적 성격을 띄게 되는 것이다. 한 경제사회의 어떠한 자원 배분이 그 사회의 후생을 극대화하는가를 규명하는 것은 결코 쉬운 일이 아니다. 그러나 최소한 그러한 자원배분이 되기 위한 필요조건으로서 제시된 것이 파레토최적 조건이다. 후생경제학에서 파레토최적이 차지하는 비중은 매우 크다 하겠다. 그러나 파레토최적을 만족하는 자원배분은 무수히 많을 뿐만이 아니라 또한 이들 간에 어느 쪽이 더 좋은지에 대한 우열을 가릴 수 있는 기준이 없다는 것이 파레토최적이 갖고 있는 한계라 하겠다. 따라서 학자들 간에 오래 전부터 파레토최적의 기준을 넘어서는 후생경제학에 대한 제반 문제들을 체계적으로 파악하려고 노력하여 왔다.

18.1 분석의 기본모형

우리는 앞장에서 생산요소와 생산품이 각각 2가지이고 경제활동에 참여하는 사람도 2명인 경제를 가정하였다. 즉, 경제에는 자본(K)과 노동(L)의 두 생산요소가 존재하며 각 생산요소는 동질적이며 부존량은 주어져 있다고 가정하였다. 또한 이 경제에는 X와 Y의 두 가지 생산품만이 생산되고 있으며 각 생산품은 완전히 동질적이고 생산요소의 투입량과 생산품의 산출량과의 기술적인 관계는 표준의 생산함수에 따른다고 가정하고 있다. 이 경제내의 소비자나 생산자는 각각 A와 B 두 사람만이 있으며 소비나 생산에 있어서 두 사람의 선호방식도 동일하다고 가정하고 있다. 후생경제학에서의 주된 주제는 교환과 생산에 있어서 경제적 효율성과 소득분배에 있어서의 형평성이다. 소득분배의 형평성은 가치판단의 기준에 따라 달라지기 때문에 객관적인 형평성의 조건을 정의하기란 어려운 일이다. 그러나 교환과 생산에 있어서의 경제적 효율성은 이미 제17장에서 논의한 것처럼 이를 위한 객관적인 조건은 정의할 수가 있다. 이 조건은 교환에서의 일반균형과 생산에서의 일반균형 그리고 교환과 생산에서의 동시적인 일반균형이다.

즉, 교환의 일반균형조건은

$$MRS^A_{XY} = MRS^B_{XY}$$ 이고

생산의 일반균형조건은

$$MRTS^X_{LK} = MRTS^Y_{LK}$$ 이고

교환과 생산의 동시적인 일반균형조건은

$$MRS^A_{XY} = MRS^B_{XY} = MRT_{XY}$$ 이다.

이 조건들은 이미 제 17장에서 논의하였는데 이 조건들을 경제적 효율성과 파레토최적을 위한 한계조건이라고 한다. 경제적 효율성이 달성된 상태를 파레토최적이라고 하는데 이 상태에서는 그 사회의 구성원 중에서 어느 한 사람의 효용이나 생산량을 증가시키기 위해서는 반드시 다른 어느 한 사람의 효용이나 생산량을 감소시켜야만 되는 교환과 생산의 일반균형 상태로서 이를 파레토최적이라고 한다. 즉 파레토최적 상태는 경제적 효율성이 달성된 상태이다. 따라서 파레토최적이 아닌 상태에서는 사회후생이 극대화될 수 없다. 이런 상태에서는 어느 누구에게도 해를 끼치지 않고 구성원의 일부나 또는 전부에게 이득이 돌아가도록 하

면서 사회후생을 증대시킬 수 있다. 파레토최적 상태가 모두 사회후생이 극대화가 되는 것은 아니지만 사회후생이 극대화되는 상태에서는 모두 파레토최적이 달성된다. 따라서 파레토최적은 사회후생의 극대화를 위한 필요조건이다. 따라서 파레토최적을 위한 한계조건은 사회후생 극대화를 위한 필요조건이다.

18.2 대효용가능곡선(효용가능경계선)

[Fig. 17-11]에서 E_1점은 교환의 일반균형이 충족되는 소비점이다. 따라서 이 점에서는 소비자 A와 소비자 B의 무차별곡선이 서로 접하는 점으로서 $MRS^A_{XY} = MRS^B_{XY}$가 이루어진다. [Fig. 17-11]의 T점은 $MRTS^X_{LK} = MRTS^Y_{LK}$가 이루어지는 점으로서 생산의 일반균형이 충족된다. [Fig. 17-11]의 E_1점과 T점 두 곳에서는 $MRS^A_{XY} = MRS^B_{XY} = MRT_{XY}$의 조건이 동시에 이루어지기 때문에 교환과 생산의 일반균형을 동시에 충족시키는 점이다. 그러므로 [Fig. 17-11]의 E_1점과 T점의 두 곳에서는 사회후생 극대화를 위한 한계조건이 모두 충족되고 있다. [Fig. 17-11]의 OE_1T선은 교환의 계약곡선인데 이 곡선을 따라서는 아래의 [Fig. 18-1]에서 보는 바와 같이 $AT'B$의 효용가능곡선을 도출할 수가 있다.

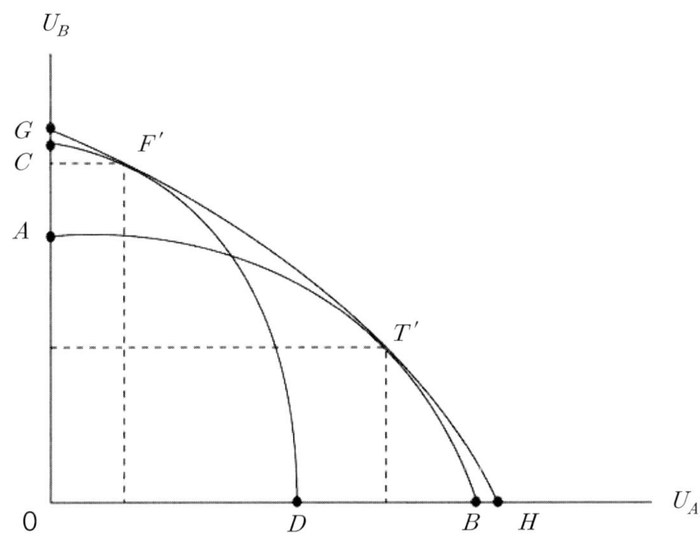

[Fig. 18-1]) 대효용가능곡선

[Fig. 18-1)의 효용가능곡선 $AT'B$선상의 T'점은 [Fig. 17-11]의 T점에 대응하는 점으로서 T점은 교환의 계약곡선과 생산가능곡선이 만나는 점에 있으므로 T점과 이에 대응하는 T'점은 둘 다 모두 사회후생 극대화를 위한 한계조건을 충족시키는 점이다.

만약에 생산이 [Fig. 17-9]의 F점에서 이루어진다면 이 점과 대응되는 생산가능성곡선상의 점은 [Fig. 17-11]의 F점이다. F점에서는 $MRTS^X_{LK} = MRTS^Y_{LK}$가 이루어지기 때문에 생산의 일반균형이 충족된다. 그런데 [Fig. 17-11]의 F점을 기준으로 또 다른 하나의 에지워스 상자그림을 그려서 O점과 F점을 연결하면 또 다른 교환의 계약곡선이 도출된다. 이럴 경우에 새로운 교환의 계약곡선을 따라 또 다른 효용가능곡선을 그리면 $CF'D$가 도출된다. [Fig. 17-11]의 F점에 대응되는 점이 [Fig. 18-1]의 F'점이다. 즉, F점 F'점은 둘 다 모두 사회후생의 극대화를 위한 한계조건을 충족시키는 점이다. 우리는 [Fig. 17-11]의 생산가능성곡선상을 따라 위와 같은 과정을 반복하면 무수히 많은 효용가능곡선을 도출해 낼 수 있는데 각 효용가능곡선마다 사회후생 극대화를 위한 한계조건이 충족되는 점들을 모두 찾아서 이 점들만을 연결하면 [Fig. 18-1]의 $GF'T'H$와 같은 곡선을 도출할 수가 있는데 이것을 대효용가능곡선(grand utility possibility curve) 또는 효용가능경계선이라고 한다.

18.3 사회후생함수와 사회후생 극대화

사회후생함수(social welfare function)란 만약에 두 사람의 효용수준이 U_A와 U_B로 주어졌을 때 아래와 같은 함수관계를 통하여 사회후생의 수준을 값으로 나타내 주는 함수를 사회후생함수라고 한다.

$SW = f(U_A, U_B)$: SW(Social Welfare)

위의 식에서 SW는 사회전체의 후생수준이고 U_A 및 U_B는 각각 소비자 A와 B의 효용수준이다. 즉, 사회전체의 후생함수는 소비자 A와 B의 효용수준이 주어졌을 때 이것을 종합하여 하나의 사회후생수준으로 나타낼 수 있다. 따라서 이 함수의 성격은 두 사람의 효용수준을 어떤 가치판단 하에서 평가하느냐에 따라 달라지게 된다. 개인의 경제활동은 기본적으로 개인의 이기심(self-interest)에 바탕을 두고 움직이고 있으며 또한 개개인의 일정한 대상에 대한 선호도는 천차

만별이며 불규칙하다. 사회의 선호도나 후생수준은 개개인의 선호도나 효용과 무관하지가 않다. 왜냐하면 사회후생수준은 어떻든 개개인의 다양한 선호를 종합하여 반영해야 되기 때문이다. 그런데 문제는 그렇게 다양하고 천차만별인 개개인의 선호를 어떤 기준 하에서 어떤 방식으로 하나의 사회선호로 총합할 수가 있는가에 있다. 그러나 개개인의 선호를 사회선호로 총합하여 집계할 수 있는 합리적인 방법을 찾아내기가 어렵다는 데에 문제가 있다. 또한 위의 식 $SW=f(U_A, U_B)$에서 만약에 어느 한 소비자나 또는 두 소비자 모두 효용이 증가하면 사회후생(SW)은 틀림없이 증가한다. 그러나 어느 한 소비자나 또는 두 소비자 모두 효용이 감소하면 사회후생도 감소하는 것은 틀림없다. 그러나 소비자 두 사람 사이에서 서로 다르게 효용이 증가하거나 감소한다면 사회후생은 어느 방향으로 움직일 것인지 단정하기는 어려울 것이다. 그러나 이런 저런 어려움에도 불구하고 만약 사회후생(SW)함수가 사회구성원들의 효용수준에 대하여 어떤 구체적인 함수 형태로 정의 될 수가 있다면 우리가 소비자의 효용함수로부터 무차별곡선을 도출할 수가 있었던 것처럼 사회후생함수로부터도 사회무차별곡선(social indifference curve)을 도출할 수가 있다.

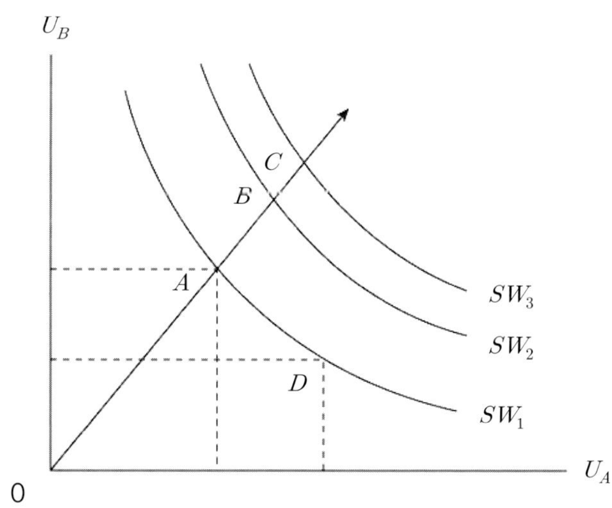

[Fig. 18-2] 사회무차별곡선

[Fig. 18-2]에서는 SW_1보다는 SW_2가 SW_2보다는 SW_3가 더 높은 사회후생을 나타낸다. 위의 그래프에서도 보는 바와 같이 사회후생함수가 구체적으로 설정되면 사회구성원 중 한 사람(소비자 A)의 후생(효용수준)이 감소해도 다른 한

사람(소비자 B)의 후생이 증가하여 사회전체적으로는 후생수준에 변화가 일어나지 않는다. [Fig. 18-2]에서 A점과 D점은 같은 수준의 사회후생을 나타낸다. 이런 점들을 연결하면 SW_1과 같은 곡선이 도출되는데 이는 사회후생수준이 똑같게 되는 소비자 A와 B의 후생조합을 나타내는 곡선이기 때문에 이를 사회무차별곡선이라고 한다. 사회후생함수로부터 우리는 [Fig. 18-2]에서 보는 바와 같이 무수히 많은 사회무차별곡선을 도출할 수가 있다. 후생수준의 조합이 A로부터 시작하여 B와 C로 이동하면 두 사람 모두의 후생이 증가하여 사회후생도 증가한다.

후생경제학이 추구하는 목표는 사회후생을 극대화하는 것이다. 그러나 우리 경제사회내의 자원의 양은 유한하기 때문에 우리가 도달할 수 있는 후생수준의 높이에도 한계가 있다. 따라서 그 경제사회 내에 주어진 자원을 가지고 가장 효율적으로 생산을 하고 또한 그렇게 생산된 재화를 가장 효율적으로 교환하여 소비를 하는 범위 내에서만 사회후생의 극대화를 추구할 수가 있는 것이다. 우리가 이미 논의하였듯이 생산과 교환이 동시에 가장 효율적으로 나타나는 점들의 집합이 대효용가능곡선이다. 아래의 그래프를 보고 논의를 계속하자.

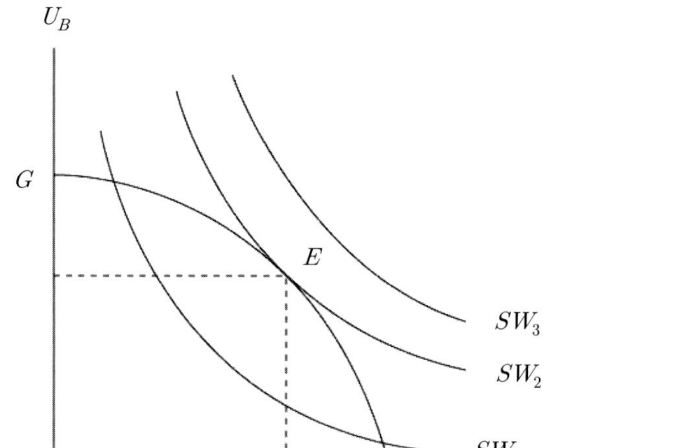

[Fig. 18-3] 사회후생의 극대화

[Fig. 18-3]에서 GH곡선은 대효용가능곡선이다. 따라서 GH선상에서는 파레토최적을 위한 한계조건이 모두 충족된다. 따라서 경제적효율성을 의미하는 GH

곡선상 에서만 사회적 후생의 극대화를 추구할 수 있다. 위의 [Fig. 18-3]에서 보는 바와 같이 사회적후생의 극대화는 대효용가능곡선(GH)과 사회적무차별곡선(SW_2)이 접하는 점 E에서 이루어지면서 사회적후생의 수준은 SW_2이다. SW_3는 이 경제사회가 현재의 자원으로는 도달할 수 없는 사회후생수준이다. 우리는 E점을 극치점(constrained bliss)이라고 한다.

우리는 자주 시장의 기능에 대하여 언급을 하고는 한다. 즉 시장이 완전 경쟁적이며 경제적 효율성이 달성된다는 내용이다. 생산물시장에서 소비자들은 그들의 효용을 극대화시키기 위해서 $MRS_{XY} = \Delta Y / \Delta X = P_X / P_Y$의 조건이 충족되는 점에서 소비활동을 행한다. 그런데 완전경쟁의 생산물시장에서는 모든 소비자가 동일한 가격 하에서 소비를 하기 때문에 모든 소비자에게 있어서 P_X / P_Y는 동일하다. 따라서 $MRS^A_{XY} = MRS^B_{XY} = \cdots\cdots = MRS^N_{XY} \equiv P_X / P_Y$로서 교환의 일반균형이 달성되고 있음을 의미한다. 그러므로 생산물시장이 완전경쟁적일 때에는 교환의 파레토최적이 자동적으로 달성된다 하겠다.

생산요소시장에서 생산자들은 주어진 생산비용하에서 최대의 생산량을 생산하기 위해서 $MRTS_{LK} = \Delta K / \Delta L = P_L / P_K$의 조건이 충족되는 점에서 생산활동을 한다. 그런데 완전경쟁하의 생산요소시장에서는 모든 생산자가 모든 생산요소를 동일한 가격에 구매를 하기 때문에 P_L / P_K는 어느 생산자에게나 동일하다. 따라서 $MRTS^X_{LK} = MRTS^Y_{LK} = \cdots\cdots = MRTS^N_{LK} \equiv P_L / P_K$로서 생산의 일반균형이 달성되고 있음을 의미한다. 그러므로 생산요소 시장이 완전경쟁적일 때에는 생산의 파레토최적이 자동적으로 달성된다.

우리가 이미 논의했던 바와 같이 $MRT_{XY} = \Delta Y / \Delta X = MC_X / MC_Y$이다. 그런데 완전경쟁의 생산물시장하에서는 $MC_X = P_X$이고 $MC_Y = P_Y$이므로

$MRT_{XY} = P_X / P_Y$이다. 완전경쟁의 생산물시장에서는 $P_X / P_Y = MRS_{XY}$이기 때문에 $MRT_{XY} = MRS^A_{XY} = MRS^B_{XY} = \cdots\cdots$이 성립한다. 이것은 바로 교환과 생산의 동시적 일반균형이 달성됨을 의미한다.

따라서 모든 시장이 완전경쟁적일 때에는 파레토 최적(경제적 효율성)을 위한 3가지의 한계조건(MRS, $MRTS$, MRT)이 모두 자동적으로 충족되면서 경제는 대효용가능곡선상의 어느 한 점에 도달하게 된다. 그런데 이 점은 파레토최적이 달성되는 수많은 점들 중에 하나일 뿐이지 이 점이 사회후생이 극대화되는 점이라는 보장은 없다. 즉, 파레토의 한계조건은 필요조건일 뿐인 것이다. 사회후생

의 극대점을 찾기 위해서는 사회후생함수를 통한 사회무차별곡선이 필요하다. 즉 대효용가능곡선과 사회무차별곡선의 접점이 사회후생이 극대화되는 점이다. 사회후생이 극대화되는 점은 수많은 파레토최적점 중의 하나이다. 그러므로 파레토최적점이라고 해서 반드시 사회후생이 극대화가 되는 점은 아니다. 모든 시장이 완전경쟁적이고 시장의 실패가 없다면 파레토최적에는 도달할 수가 있다. 그러나 시장실패가 나타난다면 파레토최적조차도 달성할 수가 없다. 시장의 실패란 시장경제가 파레토최적의 자원배분을 달성하지 못하여 경제적 효율성을 이루지 못한 현상으로서 시장실패의 원인은 정부의 시장 간섭에 의한 가격통제나 독점의 출현 등과 거래할 수 있는 시장이 존재하지 않는 불완비성 등에 의한 공공재의 존재 및 외부효과(externalities) 등에 의한 것으로 알려져 있다.

18.4 보상의 기준

우리가 경제사회 내에서 사회후생을 극대화하는 자원배분을 찾을 수만 있다면 이것은 매우 이상적인 일이다. 그러나 이것은 현실적으로 뿐만이 아니라 이론적으로도 실현가능성이 매우 어렵다. 이론적인 관점에서도 파레토최적 기준이 모든 가능한 자원배분들 간의 우열을 판단하기에는 불충분할 뿐만 아니라 모든 자원배분을 모두 다 비교한다는 것도 현실적으로는 불가능하기 때문이다. 따라서 우리는 현재의 상태와 모든 사람의 효용을 증가시키는 자원 배분의 상태를 생각해 볼 수 있다. 즉 어느 한 자원배분의 상태와 다른 자원배분의 상태를 비교해서 어느 한 쪽이 다른 쪽보다 사회적으로 후생을 더 증진시킬 수 있는가를 생각해 볼 수 있다.

18.4.1 파레토기준(Pareto Criterion)

이는 가장 보편적으로 인정되는 기준인데 우리가 이미 논의하였듯이 어떤 정책이 사회구성원 중 어느 누구에게도 후생의 감소를 발생시키지 않으면서 일부 내지는 모든 구성원의 후생을 증가시켰다면 이 정책은 사회후생을 증가시켰다고 평가 받는다. 즉, 파레토기준을 충족시켰다고 평가한다.

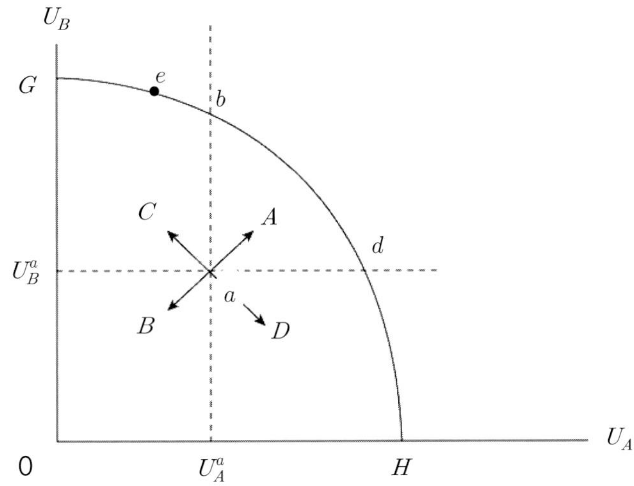

[Fig. 18-4] 사회후생측정

[Fig. 18-4]에서 GH곡선은 대효용가능곡선이다. 대효용가능곡선 안쪽의 a점을 대효용가능곡선 구간의 $(b \sim d)$로 이동 시킬 수 있다면 파레토기준은 사회후생을 증가시켰다고 본다. 즉, 위의 그래프의 a점에서 A영역 쪽으로 이동하면 파레토개선현상이 나타나고 B영역 쪽으로 이동하면 파레토개악현상이 나타난다. 그러나 a점에서 C영역이나 D영역으로 이동하게 되면 파레토 기준으로 아무런 평가를 내릴 수가 없다. 만약에 a점에서 e점으로 이동시키는 사회정책은 파레토 기준을 충족시키지 못한다. 왜냐하면 소비자 B의 후생은 많이 증가한 반면에 소비자 A의 후생은 감소하였기 때문이다. 파레토 기준에 의하면 고소득층의 소득을 적게 감소시켜서 저소득층의 소득을 많이 증가시키는 정책은 사회후생을 반드시 증가시켰다고 볼 수는 없다는 것이다.

18.4.2 칼도아-힉스 기준(Kaldor-Hicks Criterion)

칼도아-힉스 기준은 [Fig. 18-4]에서 사회정책 a점은 e점으로 이동시키더라도 소비자 B가 소비자 A에게 충분히 보상을 해 주고도 여전히 어느 정도의 남음이 있다면 이 사회정책은 사회후생을 증진시킨 것으로 본다. 즉, 어떤 사회정책이 B에게는 이득을 주고 A에게는 손해를 입혔는데 만약에 B가 얻은 이득 중에서 A의 손실을 모두 보상해 주고도 얼마간의 이익이 남아있다면 이 사회정책은 사회후생을 증가시켰다고 평가한다. 칼도아-힉스 기준에 의하면 역으로 e점에서 a점으로 사회후생을 이동시킨 사회정책도 사회후생을 증진시킬 수 있다고 보아야한다. 왜냐하면 이번에는 A가 얻은 이익 중에서 B가 잃어버린 손실을 모두 보상해 주고도 얼마만큼의 이익이 남아 있다면 이 경우에도 사회후생을 증진시킬 수 있기 때문이다.

18.4.3 스키토프스키 기준(Scitorsky Criterion)

스키토프스키 기준은 칼도아-힉스 기준을 정정한 것으로서 칼도아-힉스 기준을 극복하기 위하여 칼도아-힉스 기준을 두 번 적용시키는 기준이다. 즉 [Fig. 18-4]에서 사회정책이 a점에서 e점으로 이동시킬 때에 칼도아-힉스 기준을 충족시켜서 사회후생이 증가한다는 주장은 용납하지만 e점으로부터 a점으로 이동시킨 정책은 칼도아-힉스 기준을 충족시키지 말아야만 그러한 사회정책이 사회후생을 증가시킨다고 본다. 즉, 앞 문장에서 사회정책이 전자와 후자의 조건을 동시에 만족시킬 때에만 그 사회정책은 사회후생을 증가시킬 수 있다는 주장이다.

18.4.4 베르그송 기준(Bergsong Criterion)

베르그송은 더 높은 사회무차별곡선으로 이동시키는 정책만이 사회후생을 증진시킬 수 있는 정책이 된다고 주장하나 이는 사회적인 후생함수의 구체적인 설정이 거의 불가능한 게 현실이므로 이론의 발전에 한계가 있다 하겠다.

18.5 애로우의 불가능성정리(Arrow's Impossibility Theorem)

〈표 18-1〉 사회정책에 대한 개인의 선호 서열

사회정책 / 사회구성원	X	Y	Z
개인 A	1	2	3
개인 B	3	1	2
개인 C	2	3	1

애로우(Kennth Arrow)의 불가능성 정리란 사회 내의 모든 구성원의 선호를

똑같이 반영하는 사회후생함수의 설정은 불가능하다는 것이다. 〈표 18-1〉에는 사회내의 구성원 A, B, C와 사회정책의 세 가지 종류인 X, Y, Z가 나타나 있다. 개인 A는 사회정책 X를 가장 선호하고 그 다음으로 Y, Z 순서로 선호한다($X > Y > Z$). 개인 B는 Y를 가장 선호하고 그 다음으로 Z, X 순서로 선호한다($Y > Z > X$). 개인 C는 Z를 가장 선호하고 그 다음으로 X, Y 순서로 선호한다($Z > X > Y$). 이러한 사회구성원들의 선호체계에서 투표를 시행하면 개인 A와 C가 X를 선호하고 B만 Y를 선택하기 때문에 이 사회는 X를 Y보다 더 선호한다. Y와 Z에 대하여 투표를 시행하면 개인 B와 A가 Y를 선호하고 C만이 Z를 선택하기 때문에 이 사회는 Y를 Z보다 더 선호한다. 그런데 Z와 X에 대하여 투표를 시행하면 개인 B와 C는 Z를 선호하고 A만이 X를 선호하기 때문에 이 사회는 Z를 X보다 더 선호한다. 이것은 사회후생의 선택에 있어서 이행성이 있어야 한다는 애로우의 조건($X > Y$ & $Y > Z$이면 $X > Z$)을 충족하지 못한다. 이러한 결과는 사회구성원의 선호를 균등하게 반영시켰을 때의 선호선택은 사회후생 선호의 이행성을 충족시키지 못하는 모순이 발생한다. 즉, X, Y, Z의 3가지 사회정책에 대하여 X가 Y보다 더 선호되고 또한 Y가 Z보다 더 선호되면 X는 반드시 Z보다 더 선호되어야 하는 이행성에 어긋나는 결과다. 이러한 현상을 투표의 역설(voting paradox)이라고 하는데 이것은 사회구성원 전체의 선호는 구성원 개개인의 선호와 일관성을 유지하지 못한다는 것으로서 사회후생함수가 존재할 수 없다는 것을 나타낸다.

18.6 차선의 이론(Theory of The Second Best)

차선의 이론이란 파레토최적이 아닌 상태에서 파레토최적을 위한 조건들이 가능한 한 더 많이 보충된다고 해서 사회후생이 더 증가하는 차선의 상태에 도달하는 것은 아니라는 것이다. 예를 들어 완전경쟁적이 될 수 없는 시장상황에서 독점력을 가진 기업의 수가 감소한다고 해서 사회후생이 더 증가하여 차선의 상태가 되는 것은 아니라는 것이다.

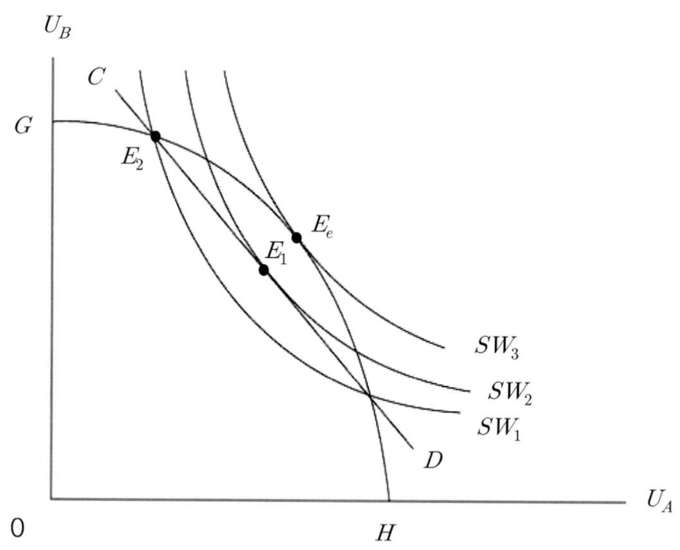

[Fig. 18-5] 차선의 이론

[Fig. 18-5]에서 GH곡선은 대효용가능곡선이고, SW_1, SW_2, SW_3는 사회적 무차별곡선이다. E_e점에서 파레토최적의 한계조건이 충족되면서 사회후생이 극대화 되고 있다. 그런데 어떤 사회적인 이유 때문에 이 사회가 직선 CD의 오른쪽 구간으로는 도달할 수 없다면 사회후생이 극대화되는 E_e점에는 도달할 수가 없다. 그렇다고 GH곡선을 따라서 파레토최적의 한계조건이 충족되는 E_2로의 이동이 차선의 상태나 방법은 아니라는 것이다. 왜냐하면 파레토최적의 한계조건을 충족하지 못하는 E_1점이 E_2점보다도 사회후생이 크기 때문이다($SW_2 > SW_1$〉).

요약

1. 파레토최적의 한계조건(경제적 효율성의 달성조건)

$$MRS_{XY}^{A} = MRS_{XY}^{B}$$

$$MRTS_{LK}^{X} = MRTS_{LK}^{Y}$$

$$MRT_{XY} = MRS_{XY}^{A} = MRS_{XY}^{B}$$

2. 파레토최적을 위한 한계조건이 모두 충족될 때 도출된 두 소비자의 효용수준을 연결한 선으로서 경제적 효율성이 달성된 궤적을 대효용가능곡선이라고 한다.

3. 사회후생함수로부터 도출이 되고 사회후생을 일정수준으로 나타내며, 사회구성원의 효용수준의 조합을 연결한 궤적을 사회무차별곡선이라고 한다.

4. 모든 시장이 완전경쟁적이면 파레토최적은 달성되지만 사회후생극대화는 반드시 달성되는 것은 아니다.

5. 대효용가능곡선과 사회무차별곡선이 접하는 점으로서 파레토최적이 달성됨과 동시에 사회후생이 극대화되는 점을 극치점이라 한다.

6. 모든 사회구성원의 선호를 균등하게 반영하는 사회후생함수는 존재할 수 없다는 이론이 애로우의 불가능성정리이다.

7. 최선이 달성될 수 없을 때 최선을 위한 조건들이 가장 많이 충족되는 점이 차선이 아니라 차선을 위한 기준은 별도로 다시 정해야 한다는 이론이 차선의 이론이다.

중요 용어

후생경제학	대효용가능곡선
사회후생함수	사회무차별곡선
극치점	칼도아-힉스 기준
스키토프스키 기준	베르그송 기준
애로우 불가능성 정리	차선의 이론

연습문제

1. 효용가능곡선은 무엇이며 파레토최적의 한계조건과는 어떤 관계인지 설명하시오.

2. 일반균형은 객관적이지만 후생경제학은 주관적이라는 이유를 설명하시오.

3. 보상기준이란 무엇이며 이것은 파레토개선과 어떤 관련이 있는지 설명하시오.

4. 파레토최적은 사회후생극대화를 위한 필요조건은 되지만 충분조건은 아닌 이유를 설명하시오.

5. 투표의 역설은 어떤 현상이며 왜 이러한 역설이 성립하는지 설명하시오.

6. 모든 시장이 완전 경쟁적이면 사회후생이 극대화 될 수 있는지 설명하시오.

7. 소비자 A의 효용이 50만큼 증가한 반면 소비자 B의 효용은 50만큼 감소했을 때 사회후생수준에 대하여 논의하시오.

8. 파레토 효율적이기는 하나 사회적인 면에서 바람직하지 않은 자원의 배분에 대하여 논하시오.

읽어보기 18-1

The Beginnings of the MBA Degree

Business education in the United States has come a long way in the 20th century. In the late 1800s, most individuals who were interested in business apprenticed with successful business leaders. Others attended "commercial colleges." These commercial colleges taught business arithmetic, book-keeping, and penmanship in three-month programs. In reality, theses colleges were geared to teach young men to be clerks.

In 1881, Joseph Wharton, who was a millionaire because of his innovations in mining, producing, and selling nickel, zinc, and iron, set out to change the way business education was taught. He gave $100,000 to the University of Pennsylvania to establish business education because he felt the practice of apprenticing business leaders was not functioning. He chose the University of Pennsylvania because he felt a liberal arts college "provided the best conceptual background for a business career"

This endowment of $100,000, and another endowment of $75,000 in 1893, gave impetus to what is now the Wharton School of Finance and Economy at the University of Pennsylvania. It had an inauspicious beginning at "the neither end of the status scale," its students "established a reputation as a bunch of misfits and failures." Today, however, it is one of the most prestigious business schools in the country

(자료 : Principle of Economics, Amacher·Ulbrich, South-Western Publishing Co. 3rd Ed. 1986)

18-1 요약해설

미국에서의 경영학 교육은 20세기에 들어서 오랫동안 추구되어 왔다. 1800년대 말에는 경영에 관심이 있는 사람들은 훌륭한 기업경영자들로부터 도제훈련을 받았다. 어떤 사람들은 상과대학에 다니기도 했다. 상과대학들은 수학과 부기, 습자 등을 3개월 과정으로 가르쳤다. 실제로 이러한 대학들은 젊은이들을 사무직

원으로 만드는데 연계되어 있었다. 1881년 광산업 등으로 백만장자였던 와튼은 경영학 교육의 교수법을 바꾸는 일에 착수했다. 그는 경영학의 도제 교육은 그다지 기능적이지 못하다고 생각하고 경영학 교육을 바로 세우기 위해 펜실베이니아주립대학교에 10만 달러를 기부했다. 그는 인문 · 사회과학대학이 경영학의 이력 쌓는데 가장 좋은 개념적 배경을 쌓아 준다고 생각했기에 펜실베니아 대학교에 기부를 택했다. 이전의 10만 달러와 1893년에 기부한 7만 5천 달러가 오늘날의 펜실베니아주립대학교의 경영학부가 존재하게 된 원동력이 되었다.

참고문헌

Alpha C. Chiang : Fundamental Methods of Mathematical Economics. 1974, 2nd Ed., McGRAW-Hill Book Co.

C.E. Ferguson
&
S. Charles Maurice : Economic Analysis - Theory and Application, 1978, 3rd., Richard D. Irwin, Inc.

Davis D. Friedman : Price Theory - An Intermediate 1986, Text South - Western Publishing Co.

Edwin Mansfield : Microeconomics - Theory and Applications, 1979, 3rd Ed. Tower Press E - 1224.

James M. Henderson
&
Richard E. Quandt : Microeconomics Theory - A Mathematical Approach, 1980, 3rd Ed., McGRAW-Hill Book Co.

Ryan C. Amacher
&
Holley H. Ulbrich : Principle of Economics, 1986, 3rd Ed., South - Western Publishing Co.

S. Charles Maurice
&
Owen R. Phillips
&
C. E. Ferguson : Economics Analysis - Theory and Application, 1978, 4th Ed., Richard D. Irwin, Inc.

S. Charles Maurice
&
Owen R. Phillips : Economics Analysis - Theory and Application, 1986, 5th Ed., Richard D. Irwin, Co.

William Nicholson : Micro Economics Theory - Basic Principles and Extensions, 1978, 2nd Ed., The Dryden Press.

William J. Baumol
&
Alan S. Blinder : Economics - Principles and Policy 1982, 2nd Ed., Harcourt Brace Jovanovich, Inc.

찾아보기

영문색인

국문색인

ㄱ

ㄴ

ㄷ

ㅈ

ㅊ

ㅋ

ㅌ

ㅍ

ㅎ

이창형

【저자약력】

- 성균관대학교 경제학과 졸업(경제학사)
- University of Wisconsin – Milwaukee(경제학석사)
- University of Wisconsin – Milwaukee(경제학박사)
- University of California – Santa Cruz(객원교수)
- 우신투자자문(주) 수석연구원
- 현재 청주대학교 경상대학 경제통상학부 교수

【주요 논문 및 저서】

"지식서비스산업의 수출보험제도 개선방안에 관한 연구", 한국무역보험학회, 무역보험연구 제12권제3호, 2011.09., pp.1-22
"한국과 미국·EU 등 타국과의 FTA에 대한 고찰" 청주대 경상논총 제3권1호, 2010.02., pp.225-244
"선물환율 결정요인에 관한 연구" 한국동서경제연구, 제17집제2권, 2006.02., pp.79-98.
"선물환이론과 선물환시장" 기념논문집, 박영사, 1992., pp.331-336.
"세계화와 국제무역" 동성사, 이창형외 6인, 1997.09. 외 다수

중점 미시경제학

2012년 02월 03일 초판 1쇄 인쇄
2012년 02월 09일 초판 1쇄 발행

저자 / 이창형
발행인 / 고우용
발행처 / 우용출판사
등록일 / 1997년 11월 25일
출판등록 / 제 313-1997-139호
주소 / 서울특별시 마포구 망원1동 338-53
전화번호 / 02)324-6577
팩시밀리 / 02)324-6177

정가 / 25,000원

ISBN / 978-89-6249-063-3